Justice française et génocide des Tutsi au Rwanda

Collection « Droits, Sociétés, Politiques - Afrique des Grands Lacs »
Collection dirigée par Jean-François Boudet

Limitée à un espace géographique donné, la Collection « Droits, Sociétés, Politiques - Afrique des Grands Lacs » accueille des ouvrages scientifiques et professionnels de qualité, écrits autant par des juristes que des économistes, des historiens, des politistes, des philosophes ou des sociologues, contribuant à la publication et à la diffusion d'ouvrages ainsi que des outils pédagogiques au service du Droit et de la construction de la Paix dans la région des Grands Lacs.

Déjà parus

Justin ADRIKO MUNDUA, *Lecture de la bible et engagement politique en république démocratique du Congo*, 2020.
Justin ADRIKO MUNDUA, *Léopold II, la Belgique, le Congo et les Congolais. Réflexions philosophiques et théologiques sur l'étatisation du bassin du fleuve Congo*, 2020.
Justin ADRIKO MUNDUA, *Plaidoyer pour une République démocratique du Congo échangeur d'Afrique et du monde,* 2019.
Justin ADRIKO MUNDUA, *Le peuple congolais et la démocratie,* 2019.
Justin ADRIKO MUNDUA, *Une nouvelle théologie pour la République démocratique du Congo et le tiers monde,* 2019.
Justin ADRIKO MUNDUA, *La République démocratique du Congo, prodigue ou prodige ?, Essai d'une philosophie politique et d'une théologie pour le Congo*, 2019.
Astou FALL, *Le traitement juridictionnel du crime de génocide et des crimes contre l'humanité commis au Rwanda*, 2017.
Pie HABIMANA, *Tax law and public finance in Rwanda,* 2015.
Éric DAVID, *Génocide au Rwanda, Les enquêtes officielles menées en Belgique, en France, à l'ONU et à l'OUA*, 2015.

Sous la coordination de
Jean-François Boudet
avec le soutien de Paul Lens

Justice française et génocide des Tutsi au Rwanda

Préface d'Aimé Muyoboke Kalimunda

L'Harmattan

Cet ouvrage n'a fait l'objet d'aucun financement externe.
Les opinions exprimées dans ces différents chapitres
incombent à leurs auteurs et ne sauraient être imputées aux coordonnateurs.

5-7, rue de l'Ecole-Polytechnique, 75005 Paris
http://www.editions-harmattan.fr
ISBN : 978-2-343-22848-8
EAN : 9782343228488

SOMMAIRE

PREFACE

Le génocide est aussi vieux que l'humanité, remarquait Jean-Paul Sartre dans *On Genocide : And a summary of the evidence and the judgments of the International War Crimes Tribunal.* Il est néanmoins l'un des crimes restés impunis depuis des siècles. Le fait du génocide a, en fait, souvent été une politique de l'État où ce crime est commis. De surcroît, les poursuites deviennent l'exception même quand les suspects ne bénéficient d'aucune immunité. La réalité du génocide a prouvé qu'il est longtemps resté incohérent de confier aux États la prévention ou la répression des violations ou des abus des droits humains.

En effet, nombreux sont les régimes génocidaires qui sont restés au pouvoir et ont par la suite jugé les poursuites judiciaires inopportunes ou les ont étouffées dans l'œuf. D'autres États se sont retranchés derrière les principes de souveraineté et de réciprocité. En conséquence, ils se sont gardés de poursuivre les suspects du génocide en prétextant l'ingérence dans les affaires internes d'autres États. C'est ce complot de silence qui a conduit Adolf Hitler, en 1939, peu avant l'invasion de la Pologne, à vanter à ses généraux les mérites de Gengis Khan, l'Empereur Mongol qui avait impunément tué des millions de personnes mais dont l'histoire se rappelait comme un grand homme d'État et ensuite à leur lancer cette phrase : « Qui, après tout, parle aujourd'hui des Arméniens ? », faisant référence au génocide impuni dont ils avaient été victimes au début du XXe siècle.

L'inertie des systèmes juridiques internes où le génocide a été perpétré n'a pas mené les États tiers à intervenir. Le principe de la compétence universelle a en effet été dilué par le souci de la protection de la souveraineté des États. Vahakn Dadrian rappelle que lors de l'Holocauste, Hitler avait été particulièrement impressionné par l'impunité garantie aux auteurs du génocide arménien. Or, rien n'entête le criminel comme le fait de savoir qu'il échappera aux poursuites. C'est le message qu'avait en fait véhiculé l'absence de poursuites pour les nazis. Dans son article *Prosecuting Crimes Against Humanity : The Lessons of World War I,* David Matas avertissait que « l'humanité ignorerait cette leçon au prix de son propre péril ». L'idée de solution finale est une résultante du fait que les nazis avaient compris que personne ne voulait des Juifs et que « par conséquent, personne ne leur ferait le reproche de les avoir éliminés… » rappelle Marek Halter dans *Histoires du peuple juif.*

C'est le développement des droits humains depuis la fin de la première guerre mondiale qui a changé la donne. Un système quasi complet de protection des libertés individuelles s'est progressivement mis en place. Les poursuites judiciaires contre les nazis ont par exemple confirmé le principe de la responsabilité individuelle pour violation de droit international et ont jeté les prémisses du droit international pénal. L'une des observations majeures formulées contre le procès de Nuremberg est qu'il n'a pas assouvi la soif des victimes de l'Holocauste d'une justice complète. Les poursuites n'avaient été engagées que contre 24 personnes. Trois furent acquittées, une se suicida en cours du procès et l'autre fut jugée mentalement incapable. Au final, le tribunal ne condamna que 19 personnes pour un crime inimaginable qui avait emporté de la manière la plus atroce et sauvage plus de six millions de vies. L'impunité pour le crime de génocide continua même après l'adoption de la Convention des Nations Unies du 9 décembre 1948 sur la prévention et la répression du crime de génocide. En fait, jusqu'aux années 1990, cette convention n'avait réussi ni à prévenir ni à réprimer le crime de génocide. Dans *Why Do People Commit Genocide and What Can We Do to Stop It,* Gregory Stanton la qualifie d'un instrument né édenté et accuse les juristes d'avoir empêché la croissance de ses dents de lait. C'est pour cela qu'entre la Shoah qui a choqué la conscience de l'humanité, les génocides de l'ex-Yougoslavie et celui contre les Tutsi au Rwanda, qui ont propulsé la mise en place des tribunaux pénaux internationaux, se situent d'autres génocides qui sont restés méconnus ou peu connus et surtout impunis.

Au Rwanda, le régime génocidaire savait que jusque dans les années 1990, aucun génocide n'avait jamais à proprement parler été puni. Bien que le Tribunal pénal international pour le Rwanda ait jugé que le Procureur n'avait pas prouvé au-delà du doute raisonnable la déclaration du Colonel Théoneste Bagosora relative à la préparation de l'apocalypse, il a quand même conclu que l'extrême sauvagerie et cruauté des actes qu'il a perpétrés était digne d'une apocalypse bien préparée.

Au lendemain du génocide contre les Tutsi, la priorité fut d'éradiquer des décennies d'impunité. Le Rwanda comme la communauté internationale optèrent pour répondre à la discrimination, la haine et la violence par la justice. Le Tribunal pénal international pour le Rwanda fut établi par une résolution du Conseil de Sécurité des Nations Unies en novembre 1994. La communauté internationale lança ainsi un message que l'impunité pour les suspects du génocide était révolue. Néanmoins, comme à Nuremberg, le TPIR n'offrira qu'une justice limitée. Durant environ 19 ans d'existence, il ne tranchera que 75 affaires impliquant les personnes qui occupaient les plus hautes fonctions politiques, civiles, administratives ou militaires avant le génocide. La vaste majorité d'autres suspects devrait donc être poursuivie devant les juridictions nationales.

Les efforts du Rwanda de vider le contentieux du génocide afin de se concentrer pleinement au développement socio-économique se sont butés aux réalités du temps, de l'histoire et de la géopolitique. Dès 1996, le Rwanda s'est investi à rendre justice aux victimes du génocide tout en évitant une approche purement rétributive. Le souci majeur était d'établir la responsabilité des auteurs du génocide et créer un climat favorable à la réconciliation nationale. Ce dernier élément est en principe méconnu du système juridique inspiré de l'occident. C'est pour cela que depuis les années 2000, les juridictions *gacaca* prirent la relève. Le 18 juin 2012, lors de la clôture de ces juridictions, elles avaient tranché un million neuf cent cinquante-huit mille six cent trente-quatre affaires (1.958.634).

Aujourd'hui le nombre de dossiers du génocide poursuivis devant les juridictions internes a sensiblement diminué. La Haute Cour en compte 15 affaires. La Cour d'appel, qui est la dernière juridiction en appel sur le contentieux du génocide, n'a que 23 dossiers dont 13 ont été clôturés cette année. Néanmoins, vingt-six ans après le génocide contre les Tutsi, le droit international pénal n'est plus ce qu'il était. Des nouveaux développements législatifs et jurisprudentiels, des ajustements doctrinaux et des nouvelles stratégies de plaidoirie de la part du Procureur et de la défense, rendent plus ardue la tâche du juge. La Cour a par exemple consacré une année des audiences pour clôturer l'appel de Léon Mugesera, déporté du Canada afin d'être jugé pour incitation au génocide par les juridictions rwandaises. Le dossier de Jean Uwinkindi, transféré par le Tribunal pénal international au Rwanda, a pris dix mois d'audience et cinq mois de délibéré.

L'évaluation objective du travail accompli par le système judiciaire rwandais permettra de savoir s'il y a eu force de la justice, force sans justice ou justice sans force. C'est ce à quoi répond d'une manière objective le prélude de ce livre la *Justice française et génocide des Tutsi au Rwanda*. Le Professeur Jean-François Boudet, l'éditeur de ce traité sur les poursuites judiciaires du génocide contre les Tutsi, a encouragé les auteurs à adopter une approche objective qui s'écarte des généralisations qui ont souvent conduit aux conclusions erronées. L'ouvrage bien que s'intéressant au cas français, se présente comme une autopsie de plusieurs systèmes judiciaires en matière du génocide contre les Tutsi. La France a en effet pris son temps dans la poursuite de crimes au détriment des intérêts des victimes et de l'humanité. Elle peut ainsi s'inspirer du travail accompli au Rwanda, en Belgique, au Canada ou par les Tribunaux pénaux internationaux.

Il faudrait noter que la diminution des dossiers du génocide devant les juridictions rwandaises ne signifie pas que le contentieux du génocide contre les Tutsi tire à sa fin. Le Parquet général du Rwanda indique qu'il a lancé 1145 demandes d'extradition des suspects de génocide qui sont toujours en cavale. La France en a reçu 48, la Belgique 40, les États-Unis d'Amérique 23, les Pays-Bas 18, le Canada 14 et le Royaume-Uni 5. Les autres demandes ont été envoyées dans différents pays africains. À ce jour, il n'y a eu que 24 suspects extradés au Rwanda, alors qu'il y a eu 23 poursuites devant les juridictions nationales étrangères.

C'est d'abord ici que se situe la pertinence de ce livre. Depuis des décennies, les relations entre la France et l'Afrique et surtout avec le Rwanda ont une forme de dents de scie. African Rights affirme que le gouvernement français, soucieux de défendre son prestige au Rwanda, a fermé les yeux sur le génocide qu'avait initié le gouvernement intérimaire, il est militairement intervenu à ses côtés, il a donné un forum aux concepteurs du génocide pour faire son apologie mais il a aussi offert des visas aux extrémistes hutu. 26 ans après le génocide contre les Tutsi, le Rwanda attend toujours que le rôle présumé de la France dans ce génocide soit clarifié. Il attend aussi que les présumés génocidaires sur son territoire soient, soit extradés soit jugés. Ces questions ont été abordées sous le sous-thème d'études générales et études particulières. Les auteurs analysent d'une manière pertinente et sans état d'âme la confrontation entre la politique et le souci de rendre justice. Ils évaluent si le mot génocide contre les Tutsi laisse échapper l'histoire qu'il porte ou si, en France, il dilue la notion historique qu'il ambitionne de définir.

Les poursuites des suspects du génocide en France confirment la thèse selon laquelle le droit est le seul instrument efficace qui puisse permettre d'établir les responsabilités et de prévenir le génocide. Néanmoins les juridictions nationales divergent parfois dans l'interprétation du droit international pénal. Alors qu'au Rwanda, le génocide, les crimes contre l'humanité et les crimes de guerre sont considérés comme faisant partie de la coutume internationale, dans l'affaire Claude Muhayimana, la Cour de cassation française a jugé que la demande d'extradition introduite par le Rwanda en 2013 n'était pas fondée car il est reproché au suspect des faits qualifiés de crimes contre l'humanité et de génocide commis entre avril et juillet 1994 et incriminés par une législation *ex post facto*. La Cour a estimé aussi que lors de l'introduction de la demande d'extraditions les crimes de meurtre et extermination, formation, adhésion, participation et direction d'une entreprise criminelle commune dont l'objet était de porter atteinte aux personnes et aux biens dans le cadre du génocide contre les Tutsi étaient prescrits. Il se pose ainsi la question de la nature même des instruments législatifs nationaux ou internationaux sur les crimes de génocide, les crimes contre l'humanité et les crimes de guerre. Ces instruments sont-ils créateurs des crimes internationaux ou sont-ils déclaratifs des incriminations qui existaient en vertu de la coutume internationale ? Il s'avère que la France est aujourd'hui confrontée à la contradiction entre le positivisme juridique et le réalisme politique.

La Belgique fut le premier pays à activer la compétence universelle pour le crime de génocide. La Belgique avait aussi perdu 10 de ses soldats au Rwanda. Aussitôt qu'elle initia les poursuites judiciaires sur la base de la compétence universelle, les publicistes commencèrent à demander si l'article VI de la Convention de génocide autorisait la poursuite du génocide devant les juridictions nationales d'un État tiers. L'interprétation salutaire de cette disposition viendra de Madrid ou dans l'affaire Augusto Pinochet, la Cour affirma qu'en dehors de la compétence territoriale et la compétence de la Cour pénale internationale, inexistante à l'époque, la disposition avait prévu une compétence universelle subsidiaire. Néanmoins l'élan Belge à exercer la compétence universelle sera progressivement réduit d'abord par la Cour Internationale de Justice qui, dans l'Affaire Abdulaye Yerodia Ndombasi alors ministre des Affaires étrangères accusé d'incitation au génocide contre les Tutsi en République Démocratique du Congo, jugea que les chefs d'État, les chefs de gouvernement et les ministres des Affaires étrangères jouissaient des immunités de poursuite devant les juridictions civiles et pénales des États étrangers. L'engouement des activistes des droits de l'Homme qui avaient introduit plusieurs actions en justice pour crimes de guerre, crimes contre l'humanité ou génocide contre différentes personnalités étrangères obligera la Belgique à faire à la realpolitik et à réviser ses ambitions en matière de compétence universelle.

Néanmoins, l'initiative belge a inspiré plusieurs autres pays occidentaux y compris le Canada, la Finlande, la Suisse, le Danemark, les Pays-Bas, la France, l'Angleterre, l'Allemagne, pour n'en citer que peu, à initier des poursuites judiciaires contre les suspects du génocide contre les Tutsi. Dans cet ouvrage, les auteurs reviennent sur ce parcours judiciaire, les efforts des États et des victimes en luttant contre l'impunité afin de prévenir l'inévitable péril humanitaire que prédisait David Matas en cas de conspiration de silence.

Justice française et génocide des Tutsi au Rwanda n'est pas un ouvrage didactique mais plutôt pédagogique. Il enseigne aux générations actuelles les extrêmes humains d'il y a 26 ans, les efforts des individus et des institutions à maintenir la balance de Thémis afin d'avoir un lendemain meilleur pour l'humanité entière. Le livre rappelle aussi les limites des mécanismes existants pour qu'ils nous servent de leçons afin de revisiter nos attitudes, nos méthodes et nos objectifs face aux risques que court l'humanité. Comme le disait Gregory Stanton, nous naissons dans des millions de sociétés, nous parlons des milliers de langues, nous appartenons à plusieurs nations, nous pratiquons différentes religions et croyances et nous avons des couleurs de peau ou d'apparences variées. Tout ceci crée l'illusion que nous sommes différents, mais en réalité, Dieu n'a créé qu'une seule race, la race humaine. Le génocide est donc une menace contre l'humanité entière, le prévenir et le réprimer est notre devoir à tous.

Dr Aimé Muyoboke Karimunda
Président de la Cour d'appel du Rwanda

CONTRIBUTRICES ET CONTRIBUTEURS

Julie BARDÈCHE est une avocate française. Après avoir exercé deux ans en droit pénal, droit des étrangers et droit international dans un cabinet parisien, elle a travaillé en tant que Conseillère juridique auprès du Juge d'instruction international des Chambres extraordinaires au sein des tribunaux cambodgiens pendant cinq ans. Elle est actuellement conseillère juridique à REDRESS. Elle est titulaire d'un LLM de la SOAS (Londres) en droits humains, conflit et justice, et d'un Master 2 de droit international public de l'Université Paris 2 (Panthéon-Assas).

Eloïse BEAUVIRONNET est docteur en droit public. Elle est actuellement juriste assistante, au Bureau du droit public, Service de documentation des études et du Rapport (SDER) à la Cour de cassation. Elle a récemment publié : « La BCE et la dette publique des États membres », dans BOUDET (J.-Fr.) et LEQUESNE ROTH (C.) (dir.), Les administrations publiques à l'épreuve de leur dette, Paris : Mare & Martin, 2019, pp. 163 à 188 ; « La réquisition en droit administratif français », JDA, 2016- 2019 ; chr. administrative ; 2019, Art. 250 et 251 ; « La Sécurité sociale au prisme de la discipline budgétaire européenne », RDSS, n°2, mars-avril 2019, p. 273-286 ou « Le citoyen et le contrôle des comptes des agents publics », dans BOUDET (J.-Fr.) et CABANNES (X.) (dir.), Finances publiques citoyennes, Paris : LGDJ, 2017, p. 61-74.

Camille BÉRUBÉ-LEPAGE est avocate et étudiante à la maîtrise de recherche à l'Université McGill (LL.M.). Son mémoire de maîtrise porte sur les précédents en droit international, plus précisément sur les décisions du nouvel organe d'Arbitrage d'appel provisoire de l'Organisation mondiale du Commerce. Camille Bérubé-Lepage est membre de la Chaire L. Yves FORTIER en arbitrage international et droit du commerce international et de l'Institut Equité, Diversité, Inclusion et Intersectionnalité. Elle a récemment publié : avec DUCLOS (C.), « Le comité consultatif comme outil de gouvernance des PME : un regard sur la qualification juridique et les obligations des conseillers », Revue juridique Thémis (à paraître en 2021) ; avec DUCLOS (C.) et LACHANCE (E.), « Patrons de PME : n'ayez pas peur des comités consultatifs ! », Revue Gestion HEC Montréal, 2019, vol. 44-1, p. 104-107.

Diogène BIDERI est docteur en droit (PhD) de l'Université de Strasbourg, LLB en droit (Université de Strasbourg), LLM en droit européen et international (Université de Strasbourg), Conseiller juridique principal à la Commission nationale de lutte contre le génocide (CNLG, Kigali). Il a notamment publié : Rwanda 1990-1993. Le massacre des Bagogwe. Un prélude au génocide des Tutsi, Paris, L'Harmattan, Paris, 2009 ; Rwanda 1994. La Couleur d'un génocide, Paris, L'Harmattan, 2019 ; Le traitement judiciaire des crimes sexuels par les juridictions pénales internationales. Le cas du Rwanda. (à paraître, Collection Droits, Sociétés, Politiques : Afrique des Grands Lacs, L'Harmattan ou Félicien Kabuga. L'Adolf Eichmann du génocide des Tutsi (à paraître).

Jean-François BOUDET est maître de conférences (HDR) en droit public à l'Université de Paris (Fr. 75006 - Centre Maurice Hauriou. Pour la recherche en droit public E.A 1515), associé au Centre d'Études et de Recherches de Sciences Administratives et Politiques (CERSA – CNRS – Université Paris II UMR7106). Si ses travaux portent sur le droit public financier et les sciences administratives et financières, ses recherches et enseignements en Europe, en Océanie et en Afrique lui ouvrent des perspectives et réflexions comparatives dépassant les seules matières juridiques. Parmi d'autres : Le Système européen de comptabilité. Un enjeu de société, Paris, LGDJ, Coll. Systèmes, 2019, 170 p. ; Les rites et usages funéraires : essais d'anthropologie juridique (dir.), Aix-Marseille, PUAM, coll. droits & religions, 2019, 295 p. ; Les administrations publiques à l'épreuve de leur dette (dir. avec C. LEQUESNE ROTH), Paris, Mare & Martin, coll. droit public, 2019, 330 p. ; Les finances publiques citoyennes (dir. avec X. CABANNES et avant-propos P. AMSELEK), Paris, LGDJ, hors collection, 2017, 330 p. Il a récemment publié une contribution intitulée « L'État de consolidation, un discours d'Etat », dans « Discours administratifs, droit(s) et transformations sociales » (dir. G. KOUBI et W. TAMZAMI), Paris, IRJS éditions, coll. Les voies du droit, 2020, p.73-90 et a rédigé un article avec E. BEAUVIRONNET sur « La géographie des finances publiques », Pyramides, n° 29-bis, 2020, p.7-36.

Vincent CATTOIR-JONVILLE est agrégé des Facultés de droit ; Professeur de droit public à l'Université de Lille ; Directeur du master droit public et du parcours « Droit et politiques de défense et de sécurité nationale » ; Ancien directeur des études de l'IHEDN (Paris) ; Directeur de l'Institut de l'Environnement, de la Construction et de l'Urbanisme de Lille (ICEU) ; C.R.D.P./E.R.D.P., E.A. n° 4487. Il enseigne spécialement, outre le droit de la défense et de la sécurité, le droit des libertés fondamentales et le droit de l'urbanisme. Auteur d'une thèse consacrée à « La fonction militaire du chef de l'État en France de 1871 à nos jours », il a dirigé deux ouvrages collectifs « Les différentes facettes du concept juridique de sécurité – Mélanges en l'honneur du Pr. Pierre-André LECOCQ » et « Arma cedant togae – Mélanges en l'honneur du Pr. Jacques ABEN » ; A également publié deux manuels

« Droit administratif des biens, de l'expropriation et des travaux publics » (en collab. avec Y. LUCHAIRE) ; « Questions de philosophie du droit », ainsi qu'un manuel de TD de droit constitutionnel (avec J.-Fr. BOUDET) « Travaux dirigés de droit constitutionnel ». Il est l'auteur de nombreux articles en droit des libertés fondamentales, en droit de la défense et de la sécurité, en droit administratif, en droit européen et en finances publiques. Dernière publication : « André et l'Europe », RDL 2020.

Éric ÉMERAUX est colonel (ER) de la gendarmerie nationale, diplômé de l'École des Officiers de la gendarmerie nationale (EOGN) et de l'Université d'Aix-Marseille où il a obtenu un Master II « Lutte contre la délinquance ». Après une carrière dans l'Armée de terre où, entre autres responsabilités, il a commandé une section de renseignement, le colonel Émeraux a rejoint la gendarmerie nationale où il a occupé plusieurs postes de commandement avant de devenir commandant d'une section de recherches (2004-2009) puis conseiller "Police judiciaire" du général commandant la région de gendarmerie Rhône-Alpes (2009-2012). Dans ce cadre, il a participé à des équipes communes d'enquêtes (ECE), mises en place entre la France et l'Espagne. Après 5 années (2012-2017) comme attaché de sécurité intérieure (ASI) à l'ambassade de France à Sarajevo (Bosnie-Herzégovine) où il était chargé de la coopération policière et de questions relatives à l'entraide répressive dans des dossiers de criminalité organisée, le colonel Émeraux a été nommé, depuis septembre 2017, chef de l'Office central de lutte contre les crimes contre l'humanité, les génocides et les crimes de guerre (OCLCH), une unité interministérielle d'enquêtes mandatée pour enquêter sur les crimes internationaux les plus graves et les crimes motivés par la haine. Retraité de la gendarmerie depuis le 1er août 2020, il est l'auteur de « La traque est mon métier » édité chez Plon le 3 septembre 2020 et de l'article « Spécificité des enquêtes sur les crimes internationaux » co-écrit avec Nicolas LE COZ rédigé dans le cadre des quatrièmes journées de la justice pénale internationale au profit du Centre Thucydide de l'Université Panthéon-Assas Paris 2 / L'hirondelle et la tortue. Éditions A. Pedone.

Verlaine ETAME SONE est doctorant en droit public à l'université de Paris Centre Maurice Hauriou pour la recherche en droit public (Ex-Université Paris Descartes). Il est l'auteur d'une contribution « La mort est-elle seulement et uniquement saisie par le droit civil ? », dans BOUDET (J.-Fr.) (dir.), Les rites et usages funéraires : essais d'anthropologie juridique, PUAM, droit et religions, 2019, p. 79-93 et d'un article co-écrit avec M. SENAC DE MONSEMBERNARD intitulé « Le référé expertise en matière contractuelle », AJCT, 2017, p. 84.

Alain GAUTHIER est professeur de français à la retraite et ancien chef d'établissement. Il a créé en 2001 le Collectif des Parties civiles pour le Rwanda (CPCR) avec son épouse Dafroza MUKARUMONGI et quelques amis. Cette association s'est donné comme objectif de poursuivre en justice les personnes soupçonnées d'avoir participé au génocide des Tutsi et qui vivent en France.

Thomas HERRAN est maître de conférences en droit privé et sciences criminelles à l'Université de Bordeaux. Après avoir soutenu une thèse sur l'entraide policière internationale, il a consacré ses travaux au droit pénal international et européen et au droit de la police. Il est l'auteur de plusieurs contributions sur la coopération pénale (« L'emprise de la Cour européenne des droits de l'Homme sur l'entraide répressive internationale », RSC 2013, n° 4, pp. 735-758 ; « La coopération policière à l'épreuve de la politique pénale européenne », APC 2019, pp. 51-62) ainsi que sur le droit des infractions internationales (« Les actions en réparation de la victime d'une infraction internationale », RPDP 2018, n° 3, pp. 541-567 ; « Les politiques étrangers devant les juridictions pénales françaises », Lexbase pénal, décembre 2018 ; « La Cour pénale internationale entre passé et avenir », AJ pén. 2018, pp. 440 et s.) et contribue à des chroniques régulières en droit pénal de l'Union européenne (à la Revue pénitentiaire et de droit pénal) et en droit pénal international et européen (à la revue Lexbase pénal). Il a organisé un colloque sur les 20 ans du statut de Rome, dont les actes vont paraître fin 2020, chez Pédone.

Pierre JOUETTE est docteur en droit privé et sciences criminelles. Il a soutenu une thèse intitulée « La Détermination des peines en droit international pénal ». Maître de conférences à la Faculté de Droit de Poitiers, il y enseigne le droit pénal interne mais également européen et international, domaine sur lequel portent précisément ses recherches.

Aimé Muyoboke KALIMUNDA est le Président de la Cour d'appel du Rwanda. Il est également Vice-Président du Conseil Supérieur de la Magistrature et Vice-Président du Rwanda Mediation Advisory Committee. Il est membre du International Criminal Justice Leadership Project, du Global Judicial Integrity Network et du Advisory Board of the Rwanda Law Journal. Il est aussi enseignant visiteur à la Faculté de Droit de l'Université du Rwanda et de l'Institut de Pratique et Développent du Droit. Il fut aussi Juge à la Cour Suprême du Rwanda, Secrétaire de Publicité de l'Association des Juges et Magistrats de l'Afrique de l'Est, Conseiller de la Vice-Présidente de la Cour Suprême, Doyen de la Faculté de Droit à l'Université Libre de Kigali et Conseiller du ministre de la Santé. Il a récemment publié : "Gacaca and the Abunzi courts: the Journey to Justice and Peace Consolidation in the Post Genocide Rwanda" dans MBONYINKEBE (D.) and GATWA Th. (dir.), Home Grown

Solutions: A Legacy to Generations in Africa, Globethics.net Focus Series, 2019.

Nicolas LE COZ est Chef d'escadron, Chef d'office en second de l'Office central de lutte contre les crimes contre l'humanité, les génocides et les crimes de guerre (OCLCH).

Yannick LÉCUYER est maître de conférences HDR en droit public, collaborateur de la Fondation René Cassin. Il a publié récemment : « L'essentiel de la Convention européenne des droits de l'Homme », Paris, Gualino, coll. Les carrés, 2019, 160 p. ; Jurisprudence de la Cour européenne des droits de l'Homme, Paris, Hachette, 2018, 2e éd., 160 p. « Le droit à des élections libres », Strasbourg, Éd. du Conseil de l'Europe, 2013, 139 p.

Camille LEFEBVRE est avocate en droit de l'immigration. Elle détient un baccalauréat en droit et une maîtrise en droit international et transnational de l'Université Laval (LL.B, LL.M). Elle réalise présentement son doctorat à l'Université Laval, en cotutelle avec l'Université de Leiden, au sujet de la criminalisation des migrants. Camille est membre de la Chaire de recherche du Canada sur la justice internationale pénale et les droits fondamentaux, de la Chaire de recherche du Canada sur l'immigration et la sécurité et de la Chaire UNESCO sur la diversité des expressions culturelles. Elle a récemment publié : avec F. LAFONTAINE, "Exclusion Clause in Canada : Prioritizing practical expediency", International Journal of Refugee Law (à paraître en 2021) ; avec Catherine SAVARD (2018), "The 47th Annual Conference of the Canadian Council on International Law : Navigating the Frontiers of International Law", Revue Québécoise de droit international, 2018, vol. 31, p.1 ; avec Ol. JEAN-LEVESQUE, « Le conflit du phoque : entre équité commerciale et moralité publique », Regard critique - Journal étudiant des Hautes Etudes internationales, 2016, vol. 11, p. 1 ; "Review of Shizha Edward, Rosemary Kimani-Dupuis et Priscilla Broni (dir.), 2018, Living Beyond the Borders. Essays on Global Immigrants and Refugees", Études internationales, 2019, vol. 51, p. 1.

Élise LE GALL est avocat à la Cour (Paris), inscrite sur la liste des assistants conseils de la CPI. Elle est docteur en droit pénal international de l'Université Paris 1 Panthéon-Sorbonne. Sa thèse intitulée : "La poursuite des crimes internationaux : réflexions sur l'opportunité des poursuites du procureur international" a été publiée au sein de la maison d'édition de l'Institut de Recherche Juridique de la Sorbonne dans la collection Bibliothèque André Tunc (2016). Me Le Gall est également la Fondatrice-Présidente de l'Association Française pour la promotion de la compétence universelle (AFPCU).

Paul LENS a été actif au sein du Collectif des Parties Civiles de Belgique.

Raphaël MAUREL est maître de conférences en droit public à l'Université de Bourgogne (CREDIMI EA 7532) et juge assesseur nommé par le Conseil d'État à la CNDA. Il a récemment publié un ouvrage de Droit international économique (Paris, Bréal, Lexifac droit, 2020) et a dirigé avec CHAUMETTE (A-L.), « Les contre-annales du droit public. 66 erreurs que vous ne commettrez plus jamais » (Paris, Enrick B. éditions, 2020).

Benjamin MULAMBA MBUYI, est professeur ordinaire à l'Université Pédagogique Nationale (RDC). Il a enseigné le droit international public à l'Université Nationale du Rwanda. Il est actuellement doyen honoraire de la Faculté de droit de l'Université de l'Uélé (RDC). Il dirige la Collection Notes de Cours aux éditions de l'Harmattan (Paris) et est auteur de : Refugees and International Law (Toronto, Carswell, 1993), de Droit international public : les sources (Paris, L'Harmattan, coll. Notes de Cours 2005), Le statut international des réfugiés (Goma, Université Libre des Pays des Grands Lacs, Public. de la Faculté de Droit, 2005), Droit des traités internationaux (Paris, L'Harmattan, Coll., Géopolitique mondiale, 2005).

Dorine NAULEAU est une juriste française, spécialiste du droit international pénal. Elle est diplômée du LL.M. avancé de l'Université de Leiden aux Pays-Bas et de l'Université Catholique de Lille où elle a suivi un Master 1 en Droit international et européen. Après ses études, elle a travaillé pour les ONG Women's Initiatives for Gender Justice et REDRESS en tant que stagiaire juridique. Dorine Nauleau prépare actuellement le barreau de Paris.

Line TOUZEAU-MOUFLARD est maître de conférences en droit public à l'Université de Reims Champagne-Ardenne, membre du Centre de Recherches Droit et Territoire (CRDT, EA 3312, GIS GRALE CNRS), membre du projet Mémoloi (Institut des sciences sociales du politique : CNRS / ENS Cachan / Université Paris-Ouest), ses recherches portent à titre principal sur le droit du patrimoine culturel et le droit de l'environnement. Ancienne vice-doyenne, elle co-dirige actuellement le Master Droit public Carrières publiques de la Faculté de droit et de science politique de Reims. Elle enseigne le droit administratif, le droit de l'environnement et le droit du patrimoine culturel. Elle a récemment publié : « Le label Patrimoine européen. Un label faussement consensuel ? », dans PRIET (F.) et TANCHUX (Ph.) (dir.), « Les labels dans le domaine du patrimoine culturel et naturel », Presses universitaires de Rennes, 2020, p. 153-164 ; « Mobilité et transition énergétique : de la voiture individuelle aux déplacements "doux" », dans DUPERON (O.) (dir.), « Les défis de la mobilité durable pour les territoires », Mare et Martin, Paris,

2020, p. 163-187 ; « Le rôle du juge dans l'évolution du droit des parcs naturels régionaux », Revue Juridique de l'Environnement, n° 2/2018, p. 263-274 ; « La protection des monuments historiques ». Le Patrimoine immobilier, coécrit avec Armelle VERIAT, Dalloz, Hors-série Juris éditions, 2e éd., Paris, 2018, 287 p. et La protection du patrimoine architectural contemporain : recherche sur l'intérêt public et la propriété en droit de la culture, L'Harmattan, Paris, 2011, 407 p.

Damien VANDERMEERSCH est Avocat général à la Cour de cassation de Belgique – Ancien juge d'instruction, Professeur à l'Université de Louvain et à l'Université Saint-Louis Bruxelles. Il est l'auteur de nombreuses publications en matière de droit pénal, de procédure pénale et de droit pénal international. On peut citer notamment les ouvrages suivants : avec MOREAU (T.), Éléments de droit pénal, Bruxelles, La Charte, 2019 ; avec BOSLY (H-D.), Génocide, crimes contre l'humanité et crimes de guerre face à la justice. Les juridictions internationales et les tribunaux nationaux, Bruxelles-Paris, Bruylant et LGDJ, 2010 ; avec la collaboration de SCHMITZ (M.), Comment devient-on génocidaire ? Et si nous étions tous capables de massacrer nos voisins ? Bruxelles, Éd. Grip, 2e éd., 2019.

PRESENTATION DES CHAPITRES

CHAPITRE 1- POURSUIVRE EN FRANCE LES AUTEURS DU GÉNOCIDE DES TUTSI : UN MARATHON JUDICIAIRE. Depuis 1994, de nombreuses personnes soupçonnées d'avoir participé au génocide des Tutsi du Rwanda ont trouvé un accueil complaisant en France, voire une certaine protection. Beaucoup d'entre eux ont obtenu le statut de réfugié politique. Si la Cour de cassation n'avait pas refusé systématiquement de les extrader vers leur pays, le Collectif des Parties civiles pour le Rwanda (CPCR), qui est à l'origine de la plupart des plaintes, n'aurait pas eu à se lancer dans un véritable marathon judiciaire. Les juges du Pôle Crimes contre l'humanité au TGI de Paris ont la lourde tâche d'instruire les dossiers en se rendant sur les lieux des crimes. De nombreuses affaires sont toujours à l'instruction. Près de 27 ans après le génocide, seuls trois génocidaires ont été jugés et condamnés. Malheureusement, le temps joue en faveur des bourreaux.

CHAPITRE 2- LE GÉNOCIDE DES TUTSI, L'INERTIE FRANÇAISE ET LA COUR EUROPÉENNE DES DROITS DE L'HOMME. Depuis sa commission, la Cour européenne des droits de l'Homme a été amenée plusieurs fois, directement ou indirectement, à connaître du génocide au Rwanda. Incidemment, l'attitude singulière de la France à l'égard de ses relations avec le Rwanda entre 1990 et 1994, des acteurs du génocide, a été discutée à Strasbourg sans que le contentieux européen aide vraiment à les surmonter. En effet, la logique de déni et les crispations lui faisant cortège se sont traduites par toute une série d'entraves, entraves à la répression judiciaire comme à la recherche historique, contraires aux droits garantis par la Convention européenne des droits de l'homme.

CHAPITRE 3- LA POURSUITE DU GÉNOCIDE RWANDAIS PAR LES JURIDICTIONS FRANÇAISES : QUÊTE D'UNE COHÉRENCE À L'AUNE DE L'ARRÊT DU 30 OCTOBRE 2019, RENDU PAR LA CHAMBRE CRIMINELLE DE LA COUR DE CASSATION. Vingt-cinq années après s'être vues doter de la compétence universelle, les juridictions répressives françaises, la Chambre criminelle en tête, ont marqué de leur empreinte le traitement judiciaire du génocide rwandais. Sur les quatre Rwandais poursuivis en France, trois sont condamnés mais un, Wenceslas Munyeshyaka, à la fois le premier mais également le dernier dans les poursuites françaises, bénéficie d'un non-lieu. Après de nombreux atermoiements, l'affaire trouve un dénouement avec l'arrêt du 30 octobre 2019 qui conduit à discuter la pertinence des solutions retenues et de la jurisprudence française.

L'arrêt permet tout particulièrement d'éprouver le principe de compétence universelle, dont l'appréciation, marquée par la territorialité tend à affirmer que seule la loi pénale française est applicable. La confrontation de ce dogme aux décisions des juridictions inférieures ou de la Chambre criminelle elle-même révèle des incohérences et une informité générale de la jurisprudence. Il en résulte tant une insécurité juridique pour les auteurs ou victimes, qu'une dégradation de la charge symbolique du procès pénal fondé sur la compétence universelle.

CHAPITRE 4- LES QPC RELATIVES AU GÉNOCIDE DES TUTSI AU RWANDA. Le génocide des Tutsi présente la particularité de s'être introduit dans le débat constitutionnel interne, se trouvant incidemment à l'origine de deux questions prioritaires de constitutionnalité (QPC) tranchées par le Conseil constitutionnel par décisions n° 2015-492 QPC du 16 octobre 2015 et n° 2017-655 QPC du 15 septembre 2017. Outre le contexte historique qui les a incidemment influencées, ces deux décisions a priori distinctes au regard des dispositions législatives contestées et des principes constitutionnels invoqués partagent une singularité commune liée à la nature des questions de droit qu'elles ont permis de soulever devant le Conseil constitutionnel. À différents niveaux, l'une et l'autre ont contribué à une modification du droit positif alors même qu'elles puisaient indirectement leur origine dans les actes de génocide commis plus de vingt ans plus tôt au Rwanda, soit à plus 6 000 km de la rue de Montpensier.

CHAPITRE 5- L'ACCÈS AUX ARCHIVES PRÉSIDENTIELLES. En consacrant une solution pragmatique destinée à inciter les hommes politiques à verser leurs archives, le législateur a instauré, en parallèle du régime général des archives publiques, un régime dérogatoire pour les archives émanant des Présidents de la République, Premiers ministres et membres du Gouvernement. Le pouvoir de contrôle de ces derniers sur des archives pourtant publiques est, en vertu d'une jurisprudence récente, contrebalancé par l'accentuation du contrôle du juge sur les refus d'accès anticipés à ces documents. Un rééquilibrage entre le secret et la liberté d'expression est ainsi opéré.

CHAPITRE 6- LA RESPONSABILITÉ PÉNALE DU CHEF DE L'ÉTAT EN FRANCE ET À L'ÉTRANGER À LA LUMIÈRE DU GÉNOCIDE RWANDAIS. La coutume internationale, malgré la création de la Cour Pénale Internationale qui est, en partie, une résultante de la crise rwandaise a révélé que les juridictions françaises comme étrangères demeurent extrêmement réticentes à reconnaître la responsabilité pénale internationale des Chefs d'État. Mais l'affaire Hissène Habré a montré que des évolutions étaient possibles dans le sens d'une réelle mise en jeu de cette responsabilité pénale, au moins lorsqu'il s'agit d'ex-Chefs d'État.

CHAPITRE 7- LA COMPÉTENCE UNIVERSELLE EN FRANCE : ENTRE AVANCÉE LÉGISLATIVE ET RECHERCHE D'ÉQUILIBRE DANS LES PROCÈS D'ASSISES. Ce n'est que plus de dix ans après l'adoption du Statut de Rome que la France a doté ses juridictions d'une compétence universelle pour connaître des crimes les plus graves tels : le génocide, les crimes contre l'humanité et crimes de guerre, et contribuer ainsi à un système de répression universelle de ceux-ci fondé sur le principe de complémentarité des juridictions nationales, étrangères et internationales. Malgré la suppression progressive de certains verrous législatifs qui conditionnent son application, la compétence universelle « à la française » reste strictement encadrée. À ce jour, sa mise en œuvre s'est en pratique caractérisée par la création d'organes d'enquêtes et de poursuites spécialisés, ainsi que par une forte implication des parties civiles, ayant parfois conduit, si ce n'est à un déséquilibre du procès, à une apparence de déséquilibre qui menace in fine l'exercice effectif des droits de la Défense et qui appelle donc certaines réformes procédurales.

CHAPITRE 8- LES SPÉCIFICITÉS DE L'ENQUÊTE PÉNALE SUR LES CRIMES DE GÉNOCIDE COMMIS AU RWANDA. En général, les enquêtes sur les génocides, les crimes contre l'humanité, les crimes et délits de guerre et le crime de torture se caractérisent par des spécificités visibles. L'éloignement de la scène de crime et de la date à laquelle l'infraction a été commise, la possible absence de coopération de l'État du lieu de commission des faits et l'éparpillement d'éventuels témoins entre plusieurs territoires sont autant d'exemples de défis qu'il faut relever. Par ailleurs, l'évolution de l'enquêteur dans un environnement où la coopération européenne et internationale est habituelle et caractérisée par une multitude d'acteurs, publics ou non, rend ces enquêtes tout à fait particulières.

S'agissant du Rwanda, la France n'extrade pas les suspects de génocide, en raison du principe de non-rétroactivité, c'est-à-dire l'absence en 1994, date des faits, de l'incrimination de génocide dans le Code pénal rwandais. Il revient donc à la France de juger les présumés génocidaires ayant été interpellés sur le sol français. Cette enquête est conduite par l'Office Central de Lutte Contre les Crimes contre l'Humanité et le Pôle Crimes contre l'Humanité du Parquet National Antiterroriste.

Elle obéit à des règles de procédure pénale qui les encadrent et un contexte tout à fait particulier qui la caractérise qui seront analysés dans l'article.

Mais, même si les enquêtes sur les crimes internationaux les plus graves ont déjà débouché en France sur plusieurs succès judiciaires, il n'en demeure pas moins que la lutte contre l'impunité de ces grands criminels réclame des moyens et une visibilité accrue. En effet, une répression efficace des auteurs de crimes internationaux les plus graves présents sur le territoire français par les juridictions françaises nécessite une mobilisation du législateur et des pouvoirs publics et l'octroi de moyens procéduraux, matériels et humains à la hauteur de cet enjeu de civilisation. Or, à ce stade, le compte n'y est pas, loin s'en faut.

Le maintien de la paix et de la sécurité internationale, la protection du territoire français contre des individus qui cherchent à échapper à leur responsabilité pénale et qui présentent un réel danger pour la sécurité nationale et internationale, d'une part, et, d'autre part, la réparation due aux victimes de crimes atroces qui défient l'imagination, sont à ce prix. Toutefois et contrairement à certains calculs erronés, il s'agit d'un prix raisonnable et qui est sans commune mesure avec l'ampleur des coûts humains, financiers et autres engendrés par l'impunité des plus grands criminels.

CHAPITRE 9- LES DROITS DES SURVIVANT.E.S DU GÉNOCIDE RWANDAIS À L'ÉPREUVE DE LA JUSTICE FRANÇAISE. L'article propose un état des lieux des droits des survivant.e.s du génocide rwandais dans le cadre des procédures de compétence universelle en France. Il y expose les origines et développements des affaires rwandaises dans le contexte de la compétence universelle. Il explore en particulier les droits des survivant.e.s à l'information et à la réparation. Les auteures soulignent les lenteurs et les insuffisances en pratique de la mise en œuvre des droits des victimes. Elles en tirent des leçons sur les droits des survivant.e.s dans les procédures de compétence universelle de manière plus générale.

CHAPITRE 10- LE CONTENTIEUX DE L'EXTRADITION DANS LES RELATIONS FRANCO-RWANDAISES : ESQUISSES D'UNE POLITIQUE JURISPRUDENTIELLE SINGULIÈRE. L'hypothèse de l'emprise du pouvoir politique sur le contentieux relatif au génocide rwandais est régulièrement avancée. Le contentieux extraditionnel, peut-être plus qu'un autre en raison de sa forte empreinte politique, pourrait en être l'un des exemples les plus éclatants. La contribution explore cette idée en procédant à une analyse comparée entre les décisions relatives aux demandes d'extradition émises par les autorités rwandaises d'un côté et celles portant sur, d'une part, les demandes de remise par les juridictions pénales internationales relativement au génocide rwandais et, d'autre part, les demandes d'extraditions adressées par d'autres États pour des situations similaires d'un autre côté. Il en ressort que le contrôle juridictionnel des demandes d'extradition rwandaises est tout à fait particulier. Or, si cette singularité peut s'expliquer à certains égards, les éléments de justification manquent de convaincre à d'autres égards.

CHAPITRE 11- L'ÉCHO DES DÉCISIONS DU TPIR DEVANT LE JUGE FRANÇAIS DE L'ASILE ET DE L'IMMIGRATION. Le Tribunal pénal international pour le Rwanda a été créé en vue de poursuivre et condamner les personnes ayant été impliquées dans le génocide du Rwanda. Ces personnes se sont exilées dans plusieurs pays après le génocide, parmi lesquels la

France, parfois qualifiée de « terre d'accueil des génocidaires Rwandais ». Toutefois, les décisions du TPIR rendues à l'égard de ces personnes ont-elles des incidences sur l'instruction de leurs demandes d'asile ? Le juge administratif français de l'asile en général, et le Conseil d'État en particulier, y apportent une réponse en demi-teinte. Si les décisions de condamnation ont une incidence indéniable sur le sens des décisions relatives aux demandes d'asile, force est de constater que les décisions de condamnation prononcées par le TPIR ne privent pas le juge national de son autonomie dans l'instruction des demandes portées devant lui.

CHAPITRE 12- AGATHE KANZIGA ET LE DROIT FRANÇAIS DES ÉTRANGERS : RETOUR SUR UNE SAGA CONTENTIEUSE. Agathe Kanziga, veuve du défunt Président Juvénal Habyarimana, a été à l'origine d'une formidable épopée contentieuse devant les autorités françaises. Réclamant d'abord l'asile sur le fondement de la Convention de Genève, le statut de réfugié lui est refusé par toutes les administrations et juridictions sollicitées ; son cas fut d'ailleurs à l'origine d'une jurisprudence constante sur l'exclusion. Ultimement déboutée de l'asile, la requérante tenta, dès lors qu'elle résidait en France depuis plus de 10 ans, d'obtenir un autre titre de séjour. Plus discutés, les contentieux qui conduisirent in fine au rejet de sa requête ont permis au juge administratif français de préciser certains aspects du droit du séjour des étrangers, à l'instar de l'ordre public moral. Malgré les rumeurs relatives à une saisine de la CEDH, il semble aujourd'hui que la saga Kanziga soit achevée, à tout le moins devant le juge administratif.

CHAPITRE 13- APERÇU DES POURSUITES JUDICIAIRES MENÉES EN BELGIQUE. Le législateur belge a édicté en 1993 une législation en matière de crimes de guerre destinée notamment à mettre son droit interne en concordance avec les obligations qu'il avait contractées par la ratification des Conventions de Genève du 12 août 1949 et les deux Protocoles additionnels à ces Conventions. Ce faisant, la Belgique est allée au-delà de ses obligations internationales en prévoyant des incriminations originales et des règles de compétence plus larges. La loi du 16 juin 1993 trouva à s'appliquer fort rapidement à la suite des événements dramatiques qui se sont déroulés au Rwanda entre avril et juillet 1994. À ce jour, les dossiers d'instruction ouverts à Bruxelles ont débouché sur cinq procès menés devant la cour d'assises de l'arrondissement administratif de Bruxelles-Capitale que nous nous proposons de détailler ci-après.

CHAPITRE 14- LE CANADA ET LE TRAITEMENT DES GÉNOCIDAIRES RWANDAIS. Dans sa lutte contre l'impunité, le Canada s'est doté d'importants outils pour punir les criminels de guerre sur son territoire, notamment en utilisant les procédures d'extradition et les poursuites pénales. Le pays a d'ailleurs mis en œuvre certains de ces mécanismes dans le cadre du conflit rwandais, dès l'arrivée de plusieurs responsables génocidaires dans les années 1990. Toutefois, après quelques tentatives de poursuites, force est d'admettre que le Canada se concentre dorénavant sur un moyen plus facile pour renvoyer les présumés criminels hors du pays, en priorisant les mécanismes administratifs.

CHAPITRE 15- L'APPLICATION DE LA CLAUSE D'EXCLUSION DES GÉNOCIDAIRES RWANDAIS DU STATUT AU REGARD DU DROIT INTERNATIONAL DES RÉFUGIÉS EN RÉPUBLIQUE DÉMOCRATIQUE DU CONGO. Les pratiques régionales pouvant conduire un État à octroyer l'asile et le statut de réfugié, varient grandement, au point de vue du droit, d'une région à l'autre du globe.

Les normes internationales concernant la protection des réfugiés ou des demandeurs d'asile découlent, on le sait, de sources du droit international public : les conventions internationales, la coutume internationale et les principes généraux de droit reconnus par les nations civilisées. Au regard du droit international des réfugiés, la protection ne peut pas être accordée à un criminel car elle ne se justifie pas.

Un État ne doit pas reconnaître le statut de réfugié au demandeur d'asile qui a des armes dans ses mains au motif qu'il fuit la guerre. Son maintien sur le territoire voisin peut aussi tôt ou tard devenir un casus belli dans les relations interétatiques.

CHAPITRE 16- LE TRAITEMENT JUDICIAIRE DU GÉNOCIDE AU RWANDA DEVANT LES CHAMBRES SPÉCIALISÉES. Ce chapitre examine la manière dont le contentieux du génocide a été organisé au Rwanda, sur le fondement de la Loi organique du 30 août 1996. L'analyse se base essentiellement sur la pratique des Chambres spécialisées. Le chapitre examine comment les différentes chambres ont interprété la loi organique, et leur contribution à la construction d'une jurisprudence homogène.

En perspective des Chambres spécialisées, le chapitre s'interroge également sur les développements importants du point de vue du droit matériel et procédural. Le travail des Chambres spécialisées a permis de poursuivre des suspects de génocide dans un cadre juridique en construction, de dégager des règles de procédures et des règles substantielles qui ont contribué au développement du droit national rwandais.

AVERTISSEMENT : « GENOCIDE RWANDAIS » ?

Rassemblant des auteurs de différents horizons géographiques, intellectuels et juridiques, cet ouvrage collectif montre à quel point le terme « génocide rwandais » semble communément usité.

Nous avons choisi de maintenir le choix sémantique des auteurs eu égard surtout à l'usage répété de ces termes dans l'ensemble des littératures sur le sujet et pour mieux le regretter. Une mise au point nous paraît nécessaire.

L'anomalie de cette terminologie paraît pourtant flagrante. Évoque-t-on le « génocide allemand » ou le « génocide polonais » sous prétexte que la plupart des victimes de la Shoah sont de nationalités allemande ou polonaise ?

Cette pudeur à évoquer les victimes par le nom de leur groupe pourrait se justifier par la volonté de ne pas stigmatiser à nouveau les survivants. Cette rhétorique doit être totalement repoussée car elle peut aussi être utilisée dans une démarche négationniste, aboutissant *in fine* à la thèse du double génocide.

Pour éviter toute ambiguïté, la logique est de désigner le groupe des victimes par son nom ou, à la rigueur et par excès de pudeur, par le terme « génocide au Rwanda », le singulier de génocide renvoyant implicitement, au groupe tutsi.

L'Assemblée générale de l'ONU a adopté le 20 avril 1994 dans sa résolution A/RES/74/273 comme dénomination officielle : « génocide des Tutsis au Rwanda en 1994 ». La République du Rwanda met en avant la dénomination « génocide perpétré contre les Tutsi ».

JFB & PL

À ma belle-famille
assassinée pendant le génocide des Tutsi au Rwanda,

À mes arrières-beaux-parents,
Zilina (1934-1994) et Élisée (1921-1994)
Thérèse († 1994) et Apollinaire († 1994)

À mes beaux-parents,
Adèle (1952 – 1994) et André (1950 – 1994)

À ma belle-sœur et beaux-frères
Longin (1983-1994)
Pacifique (1981-1994)
Richard (1986-1994)
Alvéra (1991-1994)

À ma famille,

À mon épouse Sophie Umuhire (1979)
et notre fils Blaise Ineza (2013)

Et à mes belles-sœurs,
À Immaculée (1976) et à son époux Olivier,
Chelsea (2004), Mimosa (2006), Elivia (2009)

À Régine (1988)

INTRODUCTION GENERALE

RWANDA, DES FAITS AU DROIT : JUSTICE SANS FORCE OU FORCE SANS JUSTICE ?

Jean-François Boudet
en collaboration avec Paul Lens

« *Il est juste que ce qui est juste soit suivi ; il est nécessaire que ce qui est le plus fort soit suivi. La justice sans la force est impuissante ; la force sans la justice est tyrannique. La justice sans force est contredite, parce qu'il y a toujours des méchants. La force sans la justice est accusée. Il faut donc mettre ensemble la justice et la force, et pour cela faire que ce qui est juste soit fort ou que ce qui est fort soit juste.*
La justice est sujette à dispute. La force est très reconnaissable et sans dispute. Aussi on n'a pu donner la force à la justice, parce que la force a contredit la justice et a dit qu'elle était injuste, et a dit que c'était elle qui était juste. Et ainsi, ne pouvant faire que ce qui est juste fût fort, on a fait que ce qui est fort fût juste. »

« Pensées de Pascal, précédées de sa vie par Mme Périer, sa sœur, suivies d'un choix de pensées de Nicole et de son traité de la paix avec les hommes », Paris, Librairie de Firmin, Didot Frères, Fils et Cie, Imprimerie de l'Institut, 1863 : Première partie, article IX, Pensées morales détachées, IX. p. 93

L'Homme a un devoir de vérité, à l'égard de lui-même mais aussi à l'égard des autres. Les relations entre la France et le Rwanda sont liées au moins depuis la décolonisation par des accords militaires et par des conceptions et visées doctrinaires de la « Françafrique » alors même que le pays des mille collines avait été confié à un mandat de la Société des Nations au Royaume de Belgique après le premier Conflit mondial et ce jusqu'à son indépendance le 1er juillet 1962[1]. Beaucoup a déjà été dit, écrit, expliqué, décrié

[1] La signature de ces accords militaires a fait l'objet d'une analyse rapide et partiale dans le rapport n° 1271 fait par la mission d'information de la Commission de la défense nationale et des forces armées et de la commission des affaires étrangères de l'Assemblée nationale (France, dit « rapport Quilès », du nom de son président, ce dernier ayant été ministre à plusieurs reprises entre 1981 et 1993) sur les opérations militaires menées par la France, d'autres pays et l'ONU au Rwanda entre 1990 et 1994 enregistré à la Présidence de l'Assemblée nationale le 15 décembre 1998, p. 27-28 (V. aussi dans le tome 2 la liste des accords conclus entre 1962 et 1975). Sans vouloir accréditer l'idée d'une continuité chronologique des relations entre la France et le Rwanda, ces accords semblent aller pourtant plus loin que de simples accords militaires. Plusieurs éléments laissent à penser cela :
1°) La France et le Rwanda signent tout d'abord le 7 décembre 1962 des accords de coopération civile concernant l'assistance économique, culturelle, technique d'une part et d'autre part la radio. Les termes sont classiques et incluent autant l'éducation, la formation que l'assistance fournie par les coopérants français.
2°) Le Président français Valéry Giscard d'Estaing complète ces accords le 18 juillet 1975 par des accords d'assistance militaire entre la France et le Rwanda. Il s'agissait d'étendre l'influence militaire de la France en Afrique aux anciennes colonies de la Belgique. L'accord militaire était un compromis de neuf articles. Précisément :
a- L'art. 1er stipule que la France fournit le personnel militaire nécessaire pour l'organisation et l'éducation de la Gendarmerie rwandaise.
b- L'art. 2 spécifie que le personnel français est nommé par la France avec le consentement du gouvernement rwandais, ainsi que l'officier supérieur français chargé de tout le personnel militaire français, tout comme le Directeur de l'Assistance technique de l'armée, lui-même placé sous l'autorité de l'Ambassade de France.
c- L'art. 3 fixe le régime juridique des soldats français : placés sous la juridiction française, ils servent sous l'uniforme français, étant précisé qu'en aucune condition les forces françaises ne peuvent participer à la préparation ou l'exécution d'opérations militaires et d'opérations visant au maintien ou à la restitution de l'ordre public.
d- L'art. 7 prévoit la possibilité pour le gouvernement rwandais de demander à la France des donations ou de l'aide pour l'achat d'équipements militaires.
3°) On remarquera que cet accord a été modifié à deux reprises dans des périodes de désarrois politique et économique au Rwanda. Ainsi :
a- Cet accord a été par suite modifié le 20 avril 1983 de deux façons importantes. Il permet plus particulièrement à l'armée française de porter l'uniforme rwandais, étant précisé que ce personnel se distinguait avec un insigne « Coopération Militaire » sur le bras gauche, près de l'épaule et que leurs grades ou l'équivalent étaient maintenus dans l'armée rwandaise. La modification était justifiée à l'époque par le fait que les militaires français pouvaient remplacer des éléments rwandais dans la Gendarmerie. Il supprime surtout l'interdiction faite aux Français de participer directement à la préparation et à l'exécution des opérations.
b- À la suite du premier sommet Franco-Africain qui a eu lieu au Burundi les 11 et 12 décembre 1984, cet accord est devenu un accord de défense avec la suppression des sections qui concer-

ou justifié, selon des factures historiques, émotionnelles, académiques ou journalistiques plus ou moins honnêtes[2]. L'histoire s'imposera et la justice triomphera.

Le paroxysme de cette relation – et l'aveuglement « romantique » des différents lieux de pouvoirs – conduira inévitablement à garantir jusque dans les années quatre-vingt-dix une stabilité politique et une prospérité économique de façade dans une région des Grands Lacs africains soumis aux tensions tectoniques des grandes puissances politiques et économiques avides des riches ressources naturelles du Congo-Zaïre. Il prendra une autre forme – beaucoup plus dramatique et honteuse – dans le génocide perpétré contre les Tutsi[3] au Rwanda un dimanche de Pâques en fin de journée. Ce 6 avril 1994 à 20 h 27, l'avion personnel du Président rwandais Juvénal Habyarimana, un Falcon 50 immatriculé 9XR-NN, immatriculation française, offert par la France et piloté par un équipage français, est touché par un des deux missiles tirés depuis le camp militaire de Kanombe ou depuis la colline de Masaka, selon les versions les plus communément acceptées et s'écrase en phase d'atterrissage non loin de l'aéroport national du Rwanda, en partie sur le terrain de la résidence présidentielle. Accompagné par le Président burundais Cyprien Ntaryamira, le Président rwandais revient en effet d'une rencontre régionale à Dar es Salam en Tanzanie où il a accepté de mettre en place les institutions de transition prévues par les Accords d'Arusha qui ont mis un terme à la guerre civile rwandaise en 1993. Plus exactement, l'avion présidentiel rwandais transportait douze personnes : six Rwandais, trois Burundais et trois membres d'équipage français ; plus précisément, les passagers comprenaient les personnalités politiques majeures du Burundi et du Rwanda étaient : outre les deux Présidents

---

naient la non-participation dans les opérations militaires et policières. Cette modification entraîne de facto une discussion sur le rôle de la France dans un contexte génocidaire, y compris sous ou après mandat de l'ONU, mélangeant dès 1990 rapports personnels entre François Mitterrand et son fils Jean-Christophe avec la famille Habyarimana, soutien significatif à la réélection de Habyarimana à la présidence du Rwanda « démocratisé » et le maintien des exilés de l'armée du FPR en dehors du pays.
4°) À partir de ce moment-là, la France est inévitablement impliquée dans les actions qui ont conduit au génocide des Tutsi entre avril et juillet 1994. La première guerre civile rwandaise qui débute en octobre 1990 est l'occasion pour la France d'imposer une intervention avec ses alliés belges et zaïrois pour officiellement évacuer les citoyens occidentaux (« opération Noroît » 1990-1993). Pour autant, à la différence des belges et zaïrois, les troupes françaises sont restées sur place. Les art. 1er et 6 de l'accord d'assistance technique et militaire sont modifiés le 26 août 1992 et le terme « Gendarmerie » est remplacé par ceux de « Forces Armées Rwandaises ». Ces évolutions officialisent l'assistance de l'armée française aux FAR et assoient la légitimité de l'intervention de l'armée française dans la politique intérieure rwandaise.

[2] V. notre bibliographie sélective et non exhaustive sur le rôle de la France au Rwanda (1994-2020) en annexe de la présente introduction.

[3] À l'instar de nombreux ouvrages spécialisés sur l'Afrique centrale, les radicaux invariants « Hutu » et « Tutsi » « Twa » ont été retenus pour désigner les groupes ethniques du Rwanda.

de la République, le ministre burundais des Affaires publiques, le ministre burundais de la Communication, le chef d'état-major de l'armée rwandaise, le major et responsable de la maison militaire du Président rwandais, le chef du cabinet militaire du Président rwandais, le conseiller pour les affaires étrangères du Président rwandais et le médecin personnel du Président rwandais ; ainsi que les membres de l'équipage : le pilote, le copilote, le mécanicien navigant. Il n'y a eu aucun survivant. Le génocide des Tutsi au Rwanda peut commencer, et ce jusqu'au 17 juillet 1994. L'ONU estime officiellement que plus de 800 000 Rwandais, en majorité tutsi, ont perdu la vie durant ces trois mois.

Cette date du 6 avril 1994 est cependant discutée comme événement déclencheur d'un génocide car, si des massacres des Tutsi ont réellement eu lieu le soir même, un accident d'un avion présidentiel n'inaugure pas automatiquement un génocide. Aussi, les tensions étaient déjà paroxysmiques depuis janvier 1994, la situation ayant même parfois été comparée à un baril de poudre prêt à exploser à la moindre étincelle. Accorder une importance excessive à l'attentat sur l'avion présidentiel avec une connotation de minimisation des responsabilités directes des auteurs du génocide relèverait alors d'une approche crypto-raciste dans la mesure où de nombreux assassinats de dirigeants ont eu lieu hors Afrique, sans que cela mène à une quelconque justification d'atrocités commises contre une partie de la population[4]. L'annonce du crash

[4] V. en ce sens et pour un exemple contemporain, l'accident d'un Tupolev 154 du 10 avril 2010 transportant le Président polonais Lech Kaczyński. Cet avion s'écrase lors d'une tentative d'atterrissage sur l'aéroport de Smolensk-nord et ne laisse aucun survivant parmi les quatre-vingt-seize personnes à bord. Outre le chef de l'État polonais et son épouse Maria Kaczyńska, s'y trouvaient le chef d'état-major des armées Franciszek Gągor ainsi que les dirigeants des différents corps de l'armée polonaise, le gouverneur de la Banque nationale de Pologne, le vice-ministre des Affaires étrangères, des membres des deux chambres parlementaires (dont les vice-présidents des deux chambres), des membres du cabinet présidentiel, des membres du clergé polonais et des représentants des familles des martyrs de Katyń. La délégation polonaise venait de se recueillir à Katyń pour commémorer le 70e anniversaire de l'assassinat de plusieurs milliers de Polonais, essentiellement des officiers par la police politique de l'Union soviétique au printemps 1940 dans la forêt de Katyń. Il semblerait que cette catastrophe ait pour cause des erreurs de l'équipage de l'avion et de mauvaises conditions météorologiques.
Dans ce prolongement et dans le cadre du Rwanda, certaines publications semblent admettre comme agent causal du génocide des Tutsi une réaction spontanée de la population à l'instar de violences et autres « jacqueries » en fin de période coloniale. Ces fausses justifications doivent être totalement rejetées car ces réactions spontanées laisseraient entendre qu'un certain nombre de personnes institutionnalisées – en l'espèce le peuple hutu – serait singulièrement émotif et naturellement porté aux massacres. (V. en ce sens les premières conclusions navrantes d'intellectuels hutu devant la commission sénatoriale Rwanda en Belgique). Curieusement, les expériences de Milgram (MILGRAM (S.), Soumission à l'autorité, Paris, Calmann-Lévy, 1974) ne sont que très rarement évoquées dans le cas rwandais. Elles montrent pourtant que la plupart des êtres humains peuvent être transformés en « fonctionnaires de l'horreur » (en référence à la

présidentiel a plus exactement permis à des milices extrémistes hutu à se livrer sans concession à des représailles sanglantes, exterminant des centaines de milliers de Tutsi et de Hutu modérés et parmi eux, au matin du 7 avril, la Première ministre du pays Agathe Uwilingiyimana, une Hutu modérée, son époux, employé des Nations Unies et dix des quinze Casques bleus, ceux de nationalité belge, envoyés par le général Roméo Dallaire, responsable de la MINUAR pour assurer sa protection. D'autres responsables modérés, favorables aux Accords d'Arusha, sont également assassinés le même matin : tels sont les cas parmi d'autres de Joseph Kavaruganda, Président de la Cour constitutionnelle ; de Félicien Ngango, Vice-Président du PSD et de Landoald Ndasingwa, Président du Parti Libéral et ministre du Travail, tous deux candidats à la présidence de l'assemblée de transition (étant aussi rappelé que ce dernier est Tutsi et a été tué avec son épouse et ses enfants de nationalité canadienne). C'est donc tout le processus de transition constitutionnelle qui est mis en déroute et qui permet par là même et plus encore par le biais des ondes de la Radio-Télévision Libre des Mille Collines (RTLMC) créée par des proches du Président Habyarimana en avril 1993 et dont le financement est assuré par Félicien Kabuga lui-même arrêté en France en mai 2020, de répandre la rumeur, le chaos, la mort. Sans aucun équivalent pour d'autres génocides, la RTLM diffuse des listes de personnes à exécuter le 6 avril dès 21h, laissant penser que la radio a bien été un instrument de la planification du génocide et tandis que des tueries commencèrent la nuit même ou dans la journée du 7 avril au nord de Ruhengeri, au nord-ouest à Gisenyi, à l'ouest à Kibuye, au sud-ouest à Gikongoro et Cyangugu, au sud dans le Bugesera ou à l'est à Kibungo. Peu importe en définitive la qualification à donner à ces exhortations meurtrières à ce stade, car le bataillon de l'Armée Patriotique Rwandaise (APR), bras armé du Front patriotique rwandais (FPR) dirigé depuis 1990 par Paul Kagame, et cantonné au Conseil national de développement (CND) à Kigali dans le cadre des accords d'Arusha est bombardé dès le 7 avril au matin par la Garde présidentielle. Ce corps, créé au lendemain du coup d'État du 5 juillet 1973 qui renversa le président Grégoire Kayibanda et qui porta au pouvoir le général Juvénal Habyarimana, avait pourtant une mission claire : assurer la sécurité du chef de l'État (mort), celle de ses proches et de ses hôtes de marque (aucun puisque le pays était en guerre) et celle de sa famille (reconnue par un diminutif péjoratif *akazu* à partir de 1991 et dont

Shoah), les conditions étant notamment l'existence d'une autorité (non contestée), une idéologie justificatrice (importance de la propagande) et une dévalorisation de la victime : en opposition à « l'état autonome », « l'état agentique » atteint par l'individu se caractérise notamment par une perte du sens de la responsabilité. Dans ce cadre ainsi défini, l'individu estime être engagé vis-à-vis de l'autorité dirigeante mais ne se sent pas responsable du contenu des actes que celle-ci lui prescrit.

l'implication dans le génocide est fortement discutée[5]). La réaction du FPR fut relativement rapide puisque ses plus hauts commandements entamèrent une offensive générale sur l'ensemble du pays dans l'après-midi du 7 avril.

Mais il est certain que les passagers de l'avion présidentiel abattu le 6 avril 1994 ne peuvent pas être considérés par d'aucuns comme les « premiers martyrs » d'un quelconque « génocide rwandais », d'une « guerre civile », de « massacres interethniques », de « génocide spontané », de « génocide improvisé » ou de « génocide prémédité » au Rwanda comme le laisseraient penser certaines manifestations commémoratives à Bruxelles, à Paris, à Butare ou ailleurs[6]. Il est en effet incontestable que ce qui s'est passé au Rwanda contre

---

[5] L'akazu – la « petite maison » en Kinyarwanda – suggère que Habyarimana était un nouveau mwami au centre d'un système quasi monarchique. Ce cercle issu pour l'essentiel de la famille du Président et surtout de sa belle-famille dont les membres occupaient des postes importants dans l'administration, dans l'armée et dans l'économie. Parmi ses membres, on comptait :

- la première dame, Agathe Kanziga (V. Chapitre 12. Agathe Kanziga et le droit français des étrangers : retour sur une saga contentieuse).
- ses trois frères : Protais Zigiranyirazo a notamment été préfet de Ruhengeri (condamné à 20 ans d'emprisonnement le 18 décembre 2008, il a été acquitté en appel le 16 novembre 2009 : TPIR,16 novembre 2009, Protais Zigiranyirazo c/ Le Procureur, ICTR-01-73-A) ; Elie Sagatwa était le secrétaire particulier du Président et est mort en même temps que le Président le 6 avril 1994 ; Séraphin Rwabukumba a dirigé une entreprise d'import-export et vit actuellement en Belgique.
- Félicien Kabuga, membre par alliance de la famille présidentielle, était l'un des plus riches hommes du pays et le financier de l'akazu (V. TPIR, 2 juin 2011, acte d'accusation modifié n°ICTR-98-44B-1, ICTR-98-44B-I, Le Procureur c/ Félicien Kabuga).
- Joseph Nzirorera, ayant occupé différents portefeuilles ministériels depuis 1992, était depuis 1993 secrétaire général du MRND rénové. On le considérait comme le dauphin potentiel d'Habyarimana. Il est décédé le 1er juillet 2010 et les poursuites devant le TPIR contre lui ont été abandonnées le 12 août 2010. V. cependant : TPIR, 24 août 2005, acte d'accusation modifié n°ICTR-98-44-I, Le Procureur c/ Edouard Karemera, Mathieu Ngirumpatse et Jospeh Nzirorera).

[6] Depuis le 6 avril 1995, des rassemblements non officiels ont lieu en ce sens à l'Université ou devant les ambassades du Rwanda à Paris ou à Bruxelles. Dans le mélange des genres, il s'agirait aussi de contester les lieux de pouvoir, la cherté de la vie économique au Rwanda, etc. Quoiqu'il en soit, un seul vocabulaire juridique doit être admis, celui de dénoncer un fait juridique incontestable : le génocide des Tutsi au Rwanda. Cette expression dans sa totalité est la seule reconnue par le droit international. La lecture de l'art. 211-1 du Code pénal français la confirme et l'accentue puisque l'extermination et l'incrimination des Tutsi étaient clairement établies, concertées et planifiées (V. Code pénal, Chapitre 1er : Du génocide (article 211-1) : « Constitue un génocide le fait, en exécution d'un plan concerté tendant à la destruction totale ou partielle d'un groupe national, ethnique, racial ou religieux, ou d'un groupe déterminé à partir de tout autre critère arbitraire, de commettre ou de faire commettre, à l'encontre de membres de ce groupe, l'un des actes suivants :

– atteinte volontaire à la vie ;
– atteinte grave à l'intégrité physique ou psychique ;
– soumission à des conditions d'existence de nature à entraîner la destruction totale ou partielle du groupe ;

les Tutsi après l'attentat présidentiel du 6 avril et la déclaration du FPR, victorieux, relative à la mise en place des institutions du 17 juillet 1994 relève de la définition conventionnelle du génocide au-delà du contexte de guerre[7]. L'article 2 de la Convention pour la prévention et la répression du crime de génocide (CPRCG) dispose à cet effet : « *Dans la présente Convention, le génocide s'entend de l'un quelconque des actes ci-après, commis dans l'intention de détruire, ou tout ou en partie, un groupe national, ethnique, racial ou religieux, comme tel :*

a) Meurtre de membres du groupe ;

b) Atteinte grave à l'intégrité physique ou mentale de membres du groupe ;

c) Soumission intentionnelle du groupe à des conditions d'existence devant entraîner sa destruction physique totale ou partielle ;

d) Mesures visant à entraver les naissances au sein du groupe ;

e) Transfert forcé d'enfants du groupe à un autre groupe. »[8]

Et le Tribunal pénal international pour le Rwanda (TPIR) mis en place entre le 8 novembre 1994 et le 31 décembre 2015 par le Conseil de sécurité des Nations Unies afin de juger les personnes responsables d'actes de génocide des Tutsi au Rwanda, et d'autres violations graves du droit international humanitaire commis sur le territoire du Rwanda, ou par des citoyens rwandais sur le territoire d'États voisins, entre le 1er janvier et le 31 décembre 1994 a pu clairement juger : « *31. La Chambre d'appel considère également que rien n'autorise à contester l'exactitude du dernier volet du deuxième fait qui est ainsi libellé : « Au cours [des] attaques [perpétrées en 1994], des citoyens rwandais ont tué des personnes considérées comme des Tutsis ou porté gravement atteinte à leur intégrité physique ou mentale. Ces attaques ont entraîné*

– mesures visant à entraver les naissances ;
– transfert forcé d'enfants.
Le génocide est puni de la réclusion criminelle à perpétuité.
Les deux premiers alinéas de l'article 132-23 relatif à la période de sûreté sont applicables au crime prévu par le présent article. ». V. cependant Chapitre 4- Les QPC relatives au génocide des Tutsi au Rwanda.
Dans le présent ouvrage, nous avons laissé les différents contributeurs libres de leurs propos, ce qui montre aussi toute la difficulté de désigner l'horreur avec toute la rigueur, l'objectivité et le recul nécessaire.

[7] Mais, pour être honnête, si le TPIR a jugé un nombre important de hauts responsables politiques impliqués dans le génocide, il n'a pas pu logiquement entreprendre d'action contre les crimes de guerre ou crimes contre l'humanité attribués au FPR comme il n'a pas pu rechercher une éventuelle complicité française dans le génocide des Tutsi dès lors que la compétence ratione personae, ratione materiae, ratione loci et ratione temporis dudit tribunal limitaient toutes accusations de la sorte (V. résolution 955 du CSNU du 8 novembre 1994 prise en application du chapitre VII de la Charte sur la base du rapport du SGNU : https://www.irmct.org/specials/ictr-remembers/docs/res955-1994_fr.pdf).

[8] La CRPCG a été approuvée et soumise à la signature et à la ratification ou à l'adhésion par l'Assemblée générale dans sa résolution 260 A (III) du 9 décembre 1948. Elle est entrée en vigueur le 12 janvier 1951, conformément aux dispositions de l'article XIII).

la mort d'un grand nombre de personnes appartenant à l'ethnie tutsie ». Ce volet cadre non seulement avec chacun des jugements et des arrêts rendus par le Tribunal, mais aussi avec les récits historiques presque tous concordants qu'on trouve dans des sources telles que les encyclopédies et les livres d'histoire. Il [le génocide] *est de notoriété publique.* » (TPIR, aff. n°ICTR-98-44-AR73(C), 16 juin 2006, *Le Procureur c/ Edouard Karemera, Mathieu Ngirumpatse, Joseph Nzirorera*). Entreprise générée, orchestrée et organisée par les pouvoirs institués, le génocide des Tutsi au Rwanda s'inscrit historiquement dans un projet latent depuis plusieurs décennies, à travers plusieurs phases de massacres de masse, de cycles de totale impunité (1959, 1962-1963, 1973, 1990) et d'aveuglements régionaux et internationaux[9]. Nul besoin de rappeler l'intention du pouvoir hutu en place puisque la preuve de cette intention découle d'éléments probants, facilement vérifiables et indiscutables, préalables et préparatoires tirés de la polémologie rwandaise : la doctrine politique projetant la création d'un État racialement, ethniquement ou confessionnellement homogène ; la diffamation du groupe visé ; le recensement, la discrimination, la ségrégation des membres du groupe ; leur spoliation économique ou leur exclusion sociale ; leur émigration forcée ; le caractère à la fois sélectif et massif ou répété des actes de destruction commis en fonction de l'identité des victimes[10].

D'une durée de cent jours, le génocide des Tutsi au Rwanda fut alors le plus rapide de l'histoire et celui de plus grande ampleur quant au nombre de morts par jour. Il s'est aussi construit dans un processus historique complexe entre d'un côté une réalité de la population du Rwanda et de l'autre la façon

[9] Ainsi, selon un rapport de l'ONU, « La cause de l'échec absolu de l'intervention de l'Organisation des Nations Unies avant et pendant le génocide au Rwanda peut être résumée comme un manque de ressources et un manque de volonté d'accepter l'engagement qui aurait été nécessaire pour empêcher ou arrêter le génocide », (Nations Unies, Rapport de la Commission indépendante d'enquête sur les actions de l'Organisation des Nations Unies lors du génocide de 1994 au Rwanda, UN Doc. S/1999/1257, 16 décembre 1999, p. 32). V. aussi le rapport du Groupe international d'éminentes personnalités pour enquêter sur le génocide de 1994 au Rwanda et ses conséquences : « Rwanda : le génocide qu'on aurait pu stopper » pour le compte de l'OUA (2000) ou encore un certain nombre de documents qu'ont déclassifiés récemment les États-Unis, en Grande-Bretagne, en Nouvelle-Zélande ou dans d'autres États membres du Conseil de sécurité des Nations Unies au moment du génocide du Rwanda et compilés par la National Security Archive et le United States Holocaust Memorial Museum, Rwanda File project, confirment les conclusions du Rapport indépendant des Nations Unies et du Rapport de l'OUA. V. aussi DAVID (E.), Le génocide au Rwanda. Les enquêtes officielles menées en Belgique, en France, à l'ONU et à l'OUA, Paris, L'Harmattan, coll.. Droits, Sociétés, politiques, « Afrique des Grands Lacs », 2015, 80 p.

[10] L'ouvrage de base de référence est à ce sujet celui du général Roméo Dallaire, chargé d'assurer le commandement de la Force internationale de maintien de la paix des Nations Unies au Rwanda : DALLAIRE (R.), J'ai serré la main du diable. La faillite de l'humanité au Rwanda, Québec, Ed. Libre expression, 2003, 685 p.

dont les colonisateurs et les divers Rwandais ont perçu et expliqué la construction génocidaire. Dans cette histoire du Rwanda se sont greffés des avantages politiques successifs que ces divers acteurs ont cru pouvoir tirer de ces discriminations entre trois populations vivant socialement et économiquement sur un même territoire et partageant une même langue, le kinyarwanda, et une même culture. Suivant en cela le projet d'exploitation du Rwanda entrepris par le colonisateur allemand avant 1923, l'administration coloniale belge institutionnalise cette différenciation en 1931 par la mise en place d'un document d'identité ethnique indiquant le groupe auquel appartient le rwandais : Tutsi, Hutu ou Twa alors même que l'Europe voit monter à la même époque le péril nazi sur son continent en spectateur renversé. Ce document d'identité ethnique servira évidemment à justifier entre autres les massacres des Tutsi aux barrières sans compter les théories racistes aussi stupides qu'absconses sur l'évolutionnisme au Rwanda et le partage du territoire entre « ethnies » catégorisées et imagées. Entretenus, ces discours crypto-racistes nous conduiraient naturellement à admettre alors que tout le monde est responsable sans être coupable et est fautif de manière inavouable devant l'humanité mais en refusant toute responsabilité juridique et juridictionnelle réparatrice, punitive, et/ou pénale des gouvernants et de leurs agents. Le cas de la France est en ce sens symptomatique de cet état, notamment à l'encontre de ressortissants rwandais soupçonnés d'avoir pris part au génocide des Tutsi au Rwanda[11]. Si une première tentative d'explication peut s'entendre à partir de l'engagement militaire et diplomatique pris par ce pays en faveur du régime d'Habyarimana avant le 6 avril 1994, un second éclaircissement laissant dire que la France vit sa « deuxième guerre d'Algérie » avec le Rwanda doit aussi se poursuivre à travers le juridisme et l'aveuglement plus ou moins volontaire des autorités françaises jusqu'au 17 juillet 1994 et depuis lors : parmi d'autres, on notera la constitution du gouvernement génocidaire à l'ambassade de France à Kigali en avril 1994, la provocation de l'Opération Turquoise aux Nations Unies à compter du 22 juin 1994, la présence de militaires et de nationaux français au Rwanda entre avril et juillet 1994, le rôle ambigu et l'abandon de milliers de Tutsi sur la colline de Bisesero entre le 26 et le 30 juin 1994, des livraisons d'armes aux FAR pendant et après le génocide au Zaïre voisin, l'accueil de nombreux extrémistes Hutu en France à partir d'avril 1994 sous couvert du

---

[11] V. en comparaison, naturellement avec les tribunaux au Rwanda mais aussi en Belgique et au Canada : Chapitre 13- Aperçu des poursuites judiciaires menées en Belgique ; Chapitre 14- Le Canada et le traitement des génocidaires rwandais ; Chapitre 15- Le traitement judiciaire du génocide au Rwanda devant les chambres spécialisées ; ou avec la situation spécifique de la RDC à l'égard des génocidaires : Chapitre 16- L'application de la clause d'exclusion des génocidaires rwandais du statut au regard du droit international des réfugiés en République démocratique du Congo.

droit humanitaire[12]. Un travail d'introspection doit se faire et peut-être que l'accès aux archives présidentielles permettra d'avancer en ce sens au même titre, même symbolique, de l'inscription à la date du 7 avril en France de la commémoration annuelle du génocide des Tutsi[13]. Quoi qu'il en soit, la question judiciaire est quant à elle demeurée tributaire pendant longtemps des relations diplomatiques orageuses entre les deux pays. Aussi, si les premières plaintes datent du début des années 1995, il a fallu attendre en 2012 la création d'un Pôle spécialisé « Crimes contre l'humanité et crimes et délits de guerre » du parquet du Procureur de la République près le Tribunal de grande instance de Paris et en 2013 la création de l'Office central de lutte contre les crimes contre l'humanité, les génocides et les crimes de guerre (OCLCH) rattaché à la Sous-direction de la police judiciaire (SDPJ) de la Direction générale de la gendarmerie nationale (DGGN), pour voir aboutir l'instruction de « dossiers rwandais » qui représentent aujourd'hui l'essentiel du contentieux relatif aux crimes contre l'humanité traité en France[14]. Un « marathon judiciaire » peut dès lors commencer avant que bourreaux et rescapés ne meurent dans l'oubli[15].

Établir un bilan serait totalement hasardeux dès lors que seuls trois génocidaires – Pascal Simbikangwa, Tito Barahira et Octavien Ngenzi [16] – ont été jugés et condamnés en France près de vingt-sept années après le génocide des Tutsi au Rwanda alors que de nombreuses instances sont toujours à l'instruction et sans que la responsabilité de la France et de ses dirigeants puisse être discutée tant à l'égard du génocide lui-même que de la politique d'asile mise en place à l'époque elle-même[17]. Cette épreuve judiciaire peut paraître bien

---

[12] V. Chapitre 6- La responsabilité pénale du Chef de l'État en France et à l'étranger à la lumière du génocide rwandais.

[13] V. décret n° 2019-435 du 13 mai 2019 relatif à la commémoration annuelle du génocide des Tutsi. V. aussi Chapitre 4- Les QPC relatives au génocide des Tutsi au Rwanda et Chapitre 5- L'accès aux archives présidentielles.

[14] V. Chapitre 8- Les spécificités de l'enquête pénale sur les crimes de génocide commis au Rwanda.

[15] Expression d'A. Gauthier. V. Chapitre 1- Poursuivre en France les auteurs du Génocide des Tutsi : un marathon judiciaire.

[16] V. spéc. pour ce qui est de Pascal Simbikangwa : C. Cass., 24 Mai 2018, n° 16-87.622, P. S. et en ce qui concerne Tito Barahira, Octavien Ngenzi : C. Cass., 16 octobre 2019, n° 18-84.608, M. I... Q... et M. Z... Y... (condamnations définitives). V. aussi Chapitre 3- La poursuite du génocide rwandais par les juridictions françaises : quête d'une cohérence à l'aune de l'arrêt du 30 octobre 2019, rendu par la Chambre criminelle de la Cour de cassation.
Et, pour autant, en fin du présent ouvrage, la liste et les références de décisions de justice significatives concernant le génocide des Tutsi au Rwanda et le cas français.

[17] La France est opportunément citée à deux reprises au moins lors de procès devant le TPIR et notamment :

longue tant elle enjambe vérités judiciaire, politique et historique qu'il conviendrait d'équilibrer dans un contexte qui est celui de l'éloignement géographique, affectif et mémoriel du génocide des Tutsi au Rwanda. Ainsi, sans un éclairage sur la place des barrières dans le dispositif des tueries, sans une description du rôle essentiel des distributions d'armes à feu – loin du cliché d'un « génocide à la machette » –, sans le décryptage des chaînes de commandement qui n'épousent pas toujours les hiérarchies officielles, impossible est de rendre compte des agissements individuels et de rendre compte de la responsabilité de chacun. Autrement dit, si les faits reprochés aux accusés ne prennent sens que dans une histoire générale, ce « marathon judiciaire » exige un

1°) en ce qui concerne la constitution du gouvernement génocidaire à l'ambassade de France à Kigali : V. au sujet de Callixte Nzabonimana, condamné à une peine d'emprisonnement à perpétuité le 31 mai 2012, peine confirmée en appel le 29 septembre 2014 : TPIR, 31 mai 2012, jugement portant condamnation n°ICTR-98-44D-T, Le Procureur c/ Callixte Nzabonimana ;
2°) lors de l'Opération Turquoise :
a. au sujet de Gratien Kabiligi et de Théoneste Bagosora, d'Aloys Ntabakuze et d'Anatole Nsengiyumva : Gratien Kabiligi a été acquitté alors que Théoneste Bagosora, Aloys Ntabakuze et Anatole Nsengiyumva ont été condamnés chacun à l'emprisonnement à perpétuité le 18 décembre 2008. En appel, Théoneste Bagosora a été condamné à 35 ans d'emprisonnement et Anatole Nsengiyumva à 15 ans d'emprisonnement le 18 décembre 2011. Aloys Ntabakuze a été condamné à 35 ans d'emprisonnement le 8 mai 2012. V. notamment : TPIR,14 décembre 2011, arrêt n°ICTR· 98-4 1-A, Théoneste Bagosora et Anatole Nsengiyunya c/ Le Procureur
b. Au sujet d'Edouard Karemera et de Mathieu Ngirumpatse, ces derniers ont été condamnés chacun à une peine d'emprisonnement à perpétuité le 2 février 2012 et leur peine a été confirmée en appel le 29 septembre 2014. V. TPIR, 2 février 2012, jugement portant condamnation n°ICTR-8-44-T, Le Procureur c/ Edouard Karemera et Mathieu Ngirumpatse).
Par suite, des officiers de l'armée française ont pu précautionneusement témoigner sans pour autant être inquiétés et uniquement à décharge : en faveur du major Aloys Ntabakuze (condamné par le TPIR à 35 ans d'emprisonnement le 8 mai 2012), du général Gratien Kabiligi (acquitté par le TPIR le 18 novembre 2008) ou du colonel Théoneste Bagosora (condamné à l'emprisonnement à perpétuité le 18 décembre 2008. À été condamné en appel à 35 ans d'emprisonnement). V. aussi, en droit français, la confirmation par la Cour d'appel de Paris le 3 juillet 2020 d'un non-lieu en faveur des Rwandais inculpés par le juge Bruguière concernant l'attentat du 6 avril 1994, les différentes tentatives de plaintes notamment de Survie et sans succès apparent depuis 2016 devant la Cour de Justice de la République (CJR) contre des ministres et des hauts fonctionnaires et plus généralement la décision n° 98-408 DC du 22 janvier 1999, Traité portant statut de la Cour pénale internationale et la décision n° 2010-612 DC du 5 août 2010, Loi portant adaptation du droit pénal à l'institution de la Cour pénale internationale rendant quasi-impossible un engagement de la responsabilité pénale du chef de l'État devant la justice internationale ou devant la Haute Cour de Justice (HCJ) pour haute trahison. V. Chapitre 6- La responsabilité pénale du Chef de l'État en France et à l'étranger à la lumière du génocide rwandais. D'autres plaintes ont été rejetées, ont été classées sans suite ou sont en cours d'instruction à l'égard de l'Armée française (notamment pour la livraison d'armes pour les génocidaires), de militaires français (notamment pour viols présumés de rescapées tutsi, pour abandon de rescapés à Bisesero, pour exactions au camp de réfugiés de Murambi) et de BNP-Paribas (pour le financement des achats d'armes par le gouvernement génocidaire).

engagement total qui favorise certainement les bourreaux génocidaires au détriment des rescapés survivants[18]. Le travail des juges est alors rendu difficile, délicat, ardu sans véritables moyens à la mesure d'une enquête judiciaire complexe et du droit à réparation pour les rescapés. Faut-il alors plus modestement interroger le traitement juridictionnel de ce contentieux si douloureux dès lors que « *Au nom du Peuple français* », des décisions de justice sont aujourd'hui discutées, jugées devant le prétoire de la justice administrative, constitutionnelle ou judiciaire de ce pays sous couvercle de la période génocidaire. Embusqué dans de telles contingences, stigmates et empreintes, ce traitement juridictionnel n'est pas satisfaisant et traduit toute une série d'entraves, entraves à la répression judiciaire comme à la recherche historique, contraires aux principes mêmes du droit et de l'État de droit[19]. Ce déséquilibre se retrouve plus exactement dans l'appréhension juridictionnelle qui est faite de questions aussi fondamentales que celles de la compétence des juges et de l'autorité de la chose jugée[20], des droits au procès, à la légalité des délits et peines et de la

[18] V. plus spécialement : Chapitre 3- La poursuite du génocide rwandais par les juridictions françaises : quête d'une cohérence à l'aune de l'arrêt du 30 octobre 2019, rendu par la Chambre criminelle de la Cour de cassation ; Chapitre 7- La compétence universelle en France : entre avancée législative et recherche d'équilibre dans les procès d'assises et Chapitre 9- Les droits des survivant.e.s du génocide rwandais à l'épreuve de la Justice française.

[19] V. particulièrement : Chapitre 2- Le génocide des Tutsi, l'inertie française et la Cour européenne des droits de l'homme ; Chapitre 7- La compétence universelle en France : entre avancée législative et recherche d'équilibre dans les procès d'assises ; Chapitre 9- Les droits des survivant.e.s du génocide rwandais à l'épreuve de la Justice française ; et Chapitre 12- Agathe Kanziga et le droit français des étrangers : retour sur une saga contentieuse.

[20] V. Chapitre 1- Poursuivre en France les auteurs du génocide des Tutsi : un marathon judiciaire ; Chapitre 2- Le génocide des Tutsi, l'inertie française et la Cour européenne des droits de l'homme ; Chapitre 3- La poursuite du génocide rwandais par les juridictions françaises : quête d'une cohérence à l'aune de l'arrêt du 30 octobre 2019, rendu par la Chambre criminelle de la Cour de cassation ; Chapitre 7- La compétence universelle en France : entre avancée législative et recherche d'équilibre dans les procès d'assises ; Chapitre 9- Les droits des survivant.e.s du génocide rwandais à l'épreuve de la Justice française ; Chapitre 11- L'écho des décisions du TPIR devant le juge français de l'asile et de l'immigration. V. en parallèle : Chapitre 13- Aperçu des poursuites judiciaires menées en Belgique.

ile et à l'extradition[22], voire plus simplement
ntiellement, ce déséquilibre intéresse aussi
ment le droit à l'information et à la liberté
s et le droit à réparation[25], l'interdiction
nts[26] ou le droit à une vie privée et fami-
ès lors teintés d'histoires aussi extrava-
nt l'horreur humaine pour laisser place à
ohérence et une informité jurisprudentielles. Ce
propre à la France mais les raisons sont différentes par ail-
tant le Rwanda esquisse sa politique pénale et son droit à partir de son histoire la plus récente, autant la justice française avait les moyens et les

[21] V. Chapitre 1- Poursuivre en France les auteurs du génocide des Tutsi : un marathon judiciaire ; Chapitre 2- Le génocide des Tutsis, l'inertie française et la Cour européenne des droits de l'homme ; Chapitre 3- La poursuite du génocide rwandais par les juridictions françaises : quête d'une cohérence à l'aune de l'arrêt du 30 octobre 2019, rendu par la Chambre criminelle de la Cour de cassation ; Chapitre 4- Les QPC relatives au génocide des Tutsi au Rwanda ; Chapitre 7- La compétence universelle en France : entre avancée législative et recherche d'équilibre dans les procès d'assises ; Chapitre 8- Les spécificités de l'enquête pénale sur les crimes de génocide commis au Rwanda ; Chapitre 10- Le contentieux de l'extradition dans les relations franco-rwandaises : Esquisses d'une politique jurisprudentielle singulière ; Chapitre 11- L'écho des décisions du TPIR devant le juge français de l'asile et de l'immigration.

[22] V. Chapitre 1- Poursuivre en France les auteurs du génocide des Tutsi : un marathon judiciaire ; Chapitre 2- Le génocide des Tutsi, l'inertie française et la Cour européenne des droits de l'homme ; Chapitre 3- La poursuite du génocide rwandais par les juridictions françaises : quête d'une cohérence à l'aune de l'arrêt du 30 octobre 2019, rendu par la Chambre criminelle de la Cour de cassation ; Chapitre 9- Les droits des survivant.e.s du génocide rwandais à l'épreuve de la Justice française ; Chapitre 10- Le contentieux de l'extradition dans les relations franco-rwandaises : Esquisses d'une politique jurisprudentielle singulière et Chapitre 11- L'écho des décisions du TPIR devant le juge français de l'asile et de l'immigration. V. en parallèle : Chapitre 13- Aperçu des poursuites judiciaires menées en Belgique et Chapitre 15- L'application de la clause d'exclusion des génocidaires rwandais du statut au regard du droit international des réfugiés en République démocratique du Congo.

[23] V. Chapitre 7- La compétence universelle en France : entre avancée législative et recherche d'équilibre dans les procès d'assises et Chapitre 10- Le contentieux de l'extradition dans les relations franco-rwandaises : Esquisses d'une politique jurisprudentielle singulière.

[24] V. Chapitre 2- Le génocide des Tutsi, l'inertie française et la Cour européenne des droits de l'homme ; Chapitre 4- Les QPC relatives au génocide des Tutsi au Rwanda ; Chapitre 6- L'accès aux archives présidentielles et Chapitre 9- Les droits des survivant.e.s du génocide rwandais à l'épreuve de la Justice française.

[25] V. spéc. Chapitre 7- La compétence universelle en France : entre avancée législative et recherche d'équilibre dans les procès d'assises et Chapitre 9- Les droits des survivant.e.s du génocide rwandais à l'épreuve de la Justice française.

[26] V. Chapitre 2- Le génocide des Tutsi, l'inertie française et la Cour européenne des droits de l'homme.

[27] Chapitre 11- L'écho des décisions du TPIR devant le juge français de l'asile et de l'immigration et Chapitre 12- Agathe Kanziga et le droit français des étrangers : retour sur une saga contentieuse.

outils pour réagir plus posément au regard de sa propre [illegible] moins le second Conflit mondial et les procès liés à la périod[illegible] et plus encore les affaires Barbie, Touvier, Papon ou plus récem[illegible] procès relatifs aux attentats de Charlie Hebdo[28]. Fortement média[illegible] cès en première instance du génocidaire Pascal Simbikangwa a laiss[illegible] une forme d'indifférence générale par la suite de telle sorte que l'ext[illegible] de Félicien Kabuga, financier présumé du génocide des Tutsi au Rwanda a[illegible] son arrestation le 16 mai 2020 en France, au Mécanisme international app[illegible] à exercer les fonctions résiduelles des Tribunaux pénaux (MTPI) à Arusha, a été davantage entendue comme un signe de réchauffement diplomatique entre la France et le Rwanda plutôt que d'une réelle avancée de la justice pénale internationale[29]. Bien plus que des discours juridiques ou des langages de droits, ces dossiers judiciaires éclairent plus encore le sens, la manière et les moyens que la République française met en œuvre pour écrire son propre récit politique et historique. Résilient, cet ouvrage collectif tend alors à prévenir : sans sursaut, la Justice deviendrait, sinon un mot en l'air, en tout cas quelque chose qui face à la force physique, ne ferait jamais le poids. Spirituel, Blaise Pascal le savait bien.

---

[28] V. Chapitre 16- Le traitement judiciaire du génocide au Rwanda devant les chambres spécialisées.

[29] Sur l'aff. Kabuga, V. plus spéc. les arrêts n°1765 et 1802 de la chambre criminelle de la Cour de Cassation en date du 30 septembre 2020.

BIBLIOGRAPHIE SÉLECTIVE ET NON EXHAUSTIVE SUR LE RÔLE DE LA FRANCE AU RWANDA (1994-2020)

1994

KROP (P.), Le génocide franco-africain. Faut-il juger François Mitterrand ?, Paris, Éd. J-C. Lattès.
VERSCHAVE (Fr-X.), Complicité de génocide ? La politique de la France au Rwanda, Paris, La Découverte.

1996

AGIR ICI & SURVIE, Dossiers noirs de la politique africaine de la France, L'Harmattan, coll. « Les dossiers noirs ».
VEDRINE (H.), Les Mondes de François Mitterrand. À l'Élysée, 1981-1995, Paris, Éd. Fayard.

1997

BA (M.), Rwanda, un génocide français, Paris, L'Esprit frappeur.

1998

ASSEMBLÉE NATIONALE, Rapport n° 1271 de la Mission d'information parlementaire sur le Rwanda, Paris, Assemblée nationale.
FAVIER (P.) et MARTIN-ROLAND (M.), La Décennie Mitterrand, t.4, éd. du Seuil, coll. « L'épreuve des faits » (rééd. « Points », 2001).
GOUTEUX (J.-P.), Un génocide secret d'État - La France et le Rwanda, 1990-1997, Paris, Éd. Sociales.
SITBON (M.), Un génocide sur la conscience, Paris, L'Esprit frappeur.

1999

SEHENE (B.), Le piège ethnique, Paris, Éd. Dagorno.
GOUTEUX (J.-P.), Le Monde, un contre-pouvoir ? Désinformation et manipulation sur le génocide rwandais, Paris, L'Esprit frappeur.

2001

AMBROSSETTI (D.), La France au Rwanda. Un discours de légitimation morale, Paris, Karthala.
GOUTEUX (J.-P.), Un génocide sans importance : la Françafrique au Rwanda, Lyon, Tahin Party.

2002

KAYIMANA (V.), France-Rwanda : les coulisses du génocide. Témoignage d'un rescapé, Paris, Dagorno-L'Esprit Frappeur.
GOUTEUX (J.-P.), La nuit rwandaise. L'implication française dans le dernier génocide du siècle, Paris, L'Esprit Frappeur.

2003

PHILPOT (R.), Ça ne s'est pas passé comme ça à Kigali, Montréal, Les Intouchables, 2003.

2004

SAINT-EXUPÉRY (P. de), L'inavouable. La France au Rwanda, Paris, Les Arènes.

2005

CORET (L.) et VERSCHAVE (F.-X.), L'horreur qui nous prend au visage, Paris, Karthala.
HOGARD (J.) Les Larmes de l'honneur : soixante jours dans la tourmente du Rwanda, Paris, Éd. Hugo et Compagnie.
LA PRADELLE (G. de), Imprescriptible, l'implication française dans le génocide tutsi portée devant les tribunaux, Paris, Éd. Les Arènes.
LUGAN (B.), François Mitterrand, l'armée française et le Rwanda, Paris, Éd. du Rocher.
PÉAN (P.), Noires fureurs, blancs menteurs, Paris, Éd. Fayard/Mille et Une nuits.

2007

GOUTEUX (J.-P.), Un génocide sans importance – La France et le Vatican au Rwanda, Lyon, Tahin party.

KROSLAK (D.), The Role of France in the Rwandan genocide. An analysis of France's relationship with Rwanda leading up to and during the Rwandan Genocide, London, Hurst & Co.
PERIES (G.) et SEVENAY (D.), Une guerre noire, Paris, La Découverte.
SPITZER (S.), Contre-enquête sur le juge Bruguière. Raisons d'État. Justice ou politique ?, Éd. S. Spitzer.

2009

SAINT-EXUPÉRY (P. de), Complices de l'Inavouable, la France au Rwanda, Paris, Les Arènes.

2010

DUPAQUIER (J.-Fr.), L'Agenda du génocide. Le témoignage de Richard Mugenzi ex-espion rwandais, Paris, Karthala.
LAFOURCADE (J.-Cl.), Opération Turquoise, Paris, Éd. Perrin.
MOREL (J.), La France au cœur du génocide des Tutsi, Paris, Izuba édition - L'Esprit Frappeur.
PÉAN (P.), Carnages, Paris, Éd. Fayard.

2012

FARNEL (S.), 13 mai 1994, un massacre français ?, Éd. Serge Farnel.
VULPIAN (L. de) et PRUNGNAUD (Th.), « Silence Turquoise ». Responsabilités de l'État français dans le génocide des Tutsi, Paris, Éd. Don Quichotte.

2014

ANCEL (G.), Vents sombres sur le lac Kivu, Haubourdin, TheBookEdition.
BOUDIGUET (Br.), Vendredi 13 à Bisesero – La question de la participation française dans le génocide des Tutsis Rwandais – 15 avril-22 juin 1994, Paris, Aviso.
COLLOMBAT (B.) et SERVENAY (D.), « Au nom de la France » : Guerres secrètes au Rwanda, La Découverte.
COSSE (J.-P.), Alain Juppé et le Rwanda, Paris, L'Harmattan.
DUPAQUIER (J.-Fr.), Politiques, militaires et mercenaires français au Rwanda – Chronique d'une désinformation, Paris, Karthala.
GRANER (Fr.), Le sabre et la machette. Officiers français et génocide tutsi, Mons, Éd. Tribord.
LUGAN (B.), Rwanda, un génocide en questions, Paris, Éd. du Rocher.

2017

AUDOIN-ROUZEAU(St.), Une initiation : Rwanda 1994-2016, Paris, Seuil.

2018

ANCEL (G.), Rwanda, la fin du silence : témoignage d'un officier français, Paris, Les Belles Lettres.

2020

DORIDANT (R.) et GRANER (Fr.), L'Etat français et le génocide des Tutsis au Rwanda, Paris, Agone.

PROLEGOMENES

CHAPITRE 1-

POURSUIVRE EN FRANCE LES AUTEURS DU GENOCIDE DES TUTSI : UN MARATHON JUDICIAIRE

Alain Gauthier

Depuis juillet 1995, des plaintes visant des personnes soupçonnées d'avoir participé au génocide des Tutsi du Rwanda et vivant sur le territoire français s'amoncellent sur le bureau des juges d'instruction parisiens. Les deux premières, déposées par des associations comme la FIDH et SURVIE, ainsi que par des plaignants individuels, visaient l'abbé Wenceslas Munyeshyaka, un prêtre du diocèse d'Évreux qui a bénéficié d'un non-lieu vingt ans plus tard, et le docteur Sosthène Munyemana, médecin à l'hôpital de Villeneuve-sur-Lot, finalement déféré devant la Cour d'assises de Paris depuis le 12 décembre 2018. Ce procès n'a toujours pas eu lieu. De nombreuses autres plaintes ont, depuis, été déposées, et seules trois personnes ont été jugées et condamnées pour génocide. Poursuivre des génocidaires en France ? Un véritable marathon judiciaire dans lequel s'est lancé le CPCR, avec d'autres associations et des familles de victimes parties civiles.

I. HISTORIQUE

C'est à l'issue du procès dit des "Quatre de Butare"[30] aux assises de Bruxelles au printemps 2001 que l'idée de créer en France une association dont l'objet consisterait à poursuivre en justice les personnes soupçonnées d'avoir participé au génocide des Tutsi du Rwanda va naître. En effet, à l'énoncé du verdict, les initiateurs du procès réunis au sein d'un Collectif des Parties Civiles nous ont interpellés, mon épouse et moi-même[31]: "Et vous, que faites-vous en France ?" Après quelques semaines de réflexion, le temps de réunir quelques amis, nous décidions de créer le CPCR, le Collectif des Parties civiles pour le Rwanda.

---

[30] En juin 2001, deux religieuses bénédictines, sœur Gertrude et sœur Kizito, un professeur d'université, Vincent Ntezimana et un industriel ancien ministre, Alphonse Higaniro, étaient condamnés à des peines allant de douze à vingt ans de prison pour crimes contre l'humanité.

[31] Nous avions suivi d'assez près ce procès car mon épouse, Dafroza, est originaire de cette ville du sud du Rwanda, et que nous connaissions Claver Karenzi, une des victimes.

Dans un premier temps, et afin de montrer notre détermination à nous engager sans tarder, nous avions décidé de nous constituer partie civile dans six affaires qui avaient tendance à somnoler sur le bureau des juges d'instruction. Outre les deux dossiers précédemment cités, plusieurs personnes étaient poursuivies en justice : Laurent Serubuga, ex-chef d'État-major adjoint de l'armée rwandaise, Laurent Bucyibaruta, ancien préfet de Gikongoro, Cyprien Kayumba et Fabien Neretse[32], deux anciens membres de l'armée rwandaise.

En réalité, notre volonté personnelle de travailler au service des victimes était antérieure à la décision de créer une association. Dès l'été 1997, mon épouse et moi-même avions eu l'occasion de rencontrer des rescapés de l'église de la Sainte-Famille à Kigali grâce à une cousine elle-même rescapée avec deux de ses enfants. Nous avions alors recueilli des témoignages que nous avions remis à l'avocat en charge de la plainte contre l'abbé Munyeshyaka, vicaire dans cette paroisse.

Très rapidement, nous prendrons l'initiative de préparer de nouvelles plaintes au gré de nos investigations. Nous ne savions pas, à l'époque, que cela allait nous engager pour le restant de nos jours.

II. BIENVENUE EN FRANCE

Très rapidement, au fil de nos recherches, nous avons pris conscience que la France était devenue une terre d'accueil privilégiée pour les Rwandais qui, dès 1994, avait décidé de ne pas revenir au Rwanda. Beaucoup d'entre eux avaient rejoint les pays voisins lors de la fuite des génocidaires, avec armes et bagages. Ces derniers avaient entraîné avec eux une foule considérable de citoyens à qui on avait fait croire que le FPR organiserait la répression, pour venger les siens. Tout le monde se souvient des images transmises par les médias, montrant des colonnes de gens harassés qui passaient la frontière du Zaïre, à Goma ou à Bukavu. On se souvient aussi de ceux qui avaient rejoint la Tanzanie et qui avaient organisé d'immenses camps restés sous l'autorité des bourgmestres : Benako en est le plus célèbre.

On s'était alors apitoyé, à bon droit, sur la présence d'hommes, de femmes, de vieillards et d'enfants qui, une fois sommairement installés dans des camps, allaient être rattrapés par le choléra. On oubliait alors que pendant les trois

---

[32] Fabien Neretse a été jugé et condamné pour génocide par la justice belge en décembre 2019. Nous l'avions retrouvé à Angoulême où il vivait sous le nom de son père. Poursuivi aussi en Belgique, en particulier à la suite d'une plainte de Martine Beckers, la France avait décidé de l'extrader.

mois qui avaient précédé leur fuite, plus d'un million de morts, en grande majorité tutsi, tous innocents, s'entassaient dans des fosses communes qu'on ne cessera de découvrir jusqu'à nos jours. La catastrophe humanitaire, déclenchée par les membres de l'armée rwandaise, par ceux de la Garde présidentielle, les gendarmes et les miliciens interahamwe, par les paysans qui avaient obéi aux donneurs d'ordre, allait faire oublier le dernier génocide du XXe siècle, le génocide des Tutsi.

Si les gens modestes finissaient par rentrer au pays, de gré ou de force, il n'en serait pas de même des grands responsables du génocide qui avaient les moyens de s'exiler loin de leur pays. Après quelques temps passés dans leur pays d'accueil, beaucoup d'entre eux finiront par rejoindre le Kenya, puis les pays de l'Afrique de l'Ouest (Centrafrique, Togo, Bénin, Côte d'Ivoire...), derniers tremplins vers plusieurs pays du monde occidental.

C'est le moment de rappeler que les plus hautes autorités de l'ancien régime et leurs familles bénéficieront de l'aide directe de la France. Madame Agathe Kanziga, pour ne citer qu'elle, sera extradée par les militaires français et accueillie officiellement en France après un court séjour en Centrafrique. Sur instruction de François Mitterrand, elle recevra, en plus d'un bouquet de fleurs, la somme de 200 000 francs comme aide aux réfugiés. Elle ne restera d'ailleurs pas inactive. Le Président français aurait alors avoué à trois responsables de Médecins sans Frontières, le 14 juin 1994 : « Elle a le diable au corps (...) C'est une folle qui voulait lancer un appel à la continuation du génocide sur les radios périphériques françaises. On a eu du mal à la calmer. »

III. UNE NOUVELLE « ROUTE DES RATS » ?

En mai 1945, nombre de dignitaires nazis, profitant du chaos qui régnait en Allemagne, réussirent à partir pour l'étranger avec l'aide, soit de membres de l'Église catholique, soit du Service de renseignements de l'armée américaine de l'époque, le Counter Intelligence Corps (CIC)[33]. Sans vouloir pousser plus loin la comparaison, il semblerait que les génocidaires rwandais qui ont rejoint la France aient bénéficié de soutiens. Comment expliquer que l'île de Mayotte, département français de l'océan Indien, ait vu arriver, via le Kenya et les Comores voisines, nombre de fuyards qui trouveront apparemment facilement l'aide des associations humanitaires de l'île, qu'elles soient chrétiennes ou musulmanes. Deux des trois génocidaires condamnés par la justice française, Pascal Simbikangwa et Octavien Ngenzi, ont été retrouvés sur l'île

[33] GEORGEN (A.), « Après la guerre, des milliers de nazis ont réussi à prendre la fuite à l'aide de l'Église catholique », Slate, 18 mai 2015.

de Mayotte où résideraient encore aujourd'hui un nombre important de personnes au passé trouble. Pour beaucoup d'entre eux, c'est une dernière étape avant de pouvoir venir en métropole où ils pourront se refaire une virginité.

Si on ne peut suspecter l'Église de France d'avoir sciemment accueilli des génocidaires, il est pourtant vrai que plusieurs d'entre eux ont bénéficié de son soutien. Claver Kamana[34], aujourd'hui décédé sans avoir été jugé, avait été hébergé par les religieuses de Saint-Joseph à Annecy. Dominique Ntawukuririyayo[35], extradé vers le TPIR où il sera jugé et condamné, était responsable de la pastorale des migrants pour le diocèse de Carcassonne au moment où le CPCR avait déposé une plainte contre lui. Contacté par nos soins, l'évêque du lieu n'avait pas daigné répondre à nos interrogations.

L'abbé Wenceslas Munyeshyaka, rapatrié du Zaïre par un évêque français en visite pastorale dès 1994, a très rapidement exercé des fonctions pastorales à Bourg Saint-Andéol (diocèse de Viviers en Ardèche), puis dans la paroisse de Gisors (diocèse d'Évreux) où il se trouve encore. Nous devons toutefois préciser qu'après une procédure qui aura duré près de 25 ans, le prêtre finira par bénéficier d'un non-lieu[36]. Le pourvoi en cassation que nous avions déposé sera aussi rejeté[37], ce qui mettra un point final à cette affaire.

Michel Bakuzakundi, visé par une plainte du CPCR[38], serait lui aussi responsable de la pastorale des migrants pour le diocèse du Havre.

Quant au docteur Charles Twagira[39], médecin à l'hôpital de Kibuye en 1994, tout en ayant exercé sa profession de médecin dans plusieurs hôpitaux de Normandie, il intervenait comme pasteur adventiste à Rouen au moment du dépôt de la plainte du CPCR.

On pourrait probablement faire état des liens que certaines personnes soupçonnées d'avoir participé au génocide des Tutsi du Rwanda ont pu garder au sein de leurs paroisses respectives, nombre d'entre eux n'hésitant pas à parler de leur engagement comme chrétien. À tel point que chaque fois qu'une plainte est déposée contre l'un d'entre eux, personne ne veut croire que ce soit

---

[34] GAUTHIER (A.), « Claver Kamana est mort “innocent” ! », CPCR, 14 septembre 2017.
[35] GAUTHIER (A.), « Dominique Ntawukuriryayo : compte-rendu de l'audience du 31 octobre 2017 », CPCR, 31 octobre 2017.
[36] GAUTHIER (A.), « Affaire Wenceslas Munyeshyaka : la cour d'appel de Paris confirme l'ordonnance de non-lieu », CPCR, 25 juin 2018.
[37] GAUTHIER (A.), « Affaire Munyeshyaka : le pourvoi en cassation, CPCR, 30 octobre 2019.
[38] GAUTHIER (A.), « Nouvelle plainte déposée par le CPCR pour génocide », CPCR, 1er janvier 2018.
[39] GAUTHIER (A.), « Affaire Twagira : le médecin de Rouen revient sur le devant de la scène », CPCR, 1er février 2018.

vrai. Il se trouve même que leurs collègues se mobilisent pour les défendre.

Enfin, pour terminer sur ce point, il est à préciser que le CPCR a plusieurs fois interrogé les responsables religieux de l'Église de France mais nos courriers sont généralement restés sans réponse. Les choses changeront peut-être car l'Archevêque de Reims, monseigneur Éric de Moulins-Beaufort, président de la Conférence épiscopale de France, a récemment reçu un groupe de chrétiens, membres de notre association, pour l'alerter sur une situation qui nous inquiète.

IV. LE LAXISME DE L'OFPRA ?

Nous avons dit plus haut que la France était devenue une terre d'asile pour de nombreux Rwandais au cours des années '90. Cela peut s'expliquer, pour certains d'entre eux, par les liens étroits qu'ils entretenaient avec des amis français. Plusieurs dignitaires du régime Habyarimana ou des intellectuels avaient fait leurs études dans des universités françaises. Des militaires avaient fréquenté des écoles de l'hexagone et avaient même reçu les plus hautes distinctions de la part des autorités françaises.

Pierre Célestin Rwagafirita, chef d'état-major de la gendarmerie et ancien homme fort de la région de Kibungo, à l'est du Rwanda, avait été décoré de la Légion d'honneur, bien avant le génocide. Et il n'a probablement pas été le seul Rwandais à obtenir la reconnaissance de la France : on peut toutefois se demander pourquoi ?

Pour en revenir à la politique de l'OFPRA à la fin des années 90, un article de Médiapart nous apprend que l'organisme qui est chargé de délivrer le statut de réfugié ne sera pas trop regardant sur les demandes concernant des Rwandais : « *Le 31 décembre 2000, on comptabilise en tout 919 Rwandais ayant obtenu le statut de réfugié. Cette même année, le taux d'admission des ressortissants du Pays des Mille collines atteint 82 %, un taux plus haut que toutes les nationalités.* »[40] Le même article nous apprend que cette situation s'explique par l'activisme d'un certain Emmanuel Rwirangira, aujourd'hui décédé[41], qui avait réussi à se faire embaucher comme traducteur dans la zone

[40] ENGLEBERT (T.), « Génocidaires rwandais en France : les raisons des errements de l'administration », Mediapart, 15 mai 2019.
[41] On va jusqu'à insinuer qu'il aurait été éliminé par les siens.

d'attente de l'aéroport de Roissy. Gérard Sadik, membre de la CIMADE[42], se souvient : « *C'est quelqu'un que j'ai croisé très vite, à la fin de l'année 1996 ou au début de l'année 1997. Comme c'était n'importe quoi à l'époque, il est devenu assez rapidement sympathique aux yeux des policiers. C'est devenu l'intermédiaire entre les policiers et les demandeurs.* »[43]

Toujours à la même période, nous apprend l'article de Théo Englebert, Emmanuel Rwirangira, avec d'autres revanchards extrémistes hutu, pour les plus importants habitant la région de Rouen et celle d'Orléans, va fédérer un groupe d'opposants politiques qui, sous couvert d'une association culturelle, le Cercle de solidarité des Rwandais de France (CSRF), vont organiser la venue en France des réfugiés hutu : « *A la fin de l'année 1996, une structure légale est donc mise sur pied dans l'hexagone par un aréopage d'extrémistes rwandais. Et dans les mois qui suivent, leurs compatriotes commencent à affluer clandestinement.* »[44]

Le plus étonnant, lorsque l'OFPRA refuse le statut de réfugié politique à des ressortissants rwandais, car cela arrive – parce que ces personnes sont soupçonnées d'avoir activement participé au génocide des Tutsi, décision généralement confirmée en appel par la Cour Nationale du Droit d'Asile (CNDA) – c'est que ces mêmes personnes finissent par obtenir la nationalité française quelques années plus tard. Comprenne qui pourra. Plusieurs Rwandais visés par des plaintes déposées par le CPCR font état de cette nouvelle nationalité.

Devant de telles évidences, on ne peut que dénoncer le laxisme coupable dont a fait preuve l'OFPRA pendant des années.

V. UNE PARTICULARITE FRANÇAISE : LE REFUS D'EXTRADER

Ce qui vient alourdir les investigations de la justice française, c'est que la France s'est fait une spécialité quasi unique en Europe : la Cour de cassation a toujours refusé d'extrader les Rwandais visés par des mandats d'arrêt internationaux émanant des autorités rwandaises. Alors que des Cours d'appel avaient émis un avis favorable à ce que des Rwandais soient renvoyés dans

[42] La CIMADE est une association de solidarité et de soutien aux migrants, aux demandeurs d'asile.
[43] ENGLEBERT (T.), *op.cit.* , Mediapart, 15 mai 2019.
[44] *Id.*

leur pays pour y être jugés, la Cour de cassation a annulé ces décisions à 42 reprises.

Si pendant plusieurs années, la Cour de cassation mettait en avant l'existence de la peine de mort au Rwanda (peine abolie en 2007), ou encore le fait que les extradés ne bénéficieraient pas d'un procès équitable dans leur pays, elle n'avance aujourd'hui qu'un dernier argument : la loi organique punissant le génocide étant postérieure au crime lui-même, au nom du principe de la non-rétroactivité des peines, toute extradition vers le Rwanda est refusée. On ne peut que s'élever contre cette jurisprudence inacceptable, la France elle-même ayant jugé Papon, Touvier et autre Barbie, en se référant aux Conventions de New York et de Genève. La France refuse au Rwanda ce qu'elle s'est appliqué à elle-même. Cette position a été dénoncée par un juriste français, Damiens Roets, Professeur de Droit à l'Université de Limoges[45].

Cette décision est d'autant plus étonnante que le Tribunal Pénal International pour le Rwanda (TPIR), créé par le Conseil de Sécurité dès la fin de l'année 1994, a fini par renvoyer devant la justice de leur pays des Rwandais qui relevaient de sa compétence. Depuis, plusieurs pays européens ou nord-américains ont adopté la même position. Peut-on espérer voir un jour la Cour de cassation adopter une nouvelle jurisprudence en matière d'extradition ? Cela désengorgerait la justice française qui, de ce fait, n'aurait pas à instruire les nombreuses affaires qui lui sont soumises, au nom de la compétence universelle.

VI. LA COMPETENCE UNIVERSELLE

Pourquoi la France peut-elle juger des personnes qui ont participé au génocide des Tutsi ? C'est tout simplement au nom de la compétence universelle qui permet de juger des étrangers, qui ont commis des crimes à l'étranger, sur des étrangers, à condition que ces derniers résidents sur le sol français lors du dépôt de la plainte.

Lorsque le CPCR décide donc de déposer une plainte, il doit s'assurer qu'il réside effectivement sur le sol français. Il est arrivé que des personnes que nous avions l'intention de poursuivre en justice décident alors de quitter le territoire français. Nous ne renonçons toutefois pas à les retrouver dans leur nouvelle résidence, même si la justice française publie alors une "ordonnance d'incompétence".

---

45 GAUTHIER (A.), « Refus d'extrader : l'avis de Damien Roets, professeur de droit », CPCR, 20 mars 2014.

En tout cas, c'est cette loi de compétence universelle qui a permis au CPCR et aux autres parties civiles de pouvoir engager ce combat pour la justice depuis plus de vingt ans.

VII. NOTRE METHODE DE TRAVAIL

La première étape de notre travail consiste à retrouver sur le sol français les personnes qui auraient pu participer au génocide des Tutsi. Nous glanons toutes les informations que nous pouvons trouver, des particuliers s'adressent à nous pour nous signaler la présence d'un suspect dans leur entourage, nous échangeons des informations avec les autorités judiciaires du Rwanda.

C'est lorsque nous avons acquis la certitude que telle ou telle personne pourrait avoir participé au génocide, que va réellement commencer notre travail. Nous commençons par nous rendre sur le lieu des crimes, au Rwanda, à la recherche de témoins. Nous tentons de retrouver des rescapés, des familles de victimes qui accepteraient à la fois de nous livrer leur témoignage et de se constituer partie civile à nos côtés. C'est un travail qui demande beaucoup de précautions, de psychologie, voire d'empathie.

De précautions car beaucoup de rescapés ne souhaitent pas témoigner au vu des membres de leur communauté. Nous devons alors faire preuve de beaucoup de discrétion, donner rendez-vous un peu loin de leur lieu d'habitation afin que les tueurs ne les importunent pas : nombre d'entre eux ont retrouvé la liberté après avoir purgé leur peine, et ils ne rentrent pas tous avec les meilleures intentions.

De psychologie. Avant d'aborder l'objet qui nous amène à eux, nous devons commencer par les « apprivoiser », Nous savons bien que notre présence peut les inquiéter, que les souvenirs que nous leur demandons d'évoquer peuvent raviver des douleurs enfouies au plus profond de leur être.

Et bien sûr beaucoup d'empathie. Les pleurs accompagnent souvent l'évocation du passé. Après plus de vingt-cinq ans, la douleur reste tapie dans les cœurs. Nous mettrons notre point d'honneur, lorsque les procès auront eu lieu, à garder des contacts étroits avec ces rescapés.

Sur les lieux des crimes, nous rencontrons aussi les tueurs, ceux qui ont participé au génocide avec les personnes que nous voulons poursuivre en justice. Ceux qui ont purgé leur peine, qui ont retrouvé leur communauté d'origine, nous les rencontrons chez eux ou dans un lieu discret pour ne pas les exposer au regard de leurs voisins. Ce sont eux qui nous donnent les témoignages les plus précis, les plus circonstanciés : ils étaient sur place, ils ont assisté aux massacres, y ont participé avec ceux qui ont choisi l'exil.

Il nous arrive aussi bien sûr d'entrer dans les prisons, certains génocidaires ayant été condamnés à de lourdes peines. Pour ce faire, nous entrons en contact avec les autorités judiciaires et pénitentiaires qui nous donnent l'autorisation d'aller recueillir les témoignages des prisonniers. Si ces derniers acceptent de nous rencontrer, c'est parce qu'ils supportent mal l'idée d'être les seuls à « payer ». Et puis, c'est parfois aussi l'occasion de soulager un peu leur conscience.

Lorsque nous les rencontrons, il ne peut y avoir d'ambiguïté dans notre démarche. S'ils acceptent de nous parler, il n'y aura pas de contrepartie : ils n'auront pas bien sûr de réduction de peine, ils n'obtiendront rien en échange, même si certains d'entre eux se risquent à nous demander un kilo de sucre ou autre denrée. Cela se règle avec l'assistante sociale de la prison. Nous leur demandons d'écrire leur témoignage, dans la langue qu'ils souhaitent. Peu d'entre eux parlent français, c'est donc le plus souvent en kinyarwanda qu'ils s'expriment.

De retour à la maison, nous devrons commencer par traduire les témoignages qui nous ont été confiés. C'est un travail exigeant mais indispensable car il en va de la crédibilité de nos enquêtes. Le plus souvent, c'est mon épouse qui se charge des traductions (à noter que les textes que nous remettons aux juges sont à nouveau traduits par des traducteurs assermentés).

Ce sont ensuite nos avocats qui interviennent. À l'aide des documents que nous leur remettons, ils sont chargés de rédiger la plainte qu'ils transmettront ensuite aux juges d'instruction du « pôle crimes contre l'humanité »[46], au TGI de Paris. C'est d'ailleurs à la Cour d'assises de Paris que se dérouleront tous les procès relatifs au génocide des Tutsi.

---

[46] C'est par la loi n° 2011-1862 du 13 décembre 2011 relative à la répartition des contentieux et à l'allègement de certaines procédures juridictionnelles que ce pôle a été créé, madame Christiane Taubira étant ministre de la Justice, Garde des Sceaux. Ce « pôle » a commencé ses travaux le 1er janvier 2012. Il faudra attendre plusieurs mois pour que cet organisme soit renforcé dans la mesure où, à l'époque, 33 dossiers rwandais relevaient de ses attributions. Très rapidement, d'autres affaires concernant le Libéria, la Sierra Leone, la Syrie... viendront s'ajouter, si bien que les juges seront vite débordés par la somme des enquêtes à mener. Le CPCR ne cesse de réclamer plus de moyens. 26 ans après la perpétration du génocide des Tutsi, seuls trois génocidaires ont été condamnés. Le bilan est bien maigre.

VIII. LE TRAVAIL DES JUGES ET DES GENDARMES ENQUETEURS

Si notre plainte est acceptée (et depuis plus de vingt ans, elles ont toutes été jugées recevables), c'est aux juges d'instruction et aux gendarmes de l'Office Central de Lutte contre les crimes contre l'Humanité (OCLCH)[47] de poursuivre le travail. Ces derniers adressent des demandes d'aide judiciaire aux autorités compétentes au Rwanda et se rendent alors sur place, en commission rogatoire. Leur travail va consister à recueillir le plus grand nombre possible de témoignages, à charge et à décharge. Ils organisent parfois des confrontations avec la personne poursuivie afin de vérifier, autant que faire se peut, qui dit la vérité. Une des particularités de tous les dossiers que nous avons eu à traiter réside dans le fait que les accusés nient en bloc tous les témoignages qui leur sont défavorables. Pour eux, tous les témoins ont été formatés, manipulés, encouragés à dire ce que les enquêteurs souhaitent entendre dire. En cela, ils sont généralement soutenus par leurs avocats.

L'instruction peut durer des années. Juges d'instruction et gendarmes enquêteurs font des allers et retours au Pays des Mille collines où ils traitent, lors d'un même séjour, jusqu'à une quinzaine d'affaires. Il faut reconnaître que la réalité est complexe, qu'il est difficile, plus de vingt après, de se plonger dans les souvenirs des uns et des autres. Ils doivent, comme nous le faisons aussi lors de nos recueils de témoignages, essayer de trier le bon grain de l'ivraie.

Ce n'est que lorsque les juges ont le sentiment d'avoir recueilli suffisamment d'éléments qu'ils annoncent la clôture de l'instruction. Il est arrivé que les parties civiles, persuadées que le maximum n'a pas été fait par les juges, demandent à ces derniers d'entendre de nouveaux témoins.

Il revient ensuite au Parquet, après un nouvel intermède de deux ou trois ans parfois, de faire connaître son réquisitoire. Un non-lieu définitif peut être demandé par le Procureur : cette décision déroute le plus souvent les familles de victimes et, en tant que partie civile, nous avons la possibilité de faire appel. Lorsque le Procureur demande que l'accusé soit déféré devant la Cour d'assises, cette demande peut être assortie de non-lieux partiels. En dernier ressort, il reviendra au juge d'instruction chargé de l'affaire de publier son Ordonnance de Mise en accusation (OMA) : le juge peut à son tour assortir le déferrement devant la Cour d'assises de non-lieux, comme le Procureur a pu le faire. L'accusé a alors la possibilité de faire appel, puis, pour le cas où il n'obtiendrait satisfaction, de se pourvoir en cassation. Un véritable marathon

[47] ÉMERAUX (E.), La traque est mon métier, Paris, Plon, 2020.

judiciaire qui ne fait qu'exacerber l'impatience des parties civiles. Pas étonnant, dans ces conditions, que seuls trois accusés aient été jugés et condamnés en plus de 26 ans.

IX. LES AFFAIRES LES PLUS EMBLEMATIQUES EN FRANCE

Une précision importante. Depuis 1994, toutes les plaintes sont à porter au crédit d'associations comme le CPCR[48]. Notre association est à l'origine de toutes les plaintes déposées depuis 2001. Ce n'est que récemment que le Parquet, comme il aurait pu et dû le faire depuis longtemps, a décidé d'ouvrir des instructions contre des personnes visées par des mandats d'arrêt internationaux et des actes d'accusation. Plus d'une quarantaine de plaintes sont donc, soit toujours à l'instruction, soit dont l'instruction est clôturée mais pour lesquelles nous ne connaissons pas encore la suite donnée par le Parquet. Nous allons évoquer à ce stade les affaires les plus emblématiques, par ordre d'ancienneté.

Nous avons déjà évoqué le cas du docteur Sosthène Munyemana (plainte de 1995), du préfet Laurent Bucyibaruta (plainte de 2000), auxquelles il faut ajouter deux autres affaires : celle concernant Cyprien Kayumba (plainte de 2000 toujours à l'instruction), et Laurent Serubuga (plainte de 2000 dont l'instruction serait clôturée depuis 2017). Les deux premiers visés devront comparaître devant la Cour d'assises quand toutes les procédures auront été épuisées. Quant aux deux autres, nous attendons toujours la décision du procureur[49].

L'affaire Serubuga illustre parfaitement les errements et les lenteurs souvent inexplicables de la justice. Dans un premier temps, la justice avait décidé un « classement sans suite pour défaut de preuve ». Une nouvelle plainte était alors déposée par SURVIE et la FIDH mais nous ne notions aucune avancée. Il s'agissait de ce que nous appelions, dans notre jargon, une "plainte dormante". Le CPCR s'est à son tour constitué partie civile en 2007, en apportant de nouveaux éléments. Ce qui a eu pour effet de « réveiller » une affaire que beaucoup n'auraient probablement pas voulu voir conduire à son terme : Laurent Serubuga n'était autre que l'ancien chef d'état-major adjoint

[48] SURVIE, la FIDH, la LDH, la LICRA, et plus récemment Ibuka France,et la CRF se sont constituées parties civiles.
[49] V. sur le site du CPCR le tableau récapitulatif des plaintes : http://www.collectifpartiescivilesrwanda.fr/tableau-des-plaintes-du-cpcr/

des Forces Armées Rwandaises (les FAR), un proche du Président Habyarimana et du colonel Bagosora, considéré comme le « cerveau du génocide ».[50]. Mis à la retraite en 1993, il avait alors repris du service en 1994.[51] Serubuga sera-t-il jugé un jour ? Il est âgé et malade !

Agathe Kanziga, épouse du Président Habyarimana, est visée par une plainte du CPCR depuis février 2007. Elle coule des jours heureux à Courcouronnes, dans une banlieue sud de Paris. Elle s'est toujours présentée comme la simple épouse du Président qui s'occupait de sa maisonnée, élevait poules et cochons dans sa résidence de Kanombe, proche de l'aéroport international de Kigali. L'instruction serait toujours en cours mais dans cette affaire aussi, nous avons le sentiment que la justice joue la montre. En tout cas, il semble qu'elle ait été beaucoup plus puissante qu'elle ne veuille bien le dire. Une comparution en Cour d'assises permettrait probablement de faire la lumière sur son rôle véritable et sur sa responsabilité dans le génocide des Tutsi. Peut-être un tel procès permettrait-il d'en savoir un peu plus sur ce qu'a été le rôle du gouvernement français de 1994, soutien inconditionnel du Président Habyarimana et du gouvernement intérimaire.[52] Tout récemment, elle a été convoquée par le juge d'instruction en charge du dossier Paul Barril[53], affaire dans laquelle elle vient d'être mise sous statut de témoin assisté. Le CPCR vient de décider de se constituer partie civile aux côtés des associations SURVIE, FIDH et LDH.

Eugène Rwamucyo, responsable du Centre de Santé de Butare vient d'être envoyé devant les assises de Paris par les juges en charge du dossier. Le CPCR avait déposé une plainte contre lui après l'avoir localisé comme employé du Centre de transfusion sanguine de Lille. Entre le dépôt de la plainte (février 2017) et cette dernière décision[54], il aura fallu attendre 17 ans. L'accusé et son avocat n'ont bien évidemment pas manqué de faire appel. Le procès n'est pas pour demain.

---

[50] Théoneste Bagosora a été condamné à la réclusion criminelle à perpétuité par le TPIR en décembre 2008.

[51] Ce qu'il a toujours contesté. Il en est de même de l'homme fort de Kibungo (Est du Rwanda), Pierre Célestin Rwagafilita, chef d'état-major de la gendarmerie, mort au Cameroun où il s'était réfugié.

[52] Sur le rôle de l'État français dans le génocide des Tutsi, le Président Macron a nommé, en 2019 une commission chargée de dépouiller toutes les archives pour la période 1990/1994. Présidée par monsieur Vincent Duclerc, cette commission devrait remettre son rapport en mars/avril 2021. Espérons que cette commission ait accès à toutes archives et que ces dernières n'aient pas été expurgées avant leur ouverture.

[53] SURVIE, « Coup de projecteur sur Agathe Kanziga », Survie, 6 novembre 2020.

[54] GAUTHIER (A.), « Eugène Rwamucyo renvoyé devant les assises », CPCR, 15 octobre 2020.

Un troisième médecin, Charles Twagira, responsable de l'hôpital de Kibuye, reste placé sous contrôle judiciaire[55]. Tout comme Agathe Kanziga et Marcel Bivugabagabo, il a fait l'objet d'un documentaire[56] qui le met en cause dans la mort, entre autres, de l'épouse et des enfants d'un de ses collègues, Camille Kalimwabo, récemment décédé, et qui ne pourra donc assister au dénouement de cette affaire. La plainte contre le docteur Twagira a été déposée le 30 novembre 2009.

Callixte Mbarishimana, informaticien au PNUD à Kigali en 1994, est visé par une plainte du CPCR depuis février 2008. Réfugié à Paris, il a continué à poursuivre ses activités en soutien aux forces génocidaires réfugiées au Congo. Il a été longtemps Secrétaire exécutif des Forces Démocratiques de Libération du Rwanda (FDLR), raison pour laquelle il a été jugé par la Cour Pénale internationale (CPI) et étonnamment acquitté. Le président et le vice-président de cette organisation ont quant à eux été jugés et condamnés en Allemagne[57]. Mbarushimana reste poursuivi en France pour génocide.

La seule personne à être actuellement placée en détention provisoire est monsieur Philippe Hategekimana, Philippe Manier depuis sa naturalisation française. Après avoir tenté de fuir la justice de notre pays en se réfugiant au Cameroun[58], il a été extradé vers la France où il risque de comparaître devant la Cour d'assises relativement rapidement dans la mesure où la détention provisoire ne peut excéder 4 années. Son affaire est toujours à l'instruction.

D'autres affaires sont toujours sur le bureau des juges qui poursuivent les instructions. Pour les connaître, il serait utile de se reporter au site du CPCR[59]. À signaler que deux personnes visées par des plaintes en France se seraient réfugiées en Belgique. Nous étudions actuellement s'il est possible de demander leur extradition. Quant à Claver Kamana, il est décédé avant d'avoir été jugé.

---

[55] GAUTHIER (A.), « Charles Twagira : remise en liberté confirmée », CPCR, 04 juin 2015.

[56] Interview du documentariste Manolo Darthuis par Nicolas Poincaré dans le cadre d'une série de reportages : « La grande traque : Génocide du Rwanda : des tueurs parmi nous ? », Europe 1, 21 mars 2014.

[57] DUMONT (J.), « Deux chefs hutus rwandais condamnés en Allemagne dans un procès inédit », France 24, 28 septembre 2015.

[58] GAUTHIER (A.), « Philippe Manier de retour en France et incarcéré », CPCR, 2 mars 2019.

[59] http://www.collectifpartiescivilesrwanda.fr/tableau-des-plaintes-du-cpcr/

X. DES NON-LIEUX PAS TOUJOURS COMPREHENSIBLES

Déposer une plainte contre des personnes suspectées d'avoir participé au génocide des Tutsi du Rwanda n'entraîne pas obligatoirement une comparution devant la Cour d'assises. Le dernier mot revient aux juges d'instruction et à plusieurs reprises, déjà, des non-lieux ont été prononcés. Nous avons évoqué plus haut le cas de l'abbé Wenceslas Munyeshyaka, mais il n'est pas le seul. Pierre Tegera, Paul Kanyamihigo, Camy depuis sa naturalisation et Félicien Baligira ont également bénéficié d'un non-lieu. Nous aurions pu faire appel de ces décisions, comme nous l'avions fait pour le prêtre de la Sainte-Famille, mais nous n'avions pas les moyens de faire d'autres investigations pour contester ces décisions qui restent pour nous incompréhensibles. Pour pouvoir déposer des plaintes recevables aux yeux des juges, nous devons fournir des témoignages irréfutables. C'est une des difficultés que nous rencontrons dans notre poursuite des génocidaires rwandais.

XI. LES DIFFICULTES RENCONTREES

Pendant de nombreuses années, si la justice française a tant traîné les pieds, c'est parce que les moyens financiers mis à la disposition des juges n'étaient pas suffisants. Inutile de revenir sur le budget réservé au ministère de la Justice en France, c'est un des plus misérables de l'Union européenne[60]. Les dossiers liés au génocide des Tutsi ne peuvent que souffrir d'une telle situation, d'autant que c'est une justice qui coûte cher : voyages des juges et des gendarmes au Rwanda, séjour et déplacements sur place, paiement des billets d'avion pour les témoins qui sont convoqués lors des procès, leur hébergement dans la capitale, etc.

Pendant de nombreuses années, les juges d'instruction qui instruisaient ces dossiers étaient peu nombreux (leur nombre reste toujours insuffisant), ne restaient sur les dossiers que quelques années, voire quelques mois. Cette valse des juges se faisait en particulier au gré de leurs promotions. Madame Pous a pu rester dix ans aux affaires, mais à une époque où il y avait peu d'entrain à juger les génocidaires rwandais.

Il faut dire que les responsables politiques français de l'époque considéraient le président Kagame comme le responsable de la mort du président Habyarimana, et donc comme le responsable du génocide. Le

---

[60] NOUEL (B.), « Justice, le toujours parent pauvre du budget de la France », Fondation IFRAP, 10 octobre 2018.

président Kagame, selon les thèses en vigueur, aurait sacrifié les Tutsi de l'intérieur par soif du pouvoir. Très rapidement est née la théorie du double génocide. Dominique de Villepin, directeur de cabinet du ministre des Affaires étrangères en 1994 d'Alain Juppé, déclencha la polémique en parlant "des génocides" du Rwanda lors d'une interview donnée à RFI le 1er septembre 2003[61]. Cette thèse n'était pas nouvelle puisque François Mitterrand lui-même, lors du sommet franco-africain de Biarritz, en novembre 1994, avait déjà laissé entendre qu'il y avait eu un double génocide au Rwanda. Patrick de Saint-Exupéry, en réponse à Dominique de Villepin, avait alors publié un ouvrage, « L'Inavouable, la France au Rwanda », dont la réédition, en 2009 lui avait valu des poursuites judiciaires de la part de quatre militaires français cités dans l'ouvrage[62].

Alors que des commissions rogatoires allaient être mises sur pied, l'ordonnance de soit communiqué du juge Bruguière[63], chargé de faire la lumière sur l'attentat qui avait coûté la vie au Président Habyarimana, à son homologue burundais, à des ministres et à l'équipage français de l'avion, a provoqué la rupture des relations diplomatiques entre la France et le Rwanda pendant trois ans, entre 2006 et 2009. Sans avoir mis les pieds sur les lieux de l'attentat, en s'entourant de témoins pour le moins suspects, le juge antiterroriste a lancé des mandats d'arrêt contre neuf proches du Président Kagame, tous accusés d'avoir organisé ou commis l'attentat contre le Président rwandais, attentat trop longtemps considéré comme « l'élément déclencheur » du génocide des Tutsi[64]. C'est le juge Trévédic qui aura la charge de recommencer l'enquête bâclée du juge Bruguière. Contrairement à son prédécesseur, il se rendra sur place entouré d'experts en balistique : les tirs de missiles ne sont pas partis de la colline de Masaka, bien du camp Kanombe alors aux mains de la Garde présidentielle[65]. Il faudra attendre encore de nombreux mois pour que la justice française décide de prononcer un non-lieu[66] dans une affaire qui aura empoisonné les relations franco-rwandaises pendant des années, et par là même, entravé les avancées de la justice.

---

[61] SURVIE, « Lettre ouverte à Dominique de Villepin », Survie, 12 septembre 2003.

[62] DE SAINT-EXUPÉRY (P.), L'inavouable, Paris, Ed. Les Arènes, 2009.

[63] Dans « La Nuit rwandaise », un site créé pour rendre hommage à Jean-Paul Gouteux auteur de l'ouvrage du même nom : https://www.lanuitrwandaise.org/023-ordonnance-de-soit-communique-du.html

[64] Cette expression « élément déclencheur » du génocide, toujours très utilisée, ne rend pas compte de ce qu'est un génocide. On laisse entendre que c'est la chute de l'avion qui est à l'origine du génocide alors qu'il était en gestation depuis de nombreux mois, voire de nombreuses années. Les tenants de cette position laissent entendre que le génocide, qui pour être qualifié ainsi, suppose une préparation d'un Etat en vue d'exterminer tout ou partie d'un groupe, ne serait que la réaction de colère d'un peuple dont on venait de tuer le Président.

[65] MALAGARDIS (M.), « France-Rwanda : la justice clôt l'interminable enquête sur l'assassinat de Habyarimana », Libération, 21 décembre 2017.

[66] RFI, « Affaire Habyarimana : la justice française confirme le non-lieu », RFI, 3 juillet 2020.

XII. LE TEMPS JOUE EN FAVEUR DES BOURREAUX

D'autres freins à la justice découlent directement des difficultés de plus en plus grandes que nous rencontrons dans notre recherche des témoins.

Plus le temps passe, moins nombreuses sont les personnes susceptibles de donner leur témoignage. En effet, de nombreux témoins potentiels ne sont plus, vingt-six ans après le génocide. Et puis la mémoire est parfois défaillante. Il n'est pas toujours facile, pour les rescapés, de se souvenir exactement du jour, de l'heure où se sont déroulés les événements. La voiture empruntée par les tueurs était-elle rouge, bleue, blanche ? Des témoins du même fait pourront donner des réponses différentes. Les rescapés vivaient des situations d'un stress intense, ce qui peut avoir faussé leur perception. D'autres diront qu'ils ne savaient pas qu'ils seraient interrogés un jour et qu'ils n'ont pas cherché à se souvenir.

Des difficultés récentes viennent s'ajouter à toutes celles que nous avons évoquées. Un nombre important de génocidaires ont terminé la peine à laquelle ils avaient été condamnés et ils sont de retour dans leur village. Les rescapés ne sont pas rassurés car on sait que si certains de ces tueurs ont fait amende honorable, s'ils ont demandé pardon, d'autres seraient prêts à recommencer leurs forfaits. Et lorsque nous cherchons à rencontrer les rescapés qui acceptent encore de parler, nous devons prendre beaucoup de précautions pour que l'entretien se déroule dans un lieu tenu secret, à l'écart de leur lieu d'habitation.

Il existe enfin un nouvel et dernier argument que donnent les rescapés pour ne pas répondre positivement à nos demandes. Depuis toujours, le régime issu du génocide a toujours enseigné la réconciliation : on doit reconnaître que les cas de vengeance, s'ils ont pu exister, sont restés relativement rares dans le Rwanda post-génocidaire. D'autre part, les Églises chrétiennes ont, de leur côté, toujours prêché le pardon et ce sont les rescapés qui ont dû faire le plus long chemin. Si bien que ceux qui pourraient aujourd'hui témoigner de ce qu'ils ont vu ou entendu hésitent à le faire. Ils ont pardonné à leurs voisins et ils se retranchent derrière cette décision pour ne pas accepter de nous parler : « J'ai pardonné, je ne peux donc pas témoigner contre le frère de mon voisin qui a fui le pays. Ce serait renier le pardon que j'ai donné » a-t-on pu nous dire lors de nos dernières enquêtes. Nous avons beau argumenter en disant que le pardon ne doit pas empêcher la justice, il nous est difficile de convaincre nos interlocuteurs.

Quant aux tueurs, que nous rencontrons en prison lorsqu'ils ont été condamnés à de lourdes peines, ou sur leur colline lorsqu'ils ont purgé la peine à laquelle ils avaient été condamnés, nous rencontrons deux cas de figure. Ceux qui acceptent immédiatement de nous parler pour la simple raison, parfois, qu'ils ne supportent pas l'idée d'avoir payé leur dette alors que ceux qui ont réussi à quitter le pays pourraient continuer à vivre en toute impunité. Et ceux qui refusent catégoriquement de nous rencontrer. « Je ne sais rien, je ne veux pas vous parler », se contentent-ils de nous déclarer. Nous devons faire sans eux, même si nous sommes persuadés qu'ils auraient des choses intéressantes à nous dire.

Il va sans dire que tous les entretiens que nous obtenons se font sans aucune contrepartie pour les prisonniers. Il ne peut être question pour eux d'une quelconque rémunération, encore moins d'une remise de peine pour leur collaboration. Ce sont des choses que nous sommes amenés à préciser dès le début de l'entretien pour que les choses soient bien claires. C'est la condition pour que nos plaintes gardent leur totale crédibilité et les juges d'instruction l'ont bien compris puisque toutes les affaires que nous avons initiées ont été suivies de l'ouverture d'une information judiciaire.

Mais le fait qu'il faille des années pour qu'une instruction soit clôturée, le fait que les accusés aient la possibilité de recourir à des procédures que nous considérons très souvent comme dilatoires, tout cela nous laisse un goût amer d'inachevé. Nous avons la certitude que plusieurs des personnes contre lesquelles nous avons déposé des plaintes ne seront jamais jugées. Et il s'agit là d'un déni de justice qui ne doit toutefois pas nous empêcher de continuer un combat commencé voici plus de vingt-six ans. Le crime de génocide est imprescriptible. C'est notre seule consolation.

PARTIE I - ETUDES GENERALES

CHAPITRE 2-

LE GENOCIDE DES TUTSI, L'INERTIE FRANÇAISE ET LA COUR EUROPEENNE DES DROITS DE L'HOMME

Yannick Lécuyer

Bien que les génocides relèvent *a priori* plutôt du droit international pénal et du droit pénal international que du droit international des droits humains, la Cour européenne des droits de l'Homme a plusieurs fois été amenée à connaître directement ou indirectement du crime des crimes à la faveur de la synergie qui existe entre ces trois branches du droit international.

Le génocide perpétré à l'encontre des Tutsi n'est pas le seul à avoir été évoqué de manière au moins incidente devant le juge de la Convention. C'est d'abord par le biais du négationnisme et de la liberté d'expression que la Cour a connu les premières occasions d'aborder le phénomène. Entre validation de la répression du négationnisme de l'Holocauste dans la décision *Garaudy c/ France* du 24 juin 2003, liberté du débat sur le génocide des Arméniens dans l'affaire *Perinçek c/ Suisse* du 15 octobre 2015, la jurisprudence en la matière n'est d'ailleurs pas spécialement cohérente. La Cour a même développé sa propre conception de la notion dans les arrêts *Vasiliauskas c/ Lituanie* et *Drèlingas c/ Lituanie* du 20 octobre 2015 et du 12 mars 2019 dans lesquels, contrairement à l'esprit de l'article 2 de la Convention pour la prévention et la répression du crime de génocide du 9 décembre 1948 et de l'article 6 du Statut de la Cour pénale internationale, elle intègre les groupes politiques dans les groupes nationaux ou ethniques indispensables à la qualification de génocide. Outre la question de la qualification même de génocide, se posait surtout dans ces deux arrêts, celle de son application rétroactive et, partant, celle de la compatibilité de l'arsenal pénal lituanien avec l'article 7 de la Convention relatif à la légalité des peines.

Le génocide des Tutsi présente néanmoins plusieurs singularités à commencer par la distance par rapport à l'Europe. Les massacres étant survenus loin des yeux, en Afrique, continent violent, par nature belligérant, la perception de leur gravité a été plus atténuée. Après tout, ne s'agissait-il pas d'une tuerie de masse parmi d'autres sur fond de conflits ethniques incessants ? Comme l'observe Assumpta Mugiraneza, notre incapacité à dépasser nos habitudes de pensée, nos stéréotypes sur l'Afrique ont offert un boulevard à la dénégation : « *Circulez, il n'y a rien à voir !* »[67]. Et pourtant, l'Europe, et particulièrement la France ont quelque chose à voir avec ce qu'il s'est passé au Rwanda entre le 6 avril et le 4 juillet 1994.

Coopération militaire, soutien financier et diplomatique au gouvernement de Juvénal Habyarimana, exfiltration puis accueil de génocidaires, l'implication exacte du gouvernement français est équivoque. A tout le moins, le rapport de la mission d'information sur les opérations militaires menées par la France, d'autres pays et l'ONU au Rwanda entre 1990 et 1994 atteste que des responsables français étaient parfaitement informés des intentions et des projets génocidaires dès octobre 1990[68].

Dès le départ, la France est identifiée comme l'alliée objective du gouvernement hutu face aux Tutsi du Front patriotique rwandais. Même l'opération Turquoise, censée être humanitaire, fut immédiatement frappée d'ambiguïtés[69]. Les soldats français venaient-ils pour endiguer le génocide conformément à la résolution 929 (1994) du Conseil de sécurité des Nations Unies en date du 22 juin 1994 ou pour empêcher la victoire imminente du Front patriotique sur le régime génocidaire[70] ?

Si, en dépit des évidences, certains auteurs persistent à considérer que les soupçons qui pèsent sur les autorités françaises sont injustes[71], d'autres n'ont pas hésité à s'interroger sur les hypothèses d'appréhension par le droit pénal des complicités qui pourraient être retenues pour un certain nombre de comportements, hypothétiques ou avérés, imputables à des ressortissants français : responsables politiques, officiers, simples soldats, mercenaires, marchands d'armes[72]. La décision récente du Conseil d'État d'autoriser l'accès à un certain nombre de dossiers des archives présidentielles de François Mitterrand permettra probablement d'apporter un éclairage plus précis sur la politique française au Rwanda avant, pendant et après le génocide[73]. Le refus itératif

---

[67] MUGIRANEZA (A.), « Négationnisme au Rwanda post-génocide », Revue d'histoire de la Shoah, 2009, n° 190, p. 285-298.
[68] LE PAPE (M.), « Le Rwanda au Parlement : Une enquête sur la tragédie rwandaise », Esprit, 1999, n° 252, p. 81-92 ; CATTIER (E.), « Les révélations circonscrites d'un rapport parlementaire », Cités, 2014, n° 57, p. 23-36.
[69] DE SAINT EXUPÉRY (P.), L'inavouable : la France au Rwanda, Paris, Les Arènes, 2004, 287 p.
[70] CSNU, Res. 929 (1994), 22 juin 1994. Adoptée sur proposition de la France, cette résolution autorise l'intervention sur le territoire du Rwanda d'une force armée, à vocation « humanitaire » et neutre, placée sous commandement français.
[71] MATHE (F.), « La défense devant les juridictions françaises saisies au titre de la compétence universelle », Cahiers de la justice, 2014, p. 593.
[72] ROETS (D.), « Le génocide des Tutsis du Rwanda : la thèse des complicités françaises au prisme des exigences du droit pénal », RSC, 2015, p. 1.
[73] CE, Ass. plén., 12 juin 2020, n° 422327 et 431026.

d'autoriser la consultation anticipée de ces documents a d'ailleurs fourni une des principales occasions d'évoquer le génocide des Tutsi à Strasbourg.

Quelle qu'ait été l'implication exacte de la France, la logique de déni et les crispations mises en exergue par Jean-Pierre Chrétien dans son article « France et Rwanda : le cercle vicieux » s'est traduit par toute une série d'obstructions, entraves à la répression judiciaire (I), entraves à la recherche historique (II) dont plusieurs ont été discutées mais rarement surmontées grâce au contentieux européen des droits de l'Homme.

I. LES ENTRAVES A LA REPRESSION JUDICIAIRE DU GENOCIDE

L'attitude des autorités et des juridictions françaises, lenteur des procédures (A), scrupules à extrader les personnes soupçonnées d'avoir participé au génocide (B), est contreproductive. Elle alimente les flots de rumeurs et autres théories conspirationnistes au lieu d'aider à lever le malaise généré par cette partie de l'histoire diplomatique entre la France et le Rwanda.

A. La contribution du juge européen à la compétence universelle

Plusieurs pays européens ont organisé la répression de génocidaires au titre de la compétence universelle. En France, l'activation de cette dernière est conditionnée de manière si restrictive qu'il est très difficile d'envisager des poursuites. En outre, les autorités nationales n'ont pas fait preuve de la promptitude la plus évidente pour les mettre face à leur responsabilité.

La mise en œuvre de la compétence universelle suppose la réunion de quatre exigences qui la rende pratiquement illusoire[74]. Premièrement, les personnes soupçonnées de génocide ne peuvent être poursuivies qu'à la condition de résider habituellement sur le territoire français. Par conséquent, elles peuvent continuer de séjourner en toute impunité dans l'hexagone dès lors qu'elles n'y fixent pas leur résidence habituelle. Deuxièmement, par exception, le parquet possède le monopole des poursuites. Troisièmement, la France inverse le principe de subsidiarité au profit des juridictions internationales. Ce renversement est non seulement contraire à l'articulation classique entre systèmes juridictionnels internes et systèmes juridictionnels internationaux mais aussi incompatible avec l'article 1er du Statut de Rome qui prévoit explicitement la priorisation des poursuites étatiques. Quatrièmement, les faits doivent

[74] Art. 689 à 689-13 C. proc. pén.

être punissables à la fois en droit français et par la législation de l'État où ils ont été commis.

Si dans le cadre du génocide au Rwanda, la chambre criminelle de la Cour de cassation a finalement accepté en 1998 de reconnaître la compétence des juridictions françaises afin de poursuivre et réprimer les acteurs de ce dernier alors que la chambre d'accusation de la Cour d'appel de Nîmes s'était déclarée incompétente pour juger des crimes commis à l'étranger, par un étranger, contre des étrangers, la célérité de la justice française ne fut vraiment pas à la hauteur des enjeux[75]. Comme le souligne Laurence Burgorgue-Larsen, alors que l'exemplarité aurait dû être au rendez-vous, l'affaire *Mutimura c/ France* a jeté le discrédit sur la manière dont les juridictions françaises ont mis en œuvre cette compétence universelle[76].

En l'espèce, la requérante, ressortissante rwandaise s'était constituée partie civile à l'occasion des poursuites engagées en 1995 contre un prêtre catholique accusé d'avoir favorisé plusieurs massacres parmi les Tutsi réfugiés dans sa paroisse et d'avoir lui-même assassiné plusieurs personnes.

Après presque neuf années de circonvolutions procédurales dont un délai de quatorze mois entre l'arrêt de la Cour de cassation du 6 janvier 1998 rectifié le 10 février 1998 et l'audiencement du dossier devant la chambre d'accusation de la Cour d'appel de Paris, le juge européen considère qu'il y a violation des articles 6 et 13 de la Convention.

Sous l'angle du droit à un procès équitable, la Cour européenne souscrit aux arguments présentés par l'État défendeur selon lesquels l'affaire présente un degré de complexité élevé tant en fait qu'en droit. Les faits se sont déroulés à l'étranger ce qui a nécessité la délivrance de nombreuses commissions rogatoires internationales. Toutefois, elle note aussi que, huit ans et huit mois après son ouverture, la procédure est toujours pendante devant le juge d'instruction. Partant elle estime à l'unanimité que nonobstant, les particularités de l'espèce, il n'est pas possible de considérer ce délai « raisonnable » au sens de l'article 6 §1 de la Convention et conclut à la violation de cette disposition[77].

À ce constat, la Cour ajoute celui de la violation de l'article 13 relatif au droit à un recours effectif. En effet, la requérante se plaignait aussi de ne pas avoir pu faire trancher ses droits par un tribunal car elle ne disposait d'aucun

[75] Cass. crim., 6 janvier 1998, n° 96-82.491.
[76] BURGORGUE-LARSEN (L.), « Mise en œuvre française de la compétence universelle », Dalloz, 2004, p. 2541.
[77] CEDH, 8 juin 2004, Mutimura c/ France, § 74.

recours interne effectif lui permettant de faire sanctionner l'inertie des autorités judiciaires en charge de la procédure pénale. Au gouvernement défendeur qui rétorquait que la requérante n'avait pas activé le mécanisme indemnitaire destiné à réparer les dysfonctionnements de l'institution judiciaire prévu par l'article L. 781-1 du Code de l'organisation judiciaire, la Cour oppose la méthodologie mise en place depuis l'arrêt *Kudla c/ Pologne* du 26 octobre 2000 et relève que le mécanisme en question n'avait pas encore acquis un degré de certitude juridique suffisant à la date d'introduction de la requête, date à laquelle l'effectivité du recours doit être appréciée.

Malgré la condamnation de la France, la suite réservée à l'affaire donne le vertige puisqu'il faudra attendre 2015, soit onze années après l'arrêt *Mutimura c/ France* et vingt-quatre années après la commission des faits, pour que les juges du pôle génocide du Tribunal de grande instance de Paris, faute de preuve d'actes substantiels, prononcent une ordonnance de non-lieu[78]. Cet épilogue donne le sentiment d'une justice hors-sol, à tout le moins décalée, si on fait le lien avec la condamnation par contumace du prêtre en 2006 par la justice rwandaise pour crime de génocide ou avec le mandat d'arrêt international lancé contre lui en 2007 par le Tribunal international pour le Rwanda pour les chefs de génocide, viol, extermination, assassinat et crime contre l'humanité. Ce vertige est aggravé par la disproportion entre l'ampleur des crimes et la faiblesse globale de la réaction juridictionnelle française. Certes, un pôle spécialisé a été institué auprès du Tribunal de grande instance de Paris en 2012, organe qui a permis quelques condamnations par la Cour d'Assises de Paris mais l'étude minutieuse de la jurisprudence criminelle laisse pantois. La chambre criminelle de la Cour de cassation n'a rendu que trente-six décisions sur le sujet, décisions qui peuvent être ordonnées en trois catégories : « *seize d'entre elles concernent la coopération et l'entraide internationales, six sont relatives à la compétence internationale du juge pénal français et à l'exercice de poursuites en France, et quatorze ont trait à la publication de deux ouvrages, deux enquêtes journalistiques aux thèses fort différentes, pour ne pas dire opposées, et dont les auteurs et éditeurs ont fait l'objet de poursuites devant les tribunaux*»[79].

Parallèlement à l'affaire soumise au juge européen, la Convention fut également utile à la requérante devant le juge français puisque c'est au visa de l'article 10 relatif à la liberté d'expression, que la Cour d'appel de Paris débouta le prêtre mis en examen dans l'affaire *Mutimura* lequel considérait que

[78] Non-lieu confirmé par la Cour d'appel de Paris le 21 juin 2018.

[79] GUIDICELLI (A.), « Droit pénal international », Revue de science criminelle et de droit pénal comparé, 2020, n° 2, pp. 443-466.

certains propos tenus à la télévision par la requérante portaient atteinte à la présomption d'innocence dont il bénéficiait[80].

B. L'éloignement des suspects de génocide vers le Rwanda

Pendant de nombreuses années, la plupart des demandes d'extradition formulées par le Rwanda afin de juger des suspects de génocide ont été refusées. Ainsi que le recense Damien Roets, parmi les motifs étayant ces refus, étaient principalement invoqués l'article 696-4 6° du Code de procédure pénale, c'est-à-dire la contrariété à l'ordre public français de la prétendue absence de possibilités d'aménagement des peines de réclusion criminelle à perpétuité, exécutées avec mise à l'isolement du condamné, pendant une période de vingt ans, et l'article 696-4, 7° du même Code qui interdit d'accorder l'extradition lorsque la personne réclamée risque d'être jugée par un « *tribunal n'assurant pas les garanties fondamentales de procédure et de protection des droits de la défense* »[81].

Si comme le démontre Damien Roets, le premier argument n'a jamais été pertinent et reposait sur un ensemble de préjugés infondés, le second ne manquait pas totalement de pertinence. En effet, le système pénal rwandais ne permettait pas décemment d'envisager des extraditions aux fins d'être jugés qui plus est pour un crime aussi grave que celui de génocide et dans un contexte aussi sensible. Quelles qu'en soient les raisons, juridiques ou factuelles, le Rwanda était dans l'incapacité manifeste d'assurer aux prévenus les garanties minimales du droit à un procès équitable. Malgré l'adoption de la loi du 30 août 1996 régissant la poursuite des crimes liés au génocide et l'établissement d'un cadre juridique spécifique, des milliers de personnes ont été arbitrairement arrêtées, pour certaines inculpées et jugées en l'absence de preuves solides. Les rapports des organisations non gouvernementales évoquent les tribunaux engorgés, les condamnations sans assistance juridique, les avocats de la défense étant trop rares à cause de la peur d'être stigmatisé pour avoir représenté des personnes suspectées de génocide[82].

---

[80] CA Paris, 1er ch., 16 février 2000, Wenceslas Munyeshyaka c/ Yvonne Galinier Mutimura et a.

[81] ROETS (D.), « L'extradition des personnes suspectées d'avoir participé au génocide des Tutsis du Rwanda », Dalloz, 2013, p. 2570.

[82] HUMAN RIGHTS WATCH, La loi et la réalité : Les progrès de la réforme judiciaire au Rwanda, 26 juillet 2008 ; HUMAN RIGHTS WATCH, Justice compromise : L'héritage des tribunaux communautaires gacaca du Rwanda, 31 mai 2011. V. également Amnesty international, Rwanda: suspects must not be transfered to Rwanda court for trial until it is demonstrated that trials will comply with international standards of justice, novembre 2007, 10 p.

Les progrès de la réforme judiciaire du 26 juillet 2008, doublés de l'abolition de la peine de mort en 2007, ont néanmoins changé la donne. Ils ont permis d'envisager plus sereinement l'extradition des génocidaires présumés. C'est ce qu'il ressort de l'arrêt de la Cour européenne *Ahorugeze c/ Suède* du 27 octobre 2011. Certes, cette affaire ne concerne pas la France, toutefois l'absence de requête individuelle émanant de l'hexagone est hautement significative du peu d'inclination du gouvernement à extrader des personnes vers le Rwanda afin qu'elles y répondent de leur éventuelle responsabilité[83].

À cet égard, le cas d'Agathe Habyarimana, veuve de l'ex-Président rwandais, illustre parfaitement la position singulière des autorités françaises. Soupçonnée d'être impliquée dans le génocide et d'être un des principaux cerveaux de la tendance radicale du régime, elle fut pourtant une des premières personnes à être évacuée de Kigali et accueillie à Paris avec, en prime, l'octroi contesté d'un pécule de 200 000,00 francs versé par la coopération française afin de couvrir ses frais[84]. Bien qu'elle fasse l'objet d'un mandat d'arrêt international depuis 2009 pour génocide et crime contre l'humanité, la Cour d'appel de Paris a rejeté la demande d'extradition formulée par son pays d'origine[85]. Ce traitement est d'autant plus difficile à justifier que l'ex-première dame rwandaise réside toujours en France sans être en situation régulière puisque le Conseil d'État a approuvé le refus de la préfecture de l'Essonne de lui accorder un titre de séjour[86]. De plus, sa demande d'asile, déposée en janvier 2004, a été rejetée par l'OFPRA le 4 juillet 2007. Le recours subséquent devant l'ancienne Commission des recours des réfugiés s'est également soldé par un échec. La Commission estime qu'il existe des raisons sérieuses de penser qu'elle aurait participé « *en tant qu'instigatrice ou complice* » au crime de génocide, que ses déclarations sont « *non crédibles* » et qu'elles « *doivent être regardées comme traduisant sa volonté d'occulter les activités qui ont en réalité été les siennes durant la période de préparation, de planification et d'exécution du génocide* »[87].

En 2011, l'arrêt *Ahorugeze c/ Suède* sonne le glas des arguments étatiques en défaveur de l'extradition. Le retour au Rwanda des personnes soupçonnées d'avoir planifié le génocide ou participé à son exécution n'emporte ni la violation de l'article 3 de la Convention, c'est-à-dire que ces dernières ne risquent

[83] La France a tout de même accepté de remettre quelques personnes au Tribunal pénal international pour le Rwanda (dont le siège est à Arusha). A titre d'exemple, la Cour de cassation a validé mercredi 30 septembre 2020 le transfert de Félicien Kabuga suspecté d'avoir été le financier du génocide rwandais.

[84] DE SAINT-EXUPÉRY (P.), « La veuve Habyarimana demande l'asile à Paris », Le Figaro, 26 janvier 2007.

[85] CA Paris 28 septembre 2011.

[86] CE, 5 juin 2013, *Ministre de l'Intérieur c/Mme Agathe Habyarimana*, n° 366219.

[87] CCR, 15 février 2007, *Mme Habyarimana*, n° 564776.

pas d'y faire l'objet de traitements inhumains ou dégradants, ni la violation de l'article 6.

En fait, le requérant, ressortissant rwandais d'origine hutu, avait fui son pays en 1994 et résidait au Danemark, pays dans lequel il avait obtenu le statut de réfugié. Arrêté en Suède en vertu d'un mandat d'arrêt international, son extradition fut validée par la Cour suprême suédoise. Comme systématiquement dans les affaires d'éloignement, la Cour européenne prononça une mesure provisoire en application de l'article 39 de son règlement, mesure invitant les autorités suédoises à surseoir à l'extradition de l'intéressé jusqu'à ce qu'elle ait examiné l'affaire.

Juridiquement, l'arrêt *Ahorugeze c/ Suède* n'est pas très original. Il s'inscrit dans la droite ligne de l'arrêt *Soering c/ Royaume-Uni* du 7 juillet 1989 dont il applique les principes à la situation rwandaise, ce que certains auteurs appellent l'application extraterritoriale de la Convention[88].

Pour la Cour, l'éloignement d'une personne peut soulever un problème au regard de la Convention, en l'espèce l'article 3, si elle risque de subir des traitements inhumains ou dégradants dans le pays de destination et l'article 6 si un déni de justice flagrant est à craindre.

La jurisprudence du Tribunal pénal international pour le Rwanda a largement pesé dans la décision du juge européen. À titre d'exemple, la Cour écarte les allégations du requérant selon lesquelles son appartenance à l'ethnie hutu l'expose à un risque de persécution au motif que le Tribunal pénal international n'a jamais refusé le transfert pour cette raison et que rien ne permet de conclure qu'il existe au Rwanda une pratique généralisée de persécution ou de mauvais traitements à l'encontre de la population hutu[89]. S'agissant de l'article 6, la Cour observe que le Tribunal pénal international s'est effectivement opposé à plusieurs reprises à des demandes d'extraditions par crainte que les droits de la défense ne soient pas suffisamment respectés, notamment la difficulté à faire citer des témoins menacés de représailles, mais qu'il se déclare désormais convaincu que les modifications apportées au droit rwandais assurent aux suspects une procédure conforme aux normes internationalement reconnues en matière d'équité[90]. Premièrement, le droit rwandais garantit aux témoins l'immunité de poursuites pour leurs déclarations et leur comporte-

[88] BESSON (S.), « The Extraterritoriality of the ECHR: Why Human Rights Depends on Jurisdiction and What Jurisdiction Amounts to », Leiden Journal of International Law, 2012, n° 25, p. 857.
[89] CEDH, 27 octobre 2011, *Ahorugeze c/ Suède*, §§ 44 sq.
[90] TPIR, 28 juin 2011, *Uwinkindi*, ICTR-01-75.

ment dans le cadre des procès. Un nouveau programme de protection des témoins a été mis en œuvre. Deuxièmement, les témoins résidant hors du Rwanda peuvent désormais déposer par liaison télévisuelle. Troisièmement, le Rwanda dispose de nombreux avocats qualifiés susceptibles de défendre les personnes accusées de génocide, y compris au bénéfice de l'assistance judiciaire, sans compter la possibilité de recourir à des avocats étrangers.

Le critère d'appréciation de la notion de déni de justice flagrant étant strict, qu'il n'est pas nécessaire de garantir à la personne un procès équitable sous tous ses aspects, et compte tenu des éléments précités, le juge européen estime qu'il n'existe pas de risque réel si le requérant est extradé vers le Rwanda afin d'y être jugé[91].

II. LES ENTRAVES A LA RECHERCHE HISTORIQUE

Le refus persistant d'autoriser la consultation de plusieurs dossiers versés aux archives de l'Élysée malgré leur déclassification en 2015 a provoqué un riche débat juridique dans lequel la Convention européenne des droits de l'Homme a joué un rôle décisif. Toutefois, à la suite d'une maladresse procédurale, ce n'est pas devant la Cour européenne des droits de l'Homme que la conventionnalité de ce refus a été véritablement discutée (A) mais devant le Conseil d'État (B).

A. Le recours prématuré au juge européen

La reconnaissance du caractère public des archives produites par les autorités politiques dans l'exercice de leurs fonctions n'a pas toujours relevé de l'évidence. Aujourd'hui, conformément à la proposition formulée par Guy Braibant dans son rapport du 1er janvier 1996, la loi n° 2008-696 du 15 juillet 2008 prévoit que ces archives sont dotées d'un caractère public au même titre que celles des responsables de l'administration, de l'armée et de la diplomatie[92]. Toutefois, les documents versés antérieurement à la publication de la loi, dont les documents litigieux, restent régis par les protocoles signés entre les autorités et l'administration des archives ce qui implique l'impossibilité de les

---

[91] CEDH, 27 octobre 2011, *Ahorugeze c/ Suède*, § 113 sqq. Le déni de justice flagrant dépasse les simples irrégularités ou l'absence de garanties dans le déroulement du procès susceptibles d'emporter une violation de l'article 6 si elles avaient lieu dans l'un des États contractants. Il suppose une violation du principe d'équité du procès si grave qu'elle entraîne la destruction de l'essence même du droit protégé par cet article.

[92] Les Archives en France : rapport au Premier ministre, 1er janvier 1996.

communiquer sans l'accord du mandataire qu'ils désignent. Cette remise sous protocole, maintes fois critiquée, avait été imaginée afin de mettre un terme aux réticences des membres de l'exécutif à remettre leurs archives et favoriser leur conservation en leur accordant une protection particulière[93]. La loi du 15 juillet 2008 a néanmoins limité les effets dans le temps de cette pratique en précisant que les clauses relatives aux mandataires cessent d'être applicables vingt-cinq ans après le décès du signataire du protocole[94].

C'est à ce système que François Graner, directeur de recherche en physique au CNRS et auteur d'ouvrages sur le génocide au Rwanda, s'est heurté après avoir demandé à consulter quelques dossiers des archives de la présidence de François Mitterrand concernant le Rwanda entre 1990 et 1994[95]. Conformément aux préconisations du directeur des Archives de France, la mandataire de François Mitterrand, refusa la consultation de seize dossiers au motif qu'ils étaient « *susceptibles de porter une atteinte excessive aux intérêts protégés par la loi* » et qu'ils contenaient un ou des documents classés « secret », « secret défense » ou « confidentiel défense ». Saisie par l'auteur, la Commission d'accès aux documents administratifs émit un avis défavorable au regard du versement sous protocole antérieur à la loi du 15 juillet 2008 des archives du Président Mitterrand.

Loin de se décourager, l'auteur engagea un bras de fer judiciaire avec l'administration et tenta de faire invalider cette disposition législative bloquante par le Conseil constitutionnel au moyen d'une question prioritaire déposée à la faveur d'un recours devant le tribunal administratif de Paris[96]. Tout en reconnaissant le droit d'accès aux documents d'archives publiques, le Conseil rappelle qu'il est « *loisible au législateur d'apporter à ce droit des limitations liées à des exigences constitutionnelles ou justifiées par l'intérêt général* ». Par conséquent, les conditions spécifiques de communication des archives publiques du Président de la République ne portent atteinte ni à l'exercice de la liberté d'expression et de communication ni au droit de demander compte à tout agent public de son administration garantis respectivement aux articles 11 et 15 de la Déclaration des droits de l'homme et du citoyen. La réponse du juge constitutionnel reçue, le juge administratif trancha en défaveur du chercheur, considérant qu'il n'existait aucun élément de nature à démontrer l'intérêt d'une consultation des archives avant l'expiration du délai prévu par le Code du patrimoine.

---

[93] QUIRINY (B.), « Le droit dérogatoire d'accès aux archives du pouvoir exécutif validé par le Conseil constitutionnel », AJDA, 2017, p. 2310.
[94] Art. L. 213-4 C. patr.
[95] GRANER (Fr.), Le sabre et la machette : Officiers français et génocide, Paris, Tribord, 2014, 256 p. ; L'État français et le génocide des Tutsis au Rwanda, Paris, Agone, 2020, 489 p.
[96] CC., déc. n° 2017-655 QPC, 15 septembre 2017, *François G.*

Ainsi débouté, François Graner, dont il faut souligner l'opiniâtreté, se tourna sans plus attendre – mais trop vite – vers la Cour européenne des droits de l'Homme afin de dénoncer deux restrictions arbitraires : celle de son droit à consulter les archives publiques en vue d'effectuer un travail de recherche historique et celle du droit du public à recevoir des informations d'intérêt général. Convaincu qu'un recours devant le Conseil d'État était inutile et ne présentait aucune chance de succès, le requérant ne s'embarrassa pas de saisir ce dernier au préalable, si bien que le débat sur l'article 10 de la Convention et sur la liberté d'expression dans une société démocratique fut éclipsé par celui sur l'épuisement des voies de recours interne au sens de l'article 35 § 1. Bien que les chances de succès devant la haute juridiction administrative fussent probablement diminuées par la décision défavorable du Conseil constitutionnel, la Cour estime qu'un recours en annulation pour excès de pouvoir, fondé sur les articles 10 et 13 de la Convention, n'est pas voué à l'échec et rejette par conséquent la requête pour non-épuisement des voies de recours internes[97].

L'affaire *Graner c/ France* restera donc une occasion manquée de fixer les limites du secret défense en droit de la Convention, question épineuse et transversale déjà abordée sous l'angle de l'article 38 (obligation de fournir toutes facilités nécessaires) dans l'arrêt *Al Nasiri c/ Pologne* du 24 juillet 2014 ou de l'article 6 (droit à un procès équitable) dans l'arrêt *Regner c/ République tchèque* du 19 septembre 2017. Un arrêt sur le fond présentait plusieurs avantages. Premièrement, il aurait permis un éclairage précieux sur les exigences conventionnelles en cas de mise en balance entre la protection des secrets de l'État et l'intérêt d'informer le public sur ces événements historiques. Deuxièmement, il aurait peut-être permis de dépasser la jurisprudence *Magyar Helsinki Bizottsag c/ Hongrie* du 8 novembre 2016 aux termes de laquelle la Cour admet timidement la possibilité de déduire un droit d'accès à l'information de l'article 10 soit lorsque la divulgation des informations a été imposée par une décision judiciaire devenue exécutoire ou soit « *lorsque l'accès à l'information est déterminant pour l'exercice par l'individu de son droit à la liberté d'expression, en particulier la liberté de recevoir et de communiquer des informations, et que refuser cet accès constitue une ingérence dans l'exercice de ce droit* »[98]. En dehors de ces deux situations particulières, la Cour considère toujours, conformément à sa jurisprudence *Roche c/ Royaume-Uni* du 19 octobre 2005, que ce droit ne doit pas « *se comprendre comme imposant à un État des obligations positives de collecte et de diffusion, motu proprio, des informations* »[99]. L'affaire *Graner c/ France* s'inscrivait précisément dans la seconde hypothèse.

---

[97] CEDH, 5 mais 2020, *Graner c/ France* (déc.), §§ 59 sqq.
[98] CEDH, 8 novembre 2016, *Magyar Helsinki Bizottsag c/ Hongrie*, § 156.
[99] CEDH, 19 octobre 2005, *Roche c/ Royaume-Uni*, § 172.

B. L'exploitation de l'article 10 de la Convention par le Conseil d'État

In fine, comme pour donner raison à la Cour européenne sur le caractère prématuré de la saisine de cette dernière, et contrairement au préjugé du requérant sur la vacuité d'un recours par-devant lui, le Conseil d'État réuni en assemblée, a autorisé François Graner à consulter les dossiers qu'il souhaitait avant l'expiration du délai prévu par le protocole. Saisi en cassation et réglant l'affaire au fond, il estime qu'il existe un intérêt légitime à consulter ces archives litigieuses non seulement du point de vue de la recherche historique (quand bien même le requérant n'est pas historien mais physicien, le détail a son importance) mais aussi afin d'éclairer le débat sur une question d'intérêt public. En outre, le Conseil souligne que si les documents en cause comportent des informations sensibles, il s'avère que leur examen a déjà été autorisé pour de précédents travaux de recherche qui en font état et qu'ils ont, pour certains, déjà été rendus publics.

Le signal envoyé par la haute juridiction administrative à tous ceux qui doutent de l'effectivité de la subsidiarité du mécanisme de protection des droits protégés par la Convention européenne est fort. Le Conseil d'État exploite pleinement l'article 10 et réaffirme qu'il reste un des gardiens privilégiés de la Convention[100].

Néanmoins, l'arrêt prend grand soin de préserver la jurisprudence constitutionnelle en soulignant d'emblée qu'il se place sous les auspices d'une interprétation conforme des dispositions de l'article L. 213-4 du Code du patrimoine. L'assertion est habile puisqu'elle permet d'éviter des tensions inutiles, entre la rue Montpensier et le Palais royal d'une part, entre les normes constitutionnelles et les standards conventionnels d'autre part. Nonobstant cette conformité, le Conseil met en balance les intérêts que cette disposition entend protéger, c'est-à-dire favoriser la conservation et le versement aux archives de ce type de document, avec la liberté de recevoir et de communiquer des informations. Par conséquent, l'article L 213-4 doit être appliqué « *à la lumière des exigences attachées au respect de l'article 10 de la Convention (...) duquel peut résulter, à certaines conditions, un droit d'accès à des informations détenues par l'État* ».

Indépendamment de la dimension conventionnelle assumée du contentieux administratif, l'arrêt du 12 juin 2020 est doublement remarquable.

---

100 MALVERTI (C.) et BEAUFILS (C.), « Archives présidentielles : guide des usages du protocole », AJDA, 2020, p. 1416.

Premièrement, le Conseil d'État fixe des critères d'autorisation pour consulter les archives hors délais relativement stables : la consultation ne doit pas porter une atteinte excessive au secret des délibérations du pouvoir exécutif, à la conduite de la politique étrangère ou aux intérêts fondamentaux de l'État. Quant à l'intérêt légitime du demandeur, il doit être apprécié au vu de la démarche qu'il entreprend, du but poursuivi, de la nature des documents en cause et des informations qu'ils comportent.

Deuxièmement, l'arrêt modifie et normalise la densité du contrôle exercé par le juge administratif en la matière[101]. Il revient désormais au juge de l'excès de pouvoir « *d'exercer un entier contrôle sur l'appréciation portée, dans le cadre de la mise en œuvre des dispositions du dernier alinéa de l'article L. 213-4 du code du patrimoine, sur la proportionnalité de la limitation qu'apporte à l'exercice du droit d'accès aux documents d'archives publiques le refus opposé à une demande de consultation anticipée, par dérogation au délai fixé par le protocole. Pour ce faire, par exception au principe selon lequel le juge de l'excès de pouvoir apprécie la légalité d'un acte administratif à la date de son édiction, il appartient au juge, eu égard à la nature des droits en cause et à la nécessité de prendre en compte l'écoulement du temps et l'évolution des circonstances de droit et de fait afin de conférer un effet pleinement utile à son intervention, de se placer à la date à laquelle il statue* ». De plus, « *l'appréciation portée, dans les conditions décrites ci-dessus, par le juge de l'excès de pouvoir est soumise, devant le juge de cassation, au contrôle de qualification juridique des faits* ».

L'effort de transparence imposé par le juge administratif au nom de la Convention est bienvenu. Il permettra de confirmer ce que de nombreux témoignages concordants attestent déjà : le rôle déplorable joué par l'État français au cours d'un des épisodes les plus sordides de l'histoire de la seconde moitié du XXe siècle[102]. Aux oreilles des amoureux de l'opacité, résonnera peut-être l'avertissement teinté de méfiance dispensé par la Cour européenne en 1984 dans un arrêt *Malone c/ Royaume-Uni*, soit dix ans avant que ne tombe la saison des machettes sur le Rwanda : « *le danger d'arbitraire apparaît avec une netteté singulière là où un pouvoir de l'exécutif s'exerce en secret* »[103].

[101] CE, 29 juin 2011, *Mme Rouzaud*, n° 335072.
[102] ANCEL (G.), Rwanda, la fin du silence, témoignage d'un officier français, Paris, Les belles lettres, 2018, 250 p.
[103] CEDH, 2 août 1984, *Malone c/ Royaume-Uni*, § 67.

CHAPITRE 3-

LA POURSUITE DU GENOCIDE RWANDAIS PAR LES JURIDICTIONS FRANÇAISES : QUETE D'UNE COHERENCE A L'AUNE DE L'ARRET DU 30 OCTOBRE 2019, RENDU PAR LA CHAMBRE CRIMINELLE DE LA COUR DE CASSATION

Pierre Jouette

« Une contradiction, il n'y a qu'à ne pas s'en apercevoir. »
Paul Claudel, Œuvres complètes, 1950.

Nombre d'écrits se sont intéressés au génocide des Tutsi et des Hutu modérés survenu au Rwanda entre avril et juillet 1994. Ces écrits sont d'abord ceux des historiens[104], déroulant les évènements ayant conduit deux ethnies à sombrer dans l'horreur la plus absolue ou retraçant l'histoire de la justice pénale internationale[105]. Ils sont ensuite ceux des anthropologues qui ont tenté d'étudier et comprendre les violences inter-ethniques[106]. Ils sont également ceux des psychologues, cherchant tantôt à étudier le processus traumatique des victimes[107], tantôt à dépasser l'effroi que suscite l'anéantissement d'un

[104] TERNON (Y.), MUGIRANEZA (A.) et BENSOUSSAN (G.) (dir.), « Rwanda, quinze ans après. Penser et écrire l'histoire du génocide des Tutsi », Revue d'histoire de la Shoah, n° 190, janvier-juin 2009.

[105] ROVETTA (O.), Un génocide au tribunal. Le Rwanda et la justice internationale, Paris, Belin, Coll. Contemporaines, 2019.

[106] AUDOUIN-ROUZEAU (S.), « Les violences extrêmes du XXe siècle à l'aune de l'histoire et de l'anthropologie », in TERNON (Y.), MUGIRANEZA (A.) et BENSOUSSAN (G.) (dir.), op. cit., p. 137 à 157 ; CHARLES TAYLOR (Ch.), Terreur et sacrifice : une approche anthropologique du génocide rwandais, Paris, Octarès, Coll. Applications de l'anthropologie, 2000.

[107] V. par ex. SYDOR (G.) et PHILIPPOT (P.), « Conséquences psychologiques des massacres de 1994 au Rwanda », Santé mentale au Québec, vol. 21, n° 1, 1996, p. 229–245 ; RWAGATARE (P.) et BRACKELAIRE (J.-L.), « Génocide des Tutsis au Rwanda : quand le viol des femmes est utilisé pour annihiler l'origine même de la vie et de la pensée », Cahiers de psychologie clinique, 2015/2, n° 45, p. 165-189.

peuple par un autre afin de redonner de la rationalité à l'irrationnelle « fabrication des bourreaux »[108]. Ces écrits sont enfin ceux des juristes. Qu'ils soient législateurs, juges ou universitaires, tous, ils ont pris part à la réflexion sur le génocide, menée à la fois dans le cadre du droit international et des droits internes.

Le récit judiciaire prend sa source en droit international, avec la création d'un Tribunal pénal international « chargé de juger les personnes présumées responsables d'actes de génocide ou d'autres violations graves du droit international humanitaire commis sur le territoire du Rwanda [...] entre le 1er janvier et le 31 décembre 1994 »[109]. Souhaité initialement par le Rwanda[110] et institué par une Résolution 955 du Conseil de sécurité des Nations Unies[111], le Tribunal pénal international pour le Rwanda (ci-après TPIR) est à peu de choses près la copie conforme de son prédécesseur pour l'ex-Yougoslavie.

Aujourd'hui l'heure est au bilan[112]. Quel que soit celui du TPIR, il a incontestablement marqué de son sceau le traitement judiciaire du génocide rwandais. Au total, d'après ses propres chiffres[113], sur les quatre-vingt-treize personnes mises en accusation, soixante-deux ont été condamnées et quatorze acquittées. À cet état des lieux il conviendra d'ajouter d'une manière ou d'une autre la situation de Félicien Kabuga, dont la comparution initiale s'est tenue

---

[108] SIRONI (Fr.), Comment devient-on tortionnaire ? Psychologie des criminels contre l'humanité, Paris, La Découverte, coll. Sciences humaines, 2017.

[109] Statut du Tribunal pénal international pour le Rwanda.

[110] Le représentant du Rwanda auprès des Nations Unies insistait sur la nécessité de « créer au plus tôt un tribunal international chargé de juger les criminels », Lettre adressée au Président du Conseil de sécurité par le représentant permanent du Rwanda auprès de l'Organisation des Nations Unies, 29 sept. 1994, doc. ONU S/1994/1115.

[111] Le TPIR est créé le 8 novembre 1994 par une résolution 955 du Conseil de sécurité des Nations Unies (doc. ONU S/RES/955 (1994)).

[112] BERNARD (D.) et SCALLIA (D.) (dir.), Vingt ans de justice internationale pénale, Rev. dr. pén., éd. La Charte, coll. Les dossiers de la revue de droit pénal et de criminologie, Vol. 21, 2014 ; FERNANDEZ (J.) et DE FROUVILLE (O.) (dir.), Les mutations de la justice pénale internationale, op. cit. ; PLAS (P.) et SAINT-JAMES (V.) (dir.), La Fermeture du Tribunal Pénal International de l'ex-Yougoslavie, Paris, Institut Universitaire Varenne, coll. Transition & Justice, 2015 ; EMMANUEL (D.), Les vingt ans du Traité de Rome portant Statut de la Cour pénale internationale, Paris, Institut Universitaire Varenne, Coll. Transition et Justice, 2019 ; COTTE (B.), GHALEH-MARZBAN (P.), JEAN (J.-P.) et MASSE (M.), 70 ans après Nuremberg : juger les crimes contre l'humanité, Paris, Dalloz, coll. Thèmes et commentaires, 2017 ; V. aussi HERRAN (Th.) (dir.), Les 20 ans du Statut de Rome : bilan et perspectives de la Cour pénale internationale, Colloque, Bordeaux, nov. 2018.

[113] V. https://unictr.irmct.org/fr/tribunal

le 11 novembre dernier[114] devant le Mécanisme pour les tribunaux pénaux internationaux (ci-après MICT)[115], à la suite de son appréhension par les autorités françaises[116]. Ancien président du Comité provisoire du Fonds de défense nationale et du Comité d'initiative de la funeste Radio-Télévision Libre des Mille Collines, Kabuga est accusé de génocide, complicité dans le génocide, incitation directe et publique à commettre le génocide, tentative de génocide, entente en vue de commettre le génocide, et extermination et persécutions en tant que crimes contre l'humanité[117].

En l'espèce, c'est en application du principe de primauté prévu à l'article 8 du Statut du TPIR que la remise de Kabuga fut permise. L'article prévoit que dans l'hypothèse d'un conflit positif de compétences, le TPIR a primauté sur les juridictions nationales[118]. Cela atteste ainsi l'existence d'une coopération « ascendante », des juridictions nationales vers le Tribunal.

Mais l'activité du TPIR se lit également à l'aune d'une coopération « descendante », lorsque les individus sont renvoyés devant les juridictions étatiques, conformément à l'article 11 *bis* de son Règlement de procédure et de preuve[119] (ci-après RPP). D'ailleurs, la résolution 955 du Conseil de sécurité, à laquelle est annexé le Statut du TPIR, prévoit que les États doivent apporter « leur pleine coopération au Tribunal international et à ses organes » et prendre « toutes mesures nécessaires en vertu de leur droit interne pour mettre en application les dispositions de la [...] résolution et du Statut ». En conséquence

---

[114] V. https://www.irmct.org/en/news/20-11-11-felicien-kabuga-appears-before-the-mechanism-initial-appearance

[115] Le Mécanisme international pour les tribunaux pénaux internationaux créé le 22 décembre 2010 par une Résolution 1966 du Conseil de sécurité des Nations Unies (doc. ONU S/RES/1966 (2010)).

[116] AGNU, « Assemblée générale : L'arrestation de Félicien Kabuga, un des sept fugitifs du Tribunal pénal international pour le Rwanda, démontre l'importance « cruciale » de la coopération des États », 75e session, 17e séance plénière, 21 octobre 2020 (doc. ONU AG/12278).

[117] TPIR, Le Procureur c. Félicien Kabuga, Acte d'accusation modifié, 02/06/2011, Aff. n°ICTR-98-44B-1.

[118] Article 8. Compétences concurrentes – 1. Le Tribunal international pour le Rwanda et les juridictions nationales sont concurremment compétents pour juger les personnes présumées responsables de violations graves du droit international humanitaire commises sur le territoire du Rwanda et les citoyens rwandais présumés responsables de telles violations commises sur le territoire d'États voisins entre le 1er janvier et le 31 décembre 1994. 2. Le Tribunal international pour le Rwanda a la primauté sur les juridictions nationales de tous les États. À tout stade de la procédure, il peut demander officiellement aux juridictions nationales de se dessaisir en sa faveur conformément au présent Statut et à son Règlement de procédure et de preuve [nous insistons].

[119] Cela concerne dix accusés d'après les données formulées sur le site officiel du TPIR.

de quoi ces derniers se sont dotés des outils juridiques permettant d'appréhender et de juger les ressortissants rwandais, multipliant d'autant les réponses apportées aux crimes[120].

C'est d'abord le Rwanda en jugeant ses ressortissants devant ses propres juridictions mais aussi les Gacaca, justice populaire inspirée des formes de justice participative[121]. C'est ensuite la Belgique, les Pays-Bas, l'Allemagne, l'Espagne, le Canada, la Finlande, le Danemark, la Suisse et la France[122] qui, sur la base de leur compétence universelle, ont poursuivi et jugé des ressortissants rwandais.

Concernant spécifiquement l'État français – qui nous retiendra dans les développements ultérieurs – la poursuite et le jugement des ressortissants rwandais furent permis grâce par l'adoption de la loi n° 96-432 du 22 mai 1996[123], renvoyant elle-même aux dispositions de la loi n° 95-1 du 2 janvier 1995 portant adaptation du droit français à l'institution du Tribunal pénal international pour l'ex-Yougoslavie[124]. Ces deux lois, de 1995 et de 1996, ont été modifiées par la loi n° 2013-711 du 5 août 2013, adaptant les anciens mécanismes de coopération à l'institution du MICT[125]. Cet arsenal législatif a ainsi permis aux juridictions françaises de connaître à plusieurs reprises du génocide rwandais. Récemment, un auteur a recensé l'ensemble des décisions

---

[120] SAINT-JAMES (V.), « Trois répressions du génocide rwandais », in Apprendre à douter. Questions de droit, questions sur le droit. Études offertes à Claude Lombois, Limoges, Pulim, 2004, p. 741-773.

[121] SOBO (Fr.), « Justice transitionnelle. Le point sur les juridictions Gacaca », RSC, n° 4, 2009, p. 763-782.

[122] Des auteurs rapportent qu'« En 2017, des ONG spécialisées dans ce domaine font état de 117 instances pendantes fondées sur l'universalité du droit de punir, notamment en Allemagne, en Suisse, en Suède, aux États-Unis, aux Pays-Bas, au Royaume-Uni, en Espagne, en Argentine, en Belgique, au Brésil, en Finlande, en France, soit une augmentation de 106 % par rapport à l'année précédente » V. BELLIVER (Fl.), EUDES (M.) et FOUCHARD (I.), Droit des crimes internationaux, Paris, PUF, coll. Thémis, Droit, 2018, p. 320-321 ; FOREMAN (S.), « Partie civile dans un procès de génocide : retour d'expérience d'un avocat », Les cahiers de la justice, 2014, p. 575.

[123] Loi n° 96-432 du 22 mai 1996 portant adaptation de la législation française aux dispositions de la résolution 955 du Conseil de sécurité des Nations unies instituant un tribunal international en vue de juger les personnes présumées responsables d'actes de génocide ou d'autres violations graves du droit international humanitaire commis en 1994 sur le territoire du Rwanda et, s'agissant des citoyens rwandais, sur le territoire d'États voisins.

[124] Loi n° 95-1 du 2 janvier 1995 portant adaptation de la législation française aux dispositions de la résolution 827 du Conseil de sécurité des Nations Unies instituant un tribunal international en vue de juger les personnes présumées responsables de violations graves du droit international humanitaire commises sur le territoire de l'ex-Yougoslavie depuis 1991.

[125] Loi n° 2013-711 du 5 août 2013 portant diverses dispositions d'adaptation dans le domaine de la justice en application du droit de l'Union européenne et des engagements internationaux de la France.

de la Cour de cassation. Il écrit : « Les résultats affichés par Légifrance pour la période allant du 15 juillet 1994 au 31 mai 2020 font apparaître 47 « documents » avec le mot « Rwanda », 33 avec le mot « rwandais ». Si ce dernier s'avère moins générateur de « bruit », car conduisant toujours à des arrêts ayant un rapport avec les faits de l'année 1994, il présente l'inconvénient de laisser de côté quelques décisions pertinentes. Une fois écartée du premier groupe la dizaine d'arrêts hors de propos, le produit de la recherche quantitative s'élève à 36 décisions qui peuvent être ordonnées en trois catégories : seize d'entre elles concernent la coopération et l'entraide internationales, six sont relatives à la compétence internationale du juge pénal français et à l'exercice de poursuites en France, et quatorze ont trait à la publication de deux ouvrages »[126].

Pour les besoins de la présente étude, nous nous focaliserons exclusivement sur le seul aspect des poursuites exercées devant les juridictions françaises. Ainsi les six décisions évoquées par l'auteur concernent précisément quatre ressortissants rwandais appréhendés sur le territoire français, à savoir Pascal Simbikangwa, Octavien Ngenzi, Tito Barahira et Wenceslas Munyeshyaka. Concernant les trois premiers, ils ont été condamnés par des cours d'assises à des peines allant de vingt-cinq ans de réclusion criminelle pour Pascal Simbikangwa, à la réclusion criminelle à perpétuité pour Octavien Ngenzi et Tito Barahira. Quant à Wenceslas Munyeshyaka, ancien prêtre rwandais, il est le seul à avoir bénéficié d'un non-lieu, confirmé en appel et en cassation.

Cette dernière affaire est ancienne. Elle prend naissance le 12 juillet 1995 lorsqu'une plainte est déposée pour des faits de complicité de génocide, tortures et mauvais traitements commis en 1994 à la paroisse de Sainte-Famille à Kigali. Le 28 juillet 1995, Munyeshyaka est mis en examen pour génocide, crimes contre l'humanité, participation à un groupement formé ou à une entente établie en vue de la préparation de l'un de ces crimes, actes de torture et autres traitements cruels, inhumains ou dégradants. Un appel est interjeté et le 1er avril 1996 la chambre d'accusation de la Cour d'appel de Nîmes déclare le juge d'instruction incompétent. Les juges énoncent que les faits de complicité de génocide reprochés à l'accusé ne pouvaient entrer dans les prévisions de l'article 689-2 du Code de procédure pénale, cet article visant exclusivement

[126] GIUDICELLI (A.), « Le génocide rwandais devant la Chambre criminelle », RSC, 2020, p. 443.

des actes de torture, conformément à la Convention de New York du 10 décembre 1984[127]. Un pourvoi est formé. Le 6 janvier 1998, la chambre criminelle casse l'arrêt de la chambre d'accusation[128] car les dispositions de la loi du 22 mai 1996 sont d'application immédiate en vertu de l'article 112-2 1° du Code pénal, permettant alors aux juridictions françaises d'être compétentes pour connaître des faits de génocide. Un nouveau juge d'instruction est saisi des faits le 13 juin 1999.

Dans le même temps, un acte d'accusation est rédigé à l'encontre de l'accusé par le Procureur du TPIR en 2005[129], modifié en 2007[130]. Le 20 novembre 2007, la chambre de première instance près du TPIR ordonne le renvoi de l'affaire aux autorités françaises[131].

La procédure est jointe à l'instruction française et le juge d'instruction rend le 2 octobre 2015 une ordonnance de non-lieu. Les parties civiles interjettent appel de l'ordonnance, ultérieurement confirmée par la chambre de l'instruction de la Cour d'appel de Paris le 21 juin 2018. Elles se pourvoient conséquemment en cassation. À ce stade et sans approfondir davantage les moyens du pourvoi, l'argumentaire développé contestait l'application de la loi pénale française et du principe de compétence universelle. De cette manière le pourvoi avait ensuite tout loisir de solliciter l'application de la loi du TPIR, qu'il s'agisse de l'appréciation du principe *ne bis in idem*, du mode de participation ou de la caractérisation des charges retenues contre l'accusé.

Par un arrêt du 30 octobre 2019[132], la Chambre criminelle de la Cour de cassation rejette le pourvoi dans sa totalité et « rappelle [...] que la dissociation des compétences judiciaire et législative n'a pas lieu d'être de sorte que les juridictions d'instruction ont à juste titre privilégié la loi française par rapport au statut du TPIR »[133].

---

[127] Convention contre la torture et autres peines ou traitements cruels, inhumains ou dégradants, 10 décembre 1984.

[128] Cass. crim., 6 janvier 1998, n° 96-82.491, Bull. crim. n° 2; D. 2000, p. 25, obs. Y. Mayaud ; RSC, 1998, p. 348, obs. M. Masse ; Dr. pénal, 1998, comm. n° 70, obs. J.-H Robert.

[129] TPIR, Bureau du Procureur, 20 juillet 2005, Le Procureur c. Wenceslas Munyeshyaka, Acte d'accusation, ICTR-2005-87-I.

[130] TPIR, Bureau du Procureur, 12 juin 2007, Le Procureur c. Wenceslas Munyeshyaka, Demande du Procureur tendant à ce que l'acte d'accusation établi contre Wenceslas Munyeshyaka soit renvoyé aux autorités françaises en application de l'article 11 bis du Règlement de procédure et de preuve, ICTR-2005-87-I.

[131] TPIR, Chambre de première instance, 20 novembre 2007, Le Procureur c. Wenceslas Munyeshyaka, Decision on the Prosecutor's request for the referral of Wenceslas Munyeshyaka's indictment to France, ICTR-2005-87-I.

[132] Cass. crim., 30 octobre 2019, n° 18-84.663.

[133] HERRAN (Th.), « Compétence après renvoi du TPIR », Lexbase pénale, n° 27, 28 mai 2020.

De prime abord, l'affaire *Munyeshyaka* se démarque des précédentes dans la mesure où elle est la seule à ne pas aboutir à la condamnation de l'intéressé. Une lecture exclusivement « politique » de ce seul arrêt nous conduirait à émettre l'hypothèse d'un traitement judiciaire différencié de l'accusé par rapport aux affaires précédentes. Cet argument ne saurait prospérer dans la mesure où l'appréciation des principes juridiques est conforme à la jurisprudence déjà admise et l'arrêt ne constitue nullement un revirement[134]. Une lecture juridique est donc à privilégier. L'arrêt constitue alors un point d'ancrage intéressant afin de rendre compte des poursuites exercées en France contre les génocidaires rwandais. Qui plus est, la jurisprudence de la Cour doit être lue et intégrée à la multitude des réponses judiciaires apportées au génocide. À cet égard, la décision n'est pas exempte de critiques et doit nous permettre d'éprouver la pertinence des solutions retenues par la chambre criminelle.

En effet, le traitement du génocide rwandais par les juridictions françaises n'est pas sans questionner, notamment lorsqu'il est mis en lien avec la jurisprudence des juridictions inférieures ou du TPIR lui-même. Derrière une apparente unité, la position du juge français ne doit pas occulter la confusion tirée de la multitude des réponses judiciaires. De cette manière, l'unité cède au profit d'une pluralité qui se joue au détriment d'une cohérence d'ensemble.

I. QUESTIONNER L'UNITE DU TRAITEMENT JUDICIAIRE FRANÇAIS

L'arrêt du 30 octobre 2019 est en tout point conforme à la jurisprudence déjà admise par la chambre criminelle, entretenant une approche souverainiste particulièrement discutable de la compétence universelle (A) qui amène à préférer l'application du droit étranger en droit interne (B).

A. Discuter l'appréciation souverainiste de la compétence universelle

Principe d'application de la loi pénale dans l'espace, la compétence universelle permet aux autorités judiciaires d'un État de poursuivre et juger des

[134] Par ex., en matière d'application du principe de compétence universelle, V. Cass. crim., 23 octobre 2002, n° 02-85.379, Bull. crim. n° 195 ; D., 2004, p. 309, obs. M.-H Gozzi ; Rev. crit. DIP, 2003, p. 309, note H. Matsopoulou ; RSC, 2003, p. 425, obs. M. Masse ; JCP G, 2003, II, p. 10078, note J.-Fr. Roulot.

crimes qui ne présentent aucun lien de rattachement avec son territoire[135]. Le droit français la prévoit aux articles 689 et suivants du Code de procédure pénale mais s'apparente davantage à une compétence quasi universelle[136] ou restreinte[137]. Quant à la jurisprudence, elle apprécie ledit principe comme emportant celui de la solidarité des compétences législative et juridictionnelle.

C'est précisément ce que juge la chambre criminelle qui soutient la chambre de l'instruction et réaffirme que « l'exercice, par une juridiction française, de la compétence universelle, emporte compétence de la loi française [...] les faits, objets de l'information entrant à la fois dans les prévisions des articles 2 et 3 du statut du Tribunal pénal international pour le Rwanda, et des dispositions internes qui incriminent le génocide, les crimes contre l'humanité et la participation à une entente formée en vue de leur préparation, les peines encourues étant celles prévues par la loi française ». En d'autres termes, l'application de la loi étrangère cède face à celle de la *lex fori*, conformément à une jurisprudence maintes fois affirmée[138] mais débattue[139].

La conception de la compétence universelle par la Cour de cassation est directement attachée à celle de la répression des crimes internationaux en droit français, fondée essentiellement sur la territorialité de la loi pénale. Leur répression est fondée sur les définitions données par Code pénal et engendre le prononcé d'une peine prévue en droit interne de même que son exécution[140]. Ainsi, quand bien même les crimes en question émanent du droit international,

---

[135] HENZELIN (M.), Le principe de l'universalité en droit pénal international : droit et obligation pour les États de poursuivre et juger selon le principe de l'universalité, Bruxelles, Bruylant, Helbing & Lichtenhahm, 2000 ; du même auteur, « La compétence pénale universelle. Une question non résolue par l'arrêt Yerodia », RGDIP, 2002, n° 4, p. 823. Le principe est aussi défini comme un « système donnant vocation aux tribunaux de tout État sur le territoire duquel se trouve l'auteur de l'infraction pour connaître de cette dernière et ce, quel que soit le lieu de perpétration de l'infraction et la nationalité de l'auteur ou de la victime », V. LA ROSA (A.), « Compétence universelle », dans Dictionnaire de droit international pénal. Termes choisis, Graduate Institute Publications, coll. International, 1998, p. 10.

[136] DEVOS (A.), « Juger le passé au présent : une promesse pour l'avenir ? », Les Cahiers de la justice, op. cit., p. 555 ; V. également BACH-THIEL (D.), « Toujours pas de vraie compétence universelle en matière de crimes contre l'humanité ! », AJ pénal, 2019, p. 195.

[137] SAINT-JAMES (V.), op. cit., p. 741.

[138] V. not. Cass. Crim., 3 mai 1995, n° 95-80.725 ; 6 jan. 1998, op. cit. ; 23 octobre 2002, n° 02-85.379.

[139] CAHN (O.), « Le jugement en France par délégation d'une juridiction pénale internationale », RSC, 2008, p. 279 ; LE CACLVEZ (J.), « Compétence législative et compétence judiciaire en matière pénale : la remise en cause du principe selon lequel le juge répressif n'applique que sa loi nationale », RSC, 1980, p. 29.

[140] REBUT (D.), Droit pénal international, Paris, Dalloz, coll. Précis, 3e éd., 2019, §§ 919-922.

la compétence universelle résulte de l'article 689 du Code pénal français et non de quelconque convention internationale[141].

C'est précisément ce que réfutent les victimes demanderesses. Le premier moyen soutient que « la résolution 955 du Conseil de sécurité de l'ONU du 8 novembre 1994 a force obligatoire et contraignante et prime sur toute autre disposition », de telle manière que « la poursuite des crimes [...] ne pouvait se faire qu'en application des dispositions du statut du TPIR ». Le pourvoi fustige ainsi l'arrêt de la chambre de l'instruction qui s'attache au mythe de la loi pénale française comme seule loi naturellement applicable. Sa perception de la compétence juridictionnelle française est celle d'une compétence déléguée ou par représentation. Autrement dit une compétence fondée non sur le lieu de capture de l'individu (en l'espèce le territoire français)[142] mais sur la combinaison de la primauté du TPIR et de la délégation de l'affaire.

En effet, la loi du 22 mai 1996 qui sert de fondement aux poursuites n'est que le fruit de la résolution créatrice du TPIR[143], elle-même prise sur le fondement du chapitre VII de la Charte des Nations Unies. Il permet à la résolution d'être plus contraignante qu'un traité en écartant *« l'écran étatique devant l'impunité de certains crimes contre l'humanité mettant en danger la paix et la sécurité internationales »*[144]. C'est donc l'atteinte portée à l'ordre public international qui légitime la compétence universelle des juridictions françaises et non une prétendue atteinte à l'ordre public français[145]. La force juridique de la résolution confère donc sa primauté au TPIR[146] sur les juridictions françaises, le premier déléguant la charge de juger l'affaire aux secondes. Olivier Cahn écrit ainsi que « le TPIR a souhaité procéder à cette délégation non parce qu'il estimait le juge français naturellement ou légitimement fondé à se prononcer sur la culpabilité de l'accusé, ni même par le jeu du hasard du lieu d'arrestation, mais uniquement parce que le Conseil de sécurité des Nations Unies, autorité de tutelle du Tribunal, lui a enjoint de terminer ses travaux dans un proche délai »[147]. *A fortiori*, c'est en adhérant souverainement à la résolution que l'État français s'est octroyé compétence. En définitive, selon le

---

[141] Cass. Crim., 26 mars 1996, Bull. crim., n° 1323.
[142] Conf. aux termes de l'art. 689-1 C. proc. pén..
[143] Rés. 955 du Conseil de sécurité des Nations Unies, doc. ONU S/RES/955 (1994).
[144] BAL (L.), Le mythe de la souveraineté en droit international. La souveraineté des États à l'épreuve des mutations de l'ordre juridique international, Thèse, Université de Strasbourg, 2012, p. 289-290.
[145] Dans cette hypothèse, le Conseil de sécurité est considéré comme agissant au nom de la communauté internationale dans le domaine du maintien de la paix et de la sécurité internationales.
[146] Une autorité « exceptionnelle et autoritaire » : V. LAMBERT-ABDELGALGAWAD (E.), « Les États face à l'obligation de dessaisissement de leurs organes judiciaires au profit des tribunaux pénaux internationaux : l'illusion d'un contrôle étatique », RSC, 2004, p. 193.
[147] CAHN (O.), op. cit., p. 279.

pourvoi, si la loi française puise sa légitimité dans la loi étrangère, cette dernière doit « s'appliquer parce que la compétence judiciaire française n'est que la conséquence de l'adhésion de l'État français au « projet » international – adhésion qui ne procède pas d'un choix libre mais de la soumission à une obligation internationale »[148].

L'argument du moyen ne manque pas de pertinence et réactive la question de l'application de la loi pénale étrangère comme en atteste l'armature des moyens au pourvoi.

B. Préférer l'application de la loi pénale étrangère

Postulant l'application de la loi pénale étrangère, le pourvoi soutient à l'appui d'un autre moyen que la chambre de l'instruction était tenue de renvoyer l'accusé devant une cour d'assises. À l'appui de sa démonstration le pourvoi fait mention de l'article 11 *bis* du RPP du TPIR, relatif « au renvoi de l'acte d'accusation devant une juridiction étrangère ». Selon lui, les juridictions françaises étaient tenues par l'acte d'accusation du Procureur[149] et ce d'autant plus qu'il avait été confirmé par la chambre de première instance[150]. Par conséquent, sous couvert de la primauté du TPIR ainsi que de l'obligation de coopération des juridictions françaises avec ce dernier, celles-ci ne pouvaient légalement aller à l'encontre de ce qui avait été décidé *a priori* par les organes de la juridiction internationale. En ce sens le pourvoi postule de faire produire un effet au droit primaire et dérivé du TPIR en droit interne.

Une fois de plus l'argument est écarté par la chambre criminelle. Déjà, elle reprend l'argumentaire de la Cour d'appel qui, saisie de faits qualifiés de criminels, faisait une application de l'article 79 du Code de procédure pénale d'après lequel, en matière criminelle, l'ouverture d'une instruction est obligatoire. Ensuite, la chambre criminelle précise « qu'aucune disposition du statut de ce tribunal international du règlement de procédure et de preuve applicable devant lui ne limite le pouvoir d'appréciation des juridictions auxquelles l'affaire est ainsi renvoyée ». La démonstration de la Cour est astucieuse mais manque de cohérence. Astucieuse car les juges prennent soin de ne pas mentionner le rejet du droit du TPIR et privilégient une tournure qui fait place au pouvoir « d'appréciation des juridictions ». De cette manière la juridiction ne

[148] Ibidem.

[149] TPIR, Bureau du Procureur, 20 juillet 2005, Le Procureur c. Wenceslas Munyeshyaka, Acte d'accusation, ICTR-2005-87-I.

[150] TPIR, Chambre de première instance I, 22 juillet 2005, Le Procureur c. Wenceslas Munyeshyaka, Décision portant confirmation de l'acte d'accusation dressé contre Wenceslas Munyeshyaka, ICTR-2005-87-I.

postule pas frontalement l'anéantissement de la procédure antérieurement menée devant le TPIR et se montre soucieuse d'une certaine diplomatie judiciaire. En revanche elle est incohérente car, tout en rejetant quelques paragraphes précédents l'application du droit étranger[151], la Cour fait produire effet à celui-ci lorsqu'elle évoque que ni le Statut ni le RPP ne limitent l'appréciation des juridictions françaises. En d'autres termes, bien qu'elle énonce l'absence de contrainte émanant des textes internationaux, elle admet simultanément leur applicabilité théorique dans l'ordre juridique français. Les juges de cassation inscrivent leur motivation et leur raisonnement dans le cadre des textes internationaux. À cet égard, une question reste en suspens. À supposer que le Statut et le RPP limitent effectivement le pouvoir d'appréciation des juridictions françaises, un renvoi devant une cour d'assises aurait-il été envisagé ? À se fonder sur le seul argumentaire de la chambre criminelle quant au moyen concerné, la réponse peut sembler affirmative. Reste qu'une telle solution aurait été, là encore, en complète opposition avec sa perception de la compétence universelle.

Par ailleurs, outre la discrétion des juridictions françaises de déterminer la voie procédurale adéquate et conséquemment de repasser par celle d'une instruction, les juges ne pouvaient légalement contredire les arguments avancés par le Procureur du TPIR également confirmés par les juges internationaux. La demande de renvoi du Procureur va en ce sens lorsqu'elle énonce que « *lorsqu'une juridiction française est saisie, en application de la loi n°96-432 du 22 mai 1996, d'affaires concernant des crimes commis au Rwanda, elle est tenue d'appliquer les dispositions du Statut du Tribunal pour ce qui est des crimes réprimés par les articles 2 à 4 du Statut du Tribunal malgré les différences existantes entre ces dispositions et celles du Code pénal français* »[152]. Il ajoute par ailleurs que la loi de 1996 impose au juge français « non seulement d'appliquer les articles 2 à 4 du Statut du Tribunal mais aussi la jurisprudence du Tribunal pour interpréter les dispositions de son Statut »[153]. Le Procureur précise enfin que « *il s'ensuit qu'à l'issue du procès qu'il subira en France, l'accusé, sera selon le cas condamné ou acquitté à raison de violations graves du droit international humanitaire et non de crimes de droit commun, conformément à l'article 11 bis du Règlement et à la jurisprudence applicable de la Chambre d'appel* »[154]. La chambre de première instance I près

---

[151] V. supra. I. A.

[152] TPIR, Bureau du Procureur, 12 juin 2007, Le Procureur c. Wenceslas Munyeshyaka, Demande du Procureur tendant à ce que l'acte d'accusation établi contre Wenceslas Munyeshaka soit renvoyé aux autorités françaises en application de l'article 11 bis du Règlement de procédure et de preuve, ICTR-2005-87-I, § 12.

[153] Ibidem.

[154] Ibid. § 17.

le TPIR avait elle aussi jugé que « *le procureur a établi, conformément à l'article 18 du Statut, qu'au vu des présomptions il y avait lieu d'engager des poursuites pour les quatre chefs de génocide, d'extermination constitutif de crime contre l'humanité, de viol constitutif de crime contre l'humanité et d'assassinat constitutif de crime contre l'humanité. Confirme que les quatre chefs énoncés dans l'acte d'accusation dressé contre Wenceslas Munyeshyaka et déposé le 20 juillet 2005* »[155].

En se désolidarisant de la sorte des conclusions auxquelles est parvenu le TPIR, la chambre criminelle perturbe la cohérence du traitement judiciaire apporté au génocide rwandais. *In fine* l'unité n'est qu'apparente et laisse place à une regrettable pluralité des traitements judiciaires.

II. REGRETTER LA PLURALITE DES TRAITEMENTS JUDICIAIRES

La multiplication des mécanismes de compétences entraîne une augmentation proportionnelle des solutions jurisprudentielles dont l'incohérence blâmable (A) affaiblit l'efficacité de la répression du génocide rwandais (B).

A. Vitupérer l'incohérence de la jurisprudence française

L'arrêt de 2019 et plus généralement la jurisprudence française présentent de nombreux autres paradoxes qu'il convient de relever et qui font état d'une pénétration inégale et incohérente du droit étranger en droit interne.

Les juridictions admettent expressément ou non, l'application du droit étranger. Ainsi, l'attitude du juge français quant à l'appréciation du principe *ne bis in idem* entre en contrariété avec le dogme de la solidarité des compétences législative et juridictionnelle. Dans l'affaire *Munyeshyaka*, la chambre de l'instruction confirmait l'ordonnance de non-lieu compte tenu de l'existence d'un jugement prononcé par les juridictions rwandaises. Portant sur les mêmes faits que ceux poursuivis en France, les juges rwandais alléguaient que le crime « ne pouvait être retenu à la charge de M...., en raison d'un doute sur

---

155 TPIR, Chambre de première instance I, 22 juillet 2005, Le Procureur c. Wenceslas Munyeshyaka, Décision portant confirmation de l'acte d'accusation dressé contre Wenceslas Munyeshyaka, ICTR-2005-87-I.

sa participation ». À rebours des juges rwandais et français, le pourvoi s'efforçait de réduire la portée du principe *ne bis in idem* prévu à l'article 692 du Code de procédure pénale, en se fondant sur le contenu de l'article 9 du Statut du TPIR[156], au motif que « l'application de la règle ne bis in idem en cas de saisine, pour les mêmes faits, de la juridiction internationale et d'une juridiction nationale » n'est pas prévue « en cas de saisine de deux juridictions nationales de pays différents pour les mêmes faits ». En vain car la chambre criminelle rejette le moyen[157]. Comme l'explique un auteur : « *Les statuts des juridictions pénales internationales se prononcent seulement sur les rapports de la juridiction concernée avec les juridictions nationales, et non sur ceux que ces dernières entretiennent entre elles* »[158]. Bien qu'elle soit juridiquement fondée, la solution de la Cour de cassation n'est pas sans interpeler tant elle met au jour une approche confuse de la réception du droit étranger. En effet, tout en rejetant l'application de la loi du TPIR dans le cadre de la compétence universelle, la chambre criminelle admet implicitement celle de la décision rwandaise. La solution est fondée sur l'article 692 du Code de procédure pénale qui érige le principe d'autorité externe de la chose comme un obstacle à l'exercice de poursuites en France. Dès lors, c'est en appliquant à la lettre l'article 692 que les juridictions françaises tiennent compte du jugement rwandais qui se voit doté d'une portée extraterritoriale. C'est *in fine* le droit français qui fait produire à la loi pénale rwandaise, et plus globalement au droit étranger, un effet juridique positif en droit interne, position ouvertement paradoxale avec celle que retient la Cour de cassation au titre de la compétence universelle.

---

[156] Art. 9. Ne bis in idem – 1. Nul ne peut être traduit devant une juridiction nationale pour des faits constituant de graves violations du droit international humanitaire au sens du présent statut s'il a déjà été jugé pour les mêmes faits par le Tribunal international pour le Rwanda. 2. Quiconque a été traduit devant une juridiction nationale pour des faits constituant de graves violations du droit international humanitaire ne peut subséquemment être traduit devant le Tribunal international pour le Rwanda que si : a. Le fait pour lequel il a été jugé était qualifié crime de droit commun ; ou b. La juridiction nationale n'a pas statué de façon impartiale ou indépendante la procédure engagée devant elle visait à soustraire l'accusé à sa responsabilité pénale internationale, ou la poursuite n'a pas été exercée avec diligence. 3. Pour décider de la peine à infliger à une personne condamnée pour un crime visé par le présent statut, le Tribunal international pour le Rwanda tient compte de la mesure dans laquelle cette personne a déjà purgé toute peine qui pourrait lui avoir été infligée par une juridiction nationale pour le même fait.

[157] « Attendu qu'en faisant application de la règle ne bis in idem en raison de la décision rendue par une juridiction rwandaise à propos d'un fait également poursuivi en France, la chambre de l'instruction a fait l'exacte application de l'article 692 précité lequel n'est contraire à aucune disposition internationale, dès lors que le statut du Tribunal pénal international pour le Rwanda, s'il prévoit l'application de cette règle entre la juridiction internationale et une juridiction nationale, n'empêche aucun État de l'étendre au cas où des faits poursuivis sur son territoire ont fait l'objet d'un jugement définitif par une juridiction nationale d'un autre État ».

[158] GIUDICCELI (A.), op. cit., p. 443.

Paradoxale, la jurisprudence française l'est d'autant plus lorsqu'elle admet à rebours des développements précédents, l'application de la jurisprudence du TPIR en droit français. La lecture des feuilles de motivation rendues par les cours d'assises contre Paul Sibimkangwa[159], Octavien Ngenzi et Tite Barahirwa[160] met en lumière cette incohérence. Ainsi au titre de la preuve du génocide en Rwanda, les juges se fondent sur « l'arrêt du Tribunal pénal international pour le Rwanda dans l'affaire *Karemera* en date du 16 juin 2016 concernant la procédure de constat judiciaire de faits de notoriété publique telle que prévue par son RPP. Dans cet arrêt, la chambre d'appel a constaté que le génocide perpétré au Rwanda en 1994 est un fait de notoriété publique, dont elle dresse alors le constat judiciaire »[161]. Là, les juridictions françaises assimilent très nettement le droit étranger au sein de l'ordre juridique interne. Précisément, les cours d'assises apprécient le génocide tel qu'il est prévu à l'article 211-1 du Code pénal à l'aune d'une jurisprudence elle-même établie à partir d'une procédure prévue en application de l'article 94 du RPP du TPIR. Précédent fondé sur l'opportunité ou véritable autorité du droit étranger en droit interne, toujours est-il que le constat s'impose d'une véritable cacophonie de la jurisprudence française.

Le désordre ne va pas en s'amenuisant lorsque ces mêmes arrêts de condamnation sont mis en perspective avec l'arrêt de 2019. À l'inverse des exemples précédents, le juge français rejette paradoxalement l'application du droit étranger. Le non-lieu prononcé par le juge d'instruction est confirmé par la chambre de l'instruction, d'après laquelle « il n'est pas établi que la personne mise en examen ait participé à ces crimes, ni ait collaboré avec leurs auteurs, se bornant à assister à leurs exactions, sans intervenir ; que la chambre de l'instruction estime que ce comportement ne peut être assimilé à un acte de complicité par aide ou encouragement, répréhensible au sens du statut du Tribunal pénal international pour le Rwanda, la présence de M.... n'ayant pas encouragé ni légitimé la commission des crimes, car il n'exerçait aucune autorité sur leurs auteurs, qu'il ne pouvait les influencer et que de nombreux témoignages ont établi l'impossibilité de s'opposer à leurs actes meurtriers ». À l'instar de ses autres moyens le pourvoi sollicitait une fois de plus l'application de la jurisprudence du TPIR dans l'intention que les juges admettent la complicité par aide et encouragement concernant les massacres perpétrés le

[159] C. Assises, Paris, statuant en première instance, aff. Pascal Senyamuhara Safari alias Pascal Simbikangwa, Feuille de motivation, 14 mars 2014 ; C. Assises, Seine-Saint-Denis statuant en appel, aff. Pascal Senyamuhara Safari alias Pascal Simbikangwa, Feuille de motivation, 3 décembre 2016.

[160] C. Assises, Paris, statuant en première instance, aff. Octavien Ngenzi alias Jean-Marie Vianney et Tite Barahirwa alias Tito Barahira, Feuille de motivation, 6 juillet 2016.

[161] Ibidem.

17 juin 1994 à la paroisse de la Sainte-Famille de Kigali. En effet, les tribunaux *ad hoc* ont une conception relativement souple de la complicité dans le génocide. Le Statut du TPIR[162], plutôt laconique, se contente d'énoncer à l'article 6 § 1 que : « Quiconque a planifié, incité à commettre, ordonné, commis ou de toute autre manière aidé et encouragé à planifier, préparer ou exécuter un crime visé aux articles 2 à 4 du présent Statut est individuellement responsable dudit crime »[163] [nous insistons]. Non sans tergiverser[164] la jurisprudence supplée les lacunes textuelles[165] et considère qu'en droit international pénal la complicité se matérialise à la fois par « une assistance pratique ou soutien moral »[166]. Dans ce dernier cas de figure, l'affaire *Semanza* a permis de retenir la responsabilité du « spectateur approbateur », car la seule présence du complice est perçue comme un acte d'approbation ou d'encouragement[167]. Sans surprise, la chambre criminelle abonde dans le sens de la chambre de l'instruction et juge que « la présence de M.... n'ayant pas encouragé ni légitimé la commission des crimes, car il n'exerçait aucune autorité sur les auteurs, qu'il ne pouvait les influencer et que de nombreux témoignages ont établi l'impossibilité de s'opposer à leurs actes meurtriers ».

D'ailleurs, la disqualification de la participation de l'accusé sur le fondement des témoignages n'est pas sans surprendre. En 2007 ces mêmes témoignages permettaient au Procureur du TPIR de dresser un acte d'accusation, confirmé par la chambre de première instance. Cette discordance engendre si ce n'est un discrédit, au moins une forme de hiérarchisation entre le travail d'enquête du TPIR et celui des juridictions françaises[168]. De l'aveu même des magistrats français, les témoignages sont des éléments de preuve fragiles[169] et

---

162 Au même titre que celui du TPIY d'ailleurs.

163 À l'inverse de l'art. 25 § 3 c) du Statut CPI.

164 Sur la distinction entre la complicité de génocide et l'aide et l'encouragement, V. DORMOY (D.) et YETONGNON (M.), « La complicité de génocide dans la jurisprudence des TPIR », RQDI, Hors-série, 2007, p. 81-94.

165 La chambre reconnaît que les termes « aider » et « encourager » sont utilisés de manière équivalente et renvoient à un même concept juridique ; TPIY, Chambre de première instance, Le Procureur c/. Dusko Tadic, 7 mai 1997, T-94-1-T, §§ 666-669.

166 Ibidem.

167 TPIR, Chambre de première instance, Le Procureur c/. Laurent Semenza, 15 mai 2003, ICTR-97-20-T, § 384 et s. ; TPIR, Chambre d'appel, Le Procureur c/. Ignace Bagilishema, 3 juil. 2002, ICTR-95-IA-A, § 36.

168 Depuis la loi n° 2011-1862 du 13 décembre 2011, la poursuite, l'instruction et le cas échéant le jugement des affaires relatives aux crimes de guerre et crimes contre l'humanité relèvent de la compétence d'un pôle spécialisé à Paris. La loi n° 2019-222 du 23 mars 2019 a intégré dans la compétence du Procureur de la République antiterroriste la poursuite de ces infractions. V. les art. 627 à 628-10 C. Proc. pén.

169 STURLESE (B.), « Réflexions sur le premier procès d'assises français d'un officier rwandais pour génocide et crimes contre l'humanité », Les cahiers de la justice, op. cit., p. 533. V.

sensibles à l'évolution du temps[170], rendant d'autant plus précaires les conclusions des juridictions françaises.

Ces atermoiements de la jurisprudence française[171] et les incohérences tirées à partir de l'étude de l'arrêt de 2019 démontrent l'existence d'une jurisprudence informe dans la poursuite du génocide rwandais. Les juges, tout en rejetant le principe de l'application du droit étranger en matière de compétence universelle, admettent son application de manière détournée ou par commodité. En ressort une jurisprudence confuse, elle-même liée à la multiplicité des réponses apportées aux crimes commis au Rwanda et soulève dans le même temps la question de la cohérence du droit. Ces disparités contribuent dans une certaine mesure à une moindre efficacité dans la répression du génocide rwandais.

B. Dénoncer la moindre efficacité de la répression du génocide rwandais

Suivant que les poursuites soient exercées par les autorités françaises, rwandaises ou du TPIR, la réponse pénale pourra s'en trouver sensiblement différente. Cela n'est pas sans poser de véritables difficultés d'un point de vue de l'efficacité répressive. Si celle-ci s'apprécie à l'aune de la capacité des juridictions de mener à terme les procédures et d'aboutir à des condamnations ou des acquittements dans le respect des droits humains, elle se mesure également au regard de la cohérence des réponses judiciaires apportées au génocide.

C'est là que le bât blesse car inévitablement la multiplication des mécanismes de compétences entraîne celle des arènes judiciaires aptes à appréhender et à juger les ressortissants rwandais. Il s'agit pourtant d'un indispensable

---

également dans la même revue la contribution de Aurélia Devos qui écrit : « Dans les témoignages d'abord, entre oublis et approximations compréhensibles et invraisemblances à décrypter, dans l'utilisation de la jurisprudence du Tribunal pénal international pour le Rwanda ensuite, entre travestissements et entretien de la confusion » (DEVOS, (A.), op. cit., p. 755.

170 Claude Choquet écrit : « il convient d'avoir toujours à l'esprit que le passé se lit avec les lunettes du présent, que le contexte de l'enquête peut être sensiblement différent de celui où se sont déroulés les faits, et que des enjeux plus actuels, locaux, ou interétatiques, politiques, diplomatiques voire commerciaux peuvent faciliter ou freiner les investigations (par exemple en dissimulant des documents ou en produisant des faux), instrumentaliser certains témoignages. » (CHOQUET (Cl.), « Instruire un génocide », Les cahiers de la justice, op. cit., p. 565.

171 À cela nous pouvons également mentionner l'arrêt de la chambre de l'instruction de Paris en date du 1er août 2007 qui, à contre-courant du principe de solidarité des compétences législative et juridictionnelle, fait application du droit du TPIR. V. CA, Paris, 8e chambre de l'instruction, 1er août 2007, n° 2007/04254, arrêt donnant avis sur le mandat d'arrêt délivré par le Tribunal pénal international pour le Rwanda aux autorités françaises aux fins d'arrestation et de détention, p. 14, D. 2007. 2985, note Ph. GRECIANO.

bienfait de la compétence universelle. Elle permet d'annihiler les frontières, forteresses de l'impunité, au profit d'une contribution collective des États à la poursuite des génocidaires, temple de justice. Cette unité ne doit néanmoins pas céder face aux disparités d'application du droit qui attestent de l'absence de politique pénale commune. Le droit du TPIR et avec lui le principe de primauté étaient les moyens offerts aux États d'harmoniser leurs pratiques et de se fonder sur une même norme commune et non de le voir comme un mécanisme juridique de contrainte des souverainetés. Au vu de la jurisprudence française, nous ne résistons pas à l'envie de retranscrire les mots d'Henri Donnedieu de Vabres selon qui « L'exclusion des lois pénales étrangères est la négation même du droit pénal international »[172].

Toujours est-il que la perception de l'efficacité répressive dépend aussi de la perspective adoptée.

À considérer les seules victimes de ces exactions, le principe de compétence universelle fait figure d'avancée significative quant à leur droit à obtenir réparation[173]. Jusqu'alors, les rédacteurs du Statut et du RPP du TPIR n'ont pensé la place de la victime qu'en lien avec la répression et donc la sanction des crimes. Ces dernières sont réduites au seul rôle de témoins et obtiennent satisfaction à travers l'infliction d'une peine[174]. La Règle 106 du RPP et de preuve du TPIR précise en outre qu'il revient aux victimes de saisir les juridictions internes afin d'obtenir réparation de leur préjudice. Une vision purement utilitariste commande de voir la compétence universelle comme un mécanisme satisfaisant pour les victimes afin qu'elles puissent se constituer parties civiles, initier les procédures et obtenir le jugement de l'accusé et la réparation du préjudice subi. Toujours est-il que les procès fondés sur la compétence universelle sont quantitativement peu nombreux et témoignent essentiellement d'une justice à la dimension symbolique forte mais éloignée des considérations victimaires. Qui plus est, l'éloignement géographique entre les

---

[172] L'on pense ainsi à la phrase de Henri Donnedieu de Vabres qui écrivait que « L'exclusion des lois pénales étrangères est la négation même du droit pénal international » (DONNEDIEU DE VABRES (H.), Les principes modernes du droit pénal international, Paris, Sirey, 1928, p.173.

[173] TIGROUDIA (H.), « Crimes de droit international et principe de légalité des délits et des peines dans la jurisprudence de la Cour européenne des droits de l'homme », in Réciprocité et universalité : sources et régimes du droit international des droits de l'homme. Mélanges en l'honneur du Professeur Emmanuel Decaux, Pedone, 2017, p. 231-243.

[174] Tel n'est plus le cas devant la CPI. V. LEMASSON (A.), « La Cour pénale internationale et les victimes d'atrocités », in FERNANDEZ (J.) et PACREAU (X.) (dir.), Statut de Rome de la Cour pénale internationale. Commentaire article par article, Pedone, 2e éd., 2019, t. I, p. 97 et sqq.

juridictions internes et les lieux des crimes entrave d'autant le droit à réparation dont elles bénéficient. Un auteur écrit : « La distance entre le tribunal et le justiciable est toujours un enjeu politique et judiciaire considérable : il renvoie directement à des questions aussi importantes que l'accès à la justice, la réception, sa mise en œuvre concrète, son indépendance et, plus globalement, sa légitimité ». Il précise *a contrario* que « La distance géographique entre le lieu du crime et le lieu du procès renforce le sentiment d'extranéité face à des procédures complexes, conceptuellement et physiquement peu accessibles aux populations directement concernées »[175].

Mais le propre de la justice pénale internationale et de la répression des crimes internationaux est de dépasser les seules victimes pour les enserrer dans l'humanité que les incriminations contribuent à sacraliser. Ainsi la peur d'une justice hors-sol et décontextualisée vaut plus généralement dans la perspective de la population rwandaise[176] à l'égard de qui la réparation fait place à la réconciliation. Dans cette perspective globale, l'inaccessibilité matérielle de la jurisprudence française se double d'une inaccessibilité intellectuelle qui n'est guère satisfaisante et engendre une moindre légitimité de la compétence universelle. « Aux yeux des paysans des Mille collines »[177], de telles disparités apparaîtront comme le fruit de choix arbitraires, motivés par des considérations diplomatiques[178] elles-mêmes marquées du sceau de la versatilité.

Enfin, du point de vue des auteurs, là encore l'absence de cohérence jurisprudentielle globale entraîne une véritable insécurité juridique quant au sort juridique et judiciaire qui leur sera réservé. L'affaire *Munyeshyaka* en est un parfait exemple. Passée à la fois au prisme des juridictions rwandaises, puis françaises avant que le TPIR s'en saisisse puis s'en dépossède au profit des juridictions françaises, la procédure débute en 1995 et se solde vingt-quatre ans plus tard par un non-lieu confirmé en appel puis en cassation. Or, force est de constater que les exigences de prévisibilité et de sécurité juridique, qui se

---

175 BERNARD (D.), « Lieu du procès, lieu du crime : les espaces de justice internationale pénale », Droit et société, vol. 90, n° 2, 2015, p. 337 et 340.

176 V. également Bruno Sturlèse : « Il faut également s'interroger sur l'opportunité de continuer à maintenir si éloigné du peuple rwandais le traitement de ces dossiers qui les concernent au premier chef. D'autant que la justice rwandaise a connu des évolutions structurelles importantes, elle s'est réformée, la peine de mort a été supprimée, et tant le TPIR que des pays européens, comme la Norvège en dernier lieu, acceptent depuis un certain temps déjà d'extrader des génocidaires rwandais vers leurs pays d'origine pour y être jugés » (STURLESE, (B.), op. cit.

177 SAINT-JAMES (V.), op. cit., p. 762.

178 Aurélie Devos écrit : « Il est évident que la mise en œuvre de cette compétence extraterritoriale est potentiellement une source d'inquiétude sur le terrain diplomatique, occasionnant non seulement des conflits entre États mais surtout une occasion de pressions et de manipulations politiques, l'action judiciaire étant utilisée par certains en guise de « bonne raison » au conflit », DEVOS (A.), op. cit., p. 755.

réclament toutes deux du principe de légalité pénale, supposent de faire cesser de telles hésitations jurisprudentielles.

En définitive, l'arrêt de 2019 symbolise toute l'ambiguïté réservée au traitement judiciaire du génocide rwandais devant les juridictions françaises. Derrière une cohérence de façade où la compétence universelle est tournée vers l'affirmation de la souveraineté législative et juridictionnelle, se dissimule une incohérence latente.

CHAPITRE 4-

LES QPC RELATIVES AU GENOCIDE DES TUTSI AU RWANDA

Eloïse Beauvironnet

En 1994, entre 800 000 et 1 million de personnes appartenant principalement au groupe ethnique tutsi furent assassinées au Rwanda, aux termes d'un génocide qualifié d'*exceptionnel* de par « *son envergure, sa rapidité et son mode opératoire : plus d'un demi-million de personnes exterminées en cent jours* »[179]. Pour la seconde fois au cours du XXe siècle retentit alors haut et fort le cri de « *Plus jamais ça !* », contredit dès l'année suivante par la mise en acte d'une nouvelle tragédie, celle de Srebrenica. Dans cette « *nomenclature des atrocités* »[180] humaines, le génocide des Tutsi occupe, cependant, une place singulière en droit français.

Outre le rôle contesté des autorités françaises au Rwanda au cours des années 1990, complices pour certains de l'*Inavouable*[181], il fut, d'une part, le premier à avoir été jugé et condamné comme tel par la justice française en application de sa compétence dite universelle. Les procès qui donnèrent lieu à ces condamnations – ceux de P. Simbikangwa, d'O. Ngenzi et de T. Barahira[182] – furent, à ce titre, qualifiés unanimement d'*historiques* et d'*hors normes* par les commentateurs[183]. Historiques, tout d'abord, en ce qu'ils permirent pour la première fois la mobilisation de l'incrimination de génocide

---

179 REYNTJENS (F.), Le génocide des Tutsi au Rwanda, Paris, PUF, coll. Que sais-je ?, 2017, p. 7 ; V. également PITON (F.), Le génocide des Tutsi du Rwanda, Paris, La Découverte, coll. Repères, 2018, 280 p. et DUMAS (H.), Le génocide au village : le massacre des Tutsi au Rwanda, Paris, Seuil, 2014, 384 p.

180 MARTIN (P.), « Le crime de génocide : quelques paradoxes », D., 2000, p. 477.

181 DE SAINT-EXUPÉRY (P.), Complices de l'inavouable. La France au Rwanda, Paris : ed. Des Arènes, 2009, 315 p. V. également ROETS (D.), « Le génocide des Tutsi du Rwanda : la thèse des complicités françaises au prisme des exigences du droit pénal », RSC, n° 1, mai 2015, p. 1.

182 Sur ces procès, V. not. le dossier « Face au génocide », Les cahiers de la justice, 2014, p. 541 sqq.

183 V. en ce sens DUMAS (H.), « Rwanda : Comment juger un génocide ? », Politique étrangère, avril 2015, p. 50 ; LEFRANC (S.), « Des « procès rwandais » à Paris. Échos locaux d'une justice globale », Droit et société, n° 102, février 2019, p. 299 ; STURLESE (B.), « Réflexions sur le premier procès d'assises français d'un officier rwandais pour génocide et crimes contre l'humanité », Les Cahiers de la Justice, n° 4, 2014, p. 533.

devant une Cour d'assises française. Forgée dès 1944 par le juriste Raphael Lemkin avant d'être définie positivement en droit international par la signature le 2 décembre 1948 de la Convention pour la prévention et la répression du crime de génocide[184], ce crime – dont l'étymologie est dérivée du grec *genos* (tribu, race) et du latin *cide* – n'a en effet été introduit qu'en 1994 au sein du Code pénal français, aux termes d'une définition qui ne se superpose pas exactement à celle du droit international[185]. Plus large – le droit français réprimant non seulement la destruction de tout ou partie d'« *un groupe national, ethnique, racial ou religieux* », mais aussi celle « *d'un groupe déterminé à partir de tout autre critère arbitraire* » – la définition française est en outre d'apparence plus restrictive en ce qu'elle exige que les crimes aient été commis « *en exécution d'un plan concerté* » alors que ce critère n'est pas explicitement requis en droit international[186]. De surcroît, le Code pénal français opère « *une confusion fondamentale* » en ce qu'il appréhende le génocide comme un « *crime contre l'humanité* », négligeant ainsi pour partie sa définition et ses éléments constitutifs en droit pénal international[187]. Hors-normes,

---

[184] Aux termes de l'art. 2 de la Convention entrée en vigueur le 12 janvier 1951, le génocide est défini comme « l'un quelconque des actes ci-après, commis dans l'intention de détruire, ou tout ou en partie, un groupe national, ethnique, racial ou religieux, comme tel : a) Meurtre de membres du groupe; b) Atteinte grave à l'intégrité physique ou mentale de membres du groupe; c) Soumission intentionnelle du groupe à des conditions d'existence devant entraîner sa destruction physique totale ou partielle; d) Mesures visant à entraver les naissances au sein du groupe; e) Transfert forcé d'enfants du groupe à un autre groupe » ; Sur cette notion, V. not. BEAUVALLET (O.), « Lemkin, une œuvre en un mot : l'invention du génocide », Les Cahiers de la Justice, n° 4, 2014, p. 548 et LEMKIN (R.), Qu'est-ce qu'un génocide, Monaco, Ed. du Rocher, 2008, p. 215.

[185] Art. 211-1 C. pén. : le crime de génocide désigne « le fait, en exécution d'un plan concerté tendant à la destruction totale ou partielle d'un groupe national, ethnique, racial ou religieux, ou d'un groupe déterminé à partir de tout autre critère arbitraire, de commettre ou de faire commettre, à l'encontre de membres de ce groupe, l'un des actes suivants : atteinte volontaire à la vie ; atteinte grave à l'intégrité physique ou psychique ; soumission à des conditions d'existence de nature à entraîner la destruction totale ou partielle du groupe ; mesures visant à entraver les naissances ; transfert forcé d'enfants ».

[186] BEAUVALLET (O.), « Lemkin, une œuvre en un mot : l'invention du génocide », loc. cit., p. 549.

[187] PICARD (K.) et PHILIPPE (X.), « Le Conseil constitutionnel et les conséquences des crimes internationaux : chronique de rendez-vous manqué », RFDC, n° 107, 2016, p. 664 ; La qualification d'un crime de génocide en droit international pénal suppose trois éléments cumulatifs : un élément matériel (l'exécution d'un ou plusieurs des actes limitativement énumérés à l'article 2), un élément moral (l'intention des criminels de détruire partiellement ou totalement un groupe), ainsi qu'une intention spécifique se rapportant au choix d'un groupe particulier (national, racial ou religieux). Le crime de génocide se distingue ainsi du crime contre l'humanité, notamment en ce qu'à la différence de celui-ci il ne comprend pas l'anéantissement d'une population pour des motifs politiques ; V. en ce sens Assemblée nationale, Rapport d'information n° 1271 sur les opérations militaires menées par la France, d'autres pays et l'ONU au Rwanda entre 1990 et 1994, par MM. P. Brana et B. Cazeneuve, 15 déc. 1998, p. 287 ; Sur cette diffé-

ensuite, en ce qu'il s'agissait, près de vingt ans après les faits, de juger des « *étrangers, résidant en France (...) pour des crimes commis contre des étrangers à plus de 6 000 km de là* »[188], « *l'éloignement géographique, affectif et mémoriel de l'évènement* »[189] se révélant constituer une véritable gageure judiciaire, que ce soit pour l'établissement des preuves ou la compréhension des faits.

D'autre part, le génocide des Tutsi présente également la particularité de s'être introduit dans le débat constitutionnel interne, se trouvant incidemment à l'origine de deux questions prioritaires de constitutionnalité (QPC) dont la Cour de cassation puis le Conseil d'État ont respectivement saisi le Conseil constitutionnel les 17 juillet 2015 et 29 juin 2017[190]. La première puisait son origine dans la diffusion, le 20 décembre 2013, d'un sketch intitulé « rendez-vous en parenthèse inattendue » par une chaine de télévision cryptée à péage, à la suite de laquelle l'Association Communauté rwandaise de France (CRF), estimant que celui-ci tournait en dérision le génocide des Tutsi, a déposé plainte avec constitution de partie civile sur le fondement de l'article 48-2 de la loi du 29 juillet 1881 sur la liberté de la presse, du chef du délit d'injure publique envers un groupe de personnes à raison de leur origine ou de leur appartenance à une ethnie, une nation ou une race (art. 29, al. 2 et art. 33, al. 3) et du délit d'apologie de crimes contre l'humanité (art. 24, al. 5)[191]. Le 26 septembre 2014, cette plainte a cependant été déclarée irrecevable par le juge d'instruction dès lors que, en vertu des dispositions de la loi du 29 juillet 1881, l'exercice de l'action civile en matière d'apologie de crime contre l'humanité était alors réservé aux seules associations se proposant, par leurs statuts, de défendre les intérêts moraux et l'honneur de la résistance et des déportés. À l'occasion de l'appel de cette décision interjetée devant la Cour d'appel de Paris, l'association a, en conséquence, soulevé une QPC jugée sérieuse par la Cour de cassation. La seconde question s'enracinait, quant à elle, dans la demande de communication de documents issus des archives publiques de la présidence de François Mitterrand, déposée en juillet 2015 auprès du directeur des archives de France par M. François Graner, physicien directeur de recherches au CNRS et spécialiste du conflit rwandais[192]. Celle-ci portait, plus

---

rence dans le contexte de l'adaptation de la législation française aux dispositions de la résolution 955 du Conseil de sécurité des Nations unies instituant un tribunal international pour le Rwanda, V. Rép. min. n° 33948, JOAN Q. 11 mars 1996, p. 1362 ; JCP 1996, V. 81.

[188] LEFRANC (S.), « Des « procès rwandais » à Paris. Échos locaux d'une justice globale », loc. cit., p. 301.

[189] DUMAS (H.), « Rwanda : Comment juger un génocide ? », op. cit., p. 50.

[190] Cass., crim., 8 juil. 2015, pourvoi n° 15-90.006 et CE, 28 juin 2017, n° 409568.

[191] Loi du 29 juil. 1881 sur la liberté de la presse, JORF du 30 juil. 1881, p. 4201.

[192] GRANER (F.), Le sabre et la machette. Officiers français et génocide Tutsi, Mons, Ed. Tribord, 2014, 252 p. et GRANER (F.), L'État français et le génocide des Tutsis au Rwanda, Marseille, Ed. Agone, coll. « Dossiers noirs », 2020, 520 p.

précisément, sur des documents relatifs à la politique de la France à l'égard du Rwanda entre 1990 et 1995, dont certains avaient fait l'objet d'une déclassification en 2014 et en 2015. Cette consultation anticipée – et donc dérogatoire – devait toutefois être soumise à l'autorisation du mandataire des archives du Président Mitterrand qui, par avis du 7 octobre 2015, rejeta la communication de la plupart des documents demandés. Suite à l'avis conforme rendu le 7 octobre 2015 par la ministre de la Culture et de la communication, le requérant saisit, par conséquent, la commission d'accès aux documents administratifs (CADA) qui, après avoir rappelé que l'Administration se trouvait, en cas de refus du mandataire à la divulgation des archives demandées, en situation de compétence liée pour refuser la communication par dérogation, émit à son tour un avis défavorable le 3 mars 2016. Le requérant contesta donc la décision ministérielle de refus devant le tribunal administratif de Paris, dans le cadre d'un recours à l'occasion duquel il posa une QPC portant sur la méconnaissance des dispositions de l'article L. 213-4 du Code du patrimoine aux articles 15 et 16 de la Déclaration des droits de l'Homme et du citoyen (DDHC), jugée sérieuse par le Conseil d'État.

Bien qu'*a priori* distinctes au regard des dispositions législatives contestées – exercice de l'action civile en matière de délit d'apologie de certains crimes internationaux (art. 48-2 et 24 de la loi du 29 juillet 1881 sur la liberté de la presse), d'un côté, droit d'accès aux archives publiques des membres de l'exécutif (art. L. 213-4 C. patr.), de l'autre, – mais aussi des principes constitutionnels invoqués – principe d'égalité devant la loi et la justice (art. 6 et 16 DDHC), d'une part, droit de demander compte à tout agent public de son administration (art. 15 DDHC), d'autre part, – ces deux décisions partagent néanmoins une singularité commune liée à la nature des questions de droit qu'elles ont permis de soulever devant le Conseil constitutionnel ainsi qu'au contexte historique qui les a incidemment influencé. Par décision n° 2015-492 QPC du 16 octobre 2015, la Haute institution a en effet été, pour la première fois, invitée à confronter le régime juridique des actes d'apologie de certains crimes internationaux au principe d'égalité[193]. De manière toute aussi inédite, il lui revenait, par décision n° 2017-655 QPC du 15 septembre 2017, d'apprécier la conformité du régime d'accès aux archives publiques présidentielles au

[193] CC., déc. n°2015-492 QPC du 16 octobre 2015 ; D., 2015, p. 2077 ; JCP G, n° 44, 26 octobre 2015, comm. B. Beignier ; Dr. pén., n° 3, 2016, repère 3, comm. P. Conte ; Constitutions, 2018, p. 121, chron. D. De Bellescize ; RCS, 2016, p. 406, comm. B. De Lamy ; RLDI, n° 120, novembre 2015, p. 8, comm. E. Derieux ; RSC, 2015, p. 877, comm. J. Francilllon ; Communication Commerce électronique, n° 12, 2015, comm. 100, note A. Lepage ; RFDC, n° 105, mars 2016, p. 168, comm. J-B. Perrier ; RFDC, n° 107, septembre 2016, p. 663, comm. K. Picard et X. Philippe.

droit de demander compte de l'article 15 de la DDHC dont elle a, par un considérant de principe, réalisé une première utilisation effective[194]. À différents niveaux, l'une et l'autre de ces décisions ont ainsi contribué à une modification du droit positif, qu'il soit législatif ou constitutionnel, alors même qu'elles puisaient indirectement leur origine dans les actes de génocide commis plus de vingt ans plus tôt au Rwanda, soit à plus 6 000 km de la rue de Montpensier. Paradoxalement, c'est donc l'interférence d'un contexte historique particulier, dont « *l'éloignement géographique, affectif et mémoriel* »[195] ne pouvait *a priori* laisser poindre de telles incidences, qui a favorisé un renouvellement et, partant, une évolution du droit interne.

Ici réside, justement, l'apport de ces deux décisions, qui invitent à l'analyse des rapports respectifs du droit et de l'Histoire. L'Histoire peut-elle être placée au service du droit en facilitant sa compréhension et, partant, ses transformations ? Le droit peut-il réciproquement être placé au service de l'Histoire en favorisant son écriture et sa protection ?

Répondre à cette problématique suppose, à titre liminaire, de préciser qu'il n'appartient pas au législateur d'écrire l'Histoire ou même de la sanctuariser. L'Histoire ne relève pas du domaine de la loi, mais de celui des historiens[196]. Aussi, l'action du droit à l'égard de celle-ci se limite-t-elle à réprimer la contestation de l'existence de certains faits historiques, susceptibles d'être l'objet de dénaturation et de transfiguration d'esprits mal intentionnés au mépris du droit des victimes et de faciliter leur établissement. Il s'agit, en d'autres termes, de protéger la mémoire des victimes de l'Histoire (I) tout en favorisant sa retranscription et son écriture par les historiens (II).

---

[194] CC, déc. n° 2017-655 QPC du 15 septembre 2017 ; NCCC, n° 59, février 2018, p. 35, comm. E. Aubin ; RFDC, n° 113, mars 2018, p. 194, comm. T. Disperati ; Constitutions, 2017, p. 599, comm. S. Hutier ; Droit administratif, n° 11, 2017, comm. 47, note S. Monnier ; AJDA, 2017, p. 2310, comm. B. Quiriny ; LPA, n° 98, 16 mai 2018, p. 13, comm. N. Thiebaut ; JCP A, n°43-44, 30 oct. 2017, act. 2265, note M. Verpeaux.

[195] DUMAS (H.), « Rwanda : Comment juger un génocide ? », loc. cit., p. 50.

[196] V. sur ce point le débat relatif aux « lois mémorielles », dénuées de portée normative selon le CC, déc. n° 2012-647 DC du 28 fév. 2012, cons. 6 ; D. 2012. p. 987, p. 601, comm. F. Rome et p. 987, comm. J. Roux ; Constitutions, 2012, p. 393, comm. AFDC ; RCS, 2012, p. 343, comm. F. Brunet et p. 179, comm. J. Francillon ; RSC, 2013, p. 436, comm. B. De Lamy ; AJDA, 2012, p. 411, note R. Grand et p. 1406, comm. A. Macaya et M. Verpeaux ; RFDA, 2012, p. 507, comm. W. Mastor et J.-G. Sorbara ; JCP, G, n° 11-12, mars 2012, p. 307, note F. Terre ; V. également. en ce sens A. Levade et B. Mathieu, « Le législateur ne peut fixer des vérités et en sanctionner la contestation », JCP, G, n° 14, 2 avril 2012, p. 680 et P. Puig, « La loi peut-elle sanctuariser l'Histoire ? », RTD civ., 2012, p. 78.

I. LA PROTECTION DE LA MEMOIRE : LE GENOCIDE DES TUTSI AU PRISME DU PRINCIPE D'EGALITE

« *La puissance de la force de négation est consubstantielle au crime contre l'humanité, allant même jusqu'au négationnisme, c'est à dire la négation de l'existence même de ces massacres ; ce sont en quelque sorte des assassins de l'humanité et de la mémoire (...) « tuer et effacer », résume bien l'obsession spécifique aux responsables génocidaires et récurrente dans l'histoire de tous les génocides* »[197]. C'est la raison pour laquelle la représentation des intérêts moraux des victimes de ces crimes internationaux est devenue l'un des enjeux de nombreuses associations luttant contre l'oubli, la dénaturation, voire la négation de ces crimes et, plus fondamentalement, de la préservation de la mémoire[198]. Le régime juridique encadrant les modalités d'exercice de cette représentation est régi par les dispositions de l'article 48-2 de la loi du 29 juillet 1881 institué par la loi n° 90-615 du 13 juillet 1990 dite « Gayssot », souvent décriée tant par les juristes que les historiens[199]. En dépit des vives controverses qui accompagnèrent en 1990 le vote de ce texte, il aura toutefois fallu attendre l'introduction de la QPC en droit interne afin que le Conseil constitutionnel puisse être saisi de la question de la constitutionnalité de ses dispositions[200]. Par décision n° 2015-492 QPC du 16 octobre 2015, celui-ci a, plus précisément, censuré le dispositif précité (A), aux termes d'une décision dont la portée dépasse manifestement la solution apportée (B).

---

[197] STURLESE (B.), « Réflexions sur le premier procès d'assises français d'un officier rwandais... », loc. cit., p. 535.

[198] PICARD (K.) et PHILIPPE (X.), « Le Conseil constitutionnel et les conséquences des crimes internationaux... », loc. cit., p. 663.

[199] Lors de l'adoption de la loi n° 90-615 du 13 juil. 1990 tendant à réprimer tout acte raciste, antisémite ou xénophobe, JORF, 14 juil. 1990, p. 8333, dite « Gayssot », qui introduisit le délit de négationnisme à l'art. 24 bis de la loi du 24 juillet 1881 sur la liberté de la presse, ses opposants firent, plus précisément, valoir que la création d'un tel délit reviendrait notamment à instituer « une vérité historique officielle » et par là même un délit d'opinion. Ils soutenaient, en conséquence, qu'il s'agissait là d'une loi de circonstance et liberticide, portant atteinte à la liberté d'expression, de la science et de la recherche et qu'il n'appartenait pas au législateur de faire l'histoire ; V. en ce sens CC, Commentaire de la déc. n° 2015-512 QPC du 8 janv. 2016, p. 3 ; V. par ex. TERRE (F.), « L'histoire jugera. Libres propos », JCP, G, n° 11-12, mars 2012, p. 307 et, plus largement : BEIGNIER (B.), « De la langue perfide, délivre-moi..., réflexions sur la loi du 13 juillet 1990 dite loi Gayssot », in Pouvoir et liberté, Études offertes à J. Mourgeon, Bruxelles, Bruylant, 1998, p. 497 ; DROIN (N.), Les limitations à la liberté d'expression dans la loi sur la presse du 29 juillet 1881. Disparition, permanence et résurgence du délit d'opinion, Paris, LGDJ, coll. Fondation Varenne, 2010, spéc. p. 247 et s. et CAMMILLIERI-SUBRENAT (A.), « L'incitation à la haine et la Constitution », RIDC, vol. 54, n° 2, 2002, p. 513.

[200] Loi constit. n° 2008-724 du 23 juil. 2008 de modernisation des institutions de la Vème République, JORF n° 171, 24 juil. 2008, p. 11890.

A. La comparaison des crimes internationaux de même nature : la censure du régime juridique des actes d'apologie

Aux termes de l'article 48-2 de la loi du 29 juillet 1881 dans sa rédaction alors en vigueur, l'exercice des droits reconnus à la partie civile en ce qui concerne, d'une part, le délit d'apologie des crimes de guerre, des crimes contre l'humanité ou des crimes ou délits de collaboration avec l'ennemi (art. 24 de la loi du 29 juillet 1881) et, d'autre part, celui de négationnisme (art. 24 *bis* de la loi du 29 juillet 1881), se voyait restreint à une seule catégorie d'association : celles se proposant, par leurs statuts, « *de défendre les intérêts moraux et l'honneur de la Résistance ou des déportés* ». L'Association CRF soutenait que cette restriction était constitutive d'une rupture d'égalité devant la loi et la justice (art. 6 et 16 de la DDHC) dès lors qu'elle avait pour effet de soumettre des crimes de même nature à des garanties procédurales distinctes : d'un côté, les crimes commis durant la Seconde Guerre mondiale, dont l'apologie permettait aux associations concernées d'exercer les droits reconnus à la partie civile ; de l'autre, les crimes de même nature mais commis avant 1939 ou après 1945, tels que le génocide mis en œuvre au Rwanda, dont l'apologie n'ouvrait pas droit à cette faculté. Autrement dit, l'existence d'une éventuelle « *discrimination entre les victimes de l'histoire* »[201] semblait manifeste (**1**), bien que sa correction ait donné lieu, au cas d'espèce, à une situation ambivalente (**2**).

1°) Un constat d'inconstitutionnalité manifeste

Dans sa décision du 16 octobre 2015, le Conseil constitutionnel a fait droit à la QPC de l'association requérante. Il a, plus particulièrement, considéré que la restriction opérée par l'article 48-2 de la loi du 29 juillet 1881 était constitutive d'une rupture d'égalité devant la justice, et ce pour deux arguments principaux.

D'une part, en ce que « *le législateur n'a pas prévu une répression pénale différente pour l'apologie des crimes de guerre et des crimes contre l'humanité* » selon qu'ils aient été commis au non pendant la Seconde Guerre mondiale. L'apologie consiste en effet « *à décrire, présenter ou commenter une infraction en invitant à porter, sur elle, un jugement moral favorable* »[202]. Elle est, à ce titre, « *comparable à la provocation en ce que les esprits enclins à la délinquance peuvent y trouver des arguments et justifications propres et les*

[201] PUIG (P.), « La loi peut-elle sanctuariser l'Histoire? », loc. cit., p. 78.
[202] ROBERT (J.-H.), « Apologies et provocations de crimes et délits », JCl. Communication, Fasc. 124, 3 février 2020, pt. 10.

aide à passer à l'acte »[203], mais distincte du négationnisme, alors défini comme la contestation de « *l'existence d'un ou plusieurs crimes contre l'humanité tels qu'ils sont définis par l'article 6 du statut du tribunal militaire international annexé à l'accord de Londres du 8 aout 1945* »[204], c'est-à-dire condamnés par le tribunal militaire international de Nuremberg[205]. Aux termes de l'article 24, al. 5 de la loi du 29 juillet 1881, l'apologie ne devient toutefois délictuelle que lorsqu'elle vise trois incriminations distinctes. D'abord, les « *crimes contre l'humanité* » définis comme le crime de génocide (art. 211-1 C. pén.) et les atteintes portées à l'encontre d'un groupe de population civile en exécution d'un plan concerté, mentionnées à l'article 212-1 du Code pénal ; ensuite, les « *crimes de guerre* », c'est-à-dire l'ensemble des infractions commises lors d'un conflit armé, qu'il soit ou non international, en relation avec ce conflit (art. 461-1 C. pén.) ; enfin, les crimes ou délits de « *collaboration avec l'ennemi* » dont la notion « *n'est pas définie expressément par une disposition pénale* »[206] et qui sont spécifiques aux « *infractions commises uniquement sous l'occupation du territoire français par la puissance nazie en relation avec les actes de collaboration* »[207]. À l'exception de cette dernière incrimination, aucune de celles précitées ne se limite dès lors aux crimes commis durant la Seconde Guerre mondiale. Le vocable contextualisé de l'article 48-2 de la loi du 29 juillet 1881 – réservant l'exercice des droits reconnus à la partie civile aux seules associations de défense des « *intérêts moraux et de l'honneur de la Résistance ou des déportés* » - opérait, en conséquence, une restriction sensible par rapport au champ d'application de l'article 24 de cette même loi, relatif au délit d'apologie, nullement situé dans le temps et l'espace. Il en résultait donc, non seulement une différence de traitement appliquée par

---

[203] Ibidem.

[204] Loi du 29 juillet 1881, loc. cit., art. 24 bis.

[205] J-B. Thierry qualifie ainsi le négationnisme « d'apologie négative » : V. THIERRY (J.-B.), « Presse et communication. Provocation aux crimes et délits », JCl. Lois pénales spéciales, Fasc. 60, 26 mars 2020, pt. 54.

[206] CC., Commentaire de la déc. n°2015-492 QPC du 16 octobre 2015, p. 3 ; L'unique définition de cette infraction est donnée par l'art. 1 de l'ordonnance du 28 novembre 1944 portant modification et codification des textes relatifs à la répression des faits de collaboration, JORF, 29 novembre 1944, p. 1540, dont il résulte qu'« il est institué, au fur et à mesure de la libération du territoire métropolitain, au chef-lieu de chaque ressort de cour d'appel, une cour de justice qui a compétence pour juger les faits commis entre le 16 juin 1940 et la date de la libération qui constituent des infractions aux lois pénales en vigueur le 16 juin 1940, lorsqu'ils révèlent l'intention de leur auteur de favoriser les entreprises de toute nature de l'ennemi, et cela nonobstant toute législation en vigueur ».

[207] PICARD (K.) et PHILIPPE (X.), « Le Conseil constitutionnel et les conséquences des crimes internationaux… », loc. cit., p. 664 ; A ainsi été qualifié d'apologie de la collaboration l'ensemble de « la politique suprêmement habile » du maréchal Pétain (Cass. crim., 8 novembre 1988, n° 87-91.445 et Cass. crim., 16 novembre 1993, Bull. crim. 1993, n° 341 ; Dr. pén. 1994, comm. 59, note M. Véron) et de Pierre Laval (T. corr. Agen, 8 septembre 1971 : Gaz. Pal. 1971, 1, jurispr. p. 377).

le législateur à une situation identique – l'exercice de l'action civile en matière de délit d'apologie –, mais également une atteinte aux garanties des justiciables puisque des crimes de même nature se trouvaient soumis à des « *garanties procédurales distinctes, ce qui était constitutionnellement inacceptable* »[208]. Cela revenait, en définitive, « *à considérer que l'apologie des crimes commis durant la Seconde guerre mondiale [aurait été] plus facilement contestable en justice que l'apologie de crimes commis dans un autre contexte temporel et territorial* »[209]. Il restait, cependant, au Conseil constitutionnel à apprécier si une telle différence de traitement était justifiée.

Or soulignant, d'autre part, qu'il n'existait aucun motif propre à justifier le fait de réserver à certaines associations la faculté d'exercer les droits reconnus à la partie civile en ce qui concerne l'apologie des crimes de guerre et des crimes contre l'humanité, celui-ci conclut à la contrariété des dispositions précitées au principe d'égalité devant la justice. Guère défendable, cette conclusion s'imposait à l'évidence dès lors que cette discrimination était connue du législateur qui avait tenté d'y mettre fin en 2012. L'article 2 de la proposition de loi *visant à réprimer la contestation de l'existence des génocides reconnus par la loi* se proposait, à ce titre, de modifier notamment l'article 48-2 de la loi du 29 juillet 1881 afin de permettre l'ouverture du régime de l'action civile aux associations se proposant de défendre les intérêts moraux et l'honneur de la Résistance et des déportés, mais aussi « *de toute autre victime de crimes de génocide, de crimes de guerre, de crimes contre l'humanité ou de crimes ou délits de collaboration avec l'ennemi* »[210]. Néanmoins, la censure par le Conseil constitutionnel de l'article 1er de cette proposition entraîna mécaniquement celle de l'article 2 qui s'y référait, de sorte que la rédaction de l'article 48-2 s'en trouva inchangée[211].

Bien que la décision du 16 octobre 2015 ait mis un terme à cette restriction injustifiée, en tirant le constat de la rupture d'égalité engendrée par cette disposition, ce n'est toutefois qu'au prix d'une correction ambivalente de l'inconstitutionnalité constatée.

---

208 Ibid., p. 666.
209 Ibid., p. 667.
210 SENAT, Proposition de loi n° 52 visant à réprimer la contestation de l'existence des génocides reconnus par la loi, 23 janv. 2012.
211 Le CC a en effet considéré que l'art. 1er de la loi déférée, qui entendait introduire une nouvelle infraction dans la loi du 29 juillet 1881 visant à pénaliser la contestation ou la minimisation « outrancière » de « l'existence d'un ou plusieurs crimes de génocide défini à l'article 211-1 du Code pénal et reconnus comme tels par la loi française », portait une atteinte inconstitutionnelle à la liberté d'expression et de communication, déc. n°2012-647 DC du 28 février 2012, loc. cit. La censure de cet article a donc entraîné celle de l'article 2 de la proposition de loi qui tirait, sur le plan procédural, les conclusions de la création de cette infraction.

2°) Une déclaration d'inconstitutionnalité ambivalente

L'argument avancé au cas d'espèce par l'Association CRF était irréfutable et l'inconstitutionnalité manifeste. Pour autant, la méthode adoptée par le Conseil pour y mettre fin s'est révélée paradoxale, en ce que le rétablissement du principe d'égalité devant la justice s'est traduit par la fermeture du droit de représentation en cause.

En lieu et place d'une censure des termes spécifiques au contexte de la Seconde Guerre mondiale qui aurait permis d'ouvrir le droit d'exercice de l'action civile à l'ensemble des associations, les sages ont en effet ordonné la suppression de la référence aux catégories de « crimes de guerre » et de « crimes contre l'humanité ». Il en est résulté que, selon l'article 48-2 de la loi du 29 juillet 1881 dans sa rédaction issue de la décision n° 2015-492 QPC, le droit d'exercer l'action civile s'est vu limité aux seules associations de défense des intérêts moraux et de l'honneur de la résistance ou des déportés, pour les seuls cas d'apologie des crimes ou délits de collaboration avec l'ennemi, spécifiques aux infractions commises au cours de la Seconde Guerre mondiale. En d'autres termes, la portée de cette disposition s'est trouvée réduite à une portion congrue. Or pareil rétablissement par le bas de l'égalité entre associations de défense des victimes peut *de facto* surprendre, en ce qu'il est rare que le Conseil fasse « *droit à la QPC de l'association requérante, prononce l'inconstitutionnalité de la disposition, mais refuse en conséquence de sa décision de lui faire bénéficier de ce droit* »[212]. À l'observation, cette solution se justifie cependant *de jure* à l'aune du principe de séparation des pouvoirs, « *le Conseil constitutionnel ne [disposant] pas d'un pouvoir général d'appréciation de même nature que celui du Parlement* »[213]. Il ne lui appartenait donc pas de procéder à un rétablissement par le haut de l'égalité concernée, c'est-à-dire d'étendre l'exercice du droit de l'action civile à l'ensemble des associations. Pareille prérogative reste de l'office exclusif du législateur auquel il incombe de choisir d'intervenir ou pas, c'est-à-dire de reconnaître cette habilitation à l'ensemble des associations ou de la supprimer. Afin de lui permettre de procéder à une telle appréciation, le Conseil constitutionnel a, en conséquence, pris le soin d'assortir sa déclaration d'inconstitutionnalité de deux garanties, le report des effets de l'abrogation jusqu'au 1er octobre 2016 et la suspension

---

[212] PICARD (K.) et PHILIPPE (Ph.), « Le Conseil constitutionnel et les conséquences des crimes internationaux... », loc. cit., p. 668 ; V. également DERIEUX (E.), « Provocation et apologie de crimes de guerre et de crimes contre l'humanité », RLDI, n° 120, novembre 2015, p. 10.

[213] CC., déc. n° 2015-492 QPC du 16 oct. 2015, loc. cit., pt. 9 ; V. également PERRIER (J.-B.), « Limites refusées s'agissant de l'exercice de l'action civile par l'association », RFDC, n° 105, mars 2016, p. 169.

des délais de prescription applicables à l'apologie des crimes de guerre et des crimes contre l'humanité.

Sans conteste « *prudente* »[214], cette solution minimaliste à la « *Ponce Pilate* »[215] n'a cependant pas épuisé les débats juridiques susceptibles de naître des dispositions contestées, en particulier d'une lecture combinée des articles 24, 24 *bis* et 48-2 de la loi du 29 juillet 1881 au prisme du principe d'égalité. Cette situation du droit résultait, plus précisément, de la distinction opérée alors par la loi Gayssot entre le délit d'apologie (art. 24) et celui de négationnisme (art. 24 *bis*), pour lesquels l'article 48-2 prévoit l'ouverture du droit de l'action civile au profit de certaines associations. Le premier ne situait pas les incriminations concernées dans le temps ou l'espace, s'appliquant généralement à l'ensemble des discours invitant à porter un jugement favorable sur les crimes de guerre et les crimes contre l'humanité. À l'inverse, le second y procédait, réprimant la seule contestation de l'existence des crimes condamnés par le tribunal militaire international de Nuremberg, c'est-à-dire commis au cours de la Seconde Guerre mondiale. Il en résultait que l'apologie en tant que telle de tout crime international se trouvait constitutive d'un délit, alors que seule la contestation de l'existence de l'holocauste était répréhensible. Certes, la constitutionnalité du délit de négationnisme n'a pas été soulevée par l'Association CRF dans le recours qui a donné lieu à la décision du 16 octobre 2015. Pour autant, en constatant que « *le législateur n'a pas prévu une répression différente pour l'apologie des crimes de guerre et des crimes contre l'humanité selon [qu'ils aient] été commis ou non pendant la seconde guerre mondiale* »[216] et, partant, en déclarant contraire au principe d'égalité devant la justice la restriction de l'accès au prétoire opérée entre les associations, le Conseil constitutionnel n'avait-il pas implicitement élargi le délit de négationnisme instauré par la loi Gayssot[217] ? En d'autres termes, l'extension du droit de se constituer partie civile aux associations qui défendent les intérêts moraux et l'honneur de l'ensemble des victimes de crimes internationaux impliquait-elle la même extension du délit de négationnisme, qui devait alors recevoir une portée générale ?

Assurément, une telle interprétation aurait consisté à attribuer à la décision d'inconstitutionnalité une portée qu'elle n'avait pas. Il n'appartenait en effet qu'au seul législateur de tirer les conclusions de celle-ci, en procédant par là

---

[214] Ibid., p. 170.
[215] PICARD (K.) et PHILIPPE (X.), « Le Conseil constitutionnel et les conséquences des crimes internationaux… », loc. cit., p. 669.
[216] CC, déc. n° 2015-492 QPC du 16 oct. 2015, loc. cit., pt. 7.
[217] V. en ce sens : BEIGNIER (B.), « Apologie de crimes et contestation de crimes contre l'humanité », JCP, G, n° 44, 26 octobre 2015, p. 1191 et DE LAMY (B.), « La limitation du délit de révisionnisme aux crimes contre l'humanité commis durant la Seconde Guerre mondiale est-elle constitutionnelle ? », RCS, 2016, p. 406.

même à la correction éventuelle de l'asymétrie révélée par cette décision entre l'objet des associations susceptibles de se constituer partie civile sur le fondement de l'article 48-2 de la loi du 29 juillet 1881 et la portée restrictive du délit de révisionnisme de l'article 24 *bis* de ce même texte. Néanmoins, la portée de la décision n° 2015-492 QPC dépassait largement la solution rendue au cas d'espèce et ouvrait, plus fondamentalement, la voie à de nouvelles contestations. Prioritairement à toute intervention législative, le Conseil fut donc saisi quelques mois plus tard d'une nouvelle QPC liée à l'application du principe d'égalité en matière de crimes contre l'humanité.

B. La comparaison des discours de négation des crimes internationaux : la validation de la portée restrictive du délit de négationnisme

S'engouffrant dans le prolongement des réflexions ouvertes par la décision du 16 octobre 2015, un requérant souleva opportunément, à l'occasion du pourvoi en cassation formé contre l'arrêt de la Cour d'appel de Caen le condamnant à un an d'emprisonnement pour avoir publié sur internet des articles mettant en doute l'existence des chambres à gaz, une QPC portant sur la conformité de l'article 24 *bis* de la loi du 29 juillet 1881 relatif au délit de négationnisme. Ce dernier se prévalait adroitement d'une atteinte à la liberté d'expression, mais surtout d'une violation du principe d'égalité devant la loi pénale dès lors que le Code pénal, s'il réprime l'ensemble des crimes contre l'humanité, ne sanctionne en revanche la négation que de l'un d'entre eux : l'holocauste. L'argument était sans conteste habile et fut dès lors considéré sérieux par la Cour de cassation[218]. Il fut néanmoins écarté par le Conseil constitutionnel le 8 janvier 2016, au lendemain de l'anniversaire des attentats de *Charlie hebdo* (**1**), aux termes d'une motivation insatisfaisante[219] (**2**).

---

[218] Cass. Crim., 6 octobre 2015, n° 15-84335 ; DROIN (N.), « Le glas sonne-t-il pour la "loi Gayssot" ? (à propos de l'arrêt de la Cour de cassation du 6 octobre 2015 n° 15-84335) », RDLF, 2015, chron. n° 26.

[219] CC, déc. n° 2015-512 QPC du 8 janv. 2016 ; D., 2016, p. 492, comm. D. CHAGNOLLAUD DE SABOURET et p. 521, note J.-B. PERRIER et E. RASCHEL ; Dr. pén., n° 11, 2015, comm. 139, note F. SAFI et n° 3, 2016, repère 3, note P. Conte ; AJ. Pénal, n° 4, 2016, p. 205, comm. F.-X. ROUX-DELAMARE ; RSC, 2015, p. 877, comm. J. FRANCILLON ; RSC, 2016, p. 81, comm. J. FRANCILLON et p. 406, comm. B. DE LAMY ; RFDC, n° 106, juin 2016, p. 501, comm. N. DROIN ; RFDC, n °107, septembre 2017, p. 700, comm. J.-B. PERRIER ; RDLF, 2015, chron. n° 26, comm. N. DROIN ; RDLF, 2016, chron. n° 3, note T. HOCHMANN ; Légipresse, n° 336, mars 2016, p. 159, comm. J.-F. DE MONGOLFIER ; RFDC, n° 107, mars 2016, p. 669, comm. K. PICARD ET X. PHILIPPE.

1°) Une solution juridique incertaine

Le principe d'égalité devant la loi pénale, consacré à l'article 6 de la DDHC ne fait pas obstacle à ce qu'une différenciation soit opérée par le législateur, à la condition que les agissements concernés soient de nature différente. En excipant de la contrariété de l'article 24 *bis* de la loi du 29 juillet 1881 à celui-ci, le requérant soulevait ainsi, dans la décision n° 2015-512 QPC du 8 janvier 2016, une question juridique fondamentale : celle de l'existence éventuelle de différents types de « crimes contre l'humanité » justifiant que seule la négation de l'holocauste soit pénalement sanctionnée. À nouveau, le Conseil constitutionnel était donc invité à un exercice de comparaison, non pas des crimes internationaux en eux-mêmes, mais des discours de négation, toute réflexion sur le négationnisme devant se concentrer « *sur l'expression, et non le crime qu'elle nie* »[220]. Or si les sages conclurent, au cas d'espèce, sans surprise à la constitutionnalité du dispositif contesté, ce ne fut qu'au prix d'une argumentation qui peine à convaincre.

Afin d'apprécier la conformité de l'article 24 *bis* au principe d'égalité, deux critères furent en effet principalement mobilisés par ces derniers[221]. Se plaçant, en premier lieu, au regard de l'autorité ayant qualifié les faits en cause, les sages ont, d'abord, estimé que « *la négation de faits qualifiés de crimes contre l'humanité par une décision d'une juridiction française ou internationale reconnue par la France se différencie de la négation de faits qualifiés de crime contre l'humanité par une juridiction autre ou par la loi* » (cons. 10). À cet égard, force est d'admettre que la distinction selon que le crime contre l'humanité ait été qualifié comme tel par voie législative – c'est-à-dire par une loi mémorielle dénuée de portée normative – ou par voie judiciaire n'apparaît guère contestable[222]. En revanche, la différence qu'il existerait au sein de cette dernière catégorie entre les crimes contre l'humanité reconnus comme tels par une « *juridiction française ou internationale reconnue par la France* » et par une « *juridiction autre* » se révèle plus ténue et soulève davantage de questions qu'elle n'en résout. Que faut-il, en particulier, entendre par une « *juridiction autre* » ? Appréciant, en second lieu, l'existence d'une éventuelle différence de situation à l'intérieur même du cercle des crimes contre l'humanité ayant fait l'objet d'une reconnaissance judiciaire par

---

220 HOCHMANN (T.), « Négationnisme : le Conseil constitutionnel entre ange et démon », RDLF, 2016, chron. n° 3.

221 PICARD (K.), et PHILIPPE (X.), « Décision n° 2015-512 QPC du 8 janvier 2016, [M. Vincent R. – Délit de contestation de l'existence de certains crimes contre l'humanité] », RFDC, n°107, mars 2016, p. 674.

222 CC, déc. n° 2012-647 DC du 28 fév. 2012, loc. cit., cons. 6, « une disposition législative ayant pour objet de « reconnaître » un crime de génocide ne saurait, en elle-même, être revêtue de la portée normative qui s'attache à la loi ».

une juridiction française ou internationale reconnue par la France, les sages ont, ensuite, procédé à une comparaison, non pas des crimes internationaux en eux-mêmes, mais de l'expression qui les nie, pour en conclure que « *la négation des crimes contre l'humanité commis durant la seconde guerre mondiale, en partie sur le territoire national, a par elle-même une portée raciste et antisémite* » (cons. 10), de sorte que leur négation correspondait à « *une réalité différente* » de celle « *d'autres crimes contre l'humanité* »[223]. Selon eux, cette différence de traitement serait, plus précisément, en rapport avec l'objet de la loi Gayssot du 13 juillet 1990 « *qui vise à réprimer des actes racistes, antisémites ou xénophobes* » (cons. 10) et aurait, en conséquence, conduit le législateur à adopter un régime juridique distinct pour la négation des crimes contre l'humanité commis durant la Seconde Guerre mondiale. L'argumentation du Conseil repose donc ici entièrement sur l'objectif de cette disposition législative présenté comme la lutte contre le racisme et l'antisémitisme[224]. Or s'il est indéniable qu'il ne s'agissait pas au cas d'espèce d'invoquer la spécificité des crimes contre l'humanité en eux même, mais bien de leur négation, cette motivation peine à convaincre en ce qu'il est difficile de saisir en quoi la contestation de l'holocauste aurait « *par elle-même une portée raciste et antisémite* »[225] qui justifierait le traitement spécifique qui lui est réservé. Toute entreprise de négationnisme n'est-elle pas animée en elle-même de motifs raciaux ou religieux, que les faits concernés aient ou non été commis durant la Seconde Guerre mondiale ? En quoi la contestation de l'holocauste aurait-elle, à ce titre, une portée plus raciste, xénophobe et discriminatoire d'un point de vue religieux que celle du génocide des Tutsi et des Bosniaques ? Cette argumentation apparaît ainsi contestable, en ce qu'elle aboutit « *à déconnecter l'essence du crime contre l'humanité* », dont la matérialité repose précisément sur la destruction d'un groupe particulier en raison de critères national, ethnique, racial ou religieux[226], « *de la répression de sa négation* »[227]. Or « *la puissance de la force de négation est consubstantielle au crime contre l'humanité allant même jusqu'au négationnisme, c'est-à-dire la négation de l'existence même de ces massacres* »[228].

---

[223] CC, commentaire de la déc. n° 2015-512 QPC, loc. cit., p. 23.

[224] PICARD (K.) et PHILIPPE (X.), « Décision n° 2015-512 QPC du 8 janvier 2016, loc. cit., p. 674.

[225] CC, déc. n° 2015-512 QPC du 8 janv. 2016, loc. cit., cons. 10.

[226] V. la définition du crime de « génocide », art. 211-1 C. pén. et art. 2 Convention pour la prévention et la répression du crime de génocide du 9 déc. 1948.

[227] PICARD (K.) et PHILIPPE (X.), « Décision n° 2015-512 QPC du 8 janvier 2016, loc. cit., p. 675.

[228] STURLESE (B.), « Réflexions sur le premier procès d'assises français d'un officier rwandais… », loc. cit., p. 535.

À cet égard, il a pu être observé qu'un tel recours inopérant aux objectifs de la loi Gayssot dissimule en réalité une « *stratégie d'évitement* » du juge constitutionnel, destinée à « *esquiver le véritable débat qui s'offrait [à lui] de se prononcer sur la législation française en matière de répression des propos négationnistes à l'égard des crimes contre l'humanité* »[229]. L'adoption de ce texte doit en effet être rattachée au contexte historique particulier des années 1980, caractérisé par la montée en puissance des thèses négationnistes et l'insuffisance de l'arsenal répressif pour lutter contre celles-ci. Considérant que le révisionnisme servait « *de masque à l'antisémitisme* » et contribuait à la diffusion des idées racistes, le législateur a alors décidé d'intervenir afin de condamner en tant que tel le fait de nier le génocide nazi[230]. Le délit de négationnisme ainsi créé visait donc expressément à réprimer les actes racistes et xénophobes afin de protéger les droits d'autrui et préserver l'ordre public[231]. Néanmoins, de nouveaux crimes internationaux ont depuis lors émaillé l'histoire de l'humanité, sommant la justice pénale internationale d'en prendre acte, notamment par la création des tribunaux pénaux internationaux pour l'ex-Yougoslavie (TPIY) et le Rwanda (TPIR), ainsi que celle de la Cour pénale internationale (CPI)[232]. *De facto,* la multiplication des crimes contre l'humanité et des génocides commis postérieurement à l'adoption de la loi Gayssot pouvait dès lors s'analyser comme un changement de circonstances de droit ayant rendu celle-ci « *anachronique* »[233]. Face à cette situation, une alternative s'offrait donc au Conseil[234]. Soit tirer parti de cet anachronisme et considérer que l'objectif poursuivi par cette disposition imposait d'étendre la portée du délit de négationnisme à l'ensemble des crimes contre l'humanité ; soit admettre à l'inverse que ce délit était « *fondé politiquement* »[235], c'est-à-

---

229 PICARD (K.) et PHILIPPE (X.), « Décision n° 2015-512 QPC du 8 janvier 2016, loc. cit., p. 675.

230 SÉNAT, Rapport n° 337 sur la proposition de loi adoptée par l'Assemblée nationale tendant à réprimer tout acte raciste, antisémite ou xénophobe, par M. C. LEDERMAN, 31 mai 1990, p. 55. V. également ASSEMBLÉE NATIONALE, Rapport n° 1296 sur la proposition de loi tendant à réprimer tout acte raciste, antisémite ou xénophobe, par M. F. ASENSI, 26 avril 1990.

231 DROIN (N.), « Le glas sonne-t-il pour la "loi Gayssot"? ... », loc. cit., n° 26.

232 V. en ce sens, pour le TPIY, la résolution n° 827 du 25 mai 1993 du Conseil de sécurité des Nations Unies, pour le TPIR, la résolution n° 955 du 8 nov. 1994 du Conseil de sécurité des Nations Unies et, pour la CPI, Statut de Rome de la Cour pénale internationale, 17 juillet 1998, entré en vigueur le 1er juillet 2002, Nations Unies, Rec. des Traités, vol. 2187, n° 38544 ; Sur ce point, V. également CLAUSMEIER (D.), « La justice internationale face aux génocides. De Versailles et Sèvres au TPIR, en passant par Nuremberg et le TPIY », Revue d'Histoire de la Shoah, n° 190, janv. 2009, p. 241.

233 PICARD (K.) et PHILIPPE (X.), « Décision n° 2015-512 QPC du 8 janvier 2016, loc. cit., p. 675.

234 Ibidem.

235 DE LAMY (B.), « La limitation du délit de révisionnisme… », loc. cit., p. 406.

dire rattaché à un événement historique particulier et l'assumer comme tel[236]. Bien que sans incidence sur la déclaration de constitutionnalité finalement adoptée, le choix opéré en faveur de cette seconde branche aurait en revanche permis au Conseil de clarifier son raisonnement par la mobilisation explicite d'une justification d'ordre contextuel, calquée sur la jurisprudence de la Cour européenne des droits de l'Homme (CEDH) dont il s'inspire implicitement au cas d'espèce[237]. Dans son arrêt *Perinçek c. Suisse* du 15 octobre 2015, celle-ci a en effet été conduite à sanctionner les autorités suisses sur le fondement de l'article 10 § 2 de la Convention EDH relatif à la liberté d'expression pour la condamnation d'un homme politique turc qui avait publiquement nié le génocide arménien de 1915[238]. À cette fin, la Cour a, plus précisément, été amenée à examiner la nécessité du délit de négationnisme contesté à l'aune du contexte national, passé et présent de l'État concerné, c'est-à-dire de la Suisse[239]. Or constatant l'absence de lien entre celle-ci et les évènements survenus à partir de 1915 dans l'Empire ottoman, « *le seul lien direct [pouvant] découler de la présence d'une communauté arménienne sur le sol Suisse, mais il est ténu* », la Cour en a conclu que les propos négationnistes du requérant n'étaient pas susceptibles de porter atteinte à l'ordre public de cet État en générant « *de graves frictions entre les Turcs et les Arméniens* » y résidant, ni aux droits de la minorité arménienne présente en Turquie[240]. C'est à un raisonnement analogue auquel se livre en filigrane le Conseil constitutionnel lorsqu'il justifie maladroitement, dans la décision du 8 janvier 2016, le régime juridique distinct des crimes contre l'humanité de la Seconde Guerre mondiale, au motif qu'ils ont été commis « *en partie sur le territoire national* » (cons. 10). Pour le commentateur officiel, il s'ensuit que leur négation correspondrait à « *une réalité différente* » de celle « *d'autres crimes contre l'humanité, compte tenu de la charge intrinsèquement raciste et antisémite qu'elle*

---

236 PICARD (K.) et PHILIPPE (X.), « Décision n° 2015-512 QPC du 8 janvier 2016 », loc. cit., p. 676.

237 V. en ce sens : CC, Commentaire de la déc. n° 2015-512 QPC, loc. cit., p. 8.

238 CEDH, Gde ch., 15 oct. 2015, Perinçek / Suisse, n° 27510/08 ; RTDH, n° 108, octobre 2016, p. 1019, chron. G. GONZALEZ ; Légipresse, n° 341, sept. 2016, p. 495, chron. C. BIGOT ; Dr. pén., n° 4, 2016, p. 17, chron. E. DREYER ; Gaz. Pal., n° 8, février 2016, p. 39, note P. PIOT ; AJDA, n° 3, 2016, p. 143, chron. L. BURGORGUE-LARSEN ; RSC, n° 1, 2016, p. 132, chron. J.-P. MARGUENAUD ; RDLF, décembre 2015, n° 2015-27, comm. T. HOCHMANN.

239 Concernant l'appréciation de l'atteinte portée à la liberté d'expression par les législations nationales pénalisant le négationnisme, la Cour estime ainsi que « criminaliser la négation de l'Holocauste ne se justifie pas tant parce qu'il constitue un fait historique clairement établi, mais parce que, au vu du contexte historique des États en question (...) sa négation, même habillée en recherche historique impartiale, traduit invariablement une idéologie antidémocratique et antisémite. La négation est donc dangereuse à double titre, surtout dans les États qui ont connu les horreurs nazies et dont on peut estimer qu'ils ont une responsabilité morale particulière » (pt. 243).

240 Ibid., pt. 244, 245 et 246.

comporte et du fait qu'elle correspond à l'histoire passée et présente de notre pays »[241]. C'est donc le contexte historique et géographique de la France qui justifierait que la négation de ces faits ne soit pas assimilable à d'autres négations en raison de sa signification et de sa portée sur le territoire national, « *aucune autre négation d'un crime contre l'humanité reconnu comme tel par une décision de justice n'[étant] porteuse, dans notre société, d'une violence symbolique équivalente* »[242].

Un tel raisonnement aurait pu parfaitement convaincre, à la condition qu'il fasse l'objet d'une prise de position claire et argumentée du Conseil constitutionnel. En se gardant d'adopter un tel positionnement, celui-ci laissait donc deux questions déterminantes en suspens. D'abord, la référence au contexte historique national est-elle, à elle seule, susceptible de caractériser une différence de situation entre crimes contre l'humanité – dont la définition résulte pourtant du droit pénal international –, justifiant que le législateur institue un traitement juridique distinct de leur négation ? Ensuite, et plus fondamentalement, la QPC constituait-elle une arène idoine pour trancher ces débats de fond ? Implicitement, il était en conséquence renvoyé au législateur le soin de clore ces débats.

2°) Une intervention législative opportune

Intimement liées, que ce soit au regard des dispositions législatives contestées que des principes constitutionnels invoqués, c'est finalement par la voie d'une même intervention parlementaire que les questions soulevées par les décisions du 16 octobre 2015 et du 8 janvier 2016 ont pu être tranchées.

Outre qu'elles portaient sur la conformité de deux dispositifs décriés de la loi Gayssot au même principe constitutionnel d'égalité, ces deux décisions posaient en effet une question fondamentale liée au principe de séparation des pouvoirs, « *le Conseil constitutionnel ne [disposant] pas d'un pouvoir général d'appréciation de même nature que celui du Parlement* »[243]. Ainsi les sages avaient-ils fait le choix de rétablir l'égalité par le bas entre associations dans la décision du 16 octobre 2015, par la suppression de la faculté pour celles-ci de se constituer parties civiles en matière d'apologie de crimes de guerre et de crimes contre l'humanité, laissant explicitement au législateur le soin d'apprécier les suites à donner à la déclaration d'inconstitutionnalité. De la même

[241] CC., Commentaire de la déc. n° 2015-512 QPC, loc. cit., p. 23.
[242] Ibidem.
[243] CC., déc. n° 2015-492 QPC du 16 octobre 2015, loc. cit., cons. 9 ; V. également PERRIER (J.-B.), « Limites refusées s'agissant de l'exercice de l'action civile par l'association », loc. cit., p. 169.

manière avaient-ils jugé, dans la décision du 8 janvier 2016, de la conformité à la Constitution du délit de négationnisme, aux termes d'une motivation sommaire reposant en substance sur l'objectif de lutte contre le racisme et l'antisémitisme de la loi Gayssot[244], renvoyant implicitement au législateur le soin d'apprécier les suites à donner à la déclaration de constitutionnalité par une redéfinition éventuelle le délit concerné. À cet égard, il était, plus précisément, loisible de se demander si la voie procédurale que constitue la QPC était véritablement appropriée pour s'interroger sur des débats de telle nature. L'appréciation de l'adéquation du délit de négationnisme à la réalité juridique contemporaine supposait en effet la tenue de discussions de fonds, dont il était légitime de douter qu'il soit de la responsabilité du juge constitutionnel d'assurer l'arbitrage, *a fortiori* aux termes d'une procédure expresse contrainte par des délais imposés[245].

Au total, le caractère décisif de ces deux décisions réside ainsi dans leur portée, l'une et l'autre ayant contribué à une évolution du droit positif par la correction, pour la première, d'une inégalité procédurale et, pour la seconde, d'un anachronisme. Depuis l'entrée en vigueur de la loi n° 2017-86 du 27 janvier 2017 *relative à l'égalité et à la citoyenneté,* la faculté d'exercer les droits reconnus à la partie civile en ce qui concerne, d'une part, l'apologie de crimes de guerre, contre l'humanité ou des crimes ou délits de collaboration avec l'ennemi ainsi que, d'autre part, le délit de négationnisme est en effet reconnue à toute association qui se propose, par ses statuts, de « *défendre les intérêts moraux et l'honneur de la Résistance ou des déportés, d'assister les victimes de crimes de guerre ou de crimes contre l'humanité, de défendre leur mémoire ou de lutter contre les discriminations* »[246]. De surcroît, le champ de ce dernier délit s'est trouvé considérablement élargi, celui-ci renvoyant désormais, après censure du Conseil constitutionnel, à deux infractions distinctes[247].

---

[244] CC, déc. n° 2015-512 QPC du 8 janvier 2016, loc. cit., cons. 10.

[245] Le Conseil constitutionnel doit rendre sa décision dans les trois mois suivant la date à laquelle il a été saisi : Ordonnance n° 58-1067 du 7 nov. 1958 portant loi organique sur le Conseil constitutionnel, JORF du 9 novembre 1958, p. 10129, telle que modifiée, art. 23.10.

[246] Art. 48-2 de la loi du 29 juillet 1881 sur la liberté de la presse, tel que modifié par la loi n°2017-86 du 27 janvier 2017 relative à l'égalité et à la citoyenneté, JORF n° 24 du 28 janvier 2017, texte n° 1, art. 176.

[247] CC, déc. n° 2016-745 DC du 26 janvier 2017, JORF n° 24, du 28 janv. 2017, texte n° 2 ; RDLF, 2 février 2017, chron. n° 6, comm. T. HOCHMANN ; AJDA, 2017, p. 313, comm. A-L. CASSARD-VALEMBOIS et 2018, p. 297, comm. V. GOESEL-LE BIHAN ; D., 2017, p. 686, comm. F. SAFI ; LPA, mars 2017, p. 6, comm. F. CHALTIEL et p. 7, comm. C. DOUNOT ; RFDC, septembre 2017, n° 111, p.714, comm. S. HUTIER et P. MICHEL ; RBDC, n°2017-4, mai 2018, p. 387, comm. G. VAN DOOSSELAERE ; Légipresse, n° 348, avril 2017, p. 194, note N. MALLET-POUJOL. Le Conseil a en particulier examiné d'office la constitutionnalité de l'art. 173, 2° de la loi déférée modifiant l'art. 24 bis de la loi du 29 juillet 1881 pour y ajouter trois nouveaux alinéas, dont le dernier permettait de réprimer « la négation, la

Premièrement, à la contestation de « *l'existence d'un ou plusieurs crimes contre l'humanité tels qu'ils sont définis par l'article 6 du statut du tribunal militaire international annexé à l'accord de Londres du 8 mai 1945* », c'est-à-dire commis durant la Seconde Guerre mondiale[248]. Deuxièmement, à la négation, minoration ou banalisation « *outrancière* » de l'existence de tout autre « *crime de génocide (...) crime contre l'humanité, (...) crime de réduction en esclavage ou d'exploitation d'une personne réduite en esclavage ou (...) crime de guerre* », à la condition qu'il ait donné lieu « *à une condamnation prononcée par une juridiction française ou internationale* »[249].

À la question de savoir s'il faut « *préserver la protection de notre mémoire ou celle de l'universalité de notre humanité ?* »[250], le législateur aura donc finalement privilégié la seconde branche de l'alternative, remédiant par là même à un certain anachronisme du droit français. Bien qu'il soit regrettable qu'il ait, à cette fin, utilisé une loi « *fourre-tout* »[251] ou « *loi-balai* »[252] longue de 224 articles particulièrement difficiles à lire, se rapportant à des thématiques dont l'énumération s'apparente davantage « *à un inventaire à la Prévert* »[253] qu'à une clarification attendue du droit[254], celle-ci offre une illustration des rapports réciproques que peuvent entretenir l'Histoire et le droit. Ponctuellement, la prise en compte du fait historique est susceptible de faciliter la compréhension du droit et, par là même, de favoriser ses transformations. Réciproquement, il arrive que le droit soit parfois placé au service de l'Histoire dont il a pour objet de favoriser la retranscription. Un exemple en est donné à travers la décision 2017-655 QPC du 15 septembre 2017 relative

---

minoration ou la banalisation » de certains crimes, lorsque cette négation constituait « une incitation à la violence ou la haine par référence à la prétendue race, couleur, religion, ascendance ou origine nationale », y compris lorsque ces crimes n'avaient pas fait l'objet d'une condamnation judiciaire. Les sages ont, toutefois, jugé que cette disposition ne portait une atteinte ni nécessaire, ni proportionnée à la liberté d'expression et l'ont, en conséquence, censuré.

[248] Art. 24 bis, al. 1 de la loi du 29 juillet 1881 sur la liberté de la presse, loc. cit.

[249] Art. 24 bis al. 2 de la loi du 29 juillet 1881 sur la liberté de la presse, tel que modifié par l'art. 173 de la loi n° 2017-86 du 27 janv. 2017 relative à l'égalité et à la citoyenneté, loc. cit.

[250] PICARD (K.) et PHILIPPE (X.), « Décision n° 2015-512 QPC du 8 janvier 2016... », loc. cit., p. 679.

[251] SAFI (F.), « A la recherche d'un fondement de l'incrimination du négationnisme », D., 2017, p. 686.

[252] CHALTIEL (Fl.), « La loi relative à l'égalité et à la citoyenneté devant le juge constitutionnel. Loi-balai, lisibilité du droit et exigences constitutionnelles », LPA, n° 60, 24 mars 2017, p.6.

[253] DE BELLESCIZE (D.), « La loi égalité et citoyenneté et la loi du 29 juillet 1881 sur la liberté de la presse », Constitutions, 2017, p. 127.

[254] V. CC, déc. n° 99-421 DC du 16 décembre 1999, D., 2000, p. 425, obs. D. RIBES ; AJDA, 2000, p. 31, note J.-E. SCHOETTL ; Dr. soc., 2002, étude E. MARIE ; RTD civ., 2000, p. 186, obs. N. MOLFESSIS, consacrant « l'objectif de valeur constitutionnelle d'accessibilité et d'intelligibilité de la loi » (cons. 13).

aux archives publiques qui, en leur qualité de « *miroir d'une société* », « *en reflètent les complexités, de la tentation d'une mémoire universelle à la revendication d'un droit à l'oubli* »[255].

II. LA PROTECTION DE L'HISTOIRE : LE GENOCIDE DES TUTSI AU PRISME DU DROIT DE DEMANDER COMPTE

Apparue au cours des années 1970 corrélativement à la remise en cause du modèle administratif traditionnel, notamment marqué par le principe du secret, la rhétorique de la « *transparence* » s'est depuis lors imposée « *en véritable axiome* », s'immisçant dans tous les interstices de l'ordre juridique, devenant non seulement l'une des valeurs essentielles à laquelle l'administration est tenue de se référer, mais également l'un des axes privilégiés du réformisme administratif[256]. Caractérisé par une « *remarquable polysémie* »[257], le concept renvoie notamment à « *la soumission de l'administration au principe de « publicité » : soustraite à la pénombre protectrice qui l'entourait, [elle] se trouve désormais exposée au regard du public ; incapable de cacher plus longtemps ses secrets, de préserver son intimité, elle est amenée à exercer son*

---

255 LEMOINE (H.), « Conserver, détruire, communiquer, dissimuler… », Pouvoirs, n° 153, 2015/2, p. 75.

256 CHEVALLIER (J.), « Le mythe de la transparence administrative », in Information et transparence administratives [colloque, Amiens, 11 mars 1988, Paris : PUF, 1988, p. 239 ; V. en ce sens loi n° 79-587 du 11 juillet 1979 relative à la motivation des actes administratifs et à l'amélioration des relations entre l'administration et le public, JORF, 12 juillet 1979, p. 1711 (abrogée par ordonnance n° 2015-1341 du 23 octobre 2015, JORF n° 248, 25 octobre 2015, p. 19872 texte n° 2), loi n° 78-753 du 17 juillet 1978 portant diverses mesures d'amélioration des relations entre l'administration et le public et diverses dispositions d'ordre administratif, social et fiscal, JORF, 18 juillet 1978, p. 2851, modifiée, loi n° 78-17 du 6 janvier 1978 relative à l'informatique, aux fichiers et aux libertés, JORF, 7 janvier 1978, p. 227, modifiée, et, plus récemment, loi n° 2000-321 du 12 avril 2000 relative aux droits des citoyens dans leurs relations avec les administrations, JORF, n° 88, 13 avril 20000, p. 5646, texte n° 1 ; V. également l'émiettement des qualifications jurisprudentielles en résultant, la transparence se retrouvant à travers l'objectif à valeur constitutionnelle d'intelligibilité et d'accessibilité de la loi (CC, déc. n° 99-421 DC du 16 décembre 1999 ; AJDA, 2000, p. 31, note J.-E. SCHOETTL), l'exigence de clarté (CC, déc. n° 98-401 DC du 10 juin 1998 ; AJDA, 1998, p. 540 et 495, note J.-E. SCHOETTL), l'objectif de transparence financière des entreprises de presse (CC, déc. n° 86-210 DC du 29 juillet 1986), le principe d'accès aux informations relatives à l'environnement (CC, déc. n°2008-564 DC du 19 juin 2008, AJDA, 2008, p. 1614, note O. DORD) et le principe de transparence des procédures contractuelles (CC, déc. n° 2003-473 DC du 26 juin 2003, AJDA, 2003, p. 1404, note E. FATOME, p. 1391, note J.-E. SCHOETTL et p. 2348, étude E. FATOME et L. RICHER).

257 Ibid., p. 241 ; Pour J. CHEVALIER, le concept de « transparence administrative » recouvre trois acceptions distinctes : la communication, la publicité et la proximité.

activité « au grand jour », se transformant en « maison de verre » »[258]. C'est cette même publicité qui est au fondement de la constitution des archives publiques, dont la communication est réputée contribuer « *à la transparence démocratique, par opposition au secret d'État qui caractérise les régimes autoritaires* »[259]. Or si ce principe s'impose désormais comme une évidence, il a également pu être souligné qu'il relève avant tout de l'ordre du « *mythe* » en ce que sa « *force expressive excède la portée de ses manifestations concrètes et s'appuie pleinement sur les ressorts du symbolisme* »[260]. Derrière l'élan des réformes qui, au nom d'une politique de transparence, ont contribué à remodeler en profondeur l'institution administrative, celle-ci ne saurait en effet être analysée comme devenue véritablement « *transparente* ». Le recours à cette notion dissimule à ce titre une manière d'être que n'offre pas la réalité juridique telle que sa cohérence la présuppose, telle qu'elle est mise en forme techniquement, dont le régime d'accès aux archives publiques des membres de l'exécutif donne une criante illustration. Placées en marge du droit commun des archives publiques régies par les principes de libre accès et de libre communicabilité[261], ces dernières bénéficient en effet d'un statut spécial qui permet la conclusion, entre l'administration des archives et la partie versante, d'un protocole de remise relatif aux conditions de traitement, de conservation, de valorisation ou de communication des documents versés, pendant la durée des délais prévus à l'article L. 213-2 du Code du patrimoine[262]. Au cours de la période régie par ce « *contrat* »[263], la personnalité versante conserve pour elle-même un accès libre aux archives qu'elle a produites, mais peut en refuser la communication à des tiers, sans avoir à motiver sa décision. En dépit de leur nature publique, le public justement n'y a donc pas accès directement[264]. Là résidait précisément l'enjeu de la QPC soulevée par le physicien François Graner, spécialiste du conflit rwandais, au Conseil constitutionnel dans la décision

---

[258] Ibid., p. 253.

[259] ASSEMBLÉE NATIONALE, Rapport n° 810 sur le projet de loi (n° 566), adopté par le Sénat, relatif aux archives et sur le projet de loi organique (n° 567), adopté par le Sénat, modifiant l'ordonnance n° 58-1067 du 7 novembre 1958 portant loi organique sur le Conseil constitutionnel et relatif à ses archives, par M. F. CALVET, 9 avril 2008, p. 7.

[260] CHEVALLIER (J.), « Le mythe de la transparence administrative », loc. cit., p. 251.

[261] Consacrés pendant la période révolutionnaire (loi du 7 messidor an II (25 juin 1794) et décret du 7 septembre 1790), ces deux principes ont été constamment réaffirmés depuis ; V. en ce sens loi n° 78-753 du 17 juillet 1978, loc. cit., loi n° 78-17 du 6 janvier 1978, loc. cit., loi n° 79-18 du 3 janvier 1979 sur les archives, JORF, 5 janvier 1979, p. 41, codifiée par l'ordonnance n°2004-178 du 20 février 2004 relative à la partie législative du code du patrimoine, JORF, 24 février 2004, p. 37048, texte n° 3 et L. n° 2008-696 du 15 juillet 2008 relative aux archives, JORF n° 164, 16 juillet 2008, p. 11322, texte n° 2, AJDA, 2008, p. 1597, comm. P. GONOD et DA, n° 11, 2008, étude 21, comm. S. MONNIER qui régit aujourd'hui les archives publiques.

[262] Art. L. 213-4 C. patr.

[263] CC, Commentaire de la déc. n° 2017-655 QPC du 15 septembre 2017, p. 3.

[264] QUIRINY (B.), « Le droit dérogatoire d'accès aux archives du pouvoir exécutif validé par le Conseil constitutionnel », AJDA, 2017, p. 2310.

n° 2017-655 QPC du 15 septembre 2017. Considérant que ces dispositions revenaient à conférer aux responsables politiques ou à leur mandataire un droit exclusif d'autoriser de façon discrétionnaire la divulgation anticipée des documents qu'ils ont versés aux archives, ce dernier se prévalait, plus précisément, d'une méconnaissance du droit de demander compte (art. 15 DDHC), du droit du public à recevoir des informations résultant selon lui de la liberté d'expression et de communication (art. 11 DDHC), ainsi que du droit à un recours juridictionnel effectif (art. 16 DDHC). Ces arguments ont toutefois été écartés par le Conseil, qui a confirmé la constitutionnalité de ce régime dérogatoire. Tout en consacrant au cas d'espèce un principe constitutionnel de droit d'accès aux archives publiques (A), il en a donc immédiatement circonscrit la portée (B).

A. L'application effective du droit de demander compte

Aux termes de l'article 15 de la DDHC, « *la société a droit de demander compte à tout agent public de son administration* ». En arguant au cas d'espèce la contrariété du régime d'accès aux archives publiques des membres de l'exécutif à cette disposition, le requérant soulevait donc une question juridique fondamentale : la nature indispensable de ces archives, non seulement pour la recherche historique, mais également pour le contrôle démocratique *a posteriori* de l'action du pouvoir n'impliquait elle pas un droit d'accès inconditionné à celles-ci ? Bien qu'il n'ait fait pleinement droit à cette argumentation, le Conseil constitutionnel était ainsi invité à se prononcer sur l'application de l'article 15 de la DDHC (1) dont il a pour la première fois réalisé une application effective (2).

1°) La consécration constitutionnelle d'un droit d'accès aux archives publiques

Si elle constitue l'intérêt principal de la décision du 15 septembre 2017, l'invocation de la méconnaissance éventuelle de l'article 15 de la DDHC peut *a priori* surprendre du fait de son application exceptionnelle dans la jurisprudence constitutionnelle.

Composant parmi les rares dispositions de la Déclaration de 1789 à consacrer un droit au profit de « *la société* »[265], l'article 15 de la DDHC restait en

[265] RICHERT (L.), « Article 15 », dans CONAC (G.), DEBENE (M.) et TEBOUL (G.) (dir.), La Déclaration des droits de l'homme et du citoyen de 1789. Histoire, analyse et commentaires, Paris, Economica, 1993, p. 317.

effet jusqu'alors une « *référence rarissime* »[266] dans les décisions du Conseil et peu cité en doctrine, pour une partie de laquelle il serait demeuré « *le boisseau* »[267] de la Déclaration. Jusqu'à 2015, la portée opérationnelle de cette disposition était d'ailleurs quasiment inexistante[268]. Ayant échoué à fonder un régime général de responsabilité des agents publics et insusceptible d'être invoqué seul à l'appui d'une QPC, tout juste servait-il de base constitutionnelle aux contrôles opérés par les juridictions financières, dont il est pour celle de la rue de Cambon gravé au fleuron du bâtiment[269]. Pour autant, « *l'imagination des plaideurs n'attend pas celle des magistrats ou des auteurs* »[270], c'est bien là la force de la QPC en général et de celle du 15 septembre 2017 en particulier.

Par décision n° 2015-471 QPC du 29 mai 2015, une première étape fut, d'abord, franchie par la reconnaissance de l'invocabilité de l'article 15 dans le cadre d'une QPC, c'est-à-dire de son appartenance effective à la catégorie des droits et libertés que la Constitution garantit[271]. Bien que le moyen fût

---

266 LASCOMBE (M.), VANDENDRIESSCHE (X.), DE GAUDEMONT (C.), Code constitutionnel et des droits fondamentaux, Paris, Dalloz, 6e éd., 2017, p. 277.

267 RICHERT (L.), « Article 15 », op. cit., p. 323.

268 WASERMAN (F.), « Le citoyen et la prise de décision financière publique », RFFP, n° 135, septembre 2016, p. 81 ; V. également. BEAUVIRONNET (E.), « Le citoyen et le contrôle des comptes des agents publics », dans BOUDET (J.-Fr.) et CABANNES (X.) (dir.)., Finances publiques citoyennes, Paris, LGDJ, 2017, p. 61. Il est cependant susceptible de fonder un objectif de valeur constitutionnelle par une application combinée, d'une part, à l'art. 14 DDHC avec lequel il forme le fondement constitutionnel de l'exigence « de bon emploi des deniers publics » (CC, déc. n° 2006-545 DC, 28 décembre 2006, JORF, 31 décembre 2006, p. 20320, texte n° 4, Rec., p. 138, déc. n°2008-567 DC, 24 juillet. 2008, JORF, 29 juillet 2008, p. 12151, texte n° 2, Rec., p. 341, juillet 2008 et déc. n° 2009-575 DC, 12 février 2009, JORF, 18 février 2009, p. 2847, texte n° 2, Rec., p. 48) et de « sincérité des comptes publics » (CC, déc. n° 2006-538 DC, 13 juillet 2006, JORF, 20 juillet 2006, p. 10894, Texte n° 2, Rec. p. 73 et déc. n° 2009-585, 6 août 2009, JORF, 11 août 2009, p. 13315, Texte n° 3, Rec. p. 159) et, d'autre part, aux art. 12 et 16 DDHC avec lesquels il forme l'objectif de valeur constitutionnelle de bonne administration de la justice (CC, déc. n° 2010-77 QPC, 10 décembre 2010, JORF, 11 décembre 2010, p. 21711, Texte n° 82, Rec., p. 384).

269 V. par ex. CC, déc. n° 2010-77 QPC du 10 décembre 2010, loc. cit.

270 GRIFFATON-SONNET (L.), « Invocabilité du droit de demander compte à tout agent public de son administration à l'appui d'une question prioritaire de constitutionnalité », RFDC, n° 105, mars 2016, p. 145.

271 CC, déc. n° 2015-471 QPC du 29 mai 2015 ; Constitutions, n° 3, 2015, p. 437, comm. L. DOMINGO ; RFDC, n° 105, janvier-mars 2016, p. 144, comm. L. GRIFFATON-SONNET. Avant cette décision, seules deux avaient fait une application directe de ce principe : CC, déc. n° 97-388 DC du 20 mars 1997; LPA, 1997, p. 13, note B. MATHIEU et M. VERPEAUX ; RTD civ., n° 1, 1998, p. 99, note N. MOLFESSIS ; Dr. soc., n° 5, 1997, p. 476, comm. X. PRÉTOT ; D., 1999, p. 234, note L. FAVOREU et p. 236, note F. MELIN-SOUCRAMANIEN ; RFDC, n° 30, avril-juin 1997, p. 328, note L. FAVOREU et F. MELIN-SOUCRAMANIEN ; JCP G, 1997, p. 336, comm. M. FABRE-MAGNAN, mais le moyen a été jugé inopérant par le Conseil (cons. 53) ; CC, déc. n° 2011-641 DC du 8 décembre 2011 ; RLCT, n° 75, janvier

considéré inopérant par le Conseil, sa motivation a néanmoins permis de faire « *sauter le verrou intellectuel qui cantonnait l'article 15 à la matière budgétaire* »[272]. Par décision n° 2016-599 QPC du 2 décembre 2016, il a, ensuite, considéré que les exigences résultant de l'article 15 de la DDHC s'appliquaient aux membres du gouvernement et aux élus locaux dans l'exercice de leurs fonctions, précisant ainsi les contours de la notion d'agent public visée par celui-ci[273]. Une lecture littérale de cette disposition – qui recourt aux termes d'« agent public » et d'« administration » – aurait en effet pu faire douter qu'elle puisse concerner d'autres personnes que des fonctionnaires ou des agents publics, c'est-à-dire des agents de l'exécutif[274]. Dans la décision n°2017-655 QPC du 15 septembre 2017, le requérant a donc saisi l'opportunité ouverte par ces deux précédents pour invoquer une méconnaissance de l'article 15. En proclamant par un paragraphe de principe inédit que « *est garanti par cette disposition le droit d'accès aux documents d'archives publiques* » (cons. 4), le Conseil est, enfin, venu parachever cette évolution en conférant un contenu positif à cette disposition. Dans le prolongement du principe selon lequel « *les archives publiques sont (...) communicables de plein droit* » (art. L. 213-1 C. patr.), le droit d'accès aux archives publiques s'est ainsi trouvé érigé au statut de droit fondamental.

Sans conteste, une telle consécration apparaît pleinement justifiée eu égard à la triple fonction des archives publiques, rouages indispensables à l'action administrative, « *il n'y a pas d'Administration sans archives* », à l'exercice par les citoyens de leurs droits, « *il n'y a pas de République sans archives* » et, plus fondamentalement, à la conservation de la mémoire, « *il n'y a pas d'Histoire sans archives* »[275]. Pour autant, elle interroge sur la nature exacte

---

2012, p. 15, comm. G. TERRIER ; LPA, n° 43, février 2012, p. 8, comm. J.-P. CAMBY ; GFP, n° 5, mai 2012, p. 40, comm. B. FLEURY ; RFDC, n° 92, octobre 2012, p. 851, comm. J.-B. PERRIER ; JCP A, n° 42, octobre 2012, p. 19, comm. S. DAMAREY, par laquelle le Conseil a jugé que le transfert des CRC aux autorités administratives de l'État la compétence pour l'apurement de certains comptes publics ne méconnaît pas ce principe (cons. 7 et 8).

[272] GRIFFATON-SONNET (L.), « Invocabilité du droit de demander compte... », loc. cit., p. 145.

[273] CC, déc. n° 2016-599 QPC du 2 décembre 2016 ; JCP G, n° 11, mars 2018, p. 506, chron. A. MACAYA et M. VERPEAUX ; Gaz. Pal., n° 11, mars 2017, p. 33, note S. SALLES ; AJDA, 2017, p. 130, comm. P. MOUZET ; Droit administratif, n° 1, 2017, p. 7, alerte 6.

[274] CC, Commentaire de la déc. n° 2016-599 QPC du 2 décembre 2016, Sandrine A., p. 14.

[275] BRAIBANT (G.), Les Archives en France : Rapport au Premier ministre, Paris : La documentation Française, 1996, p. 9 ; V. également BEAUD (O.), « Les archives saisies par le droit », Genèses, n° 1, 1990, p. 131 et LEMOINE (H.), « Conserver, détruire, communiquer, dissimuler... », loc. cit., p. 75. C'est d'ailleurs pour ces motifs que la conservation des archives revêt les caractères d'une mission de service public, V. en ce sens l'art. L. 211-2 C. patr.

du droit fondamental ainsi identifié, dont le Conseil constitutionnel s'est gardé de préciser au cas d'espèce l'étendue[276].

2°) La concrétisation opérationnelle du droit d'accès aux archives publiques

Analysée par certains comme l'ouverture de « *boîte de Pandore de la transparence administrative* »[277], la consécration par le Conseil de la valeur constitutionnelle du droit d'accès aux archives publiques interpelle néanmoins le juriste quant à la nature exacte du droit qu'elle recouvre.

S'agissant, en premier lieu, de ses contours, ce nouveau droit se révèle en pratique particulièrement large. D'une part, quant à ses titulaires, le droit de demander compte de l'article 15 de la DDHC est en effet ouvert au profit de « *la société* ». Le régime général des archives prévoit quant à lui que l'autorisation de consultation est accordée aux « *personnes qui en font la demande* » (art. L. 213-3, I., al. 1 C. patr.). À partir d'une lecture combinée de ces deux dispositions, il semblerait donc possible d'en conclure que le droit d'accès aux archives publiques est ouvert à tout citoyen désireux de s'en saisir. D'autre part, quant à son objet, celui-ci s'étend aux archives publiques dans leur globalité – ce qui semble *de facto* exclure celles de nature privée[278] – dont le statut découle d'un double critère, matériel et organique. Elles s'entendent, plus précisément, de « *l'ensemble des documents, y compris les données, quels que soient leur date, leur lieu de conservation, leur forme et leur support, produits ou reçus par toute personne physique ou morale et par tout service ou organisme public ou privé dans l'exercice de leur activité* » (art. L. 211-1 C. patr.), qui procèdent « *de l'activité de l'État, des collectivités territoriales, des établissements publics et les autres personnes morales de droit public* », de « *la gestion d'un service public ou de l'exercice d'une mission de service public* », ainsi que des « *minutes et répertoires des officiers publics ou ministériels* » et des « *registres de conventions notariées de pacte civil de solidarité* » (art. L. 211-4 C. patr.). Il en résulte que, non seulement cette définition extensive inclut « *tous les nouveaux supports qui concurrencent le papier, issus du progrès technique* », tels que les archives orales, audiovisuelles ou informatiques, mais également qu'un document « *naît archive dès sa production* ». C'est donc « *le contexte dans lequel il a été produit* » qui lui confère cette qualité[279].

---

276 DISPERATI (T.), « La consécration d'un droit d'accès aux documents d'archives publiques », RFDC, n° 113, mars 2018, p. 198.

277 HUTIER (S.), « La discrète entrée de la transparence administrative dans la jurisprudence constitutionnelle », Constitutions, 2017, p. 599.

278 Ibidem.

279 MONNIER (S.), « La réforme du droit des archives. À propos de la loi du 15 juillet 2008 », DA, n° 11, 2008, étude 21.

Aussi le Conseil a-t-il écarté au cas d'espèce l'argument du Premier ministre, qui soutenait que l'article 15 de la DDHC ne pouvait trouver à s'appliquer à des autorités politiques qui ne sont plus en fonction car elles ne participent plus à l'administration et que, de ce fait, l'accès à leurs archives pourrait être restreint. Outre qu'elle méconnaissait la nature même des archives publiques, cette argumentation faisait également fi de l'une de leurs missions principales, tenant à leur conservation.

S'agissant, en second lieu, de son contenu, le droit d'accès aux archives publiques peut être rapproché du droit à l'information reconnu aux administrés dans le cadre de la politique de transparence administrative menée à partir des années 1970, dont il constitue l'une des matérialisations[280]. Parfois qualifié de « *troisième génération de droits de l'homme* »[281], s'inscrivant dans le prolongement des « *droits-libertés conquis contre le pouvoir* »[282], ce dernier s'analyse, plus particulièrement, comme un véritable « *droit-créance* » conférant aux usagers un « *pouvoir d'exigibilité par rapport aux services* » qui tend au « *rééquilibrage de la relation administrative* »[283]. À cette fin, sa portée est double. D'un côté, il offre aux administrés la faculté de « *se prévaloir de dispositions juridiques explicites et positives* », dont la décision du 15 septembre 2017 vient enrichir le corpus, de « *s'appuyer sur des institutions de protection et de sauvegarde* » et de « *recourir à des procédures précises pour obtenir les informations qu'ils souhaitent* »[284]. De l'autre, il leur permet également d'avoir « *prise sur un appareil dont [ils peuvent] connaître les faits et gestes* »[285], en les dotant de ressources informationnelles nouvelles. Il les habilite, en d'autres termes, à demander des comptes à l'administration et, par là même, à contrôler son action, ce qui en fait le corolaire nécessaire de l'article 15 de la DDHC. Par la reconnaissance d'un droit d'accès aux archives publiques sur le fondement de cette disposition, le Conseil constitutionnel a donc fait du droit qu'il consacre un véritable « *outil de contrôle de l'administration par les citoyens* » au fondement d'une responsabilité spécifique. De nature non juridique et différée, elle vise à « *empêcher l'État de « choisir sa mémoire »* »[286]. Pour une partie de la doctrine, cette consécration pourrait dès lors

---

[280] Ibidem. V. également THIEBAUT (N.), « La transparence par les archives. À propos de la reconnaissance par le Conseil constitutionnel d'un « droit d'accès aux documents d'archives publiques » », LPA, n° 98, 16 mai 2018, p. 13.
[281] VASAK (K.), « Pour une troisième génération de droits de l'homme », dans Mélanges Jean Pictet, Genève, La Haye, Martinus Nijhoff Publishers, 1984, p. 837.
[282] CHEVALLIER (J.), « Le mythe de la transparence administrative », loc. cit., p. 250.
[283] CHEVALLIER (J.), « De l'administration démocratique à la démocratie administrative », RFAP, n° 137-138, janvier 2011, p. 222.
[284] Ibidem.
[285] Ibidem.
[286] THIEBAUT (N.), « La transparence par les archives… », loc. cit., p. 13.

s'analyser comme une nouvelle étape vers la mise en place d'une « *démocratie administrative* » qui entend associer les administrés aux processus administratifs en général, dans le cadre de mécanismes de délibération et de participation et aux modalités de contrôle de l'exécutif en particulier, dont elle favoriserait le renouvellement[287]. Aux côtés du contrôle parlementaire classique de l'exécutif caractéristique d'une « *démocratie d'autorisation* », elle marquerait, à ce titre, l'ouverture à une véritable « *démocratie d'exercice* » que certains appellent de leurs vœux[288].

Par la reconnaissance d'un droit d'accès aux archives publiques, le Conseil constitutionnel a donc assurément développé les virtualités de l'article 15 de la DDHC, ouvrant par là même la voie à la consécration constitutionnelle ultérieure d'un droit d'accès aux documents administratifs[289]. Pour autant, il n'a pas fait du droit ainsi consacré un absolu et l'a assorti de limites qui, tour à tour, en émoussent considérablement la portée.

B. La portée relative du droit de demander compte

Bien que l'article 15 de la DDHC garantisse un droit d'accès aux documents d'archives publiques, il est loisible au législateur d'apporter à ce droit des limitations, qu'elles soient liées à des exigences constitutionnelles ou justifiées par l'intérêt général, sous réserve qu'il n'en résulte pas d'atteintes disproportionnées au regard de l'objectif poursuivi. Sitôt reconnue, la portée du droit ainsi garanti s'est dès lors trouvée circonscrite par le Conseil constitutionnel (1), bien que le Conseil d'État ait contribué à modérer cette atteinte (2).

---

[287] Ibidem ; V. également CHEVALLIER (J.), « De l'administration démocratique à la démocratie administrative », op. cit., p. 217.

[288] V. en ce sens la distinction proposée par P. Rosanvallon (V. ROSANVALLON (P.), Le bon gouvernement, Paris, Seuil, coll. Les livres du nouveau monde, 2015, p. 20 sq, pour lequel la « démocratie d'autorisation » se limite à la délivrance d'un « permis de gouverner » à l'occasion des élections, alors que la « démocratie d'exercice » vise à « déterminer les qualités attendues des gouvernants et les règles organisant leurs relations avec les gouvernés » ; V. également THIEBAUT (N.), « La transparence par les archives… », loc. cit., p. 13.

[289] CC, déc. n° 2020-834 QPC du 3 avril 2020, cons. 8 ; AJDA, 2020, p. 1137, comm. J.-F. KERLEO.

1°) La limitation constitutionnelle du droit d'accès aux archives publiques des membres de l'exécutif

« *Sans surprise* »[290], la consécration d'un droit d'accès aux archives publiques n'a pas fait obstacle à la validation, par le Conseil constitutionnel, du statut spécifique de ceux des membres de l'exécutif, dont deux membres étaient au surplus directement intéressés par la question soulevée en leur qualité d'anciens Premiers ministres. Le législateur est en effet libre d'apporter à ce droit d'accès des limitations justifiées par l'intérêt général, sous réserve qu'il n'en résulte pas d'atteintes disproportionnées au regard de l'objet poursuivi (cons. 4). Or le Conseil a jugé que tel était le cas en l'espèce, pour deux motifs principaux.

D'une part, en ce que ce régime exorbitant se trouve justifié par un objectif d'intérêt général, celui d'accorder « *une protection particulière à ces archives, qui peuvent comporter des informations susceptibles de relever du secret des délibérations du pouvoir exécutif* » et, ainsi, « *favoriser la conservation et le versement de ces documents* » (cons. 7). Cette solution pragmatique s'explique par l'objet du régime dérogatoire introduit par la loi n° 2008-696 du 15 juillet 2008 : favoriser le versement des documents d'archives par crainte qu'ils ne soient dissimulés, voire détruits. Longtemps, la tradition a en effet consisté pour les ministres et membres des cabinets ministériels à considérer qu'ils étaient « *propriétaires de leurs dossiers* » et qu'ils pouvaient, à ce titre, « *disposer à leur guise de leurs archives, lors de la cessation de leurs fonctions* »[291]. Dans cette perspective, le versement de leurs archives était assimilé par ceux-ci à une véritable dépossession, au risque de ne pouvoir « *récupérer en temps utile un document dont il avait urgemment besoin pour se défendre dans une polémique* », écrire leurs mémoires ou encore priver leur successeur de certaines informations ou papiers compromettants[292]. Il en résultait une « *pratique du broyeur et de la camionnette* »[293], chaque changement de gouvernement s'accompagnant de déménagements et de destructions

---

[290] MONNIER (S.), « Le statut dérogatoire des archives publiques présidentielles validé par le Conseil constitutionnel », DA, n° 11, 2017, comm. 47.

[291] CANAVAGGIO (P.), « Les archives du pouvoir exécutif en France et à l'étranger : I », RA, n° 259, février 1991, p. 65 ; V. également ibid., II, n° 260, avril 1991, p. 163, MONNIER (S.), « La réforme du droit des archives… », loc. cit., étude 21 ; et QUIRINY (B.), « Le droit dérogatoire d'accès aux archives du pouvoir exécutif validé par le Conseil constitutionnel », AJDA, 2017, p. 2310.

[292] QUIRINY (B.), « Le droit dérogatoire d'accès aux archives du pouvoir exécutif… », loc. cit., p. 2310. V. également MONNIER (S.), « Le statut dérogatoire des archives publiques présidentielles… », loc. cit., p. 147.

[293] LEMOINE (H.), « Conserver, détruire, communiquer, dissimuler… », loc. cit., p. 81.

corrélatives de dossiers, tout autant préjudiciables pour la recherche que douteux du point de vue de la légalité. Face à cet échec, le droit se révélant impuissant à lutter contre ces pratiques[294], émergea néanmoins un procédé inédit, celui des protocoles de remise inspirés du contrat de dépôt privé, mis en œuvre pour la première fois par Valéry Giscard d'Estaing en 1981[295]. Par celui-ci, la personnalité politique versante s'engageait, plus particulièrement, à remettre l'intégralité de ses documents aux archives nationales – c'est-à-dire ni plus ni moins qu'à respecter la loi – en échange d'une maîtrise totale de l'accès au fond concerné pendant un certain délai fixé par le protocole. Il s'agissait donc de contourner le problème au prix d'une privatisation « temporaire » des archives, celles-ci ne devenant propriété de l'État qu'à l'expiration du délai fixé, la reconnaissance de l'appartenance publique des archives étant simplement « *différée dans le temps* »[296]. Ce bricolage, certes *contra legem*, connut cependant un réel succès en ce qu'il favorisa la régularité et l'effectivité du versement des archives du pouvoir exécutif. Rompant avec un usage séculaire, un Président de la République remettait ainsi « *pour la première fois en 1981 (...) la quasi-totalité de ses dossiers aux archives nationales et le président Mitterrand, suivi par son Premier ministre Pierre Mauroy prenait la même décision en 1984 pour ses archives et celles de ses collaborateurs* »[297]. Fort de ce succès, le législateur de 2008 dut dès lors se résoudre à la capitulation. Tout en affirmant le principe de libre communicabilité des archives publiques, il introduisit, à ce titre, un régime spécifique pour celles des membres de l'exécutif, consacrant ainsi la pratique des protocoles au prix d'une réduction de leur durée d'application à 25 ans[298]. Bien que la référence aux objectifs qu'il poursuivait alors ait été au cas d'espèce galvaudée – en particulier celle au secret des délibérations de l'exécutif (cons. 7), le Parlement n'ayant eu en réalité « *d'autre option que de plier devant le comportement des producteurs d'archives* »[299] –, la solution dégagée par le Conseil constitutionnel se révèle donc être un « *savant équilibre* »[300] entre l'exigence de versement exhaustif et régulier de ces archives et le droit de libre accès à celle-ci.

---

294 Au point que la loi n° 79-18 du 3 janvier 1979 sur les archives ait ignoré le problème : V. QUIRINY (B.), « Le droit dérogatoire d'accès aux archives du pouvoir exécutif… », loc. cit., p. 2310.

295 CANAVAGGIO (P.), « Les archives du pouvoir exécutif en France et à l'étranger : II », loc. cit., p. 170.

296 Ibidem.

297 Ibid., I., p. 66.

298 Loi n° 2008-696 du 15 juillet 2008 relative aux archives, loc. cit.

299 CANAVAGGIO (P.) « Les archives du pouvoir exécutif en France et à l'étranger : II », loc. cit., p. 170.

300 VERPEAUX (M.), « Première utilisation effective de l'article 15 de la Déclaration des droits de l'homme et du citoyen de 1789 », JCP A, n° 43-44, 30 octobre 2017, act. 2265.

D'autre part, les sages ont également considéré que la restriction au droit d'accès occasionnée par la pratique des protocoles était proportionnée puisque « *limitée dans le temps* » (cons. 8). Selon eux, cette conclusion s'imposait en effet dès lors que, aux termes de l'article L. 213-4 C. patr., les protocoles conclus postérieurement à la publication de la loi du 15 juillet 2008 cessent de plein droit au décès du signataire et, en tout état de cause, à l'expiration d'un délai de 25 ans, sauf application de délais spéciaux (art. L. 213-2 C. patr.). Pour les documents d'archives versés antérieurement à cette publication, les clauses des protocoles relatives au mandataire et, en particulier, à sa faculté d'opposition cessent de même d'être applicables 25 ans après le décès du signataire. Aussi, bien que, « *sans doute, de telles dispositions ne garantissent pas que l'intéressé « rendra compte de son vivant (...) elles assurent l'accès aux archives pour l'histoire et pour les collaborateurs encore vivants du principal intéressé* »[301]. Par conséquent, les limitations apportées à l'exercice du droit d'accès par ce régime dérogatoire ont été jugées proportionnées à l'objectif général qu'elles poursuivent.

En définitive, il peut en être conclu que, loin d'être absolu, le nouveau droit fondamental consacré au cas d'espèce s'est rapidement heurté aux murs des réalités. À cet égard, force est en effet d'admettre que, « *si l'on veut que les producteurs d'archives ne détournent pas leurs papiers, il n'y a pas d'autre issue que de les en faire maîtres, au moins pour une durée déterminée* »[302]. Néanmoins, cette « maîtrise » ne saurait en aucun cas être totale et souffre en elle-même de limites, à commencer par celles du juge de l'excès de pouvoir auquel il incombe de contrôler la proportionnalité des refus opposés aux demandes de consultations anticipées des archives publiques.

2°) L'encadrement juridictionnel des modalités d'exercice du droit d'accès aux archives des membres de l'exécutif

Malgré un revers devant le Conseil constitutionnel, suivi d'un rejet de son recours devant la CEDH pour irrecevabilité à défaut d'épuisement des voies de recours internes[303], c'est finalement devant le Conseil d'État que le requérant obtint, au prix de sa pugnacité, l'accès aux documents d'archives demandés. Par un important arrêt d'assemblée en date du 12 juin 2000, celui-ci a en effet autorisé le chercheur à consulter les archives de François Mitter-

---

[301] CC, Commentaire de la déc. n° 2017-655 QPC du 15 septembre 2017, M. François G, p. 11.

[302] QUIRINY (B.), « Le droit dérogatoire d'accès aux archives du pouvoir exécutif… », loc. cit., p. 2310.

[303] CEDH, déc. n° 84536/17, 28 mai 2020, Graner / France.

rand, donnant ainsi un plein effet au droit d'accès aux archives publiques consacré par le Conseil constitutionnel[304]. Faisant application de sa jurisprudence *Huberschwiller,* la juridiction s'est même fait communiquer les documents en cause, sans les soumettre au contradictoire[305]. C'est donc pleinement informée de leur contenu que l'assemblée du contentieux, qui a réglé l'affaire au fond après avoir annulé les deux jugements attaqués, en a autorisé la consultation, précisant par là même les contours de ce régime dérogatoire[306].

Le Conseil d'État en a, tout d'abord, circonscrit l'*exorbitance*, par la limitation du pouvoir discrétionnaire dont dispose l'autorité politique versante lorsqu'elle décide de refuser l'accès à ses archives. Prenant le contre-pied de sa propre jurisprudence[307] et de la rédaction sibylline de l'article L. 213-3 du Code du patrimoine, aux termes de laquelle l'autorisation de consultation anticipée « *peut être accordée aux personnes qui en font la demande* », il a en effet jugé qu'il ne s'agissait pas là d'un régime de faveur, mais bien d'une obligation d'accorder l'accès lorsque « *l'intérêt qui s'attache à la consultation [des] documents ne conduit pas à porter une atteinte excessive aux intérêts que la loi a entendu protéger* » (cons. 6). Pour la haute juridiction, le signataire du protocole ou son mandataire est donc tenu d'autoriser la consultation anticipée à ses documents d'archives lorsque la balance des intérêts est favorable au demandeur. De surcroît, cette décision qui, selon les textes, n'a pas à être motivée (art. L. 213-4 C. patr.), est adoptée sous les auspices du juge de l'excès de pouvoir, auquel il appartient d'en contrôler la régularité et le bien-fondé, aux termes d'un contrôle de « *la proportionnalité de la limitation qu'apporte à l'exercice du droit d'accès aux documents d'archives publiques le refus opposé à une demande de consultation anticipée* » (cons. 7). Le refus de consultation des archives publiques, jusqu'alors l'objet d'un contrôle restreint[308], a ainsi basculé dans le champ du contrôle normal, soit d'un contrôle « *de la louche à la loupe* »[309] pour rejoindre la liste des contentieux soumis à l'appréciation dynamique de la légalité (cons. 7).

Réglant l'affaire au fond, le Conseil d'État a, ensuite, procédé à l'appréciation nécessaire, fournissant ainsi une illustration du contrôle de proportionnalité opéré en cette matière. D'une part, l'intérêt légitime du demandeur doit être apprécié au vu de la démarche qu'il entreprend et du but qu'il poursuit en

---

[304] CE, ass., 12 juin 2020, n° 422327, Lebon, 2020, AJDA, 2020, p. 1416, comm. A. MALVERTI et C. BEAUFILS et p. 1197, comm. J.-M. PASTOR.
[305] CE, sect., 23 décembre 1998, n° 9531, Lebon, p. 464, étendu à la consultation des archives publiques par CE, 29 juin 2011, n° 330572, Lebon, p. 306, AJDA, 2011, p. 1351.
[306] TA, Paris, jugements n° 1608472/5-1 du 17 mai 2018 et n° 1715455/5-1 du 21 mars 2015.
[307] CE, 29 juin 2011, n° 335072, Lebon, 2011, AJDA, 2011, p. 1351, note R. GRAND.
[308] Ibidem.
[309] MALVERTI (C.) et BEAUFILS (C.), « Archives présidentielles : guide des usages du protocole », AJDA, 2020, p. 1416.

sollicitant la consultation anticipée d'archives publiques, de la nature des documents en cause et des informations qu'ils comportent. D'autre part, les risques qui doivent être mis en balance sont ceux d'une atteinte excessive aux intérêts protégés par la loi, en particulier au secret des délibérations du pouvoir exécutif, à la protection qu'appelle la conduite des relations extérieures et à la défense des intérêts fondamentaux de l'État ou encore à la sécurité des personnes. Enfin, la pesée de l'un et des autres doit s'effectuer en tenant compte, notamment, de l'effet, eu égard à la nature des documents en cause, de l'écoulement du temps et, le cas échéant, de la circonstance que ces documents ont déjà fait l'objet d'autorisation de consultation anticipée ou ont été rendus publics. Au cas d'espèce, la demande présentait assurément un intérêt légitime dès lors qu'elle émanait d'un directeur de recherche au CNRS soucieux de prolonger ses travaux sur le rôle de la France au Rwanda entre 1990 et 1995, dans la continuité de ses ouvrages antérieurs. Certes, la communication des archives litigieuses comportait certains risques, notamment ceux de révéler des informations relevant du secret des délibérations du pouvoir exécutif et touchant à la conduite des relations extérieures. Pour autant, ceux-ci n'apparaissaient pas de nature à justifier le refus d'accès aux archives litigieuses. À cet égard, le Conseil d'État a en effet relevé que les documents litigieux portaient, d'abord, sur des évènements survenus il y a plus d'une génération, dont les acteurs n'étaient plus, pour la majorité d'entre eux, en activité ; qu'ils avaient, ensuite, déjà fait l'objet d'autorisations de consultations ayant donné lieu à leur utilisation dans le cadre de divers travaux ; et, qu'enfin, certaines de leurs informations avaient déjà été rendues publiques, en particulier lors de la publication du rapport d'information n° 1271 du 15 décembre 1998 de l'Assemblée nationale dédié aux opérations militaires menées notamment par la France au Rwanda entre 1990 et 1994[310]. L'intérêt légitime du demandeur était donc de nature à justifier l'accès aux documents d'archives, sans que ne soit portée une atteinte excessive aux intérêts protégés par la loi.

À la question de savoir s'il faut privilégier la revendication d'un droit à l'oubli ou la tentation d'une mémoire universelle, le Conseil d'État aura donc finalement privilégié la seconde branche de l'alternative, rétablissant par là même la pleine portée d'un nouveau droit fondamental et de son corollaire, celui de demander compte.

[310] ASSEMBLÉE NATIONALE, Rapport d'information n° 1271, loc. cit.

CHAPITRE 5-

L'ACCES AUX ARCHIVES PRESIDENTIELLES

Line Touzeau-Mouflard

À l'heure du « *règne de la transparence* »[311], où se multiplient les dispositifs visant l'approfondissement de la démocratie[312], les obstacles qui se dressent encore devant le chercheur sollicitant un accès aux archives présidentielles – un accès au passé – étonnent. Le parcours juridictionnel de M. Graner pour obtenir le droit de consulter des archives du Président Mitterrand relatives au rôle de la France au Rwanda témoigne de ces difficultés, mais a aussi, il faut le signifier d'emblée, provoqué des évolutions jurisprudentielles remarquables[313].

Les archives sont régies par le Code du patrimoine[314], ainsi définies par l'article L. 211-1 : « *Les archives sont l'ensemble des documents, y compris les données, quels que soient leur date, leur lieu de conservation, leur forme et leur support, produits ou reçus par toute personne physique ou morale et par tout service ou organisme public ou privé dans l'exercice de leur activité.* » Deux régimes distincts sont organisés, l'un pour les archives privées – protégeant par classement les archives historiques –, l'autre pour les archives publiques – fixant les règles de versement, conservation et communication. Dans une acception juridique stricte, les archives présidentielles se rattachent à cette deuxième catégorie ; dans un sens plus courant, elles peuvent aussi englober des archives privées.

L'accès sollicité par M. Graner concernait des archives publiques. Or ces archives sont gouvernées depuis la loi du 15 juillet 2008[315] par un principe de

---

[311] BREDIN (J.-D.), « Secret, transparence, démocratie », Pouvoirs, 2001/2, n° 97, p. 5-15. V. le dossier spécial « Transparence et secret » de ce numéro.

[312] Nous empruntons les mots d'Hélène Michel (MICHEL (H.), « Promesses et usages des dispositifs de transparence : entre approfondissement et redéfinition de la démocratie », RFAP, « Politiques de la transparence », 2018/1, n° 165, p. 5-15).

[313] V. not. les décisions suivantes examinées dans cette contribution : CC, QPC n° 2017-655, 15 sept. 2017, M. François G. [Accès aux archives publiques émanant du Président de la République, du Premier ministre et des autres membres du Gouvernement] ; CEDH, 28 mai 2020, n° 84536/17, Graner c/ France ; CE, ass., 12 juin 2020, *M. Graner*, n° 422327.

[314] Les textes fondateurs sont la loi du 7 messidor an II et la loi n° 79-18 du 3 janvier 1979.

[315] Loi n° 2008-696 du 15 juillet 2008.

libre communicabilité, les restrictions d'accès consistant en des dérogations temporaires à ce principe. Les archives présidentielles ne s'inscrivent que partiellement dans ce schéma, la loi de 2008 ayant consacré une pratique plus ancienne de protocoles conférant aux présidents signataires ou à leur mandataire, entre autres, le contrôle de l'accès à ces documents ; consécration nécessaire pour certains, « *dérapage inquiétant* »[316] pour d'autres[317]. Cette organisation du secret interroge. « *Pour le sens commun, la démocratie s'est construite par opposition au secret, utilisé par les monarchies à des fins de manipulation et de préservation du pouvoir face à une opinion publique inexistante ou niée* »[318]. Si la légitimité du secret est aisément démontrée, comment comprendre les facilités exorbitantes accordées aux hommes politiques ? Le pouvoir, de nature administrative, confié à un homme sorti de sa fonction, est-il conforme à la démocratie ?

Ces questions se posent avec une acuité particulière, à une époque où le « *désir de vérité* »[319] est grandissant, où aux recherches de l'historien pour comprendre et expliquer le passé se mêlent les recherches de journalistes à l'appui d'enquêtes fouillées et fortement médiatisées. Les gouvernements récents, le législateur, accompagnent voire encouragent ce mouvement, par l'ouverture de fonds d'archives, l'adoption de lois mémorielles. La lettre de mission du Président Emmanuel Macron relative à l'installation de la « Commission Rwanda » est éclairante[320]. « Je souhaite que ce 25e anniversaire [du génocide des Tutsi] marque une véritable rupture dans la manière dont la France appréhende et enseigne le génocide des Tutsi. (…) Je tiens à ce que le génocide prenne toute sa place dans notre mémoire collective. Cela doit passer d'abord par un approfondissement de notre connaissance et de notre compréhension de cette entreprise terrifiante de destruction humaine ».

C'est dire l'importance de l'accès aux archives. « *La multiplication de lois mémorielles, tendant soit à réprimer la négation d'un génocide (génocide des Juifs en France), soit à l'inverse à en pénaliser la mention (génocide des Arméniens en Turquie), fait de l'accès aux archives et de leur interprétation un nouvel enjeu politique mobilisant les États et les opinions* »[321]. La lecture de

---

316 Raphaëlle BRANCHE, interrogée par Julie CLARINI, LE MONDE, 17 décembre 2017.

317 Pour une présentation critique mais plus nuancée de cette loi, V. GONOD (P.), « La réforme des archives : une occasion manquée », AJDA, 2008, p. 1597.

318 DUHAMEL (E.), « Secret et démocratie », dans MATÉRIAUX POUR L'HISTOIRE DE NOTRE TEMPS, n° 58, Le secret en histoire, 2000, p. 77-80.

319 Voire le « désir croissant exprimé par les citoyens et les médias d'arracher au secret réel ou fantasmé des vérités d'archives » (CŒURE (S.) et DUCLERT (V.), Les archives, Paris, La Découverte, Repères, 2019, p. 94).

320 Lettre de mission du Président de la République à M. Vincent DUCLERT du 5 avril 2019.

321 CŒURE (S.) et DUCLERT (V.), Les archives, op. cit., p. 96.

l'historien, du chercheur[322], est indispensable et parce qu'elle est délicate et qu'il faut se prémunir d'un mésusage des archives[323], l'accès doit être largement permis. Le travail portant sur le génocide au Rwanda révèle la subtilité des enjeux de l'accès aux archives, a fortiori quand des enjeux en termes d'accès à la justice ne peuvent être écartés.

« *En fait, le couple le plus solide que l'on puisse former réunit conserver et communiquer, tant il est vrai que la conservation des archives n'a de sens que si celles-ci servent et donc sont communiquées et diffusées. (...) Ce principe est le garant d'un État de droit : les archives sont conservées, accessibles, ont valeur de preuve et permettent à tout individu de faire valoir ses droits, de se situer dans l'histoire collective et de comprendre la société dans laquelle il évolue* »[324]. Les archives présidentielles sont un cas topique pour l'analyse du contrôle de la mémoire de l'État. Le système légal réserve un pouvoir majeur à une personne ayant quitté l'appareil d'État. La jurisprudence récente, et spécialement la décision du Conseil d'État par laquelle il a accordé à M. Graner l'autorisation de consultation anticipée de certaines archives, en dépit du refus du mandataire, tend à amoindrir les effets de ce système[325]. L'accès aux archives présidentielles s'avère aujourd'hui conditionné par l'identification des archives présidentielles, la balance des intérêts entre secret et accès, la maîtrise de l'autorisation d'accès.

I. L'IDENTIFICATION DES ARCHIVES PRESIDENTIELLES ACCESSIBLES

L'accès aux archives présidentielles dépend avant tout de l'identification de ces archives. Les archives présidentielles, entraînant dans leur sillage les archives de l'exécutif, ne forment une catégorie d'archives publiques que par incidence, là où le législateur tâtonne pour encadrer des pratiques marquées par la personnalisation du pouvoir.

---

322 M. Graner est physicien.

323 « C'est ainsi une guerre des archives qui s'instaure, au sens où les archives deviennent les protagonistes passives d'opérations de légitimation de souveraineté, mais aussi d'identité. » (CŒURE (S.), « Archives dans les guerres, guerres des archives aux XXe et XXIe siècles. Autorité, identité, vulnérabilité », Pouvoirs, 2015/2, n° 153, p. 25-36, spéc. p. 26).

324 LEMOINE (H.), « Conserver, détruire, communiquer, dissimuler… », Pouvoirs, 2015/2, n° 153, p. 75-84.

325 CE, ass., 12 juin 2020, *M. Graner*, n° 422327, AJDA 2020 p. 1197, JCPA 2020 act 366, et note S. MONNIER, n° 2236, JCP, G, 2020, p. 994, note P. NOUAL.

A. Une catégorie légale discutable d'archives publiques

C'est par le truchement d'une typologie que la loi définit les archives publiques. L'article L. 211-4 du Code du patrimoine distingue premièrement les « *documents qui procèdent de l'activité de l'État, des collectivités territoriales, des établissements publics et des autres personnes morales de droit public* »[326], deuxièmement les « documents qui procèdent de la gestion d'un service public ou de l'exercice d'une mission de service public par des personnes de droit privé », troisièmement les « minutes et répertoires des officiers publics ou ministériels et les registres de conventions notariées de pacte civil de solidarité ». Les archives présidentielles n'y figurent pas expressément, car fort logiquement comprises dans la première catégorie : sont des archives publiques les documents émis ou reçus par le Président de la République (et ses services) en tant que « producteur » et procédant de l'activité de l'État. La seule difficulté[327], certes non des moindres, devrait tenir à la démarcation entre ce qui relève de la fonction présidentielle et ce qui relève de la vie privée du Président de la République, à la « vérification de ce lien entre la création du document et la conduite de l'activité »[328]. Le juge s'y attèle, par exemple en s'assurant que les documents ont été établis dans le cadre de leurs fonctions[329]. La tâche est d'autant plus délicate que dans cette sphère de pouvoir, il n'y a pas toujours de « frontière claire et précise entre les papiers dits "de fonction" et ceux que l'on peut qualifier de "personnels", mais bien plutôt une progression par degrés successifs qui, parfois insensiblement, nous conduit des uns aux autres »[330]. L'admission par ricochet d'une catégorie spécifique pour les archives présidentielles en complique davantage l'identification.

---

[326] Les archives des assemblées parlementaires sont exclues du champ d'application du code.

[327] Nous laissons ici de côté les problématiques relatives à l'identification de l'autorité productrice qui se sont posées à propos des archives de Ch. DE GAULLE et de Ph. PÉTAIN pendant le régime de Vichy, les juges (V. affaires citées infra) ayant considéré l'un comme dépositaire de la souveraineté nationale et l'autre comme autorité de fait.

[328] CORNU (M.), « La revendication des archives en mains publiques », dans CORNU (M.) et FROMAGEAU (J.) (dir.), La revendication du patrimoine écrit. Questions juridiques et pratiques institutionnelles Paris, L'Harmattan, 2009, p. 39, spéc. p. 43.

[329] C. Cass.. 1re Civ., 12 juin 2018, n° 17-19.751, Murat de Chasseloup-Laubat, AJDA 2018. 1248, D., 2018, p. 1315. C. Cass., 1re Civ., 22 février 2017 n° 16-12922, Sté Librairie Jean-Claude Vrain c/ Ministre de la Culture ; D., 2017, p. 1031, obs. Th. DE RAVEL D'ESCLAPON, JCP A 2017, act. 178, J.-Fr. CANAT et Ph. S. HANSEN ; Juris Art etc., n° 45/2017, p. 11, obs. J.-M. PASTOR. Sur l'affaire Chasseloup-Laubat, V. aussi TC., 9 juill. 2012, n°3857, Ministre de la Défense c/ Murat de Chasseloup-Laubat, AJDA, 2012, p. 1372 et 2013, p. 1523, note N. ACH ; AJDI, 2016, p. 101, étude S. GILBERT ; DA, 2012, comm. 90, note F. MELLERAY ; DUROY (S.), « Domaine public et archives publiques. Réouverture d'un « carton » resté longtemps en sommeil », RDP, 2016, p. 891.

[330] Jean Laveissière, qui donne en exemple les lettres de Gambetta à son amie Léonie Léon, lettres qui contenaient parfois des informations « de nature à intéresser la sûreté intérieure ou

« *"L'homme politique" n'est pas une catégorie du droit des archives, il ne devrait pas y avoir lieu d'en faire un cas à part* »[331]. Il est d'ailleurs utilement tenu compte de la spécificité du contenu de certains documents dans la liste des dérogations au principe de libre accès aux archives que fixe l'article L. 213-2, comme le secret des délibérations du Gouvernement ou la conduite des relations extérieures[332], le secret de la défense nationale ou les intérêts fondamentaux de l'État dans la conduite de la politique extérieure[333]. Or les archives présidentielles, plus largement de l'exécutif, apparaissent dans le Code du patrimoine à l'article L. 213-4 qui en autorise des modes particuliers de communication. La loi du 15 juillet 2008 y a consacré la pratique des contrats de versement ou protocoles de remise initiée par Valéry Giscard d'Estaing. L'ancien Président, également père du service des archives de l'Élysée, avait par contrat accepté le dépôt de ses archives aux Archives nationales, quelques mois seulement après la loi du 3 janvier 1979[334]. C'est donc en marge de la loi qu'il a conditionné l'accès à ces documents à un droit de regard pendant soixante ans, créant un précédent. Le législateur de 2008 a certes encadré ces pratiques en leur conférant un statut juridique et en en limitant les effets dans le temps. Mais il a aussi singularisé un type d'archives, sans aller au bout de la démarche en ne les mentionnant qu'à l'occasion de l'énoncé de règles dérogatoires de communicabilité. Le malaise créé par le sort extraordinaire des archives présidentielles est perceptible jusque dans la structure du texte législatif.

Le juge nous semble choisir une lecture plus respectueuse de l'esprit de la législation relative aux archives et de la catégorie des archives publiques. Confronté à la qualification de documents, il applique littéralement la définition de l'article L. 211-1, soit de façon large. Confronté à la question de leur qualité d'archives publiques, il écarte tout critère autre que la détermination du producteur et du caractère public de l'activité. « *Tout document procédant de*

extérieure de l'État » (V. LAVEISSIERE (J.), « Le pouvoir, ses archives et ses secrets », D. 1984, chron., p. 65.

331 QUIRINY (B.), « Les archives du pouvoir exécutif, de la loi de 1979 à la loi de 2008 », dans MONNIER (S.) et FIORENTINO (K.) (dir.), Le Droit des archives publiques, entre permanence et mutations, Paris, L'Harmattan, 2014, p. 115.

332 Art. L. 213-2 I 1° a) C. patr.

333 Art. L. 213-2 I 3° C. patr.

334 V. SAUZAY (Ph.), « La collecte exemplaire des archives présidentielles de Valéry Giscard d'Estaing », dans ASSOCIATION DES ARCHIVISTES FRANÇAIS, Les archives des hommes politiques contemporains, Paris, Gallimard, 2007, p. 77-88 ; POTIN (Y.), « Les archives et la matérialité différée du pouvoir. Titres, écrins ou substituts de la souveraineté ? », Pouvoirs, 2015/2, n° 153, p. 5-21 ; POTIN (Y.), « Sur la place des archives aujourd'hui » (entretien), Le Débat, 2017/2, n° 194, p. 153-164.

l'activité de l'État constitue, par nature, une archive publique »[335]. Ainsi, il considère comme indifférent le caractère préparatoire ou inachevé du document, admettant le caractère d'archives au profit de brouillons manuscrits de télégrammes adressés par le Général de Gaulle entre décembre 1940 et décembre 1942[336], ou même des trente morceaux d'un brouillon du discours de Philippe Pétain du 20 juin 1940[337]. Peu importe, de même, que les documents soient des copies ou des doubles[338]. Il rejette encore toute analyse fondée sur la valeur historique des documents[339], et ce bien que l'intérêt historique soit tout à la fois l'une des justifications de la conservation même des archives, conformément à l'article L. 211-2 du Code, et un motif d'accès. Le juge ignore aussi l'intention de l'auteur ; c'est manifeste pour le brouillon déchiré du discours de Pétain, explicite dans l'arrêt du Conseil d'État pour les brouillons de De Gaulle. L'indifférence portée à ce dernier critère n'est pas sans intérêt pour parer, au moins ponctuellement, aux défauts des versements contractuels des Présidents.

B. L'éclatement de la catégorie des archives présidentielles

La clé d'identification des archives présidentielles se trouve, en tout cas dans un premier temps[340], dans ces versements. La catégorie examinée se révèle en définitive bien floue. La lecture des textes, un regard sur la pratique conduisent à identifier trois cas de figure emportant, en termes d'accès, des conséquences bien différentes. Le premier cas correspond en tous points à la

---

[335] CE, ass., 13 avril 2018, *Association du musée des lettres et manuscrits*, n° 410939, D., 2018, p. 853, obs. M.-C. de MONTECLER, p. 1433, édito C. JAMIN, et p. 2373, chron. O. BEAUD ; AJDA, 2018, p. 820 et p. 973, chron. S. ROUSSEL et C. NICOLAS, et p. 2209, édito F. TARLET ; RFDA, 2018, p. 531, cls. E. CRÉPEY, et p.770, note F. MELLERAY ; RTD com., 2018, 691, obs. F. POLLAUD-DULIAN ; Constitutions, 2018, p. 289, obs. S. MONNIER ; LPA, 14 juin 2018, p. 8, note N. THIÉBAUT, et 2 août 2018, p. 10, obs. M.-C. ROUAULT ; Gazette du Palais, 30 avril 2018, p. 45, obs. P. GRAVELEAU ; RGD, 2018, n° 29576, note H. RASSAFI-GUIBAL ; JCP, A, 2018, Act. 390, zoom M. TOUZEIL-DIVINA, et p. 2176, note P. S. HANSEN ; JCP, 2018, p. 653, note M. VERPEAUX ; CMP, 2018, Chron. 7, n° 13, obs. P. SOLER-COUTEAUX, W. ZIMMER et J. WALTUCH ; DA 2018, Comm. 43, note G. EVEILLARD ; CCE, 2018, Etude 15, note B. BEIGNIER et P. NOUAL. V. aussi TA, Paris, 12 mai 2017, n° 1602472/6-1, AJDA, 2017, p. 1569, cls L. MARTHINET.

[336] Idem.

[337] C. Cass., Crim., 20 avril 2017, n° 16-80.058 ; RTD Com, 2017, p. 463, obs. B. BOULOC ; Juris Art. etc.., n° 48/2017, p. 11, obs. P. NOUAL : décision relative à l'illégalité de l'exportation de diverses archives.

[338] C. Cass., 1re Civ., 21 octobre 2015, n° 14-19.807 (n° 1128 FS-P+B+I).

[339] C. Cass., 1re Civ., 22 février 2017, n° 16-12922, Sté Librairie Jean-Claude Vrain c/ Ministre de la Culture, préc. Les motifs de la Cour d'appel portant sur cette valeur historique sont surabondants.

[340] L'on songe à des contestations, éventuellement contentieuses, ou à l'écoulement du temps.

loi dont il respecte la lettre et l'esprit. Le Président et ses services versent les archives, au sortir de la fonction, aux Archives nationales ; ces documents sont indubitablement des archives publiques dont ils suivent le régime. Le deuxième cas de figure concerne les versements régis par protocoles, *contra legem* avant 2008, conformément à l'article L. 213-4 du Code du patrimoine[341] depuis. Le dépôt des archives est effectué ; mais le Président, signataire du protocole, garde la main, selon les clauses du protocole, sur les conditions de traitement, de conservation, de valorisation ou de communication du fonds. Son accord est requis pour toute consultation anticipée des documents auxquels s'applique une restriction temporelle du droit d'accès en vertu de l'article L. 213-2 (voir *infra*)[342]. Ces documents relèvent ainsi d'un régime dérogatoire. Le dernier cas est relatif aux documents non versés, parce qu'ils rejoignent alors la catégorie des archives privées visée par l'article L. 211-5. Les archives sont ici, théoriquement, strictement personnelles, sauf à ce qu'une action en revendication[343] ultérieure implique une requalification en archives publiques.

D'emblée, le pouvoir laissé au Président de la République saute aux yeux… et interroge. Si le versement des archives, dites définitives, est normalement opéré en concertation avec les services d'archives, la décision revient en pratique au Président. Les réticences des titulaires du pouvoir à se défaire de « leurs papiers » lorsqu'ils quittent leur fonction sont connues[344] et servent des desseins plus ou moins « nobles »[345] : enjeux politiques liés à la passation du pouvoir et un éventuel changement de majorité[346], protection d'intérêts propres et souhait de se réserver un accès personnel et immédiat aux documents pour en contrôler la diffusion et l'exploitation ou se prémunir contre

---

[341] L'article vise de façon plus large les archives du pouvoir exécutif, Premier ministre et membres du Gouvernement, ainsi que celles de leurs collaborateurs personnels, étant entendu que seule l'autorité signataire dispose des pouvoirs stipulés au protocole.

[342] Pour les protocoles conclus antérieurement à 2008, les clauses relatives au mandataire cessent d'être applicables vingt-cinq ans après le décès du signataire.

[343] TOUZELIN (D.) et WAGENER (N.), « Revendications par l'État de biens culturels en mains privées, quelles pratiques ? », Juris art etc., 2016, n° 31, p. 38.

[344] V. ASSOCIATION DES ARCHIVISTES FRANÇAIS, Les archives des hommes politiques contemporains, op. cit. ; QUIRINY (B.), « Les archives du pouvoir exécutif, de la loi de 1979 à la loi de 2008 », préc. ; BRAIBANT (G.), Les Archives en France. Rapport au Premier ministre, Paris, La Documentation française, 1996.

[345] LEMOINE (H.), « Conserver, détruire, communiquer, dissimuler… », Pouvoirs, 2015/2, n°153, p. 75-84.

[346] BELAVAL (Ph.), « Archives et République », Le Débat, 2001/3, n° 115, p. 100-111 : « chaque changement de gouvernement, chaque remaniement ministériel donne lieu, surtout dans un contexte d'alternance politique, à une période d'incertitude, durant laquelle les archivistes s'efforcent de recueillir le maximum de documents, dans des conditions d'improvisation absolue ».

des actions en justice, voire simple désir de conserver des souvenirs personnels. Ces réticences entraînent au mieux une soustraction des archives publiques, au pire leur destruction ; et ce en l'absence de sanctions, prévues par la loi, mais non appliquées[347]. C'est pour y remédier que les protocoles ont été instaurés[348]. En garantissant au signataire du protocole[349] le contrôle sur les documents pendant un temps long, son intérêt personnel est ménagé et à travers ce dernier, celui de l'État, qui verra à terme ces documents régis comme toute archive publique.

L'intérêt pratique évident du dispositif ne doit pas masquer ses aspects les plus contestables. « *Les archives publiques politiques peuvent ainsi passer d'un régime théorique d'ouverture à des pratiques générales d'opacité* »[350]. La fonction, qu'elle repose sur la nomination ou l'élection, doit effacer l'homme[351] ; le cas des archives politiques, spécialement présidentielles, fournit une illustration contraire de la personnalisation du pouvoir[352]. Le Conseil constitutionnel, saisi de la conformité à la Constitution du dispositif, a validé « *un régime qui n'est plus attaché à la fonction de l'intéressé, mais à sa personne* »[353]. La loi du 15 juillet 2008 permet « d*e faire revenir, en douceur, ces archives pleinement publiques sous un régime de droit commun* »[354], mais seulement à l'expiration de délais longs. Le législateur en reste à une sorte de privatisation, même temporaire, des documents, alors que « *l'exercice des*

---

347 DUCLERT (V.), « Le secret en politique au risque des archives ? Les archives au risque du secret en politique. Une histoire archivistique française », dans MATÉRIAUX POUR L'HISTOIRE DE NOTRE TEMPS, 2000, n° 58, Le secret en histoire, p. 9-27. M. Duclert évoque l'absence d'instruction par les parquetiers.

348 Sur leur pratique, V. CANAVAGGIO (P.), « Les archives des cabinets ministériels et leur collecte : problèmes et propositions », La Gazette des archives, n° 119, 1982, p. 266-283 ; « Les archives du pouvoir exécutif en France et à l'étranger, II », RA, 1991, n° 260, p. 169 ; « Pratique contractuelle et élaboration des protocoles, contenu et difficultés de mise en œuvre », dans CORNU (M.) et FROMAGEAU (J.) (dir.), Archives et recherche, aspects juridiques et pratiques administratives, Paris, L'Harmattan, 2003, p. 187.

349 Directement ou par son mandataire pour protocoles antérieurs à 2008.

350 DUCLERT (V.), « Le secret en politique au risque des archives ? Les archives au risque du secret en politique. Une histoire archivistique française », préc.

351 Guy Braibant proposait le maintien d'une distinction entre fonctionnaires et élus, rapp préc. p. 17.

352 V. LAVEISSIERE (J.), préc.

353 THIEBAULT (N.), « La transparence par les archives. À propos de la reconnaissance par le Conseil constitutionnel d'un « droit d'accès aux documents d'archives publiques », LPA, 16 mai 2018, n° 98, p. 13.

354 CORNU (M.), « Faut-il réviser le droit des archives ? Retour sur l'histoire d'un chantier législatif », Pouvoirs, 2015/2 n° 153, p. 49-56.

fonctions, c'est-à-dire la mission de service public, implique une forme de désappropriation des documents qui y sont liés »[355]. Par là même, il accepte surtout une privatisation de la décision d'accès à des documents publics. La jurisprudence la plus récente tend à amoindrir les effets négatifs de ces versements aléatoires car dépendants de la décision d'un seul homme, par la facilité d'admission du caractère d'archives publiques de documents, telle qu'on l'a rappelée ; elle atténue aussi les effets délétères de cette privatisation de la décision d'accès par le contrôle des conditions d'accès à ces documents, tel qu'on va le développer.

II. SECRET OU ACCES. LES INTERETS EN BALANCE

Le Code du patrimoine pose le principe de libre communicabilité des archives publiques en son article L. 213-1. Il prévoit néanmoins par exception des délais, justifiés par divers intérêts, pendant lesquels l'accès n'est possible que par dérogation. Les dérogations sont soit générales soit individuelles ; ces dernières sont délicates à mettre en œuvre et suscitent « *le soupçon, un même document pouvant être lu par un chercheur et refusé à un autre* »[356]. *A fortiori* lorsque la décision d'accès incombe à une personne défendant des intérêts privés. « *La dérogation est une possibilité. L'accès aux documents encore soumis à des délais non échus n'est pas de droit* »[357]. Les ressorts que le juge est contraint de mobiliser pour contrôler les refus d'accès en témoignent, à commencer par la délicate balance des intérêts en présence.

A. Légalité et légitimité du secret

La conservation des archives, bien qu'elle n'ait de sens que parce qu'elle permet la connaissance, organise nécessairement le secret. Longtemps même, c'est le secret qui en a gouverné le régime. Il a fallu attendre la loi du 15 juillet 2008 pour que la libre communicabilité des archives soit affirmée comme le principe. Le secret justifie désormais seulement des restrictions temporelles[358] de l'accès à certaines archives. L'article L. 213-2 définit les

[355] RAVEL D'ESCLAPON (Th. de), « De la notion d'archive publique de l'État », D., 2017, p. 1031.
[356] CŒURE (S.) et DUCLERT (V.), Les archives, op. cit. p. 100
[357] LIMON-BONNET (M.-Fr.), « Le régime des dérogations », dans MONNIER (S.) et FIORENTINO (K.) (dir.), Le Droit des archives publiques, entre permanence et mutations, op. cit. p. 29.
[358] L'art. L. 213-2 II interdit toutefois sans limite de temps la communication d'archives relatives à des armes nucléaires, chimiques, biologiques ou analogues.

délais appropriés à plusieurs sortes de secrets. Par exemple, le secret des délibérations du Gouvernement et des autorités responsables relevant du pouvoir exécutif, la conduite des relations extérieures, le secret des affaires, le secret médical justifient de limiter l'accès immédiat aux dossiers pendant vingt-cinq ans. Le secret de la défense nationale[359], les intérêts fondamentaux de l'État dans la conduite de la politique extérieure, la sûreté de l'État, la sécurité publique, la sécurité des personnes ou la protection de la vie privée, ou encore – là où la protection de la vie privée suffisait peut-être – l'intérêt de protection d'une personne pour les documents « qui portent une appréciation ou un jugement de valeur sur une personne physique, nommément désignée ou facilement identifiable, ou qui font apparaître le comportement d'une personne dans des conditions susceptibles de lui porter préjudice », justifient un délai de cinquante ans. Ces délais sont éventuellement allongés à cent ou cent vingt ans lorsqu'il convient d'assurer, plus que la protection du secret d'informations, la protection de la personne[360].

Le secret[361], ici légalement fondé, est légitime, notamment dans la mesure où il sert à défendre « les intérêts vitaux de la nation et de la collectivité »[362]. Pourtant son usage peut tout aussi légitimement soulever des questions, voire la critique. Éric Duhamel en avait présenté les tenants et aboutissants par une analyse de la raison d'État. « *Le dosage entre secret et transparence est aussi un enjeu de pouvoir, à la fois symbolique, politique, économique et financier. C'est dans cette zone parfois d'indétermination — en tout cas de balance — que peut se situer la raison d'État. (...) On peut évoquer cette notion lorsque l'État ne respecte pas la loi, modifie les règles du jeu ou se place lui-même au-dessus des lois. Le moment de la raison d'État, c'est le retour de cet arbitraire dont précisément la pensée constitutionnelle occidentale avait souhaité sa disparition. La raison d'État est toujours liée à une crise, en tout cas à une tension entre nos deux polarités secret/transparence, illégalité/légalité* »[363]. Le secret est éminemment contestable lorsqu'il est organisé pour protéger non pas l'État, mais les hommes qui ont occupé une fonction, dans un souci de

---

[359] Art. 413-9 al. 1 et 2 C. pénal.

[360] Mineurs, agents de la Défense nationale par exemple.

[361] V. par ex. LAVEISSIÈRE (J.), « En marge de la transparence administrative : le statut juridique du secret », Mélanges en l'honneur de Jean-Marie Auby, Paris, Dalloz, 1992, p. 181-205.

[362] DUCLERT (V.), « Le secret en politique au risque des archives ? Les archives au risque du secret en politique. Une histoire archivistique française », préc.

[363] DUHAMEL (E.), « Secret et démocratie », in MATÉRIAUX POUR L'HISTOIRE DE NOTRE TEMPS, 2000, n° 58, Le secret en histoire, p. 77-80. Vincent Duclert évoque aussi « la ligne de partage entre les politiques secrètes qui ne sont pas niées en tant que telles et les politiques du secret qui impliquent la dissimulation de l'existence même de ces procédés incompatibles avec un régime démocratique » : « Le secret en politique au risque des archives ? Les archives au risque du secret en politique. Une histoire archivistique française », préc.

préservation de leurs intérêts propres, qu'il s'agisse simplement de leur image ou plus gravement d'éviter des poursuites. Deux décrets anciens pourraient être relus sous cet angle[364]. Un décret du 27 février 1952 disposait que « *les pièces confidentielles intéressant la personne ou le rôle des hommes publics ne seront communiquées qu'après la mort de ceux-ci* »[365]. Un décret du 19 novembre 1970 asseyait un délai spécial de communication sur « *l'honneur des individus* »[366].

On comprend aisément que la mainmise du Président sur les archives puisse inquiéter, surtout pour les protocoles antérieurs à 2008 pour lesquels, faute de base légale à ces contrats, il était compliqué de trouver un fondement juridique aux secrets protégés. La reconnaissance de ces protocoles par la loi et l'alignement, pour les protocoles ultérieurs, des limites de communicabilité sur les délais et motifs fixés par l'article L. 213-2 confèrent une assise juridique à la protection des secrets présidentiels contenus dans les documents ainsi versés, en leur faisant rejoindre, sur le point des finalités poursuivies, le régime général des archives publiques. Ces finalités ressortent aux « intérêts que la loi a entendu protéger » et peuvent par conséquent être mises en balance avec les intérêts portés par les personnes demandant l'accès anticipé à ces documents.

B. L'accès entre intérêt probatoire et intérêt d'histoire

Si toutes les archives publiques peuvent faire l'objet d'une demande de consultation anticipée[367], encore faut-il que le demandeur démontre que l'intérêt de la consultation ne conduit pas à porter une atteinte excessive aux intérêts que la loi a entendu protéger. L'intérêt susceptible d'être revendiqué à l'appui d'une consultation anticipée, outre qu'il doit être analysé au regard des intérêts défendus par le secret, est à comprendre dans deux dimensions, portées par les finalités de la conservation des archives. L'article L. 211-2 du Code du patrimoine distingue les besoins de la gestion et de la justification des droits des personnes physiques ou morales, publiques ou privées, d'une

---

[364] V. DOLLINGER (S.), « Les nouveaux délais de communication », in MONNIER (S.) et FIORENTINO (K.) (dir.), Le Droit des archives publiques, entre permanence et mutations, op. cit.p. 17 et s. Mme Dollinger souligne : « L'appareil d'État se protège, n'oublions pas que la fin de la Seconde Guerre mondiale et l'épuration ne sont pas très loin et que certains individus ont intérêt à ce que leurs archives ne soient pas consultées avant longtemps. »

[365] Décret n° 52-219 du 27 février 1952 modifiant l'article 5 du décret du 12 janvier 1898 sur les documents versés aux Archives nationales, JORF, 2 mars 1952, p. 2467.

[366] Décret n° 70-1066 du 19 novembre 1970 relatif à la communication au public des documents des Archives nationales et des archives départementales, JORF, 22 novembre 1970, p. 10723.

[367] CE, 1er octobre 2015, *M. B.*, n° 373019.

part, et la documentation historique de la recherche, d'autre part. Le juge a mis en lumière les deux fondements juridiques de ces finalités, le droit de tout citoyen de demander des comptes à tout agent public de son administration et la liberté d'expression. C'est à l'aune de ces fondements que doit être comprise la législation relative aux archives et que le juge doit opérer la balance des intérêts dans le contrôle de l'accès aux archives publiques.

L'article 15 de la Déclaration des droits de l'homme et du citoyen de 1789 affirmant le droit de la société de demander des comptes à l'administration est rarement exploité[368]. Son utilisation par le Conseil constitutionnel, saisi par M. Graner d'une question prioritaire de constitutionnalité relative aux archives de l'exécutif[369], est d'autant plus remarquable. Pour le Conseil, l'article 15 garantit le droit d'accès aux documents d'archives publiques[370]. Il faudrait y voir une consécration de l'intérêt du citoyen d'accéder aux archives publiques[371], confirmant l'idée selon laquelle ces archives sont « un bien commun » placé « au cœur du débat historique et de l'affirmation citoyenne »[372]. Sans minimiser l'importance de la reconnaissance de la valeur constitutionnelle du droit d'accès aux archives, il importe de souligner qu'aussitôt, le juge constitutionnel paraît neutraliser l'usage de l'article 15. Au point 7 de sa décision, il considère « *qu'en conférant au signataire du protocole ou à son mandataire le pouvoir d'autoriser la consultation anticipée* » des archives de l'exécutif, le législateur a poursuivi un objectif d'intérêt général, à savoir « *accorder une protection particulière à ces archives, qui peuvent comporter des informations susceptibles de relever du secret des délibérations du pouvoir exécutif et, ainsi, favoriser la conservation et le versement de ces documents.* » Le raisonnement laisse songeur ; les informations sensibles visées trouvant dans le régime général des archives publiques une telle protection, le Conseil constitutionnel se contente d'entériner la validation, par la loi, d'une pratique

---

368 GRIFFATON-SONNET (L.), « Quelle portée pour l'article 15 de la Déclaration des droits de l'homme et du citoyen ? », RFDC, 2017/4, n° 112, p. 899-918 : commentaire de CC, QPC, 29 mai 2015, n° 2015-471, Mme Nathalie K.-M. [Délibérations à scrutin secret du conseil municipal].

369 CC, QPC, 15 sept. 2017, n° 2017-655, M. François G. ; AJDA, 2017, 1752 ; ibid. 2310, note B. QUIRIGNY ; Constitutions, 2017, 502 ; ibid. 599, chron. S. HUTIER ; JCP, A, 2017, p. 34, note M. VERPEAUX ; DA, 2017, p. 34, note S. MONNIER ; RFDC, 2018, p. 194, chron. T. DISPERATI.

370 Récemment, le Conseil constitutionnel a fondé la constitutionnalité du droit d'accès aux documents administratifs sur l'article 15 : CC, QPC, 3 avr. 2020, n° 2020-834, UNEF : DA, 2020, comm. 31, notre note ; JCP, A, 2020, act. 227.

371 THIEBAULT (N.), « La transparence par les archives. À propos de la reconnaissance par le Conseil constitutionnel d'un « droit d'accès aux documents d'archives publiques », préc.

372 BELAVAL (Ph.), « Archives et République », préc.

illégale et pénalement répréhensible[373]. Le Conseil estime par ailleurs la restriction au droit d'accès proportionnée puisqu'elle est limitée dans le temps. Le Conseil d'État va néanmoins procéder à l'examen de l'intérêt du demandeur sous l'angle de l'article 15 de la Déclaration[374].

Le Conseil constitutionnel a ensuite écarté, de façon laconique, l'argument selon lequel « les conditions spécifiques de communication » des archives de l'exécutif porteraient atteinte à la liberté d'expression telle que garantie par l'article 11 de la Déclaration de 1789. Toutefois la liberté d'expression demeure mobilisable. Dans l'arrêt du 12 juin 2020, le Conseil d'État indique que les dispositions concernant l'accès à ces archives doivent être « *appliquées à la lumière des exigences attachées au respect de l'article 10 de la convention européenne de sauvegarde des droits de l'homme et des libertés fondamentales relatif à la liberté d'expression duquel peut résulter, à certaines conditions, un droit d'accès à des informations détenues par l'État* »[375]. De la liberté d'expression découle le droit d'informer et d'être informé. Cette double dimension, telle qu'employée par le juge dans l'examen de l'intérêt du demandeur, révèle que l'intérêt de la recherche historique est à entendre avec souplesse[376]. Les archives de l'exécutif, en ce qu'elles constituent la « mémoire opérationnelle »[377], « le reflet direct de l'activité »[378], permettent, sous réserve d'interprétation et de mise en contexte, de connaître le passé[379]. Or il s'agit « d'*un passé de plus en plus proche bien souvent en résonnance avec des débats actuels, concernant des personnes qui peuvent encore être en activité et avec la perspective de possibles actions en justice* »[380]. Autrement dit, il devient plus délicat de départager ce qui, dans la demande, relève du droit d'accès pour l'intérêt d'histoire, de ce qui pourrait relever d'une ambition d'enquête, qu'elle soit de nature journalistique ou au soutien d'un éventuel procès. Le Conseil d'État se montre à cet égard bienveillant[381].

---

[373] THIEBAULT (N.), « La transparence par les archives. À propos de la reconnaissance par le Conseil constitutionnel d'un « droit d'accès aux documents d'archives publiques », préc.,

[374] CE, ass., 12 juin 2020, *M. Graner*, n° 422327, point 11.

[375] Id. point 3. V. aussi CE, 27 juin 2019, *Association Regards Citoyens*, n° 427725, rec. p. 247.

[376] Guy Braibant, qui distinguait droit d'accès et droit à l'information, attachait au second la présentation d'une « liberté publique, qui appartient aux citoyens », rap. préc.

[377] CORNU (M.), « Les fonds d'archives d'hommes politiques en France. Le droit au défi de la pratique », dans ASSOCIATION DES ARCHIVISTES FRANÇAIS, Les archives des hommes politiques contemporains, op. cit., p. 55.

[378] BELAVAL (Ph.), « Archives et République », préc.

[379] Cette connaissance étant une condition d'exercice de la liberté d'expression. Comp. CEDH, 14 juillet 2009, Társaság a Szabadságjogokért c/ Hongrie (n° 37374/05), sur le droit d'accès aux documents publics en particulier au profit des organes de presse, protégé par l'article 10 de la Convention.

[380] ROLIN (Fr.), Billet, Dalloz Actualités, 22 Juin 2020.

[381] Fr. Rolin évoque des « considérations oiseuses » quant à l'identification de l'intérêt de M. Graner, physicien et non historien.

III. LA MAITRISE DE L'ACCES AUX ARCHIVES

L'accès anticipé aux archives présidentielles dépend ainsi d'une balance entre les intérêts en présence. Le Conseil d'État, dans l'arrêt du 12 juin 2020, n'a pas seulement clarifié et orienté cette mise en balance. Il a aussi porté un éclairage nouveau sur la décision refusant l'accès, invitant à réfléchir autrement à la maîtrise réelle de l'accès à ces archives.

A. L'intensification du contrôle du juge

Le législateur a instauré un système déséquilibré entre l'autorité productrice ou le signataire du protocole le cas échéant, dont le texte de la loi exige l'accord pour tout accès anticipé, et le demandeur. Le parcours juridictionnel de M. Graner a tout à la fois attesté de ce déséquilibre et permis au juge de l'atténuer. Le Conseil d'État, revenant sur ce point sur sa jurisprudence *Rouzaud*[382], ne se contente plus de l'examen de la régularité de la décision, mais opère désormais un contrôle entier de « *l'appréciation portée, dans le cadre de la mise en œuvre des dispositions du dernier alinéa de l'article L. 213-4 du code du patrimoine, sur la proportionnalité de la limitation qu'apporte à l'exercice du droit d'accès aux documents d'archives publiques le refus opposé à une demande de consultation anticipée, par dérogation au délai fixé par le protocole* »[383]. Il effectue donc lui-même[384] une balance des intérêts et substitue le cas échéant son appréciation à celle de l'autorité administrative. Il est également marquant, là encore dans un sens favorable au demandeur, que le juge décide de réaliser cette évaluation au jour où il statue, quand le principe contentieux est d'apprécier la légalité d'un acte administratif au jour de son édiction[385]. Le recours juridictionnel contre une décision de refus d'accès aux archives peut désormais être entrepris avec de véritables chances de succès.

---

[382] CE 29 juin 2011, *Rouzaud*, n° 335072, AJDA 2011 p. 1351, JCP G 2011. 833 obs. Ch.-A. Dubreuil.

[383] Point n° 7.

[384] Le juge précise : « l'appréciation portée, dans les conditions décrites ci-dessus, par le juge de l'excès de pouvoir est soumise, devant le juge de cassation, au contrôle de qualification juridique des faits ».

[385] Application de la jurisprudence : CE, ass., 19 juillet 2019, *Association des Américains accidentels*, n° 424216. V. not. GENEVOIS (B.), « À quelle date apprécier la légalité d'un acte administratif dans le contentieux de l'excès de pouvoir : le problème général », RFDA 2020, p. 457.

Dans l'arrêt du 12 juin 2020, le Conseil d'État évalue conjointement le but du demandeur et le contenu et la nature des documents dont l'accès est sollicité[386]. Il constate que ces documents « *décrivent la politique étrangère et militaire de la France au Rwanda, ainsi que celle de la communauté internationale* », « *révèlent les prises de position personnelles du Président François Mitterrand, de ministres en exercice, de hauts-fonctionnaires français et de certaines personnalités françaises et étrangères* », « *rendent compte également des conditions dans lesquelles la politique de l'État a été conduite, à cet égard, pendant la période de cohabitation entre 1993 et 1995.* » Ils répondent donc au projet de recherche pour la rédaction d'un ouvrage sur « *la politique africaine du président François Mitterrand* ». De surcroît, le juge observe que les documents ne peuvent compromettre un quelconque intérêt compte tenu de l'écoulement du temps et que certains ont déjà fait l'objet d'une diffusion. Il enjoint dès lors au ministre de la Culture d'autoriser la consultation des archives listées.

La volonté du Conseil d'État de « *conférer un effet pleinement utile à son intervention* »[387] s'inscrit dans une dynamique jurisprudentielle favorable aux principes promus par la législation relative aux archives[388]. Cette dynamique se lit dans les décisions des juridictions administrative et judiciaire rendues à propos de l'identification de l'archive publique. « *L'archive publique se trouve au service de l'histoire et la première chambre civile, par son arrêt du 22 février 2017, en permet l'écriture* »[389]. Elle se lit aussi dans la jurisprudence de la Cour européenne des droits de l'Homme relative à l'accès à l'information[390]. En la matière, la Cour a assurément joué un rôle fondamental en impulsant la solution de l'arrêt rendu par le juge administratif le 12 juin 2020. L'invitation de la Cour européenne était claire[391], au point 58 selon lequel « *le fait que l'article L. 213-4 du code du patrimoine mette l'administration dans une situation de compétence liée par rapport à l'avis du mandataire ne fait pas obstacle à ce que, dans le cadre d'un recours en annulation pour excès de pouvoir, le juge administratif examine des moyens tirés de la Convention* » et au point 61 : « *il appartient maintenant au Conseil d'État, dument saisi en cassation par le requérant, de vérifier si l'examen des moyens de ce dernier*

---

[386] V. sur la procédure contentieuse et l'accès du juge aux documents secrets : ODINET (G.) et ROUSSEL (S.), « L'administration ne murmure pas à l'oreille du juge », AJDA 2017, p. 736.
[387] Point n° 7.
[388] Elle se lit aussi d'une certaine manière dans les décisions relatives à l'accès aux documents administratifs.
[389] RAVEL D'ESCLAPON (de th.), « De la notion d'archive publique de l'État », préc.
[390] Not. CEDH, 28 mai 2020, n° 84536/17, Graner c/ France.
[391] Fr. Rolin souligne que le Conseil d'État ne pouvait s'y soustraire sans encourir la censure. Il précise : « Fort habilement, le requérant avait saisi la Cour après la décision du Conseil constitutionnel, et alors que son recours était pendant devant le Conseil d'État ».

relatifs à la Convention auquel a procédé le tribunal administratif de Paris répond aux exigences qui se dégagent de la jurisprudence de la Cour ». Ajoutons que ce rôle dévolu au juge nous paraît conforté par le législateur comme par le pouvoir exécutif. À cet égard, la loi du 24 juillet 2015[392] est significative, en octroyant au juge le droit d'accéder aux données classifiées au titre du secret de la défense nationale. « *Pour la première fois dans l'histoire de la justice française, un organe juridictionnel se voit autorisé à accéder aux données classifiées, sans que l'administration puisse se prévaloir du secret de la défense nationale pour s'y opposer* »[393].

B. De la maîtrise privée d'un intérêt public à la maîtrise publique d'un intérêt privé

La loi de 2008 a instauré, pour le contrôle de l'accès anticipé aux archives publiques, un système assez classique d'autorisation délivrée par une autorité administrative – en l'occurrence le ministre de la Culture – sous réserve de l'accord d'une autre autorité administrative, l'autorité productrice. De façon inédite, à notre connaissance, elle a calqué ce mécanisme sur les autorisations d'accès anticipés aux archives présidentielles et de l'exécutif, mais en introduisant un paramètre problématique, celui de la subordination de la délivrance de l'autorisation à l'accord d'une personne privée sans charge administrative, ou de service public. Le ministre de la Culture se trouve en situation de compétence liée, ce que le Conseil constitutionnel a explicitement validé et le Conseil d'État rappelé lorsqu'il précise que le ministre est « tenu par l'avis » que donnent le signataire ou son mandataire. Qu'il le soit à l'égard de la décision d'une autre autorité administrative ne surprend pas ; qu'il le soit à l'égard d'une personne privée dont on imagine bien qu'elle se prononcera au regard d'intérêts privés – qui ont justifié la signature du protocole – et non de l'intérêt général est une curiosité juridique difficilement admissible. C'est faire primer « la convenance personnelle » sur la règle de droit[394] ; admettre la supériorité d'intérêts privés sur des intérêts publics, dans un cadre pourtant par nature administratif et pour un objet sans conteste public.

Le contrôle entier du juge sur le refus d'accès corrige partiellement cette anomalie. Dans le respect du droit à un recours effectif, le juge réalise lui aussi la balance des intérêts que la loi exige des autorités et personnes décisionnaires pour s'assurer de l'absence d'atteinte aux intérêts en présence. Son appréciation va, le cas échéant, être substituée à celle de ces autorités et personnes

---

[392] Loi n° 2015-912 du 24 juillet 2015 relative au renseignement.

[393] LE BOT (O.), « Le contentieux du renseignement devant la formation spécialisée du Conseil d'État », RFDA, 2017, p. 721.

[394] QUIRINY (B.), « Les archives du pouvoir exécutif, de la loi de 1979 à la loi de 2008 », préc.

décisionnaires, et leur être imposée. Si l'administration ne surmonte pas le défaut d'accord de l'autorité productrice ou du signataire (ou son mandataire) du protocole, le juge est susceptible de le faire par le biais du contrôle de légalité des actes administratifs. Dans l'arrêt du 12 juin 2020, le Conseil d'État aligne le régime des archives présidentielles sur le régime des archives publiques, ce qui peut être analysé comme une neutralisation de la protection particulière des archives politiques[395]. Mais cette solution n'efface pas toutes les ambiguïtés du système voire en crée de nouvelles, en laissant dans l'ombre l'explication d'une forme de renversement du dispositif : c'est désormais l'État, par la voix du juge administratif, qui maîtrise une décision privée. Décision à caractère privé que le législateur, avec la bénédiction du juge constitutionnel, a pourtant admise, et que l'administration, par la signature du protocole, s'est contractuellement engagée à respecter. Le système « juridiquement douteux »[396] des protocoles le demeure sur ce point.

Si la « *privatisation légale d'un temporaire d'un bien public* », « *sacrifice à consentir pour éviter l'aliénation ou la destruction d'archives plus "sensibles" que d'autres* »[397], est maintenue, le contrôle de l'accès aux archives présidentielles évolue grandement, passant d'un contrôle « exclusif »[398] par le signataire ou son mandataire à un dispositif plus courant d'autorisation administrative. Désormais, les « papiers liés à l'exercice du pouvoir » ne sont plus qu'en partie « exemptés du respect de la légalité »[399]. Le revirement est majeur ; il réattribue aux autorités étatiques le contrôle de la mémoire de l'État. Et « *le plus ou moins grand soin pris de la collecte et de la conservation des archives, la plus ou moins grande facilité d'accès à ces archives apparaissent comme autant d'indices du degré d'évolution démocratique d'une société à un moment donné* »[400].

---

395 ROLIN (Fr.), billet préc.
396 QUIRINY (B.), « Les archives du pouvoir exécutif, de la loi de 1979 à la loi de 2008 », préc.
397 DUCLERT (V.), « L'État et les archives. Question démocratique, réponse constitutionnelle », Pouvoirs, 2015/2, n° 153, p. 37-48.
398 Protocole relatif aux archives de Valéry Giscard d'Estaing.
399 LAVEISSIERE (J.), « Le régime juridique des documents liés à l'exercice d'une fonction politique : lacune ou laxisme ? », La Gazette des archives, 1985, vol. 130-131, p. 242 spéc. p. 244.
400 BELAVAL (Ph.), « Archives et République », préc.

PARTIE II - ETUDES PARTICULIERES

A- SUR LA RESPONSABILITE DU CHEF DE L'ÉTAT

CHAPITRE 6-

LA RESPONSABILITE PENALE DU CHEF DE L'ÉTAT EN FRANCE ET A L'ETRANGER A LA LUMIERE DU GENOCIDE RWANDAIS

Vincent Cattoir-Jonville

Le 13 janvier 2005, un témoin, devant le Tribunal pénal international pour le Rwanda (TPIR)[401], met en cause, pour la première fois, la responsabilité de militaires français dans le génocide rwandais. En mai 2004, la Commission d'enquête citoyenne relative au rôle de la France dans le génocide des Tutsi au Rwanda en 1994 publie un rapport dans lequel la hiérarchie des responsabilités individuelles des dirigeants français est nettement mise en évidence, au premier rang desquelles est mentionnée celle « *de l'ancien président de la République François Mitterrand, chef des armées*, [qui] *apparaît la plus grande* »[402]. Par ailleurs, cette Commission mentionne également le fait que cette « *responsabilité constitutionnelle n'exclut pas celle d'autres membres de l'exécutif et du Parlement* »[403]. On fera ici observer que, dans la pratique, et en droit, on constate une certaine « *irresponsabilité pénale* » des membres du Gouvernement[404].

---

[401] GALLIE (M.) et DUMONT (H.), « La poursuite de dirigeants en exercice devant une juridiction nationale pour des crimes internationaux : le cas de la France », Revue québécoise de droit international, volume 18.2, 2005, p. 40.

[402] France, Commission d'enquête citoyenne, Conclusions provisoires des travaux de la Commission sur le rôle de la France durant le génocide des Tutsi au Rwanda en 1994 (22-26 mars 2004), en ligne Commission d'enquête citoyenne : http://cec.rwanda.free.fr/documents/Conclusions_provisoires_CEC2.htm, consulté le 15 octobre 2020.

[403] Ibidem.

[404] Voir la thèse de Christelle DEVOS-NICQ, « La responsabilité individuelle du ministre sous la Vème République », Thèse (dir. O. BEAUD), Université de Lille II, 1996, 518 p. et le récent article du Professeur Xavier VANDENDRIESSCHE, « De l'irresponsabilité ministérielle... », dans Révolution, Constitution, Décentralisation-Mélanges en l'honneur de Michel VERPEAUX, Paris, Dalloz, 2020, pp. 507-516.

Début 2005, et à la suite du rapport de la Commission d'enquête citoyenne, de premières plaintes seront déposées à Paris, visant à mettre en cause la responsabilité d'autorités françaises, soupçonnées d'avoir collaboré au génocide rwandais. Plusieurs observateurs cités dans le rapport de la Commission d'enquête citoyenne s'accordent à considérer qu'il y aurait là matière à reconnaître des actions qui relèveraient de l'incrimination de crimes internationaux. Si on se fonde sur le droit français ou sur les engagements internationaux de la France, de tels actes pourraient relever de l'engagement de responsabilité de leurs auteurs.

Tout cela pose la question de la répression des crimes de guerre, de crimes contre la paix ou de crimes contre l'humanité au plan international.

La guerre a rarement fait l'objet d'une condamnation de principe ou d'interdiction. Une exception existe cependant : le pacte Briand-Kellog ou pacte de Paris signé le 27 août 1928 à Paris, par soixante-trois États « *qui condamne le recours à la guerre pour le règlement des différends internationaux et y renoncent en tant qu'instrument de politique nationale dans leurs relations mutuelles* ». Il entrera en vigueur le 24 juillet 1929. Ce texte sera d'une portée limitée car il ne prévoyait aucune sanction en cas d'infraction, seule une « *réprobation internationale* » était prévue ! La seule exception prévue à cette prohibition était la « *légitime défense* », anticipant dès lors l'article 51 de la charte de l'ONU, aux termes duquel, « *aucune disposition de la présente Charte ne porte atteinte au droit naturel de légitime défense, individuelle ou collective, dans le cas où un Membre des Nations Unies est l'objet d'une agression armée, jusqu'à ce que le Conseil de sécurité ait pris les mesures nécessaires pour maintenir la paix et la sécurité internationales. Les mesures prises par des Membres dans l'exercice de ce droit de légitime défense sont immédiatement portées à la connaissance du Conseil de sécurité et n'affectent en rien le pouvoir et le devoir qu'a le Conseil, en vertu de la présente Charte, d'agir à tout moment de la manière qu'il juge nécessaire pour maintenir ou rétablir la paix et la sécurité internationales* ».

La guerre a, cependant, fait l'objet de limitations reposant sur le principe qu'il pouvait y avoir de bonnes et de mauvaises façons de la faire et ce, dès le Moyen-Âge, avec l'apparition des notions de « *guerre juste* », de « *paix de Dieu* », ou encore de « *trêve de Dieu* ».

C'est à l'issue de la Première Guerre mondiale que l'idée d'une répression pénale des crimes de guerre commence à être évoquée. Le traité de Versailles va ainsi codifier ce principe dans son article 227 qui stipule que l'empereur Guillaume II doit être déféré devant un tribunal spécial pour « *offense suprême contre la morale internationale et l'autorité sacrée des traités* ».

À l'issue de la Seconde Guerre mondiale seront créés les tribunaux militaires[405]de Nuremberg et de Tokyo destinés à juger les criminels de guerre nazis et nippons.

Mais on fera observer que, malgré cette volonté internationale, qui démontrait cette disposition des États de juger les chefs d'État coupables de crimes atroces et en plus, pour l'empereur d'Allemagne Guillaume II, répudié par son peuple, ces tribunaux militaires ne jugeront pas les chefs d'État auteur de crimes internationaux durant la Première Guerre mondiale – les Pays-Bas où Guillaume II s'était réfugié refusant son extradition –, et durant la Seconde Guerre mondiale : en effet, Benito Mussolini avait été assassiné, Adolf Hitler s'était suicidé et l'empereur du Japon Hiro-Hito ne fut pas traduit devant le tribunal militaire de Tokyo sur décision du général américain MacArthur qui s'y opposa[406]. Les statuts de ces deux derniers tribunaux définissent ainsi trois catégories d'infractions internationales : les crimes contre la paix ; les crimes de guerre ; et les crimes contre l'humanité.

Les crimes contre la paix sont définis par l'article 6 a du statut du tribunal de Nuremberg en vertu duquel « *la direction, la préparation, le déclenchement ou la poursuite d'une guerre d'agression ou d'une guerre en violation des traités, assurances ou accords internationaux, ou la participation à un plan concerté ou à un complot pour l'accomplissement de l'un quelconque des actes qui précèdent* ».

Les crimes de guerre sont visés par l'article 6 b du statut et sont définis comme « *les violations des lois et coutumes de la guerre* ». Sans que le statut ne procède à une liste exhaustive, le statut mentionne particulièrement « *l'assassinat, les mauvais traitements ou la déportation pour travaux forcés ou pour tout autre but des populations dans les territoires occupés, l'assassinat ou les mauvais traitements des prisonniers de guerre ou des personnes en mer, l'exécution des otages, le pillage de biens publics ou privés, la destruction sans motif des villes et villages, les dévastations que ne justifient pas les exigences militaires* ».

Enfin, les crimes contre l'humanité sont, eux, définis à l'article 6 c du statut comme « *l'assassinat, l'extermination, la réduction en esclavage, la déportation et tout autre acte inhumain commis contre toutes les populations civiles*

---

405 GARAPON (A.), « De Nuremberg au TPI : naissance d'une justice universelle ? », dans Critique internationale, 1999, volume 5, Mémoire, justice et réconciliation, pp. 167-180.

406 V. DECAUX (E.), « Les gouvernants », dans ASCENCIO (H.), DECAUX (E.) et PELLET (A.) (dir), Droit international pénal, CEDIN, Paris X, Paris, Pedone, 2000, p. 183 sqq., spéc. p. 189-190. V. également ATTAR (Fr.), Le droit international. Entre ordre et chaos, Paris, Hachette, 1994, p. 513.

avant ou pendant la guerre, ou bien les persécutions pour motifs politiques et religieux ».

Après les procès de Nuremberg et de Tokyo, la réflexion – sur l'opportunité de créer une juridiction pénale internationale permanente – sera reprise au sein de l'ONU et d'organismes internationaux tels la Commission pour le développement progressif du droit international et sa codification ; l'International Association of Penal Law (...).

Les évènements de l'ex-Yougoslavie et du Rwanda vont réanimer l'idée consistant à recréer des tribunaux pénaux internationaux à compétence limitée : le TPIY pour les crimes commis en ex-Yougoslavie ; et le TPIR pour les crimes commis pour cause de génocide sur le territoire du Rwanda, ou encore, ultérieurement le Tribunal Spécial des Nations Unies pour le Liban (TSL) créé en 2009 pour rechercher et juger les auteurs de l'assassinat du Premier ministre libanais Rafiq Hariri.

Ces nécessités vont, aussi, faire renaître l'idée de la création d'un Tribunal Pénal International (TPI) permanent et vont aboutir au statut de Rome de 1998 sur le TPI.

Force est, cependant, de constater qu'il est de tradition que la mise en cause de la responsabilité des États pour crimes internationaux, pour crimes de guerre, ou pour crimes contre l'humanité soit rarement poursuivie devant les juridictions nationales, d'où, l'idée d'une certaine impunité qui couvrirait les agissements des dirigeants des pays mis en cause.

Certes, la création[407] de la Cour Pénale Internationale permanente par le Traité de Rome du 17 juillet 1998 et depuis l'entrée en vigueur, le 1er juillet 2002, du Statut de Rome[408] qui la régit, peuvent être attrait devant elle les autorités politiques d'un État, même et y compris les chefs d'État. En effet, la qualité de chef d'État n'empêche nullement la Cour Pénale Internationale permanente de juger pour crimes internationaux un chef d'État. Mais, pour que cela puisse être effectif, encore faut-il que les juridictions nationales de l'État

[407] Sur les divergences de points de vue sur la CPI entre la France et les États-Unis : V. FERLET (Ph.) et SARTRE (P.), La Cour Pénale Internationale à la lumière des positions américaines et françaises, Études, n° 2007/2, t. 406, p. 165-174.
[408] FERNANDEZ (J.), PACREAU (X.) et UBEDA-SAILLARD (M.) (dir.), Commentaire article par article du Statut de Rome de la Cour pénale internationale, Paris, Pedone, 2019, 2e éd., 2 t., 2980 p. et spécialement le commentaire de l'article 27 par Xavier AUREY, « Article 27. Défaut de pertinence de la qualité officielle », p. 1071-1094 ; V également pour un bilan, HERAN (Th.) (dir.), Les 20 ans du statut de Rome, Paris, Pedone, 2020, 406 p. et spécialement l'intervention de Muriel UBEDA SAILLARD, « L'efficacité des poursuites et la coopération avec les États : les immunités des hauts représentants de l'État en exercice », p. 281-294.

aient la possibilité de poursuivre et rechercher la responsabilité du chef de l'État en exercice, car la Cour Pénale Internationale n'a qu'une compétence complémentaire aux juridictions nationales.

Suite à ces éléments, nous devrons étudier, tout d'abord, comment le droit français envisage l'évolution de la responsabilité pénale du Président de la République, en France, depuis la signature du traité instituant la Cour Pénale Internationale permanente (I) ; et comment cette situation est envisagée dans d'autres pays, spécialement africains (II).

I. LA RESPONSABILITE PÉNALE DU PRÉSIDENT DE LA RÉPUBLIQUE EN FRANCE

Un des éléments importants du statut de la Cour réside dans la formulation de l'article 27 du statut (relatif au caractère de défaut de pertinence de la qualité officielle de l'auteur du crime) selon lequel :

- « *1. Le présent Statut s'applique à tous de manière égale, sans aucune distinction fondée sur la qualité officielle.* ***En particulier, la qualité officielle de chef d'État*** *ou de gouvernement, de membre d'un gouvernement ou d'un parlement, de représentant élu ou d'agent d'un État, n'exonère en aucun cas de la responsabilité pénale au regard du présent Statut, pas plus qu'elle ne constitue en tant que telle un motif de réduction de la peine* ».
- « *2.* ***Les immunités ou règles de procédure spéciales qui peuvent s'attacher à la qualité officielle d'une personne, en vertu du droit interne ou du droit international, n'empêchent pas la Cour d'exercer sa compétence à l'égard de cette personne*** ».

Or, la Constitution française du 4 octobre 1958 encadre la responsabilité pénale du Président de la République dans ses articles 67 et 68, aux termes desquels :

- Article 67 : « *Le Président de la République n'est pas responsable des actes accomplis en cette qualité, sous réserve des dispositions des articles 53-2 et 68.*

Il ne peut, durant son mandat et devant aucune juridiction ou autorité administrative française, être requis de témoigner non plus que faire l'objet d'une action, d'un acte d'information, d'instruction ou de poursuite. Tout délai de prescription ou de forclusion est suspendu.

Les instances et procédures auxquelles il est ainsi fait obstacle peuvent être reprises ou engagées contre lui à l'expiration d'un délai d'un mois suivant la cessation des fonctions ».

- Article 68 : « *Le Président de la République ne peut être destitué qu'en cas de manquement à ses devoirs manifestement incompatible avec l'exercice de son mandat. La destitution est prononcée par le Parlement constitué en Haute Cour.*

La proposition de réunion de la Haute Cour adoptée par une des assemblées du Parlement est aussitôt transmise à l'autre qui se prononce dans les quinze jours.

La Haute Cour est présidée par le président de l'Assemblée nationale. Elle statue dans un délai d'un mois, à bulletins secrets, sur la destitution. Sa décision est d'effet immédiat.

Les décisions prises en application du présent article le sont à la majorité des deux tiers des membres composant l'assemblée concernée ou la Haute Cour. Toute délégation de vote est interdite. Seuls sont recensés les votes favorables à la proposition de réunion de la Haute Cour ou à la destitution. Une loi organique fixe les conditions d'application du présent article ».

On ajoutera que la référence, faite dans l'article 67, à l'article 53-2 de la Constitution vise un ajout consécutif à la loi constitutionnelle n° 99-568 du 8 juillet 1999, *portant révision de la Constitution* rendue nécessaire par la volonté de ratifier le Statut de Rome de 1998 et qui dispose « *La République peut reconnaître la juridiction de la Cour pénale internationale dans les conditions prévues par le traité signé le 18 juillet 1998* ».

Le Conseil constitutionnel fut donc saisi, le 24 décembre 1998, par le Président de la République et le Premier ministre, conformément à l'article 54 de la Constitution, de la question de savoir si, compte tenu des engagements souscrits par la France, l'autorisation de ratifier le traité portant statut de la Cour pénale internationale signé à Rome le 18 juillet 1998 devait être précédée d'une révision de la Constitution.

Dans sa décision n° 98-408 DC du 22 janvier 1999[409], le Conseil a ainsi rappelé que l'autorisation de ratifier un traité doit être précédée d'une révision

---

[409] JORF, 24 janvier 1999, p. 1317 ; Rec., p. 29. Cette décision a fait couler beaucoup d'encre et a été particulièrement commentée. On citera ici plus particulièrement : CARCASSONE (G.), « Le Président de la République française et le juge pénal : article 68 de la constitution, décision C.C 22 janvier 1999 », Droit et politique à la croisée des cultures. LGDJ, 1999, p. 275-288 ; SCHOETTL (J.-E.), « Cour pénale internationale », AJDA, 1999, p. 230-235 ; MATHIEU (M.) et VERPEAUX (M.), « L'immunité n'est pas l'impunité ! », D., 1999, n° s. n., p. 1-1 ; CHAGNOLLAUD de SABOURET (D.), « La responsabilité pénale du Président français », Pouvoirs, janvier 2000, n° 92, p. 66-70 ; MONJAL (P.-Y.) et GAUTRON (J.), « La décision 98-408 du Conseil constitutionnel relative au statut de la Cour pénale internationale : un soutien aux réticences nationales ? », Revue de la recherche juridique, droit prospectif, 1999, p. 1207-1235 ; LIGNEUL (N.), « Le statut des personnes titulaires de qualités officielles en

de la Constitution lorsque ce traité contient une clause contraire à la Constitution, met en cause les droits et libertés constitutionnellement garantis ou porte atteinte aux conditions essentielles d'exercice de la souveraineté nationale et il a déclaré le traité de Rome partiellement non conforme à la Constitution ouvrant ainsi la voie à une révision de la Constitution dès lors que les pouvoirs publics souhaitent ratifier ce traité.

Sur quelle motivation se base-t-il ?

Le Conseil constitutionnel a déclaré l'article 27 du statut de Rome contraire à la Constitution en ce qu'il proscrit toute immunité statutaire pour les agents de l'État responsables de crimes internationaux car cette disposition méconnaît les régimes spéciaux de responsabilité prévus par les articles 26, 68 et 68-1 de la Constitution (considérant n° 17 : « *Considérant qu'il suit de là que l'article 27 du statut est contraire aux régimes particuliers de responsabilité institués par les articles 26, 68 et 68-1 de la Constitution* »). Le Conseil a, par ailleurs, estimé que le fait que la CPI puisse demander à la France d'arrêter et de remettre des personnes dont les actes pourraient être couverts par la prescription ou l'amnistie portait atteinte aux conditions mêmes d'exercice de la souveraineté (considérant n° 34 : « *Considérant, en revanche, qu'il résulte du statut que la Cour pénale internationale pourrait être valablement saisie du seul fait de l'application d'une loi d'amnistie ou des règles internes en matière de prescription ; qu'en pareil cas, la France, en dehors de tout manque de volonté ou d'indisponibilité de l'État, pourrait être conduite à arrêter et à remettre à la Cour une personne à raison de faits couverts, selon la loi française, par l'amnistie ou la prescription ; qu'il serait, dans ces conditions, porté atteinte aux conditions essentielles d'exercice de la souveraineté nationale* »). Enfin, le Conseil a formulé une appréciation similaire en ce qui concerne les stipulations du traité instituant la CPI permettant à son procureur de procéder à certains actes d'enquête hors la présence des autorités judiciaires françaises (considérant n° 38 : « *Considérant, en revanche, qu'en application du 4 de l'article 99 du statut, le procureur peut, en dehors même du cas où l'appareil*

---

droit constitutionnel français et l'article 27 de la Convention de Rome portant statut de la Cour pénale internationale », RI droit pénal, juillet-décembre 1999, n° 70-3/4, p. 1003-1016 ; ARDANT (Ph.), « La responsabilité pénale du Président français », Pouvoirs, janvier 2000, n° 92, p. 61-64 ; SCHOETTL (J.-E.), « La responsabilité pénale du Chef de l'État », RDP, 1999, p.1037-1046 ; ROBBE (Fr.), « L'incompétence du juge pénal pour statuer sur la responsabilité du Président de la République (à propos de la décision du Conseil constitutionnel n° 98-408 DC du 22 janvier 1999) », La Gazette du Palais, 1999, n° s.n., p. 4-11 ; MATHIEU (M.) et VERPEAUX (M.), « [Note sous décision n° 99-408 DC] », JCP, G., 2000, n° s.n. ; DEZEUZE (E.), « Un éclairage nouveau sur le statut pénal du Président de la République. Sur la décision n° 98-408 DC du 22 janvier 1999 du Conseil constitutionnel », Revue de science criminelle et de droit pénal comparé, 1999, n° s.n., p. 497-517.

judiciaire national est indisponible, procéder à certains actes d'enquête hors la présence des autorités de l'État requis et sur le territoire de ce dernier ; qu'il peut notamment recueillir des dépositions de témoins et « inspecter un site public ou un autre lieu public » ; qu'en l'absence de circonstances particulières, et alors même que ces mesures sont exclusives de toute contrainte, le pouvoir reconnu au procureur de réaliser ces actes hors la présence des autorités judiciaires françaises compétentes est de nature à porter atteinte aux conditions essentielles d'exercice de la souveraineté nationale »).

Enfin, le Conseil profite de cette saisine qui ne concernait que la conformité du statut de Rome instituant la CPI, pour interpréter la portée de l'article 68 de la Constitution du 4 octobre 1958 en droit interne (considérant n° 16 : « *Considérant qu'il résulte de l'article 68 de la Constitution que le Président de la République, pour les actes accomplis dans l'exercice de ses fonctions et hors le cas de haute trahison, bénéficie d'une immunité ;* ***qu'au surplus, pendant la durée de ses fonctions, sa responsabilité pénale ne peut être mise en cause que devant la Haute Cour de Justice, selon les modalités fixées par le même article*** *; qu'en vertu de l'article 68-1 de la Constitution, les membres du Gouvernement ne peuvent être jugés pour les crimes et délits commis dans l'exercice de leurs fonctions que par la Cour de justice de la République ; qu'enfin, les membres du Parlement, en vertu du premier alinéa de l'article 26 de la Constitution, bénéficient d'une immunité à raison des opinions ou votes émis dans l'exercice de leurs fonctions, et, en application du deuxième alinéa du même article, ne peuvent faire l'objet, en matière criminelle ou correctionnelle, hors les cas de flagrance ou de condamnation définitive, d'une arrestation ou de toute autre mesure privative ou restrictive de liberté qu'avec l'autorisation du bureau de l'assemblée dont ils font partie* »).

La question qui se pose dès lors, est celle de la portée et de la valeur juridique de cette dernière disposition. En d'autres termes, s'agit-il ou non d'un « *obiter dictum* » ?

Un « *obiter dictum* » est une disposition d'un jugement qui n'est pas nécessaire à la résolution du litige qui lui est soumis[410] et qui, dès lors, n'a pas de valeur juridique impérative. Elle se traduit littéralement par « *soit dit en passant* »[411]. N'étant pas nécessaire à la résolution du litige, cette disposition

[410] ESPLUGAS (P.), « Conseil constitutionnel et responsabilité pénale du chef de l'état en France (à propos de la décision du 22 janvier 1999 relative à la cour pénale internationale) », RBDC, 2000, p. 163 et sqq.
[411] ROLAND (H.) et BOYER (L.), « Locutions latines de droit français », Paris, Litec, 4e éd., 1999, p. 293.

jurisprudentielle est-elle revêtue de la même autorité juridique[412] que les autres dispositifs d'une décision du Conseil constitutionnel ?

La Cour de cassation va avoir l'occasion de répondre à cette question dans un arrêt d'Assemblée plénière du 10 octobre 2001 (C. Cass., Assemblée plénière, 10 octobre 2001, req. n° 01-84.922)[413].

Dans cette affaire il était question de poursuites engagées à l'encontre d'autorités publiques de la Ville de Paris à propos d'une affaire portant sur une information ouverte contre personne non dénommée pour favoritisme, détournement de fonds publics, abus de biens sociaux, prise ou conservation illégale d'intérêt, complicité, recel, concernant des irrégularités dans les marchés publics passés par la Société d'économie mixte parisienne de prestations, dissoute le 22 juillet 1996, dont la ville de Paris, le département de Paris et d'autres sociétés d'économie mixte étaient les actionnaires et dont les juges d'instruction avaient été saisis le 21 novembre 2000 d'une requête motivée en vue de l'audition, en qualité de témoin, de M. Jacques Chirac, à l'époque des faits maire de Paris.

La Cour de cassation va considérer, suivant en cela son Premier avocat général[414] que la décision du Conseil constitutionnel n° 98-408 DC du 22 janvier 1999, n'est pas applicable en ce qui concerne le droit interne. En effet, pour la Cour de cassation, « *ALORS QUE, DE PREMIÈRE PART, il résulte de l'article 62 de la Constitution, tel qu'interprété par le Conseil constitutionnel lui-même dans sa décision du 20 juillet 1988, que* ***l'autorité de chose jugée qui s'attache aux décisions du Haut Conseil « est limitée à la déclaration d'inconstitutionnalité visant certaines dispositions » de la loi déférée et qu'elle « ne peut être utilement invoquée à l'encontre d'une autre loi conçue, d'ailleurs, en termes différents »*** *; qu'il s'en déduit qu'en tout état de cause,* ***la décision du Conseil constitutionnel du 22 janvier 1999 susvisée qui***

---

412 Mathieu DISANT, « L'autorité de la chose interprétée par le Conseil constitutionnel », thèse droit public Université de Lille 2 (dir. V. CATTOIR-JONVILLE), 2008, Paris, LGDJ, Bibliothèque constitutionnelle et science politique, n° 135, 2010, 868 p., spéc. p. 171-173.

413 Publié au Bulletin, 2001, A. P. n° 11 p. 25. V. également FAVOREU (L.), « La Cour de cassation, le Conseil constitutionnel et la responsabilité pénale du Président de la République », Recueil Dalloz, 2001, n° 42, p. 3366-3369 ; WACHSMANN (P.) et JOUANJAN (O.), « La Cour de cassation, le Conseil constitutionnel et le statut pénal du chef de l'État », RFDA, 2001, p. 1169-1187 ; PRÉTOT (X.), « Quand la Cour de cassation donne une leçon de droit au Conseil constitutionnel », RDP, 2001, p. 1625-1643 ; GOUTTES (R. de), « Conclusions sur l'arrêt de l'assemblée plénière de la Cour de cassation du 10 octobre 2001 », RFDC, 2002, p. 51-78 ; CAMBY (J.-P.), « La responsabilité pénale du Chef de l'État : épilogue ou nouveau départ ? », RDP, 2003, p. 57-59 ; BLANQUER (J.-M.), « Statut pénal du Chef de l'État », RDP, 2003, n° 1, p. 61-65.

414 GOUTTES (R. de), « Conclusions sur l'arrêt de l'assemblée plénière de la Cour de cassation du 10 octobre 2001 », RFDC, 2002, p. 51-78, op. cit..

statuait sur la constitutionnalité de l'article 27 du traité portant statut de la Cour pénale internationale ne dispose d'aucune autorité de chose jugée à l'égard du juge pénal statuant sur la base des dispositions du Code de procédure pénale pertinentes qui n'ont fait l'objet d'aucune décision portant sur la question de l'immunité du chef de l'État et rendue par le Conseil constitutionnel *; qu'en estimant pourtant que la décision du Conseil constitutionnel du 22 janvier 1999 s'imposait avec autorité absolue de chose jugée à toutes les juridictions pénales de droit commun, la Cour a violé l'article 62 de la Constitution* ».

Elle va, alors lui substituer sa propre interprétation : « *ALORS QUE, DE SECONDE PART, toute juridiction doit assurer le respect du principe constitutionnel, et à portée générale, de l'égalité des citoyens devant la loi, et spécialement devant la loi pénale ; que le statut pénal du chef de l'État constitue, par certains de ses aspects, une dérogation au principe constitutionnel précité qui* ***doit,*** *dès lors,* ***faire l'objet d'une interprétation stricte*** *; que l'article 68 de la Constitution dispose que " le Président de la République n'est responsable des actes accomplis dans l'exercice de ses fonctions qu'en cas de haute trahison. Il ne peut être mis en accusation que par les deux assemblées statuant par un vote identique au scrutin public et à la majorité absolue des membres les composant ; il est jugé par la Haute Cour de justice " ;* ***qu'on doit en déduire qu'en premier lieu, l'immunité ainsi instituée au profit du Président de la République ne s'applique qu'aux actes qu'il a accomplis dans l'exercice de ses fonctions, que, pour le surplus, il est placé dans la même situation que tous les citoyens et relève des juridictions pénales de droit commun ; qu'en deuxième lieu, l'irresponsabilité du Président de la République pour les actes accomplis dans l'exercice de ses fonctions vaut pour tous les contentieux civil, pénal et administratif comme au plan politique, et que spécialement dans le domaine pénal le Président de la République ne peut dans l'exercice de ses fonctions se voir incriminé pour avoir commis un crime ou un délit ; qu'en dernier lieu une exception est apportée à ces règles qui concerne le crime de " haute trahison ", cette notion de haute trahison étant une notion qui n'est pas limitée à la définition de crimes et délits donnés par le Code pénal pour ce qui concerne les diverses atteintes à la sûreté ou à la sécurité de l'État, mais une notion autonome, dont le contenu est laissé à l'appréciation tant des parlementaires des deux assemblées qui auront choisi, dans les conditions de procédure fixées par l'article 68, d'accuser le Président de la République, que de la Haute Cour de justice statuant sur cette accusation*** *; qu'il s'en déduit que le Président de la République peut être mis en cause au plan pénal pour des faits commis avant son élection à la magistrature suprême ; que ces faits sont par nature détachables de l'exercice de ses fonctions durant son mandat présidentiel, et que, de plus fort, avant qu'il ne fût élu Président, le chef de l'État était un citoyen ordinaire soumis au statut* *pénal commun reposant sur le principe d'égalité garanti par l'ordre juridique républicain ; que, de surcroît, cette interprétation résulte de la lettre même de l'article 68 de la Constitution qui ne met en cause le Président de la République pour les actes accomplis dans l'exercice de ses fonctions qu'en cas de haute trahison, et qui partant, renvoie au droit commun pour les actes détachables de ses fonctions, spécialement ratione temporis, comme ceux commis avant son élection ; qu'ainsi, force est de constater que la Cour a bien violé le principe, les textes constitutionnels et les textes pénaux susvisés régissant la compétence et les pouvoirs dévolus aux juges d'instruction* ».

II. LA RESPONSABILITE PENALE DU CHEF DE L'ÉTAT DANS LES REGIMES AFRICAINS

Comme on y a déjà fait allusion, en droit international, le Chef de l'État a toujours joui d'une certaine immunité[415] voire d'un statut spécial considéré par la coutume et justifié, à l'époque monarchique, par le caractère sacré de la fonction qu'il occupe dans l'ordre institutionnel. Comme certains auteurs l'ont bien montré[416], « *à l'origine de ce système immunitaire, se trouve la nécessité de protéger une souveraineté personnelle renforcée par son caractère sacré. Mais depuis l'époque contemporaine, l'État est le fondement même du système immunitaire absolu du Chef de l'État devant des juridictions étrangères. C'est la théorie dite de « l'immunité d'organe » développée par Hans Kelsen* »[417].

Durant de nombreuses années, les précédents de 1919 et de 1945 ont pu être considérés comme des exceptions à la règle de l'immunité des Chefs

[415] V. notamment : DECAUX (E.), Le statut du Chef d'État déchu, AFDI, t. XXVI, 1980, p. 101 sq. ; BORGHI (A.), L'immunité des dirigeants politiques en droit international, Bruxelles/Paris, Bruylant/LGDJ, 2003, 652 p. ; PANCRACIO (J.-P.), L'évolution historique du statut international du Chef de l'État, dans SFDI, colloque de Clermont-Ferrand, Le Chef de l'État en droit international, Paris, Pedone, 2002, p. 10 sqq. ; COSNARD (M.), Les immunités du Chef de l'État, dans SFDI, colloque de Clermont-Ferrand, ibidem, pp. 189 sqq.

[416] ONDO (T.), La responsabilité introuvable du Chef de l'État africain : analyse comparée de la contestation du pouvoir présidentiel en Afrique noire francophone (Les exemples camerounais, gabonais, tchadiens et togolais), Thèse droit, Université de Reims (dir. P. TROUDE-CHASTENET), 2005, pp. 481-482.

[417] KELSEN (H.), Collective and Individual Responsabilitity for Acts of State in International Law, The Jewish Yearbook of International Law, 1948-49, pp. 226-239 et Collective and Individual Responsibility in International Law with Particular Regard to the Punishment of War Criminal, California Law Review, 1943, pp. 530- 571.

d'État dans la sphère internationale, due, notamment, à la spécificité des circonstances, – comme une exception à la règle confirmant ainsi la règle. Mais la création des tribunaux ad hoc (Yougoslavie, Rwanda…), la signature de conventions internationales humanitaires, la création, enfin, de la Cour Pénale Internationale permanente ont remis en lumière la question de la responsabilité pénale internationale du Chef de l'État. Cette dernière « *apparaît, à plus d'un titre, comme un substitut à l'irresponsabilité politique des dirigeants* »[418].

On peut ainsi affirmer que cette responsabilité pénale est prévue, désormais, tant par le droit international humanitaire que par le droit international pénal. Il s'agit d'une responsabilité personnelle qui s'exerce soit dans le cadre de l'exercice de ses pouvoirs, soit après sa sortie de fonctions. Ce qui fait que ses actions ne sont pas couvertes par l'immunité étatique résulte de ce que les crimes (crimes de guerre, crime contre l'humanité, crime de génocide, crime d'agression) ainsi commis relèvent de son action personnelle et non de la responsabilité collective de l'État. Peut-on valablement soutenir que la Shoah n'est pas le fait personnel d'Adolf Hitler, mais celui du peuple allemand ? Comme le fait justement observer le Tribunal Militaire International de Nuremberg dans sa décision du 1er octobre 1945, « *(...) ce sont des hommes et non des entités abstraites qui commettent les crimes dont la répression s'impose, comme sanction du droit international, qui dans certaines circonstances protègent les représentants d'un État, ne peut s'appliquer aux actes condamnés comme criminels par le droit international (...)* ».

Ce principe étant, désormais, consacré, il est évident qu'il devait être repris par l'article 27 du Statut de la Cour Pénale Internationale[419]. C'est donc le caractère odieux du crime international qui « innocente » l'organe étatique de toute responsabilité pour la transférer personnellement sur la tête du Chef de l'État, tant devant les juridictions nationales que devant les juridictions internationales.

Il faut noter que les juridictions nationales détiennent ici une compétence universelle alors que la Cour Pénale Internationale dispose, quant à elle, d'une compétence subsidiaire ou résiduelle.

On peut, avec Anne-Marie La Rosa, définir la compétence universelle comme étant « *un système donnant aux tribunaux de tout État sur le territoire*

---

418 ONDO (T.), La responsabilité introuvable du Chef de l'État africain : analyse comparée de la contestation du pouvoir présidentiel en Afrique noire francophone (Les exemples camerounais, gabonais, tchadiens et togolais), op. cit., p. 483.
419 V. supra pour le texte de cette disposition conventionnelle.

duquel se trouve l'auteur de l'infraction pour connaître de cette dernière et ce, que ce soit le lieu de perpétration de l'infraction et la nationalité de l'auteur ou de la victime »[420].

Quant à la possibilité de mettre en cause la responsabilité pénale internationale des dirigeants, la Belgique a été l'une des premières à avoir adopté une telle législation par le biais de la loi du 16 juin 1993[421].

Il est important de noter que cette loi a été adoptée en dehors de toute obligation internationale (il ne s'agissait pas d'une loi de ratification d'un traité international...). Cette loi a été modifiée par la loi du 19 février 1999[422] aux termes de laquelle elle « *constitue la colonne vertébrale de la mise en œuvre de la répression sur le plan interne des violations graves du droit humanitaire et* [qui] *consacrent la compétence universelle des juridictions belges sans exigence de lien de rattachement* »[423]. Mais cette loi a été modifiée sous la pression américaine par la loi du 5 août 2003. En vertu de ce dernier texte, les juridictions belges peuvent engager des poursuites, uniquement lorsque des victimes de crimes commis à l'étranger sont de nationalité belge. Ainsi, la compétence universelle des tribunaux belges s'en trouve limitée d'autant.

En Afrique, il ne semble pas qu'un pays ait adopté le principe de la compétence universelle. Néanmoins, la responsabilité pénale internationale a commencé à trouver une certaine consistance comme le montrent, en Europe, la poursuite du général Pinochet en Grande-Bretagne en 1998 et l'arrestation de l'ancien Président yougoslave Slobodan Milosevic et son transfert devant le Tribunal Pénal International pour l'ex-Yougoslavie (TPIY) à La Haye en 2001.

---

[420] LA ROSA (A.-M.), Dictionnaire de droit international pénal, termes choisis, préface A. CASSESSE, Paris, PUF, 1998, p. 10.
[421] BAILLEURS (A.), L'histoire de la loi belge de compétence universelle. Une valse à trois temps : ouverture, étroitesse, modestie, Droit et société, n° 59, 2005, pp. 107-133.
[422] ARGENT (P. d'), La loi du 19 février 1999 relative à la répression des violations graves du droit international humanitaire, dans Journal des Tribunaux (JT), 1999, pp. 550 sq.
[423] VANDERMEERSCH (D.), Quel avenir pour la compétence universelle des juridictions belges en matière de crimes de droit international humanitaire ? - Droit belge, dans CASSESSE (A.) et DELMAS-MARTY (M.) (dir.), Juridictions internationales et crimes internationaux, Paris, PUF, 2002, p. 69 sq..

Pour revenir à notre thématique, en Afrique, l'idée d'une pratique de la mise en jeu de la responsabilité pénale des gouvernants a connu un début d'application[424] avec l'arrestation et la condamnation à une peine de prison à perpétuité pour crimes de génocide et crimes contre l'humanité de l'ex-Premier ministre rwandais Jean Kambanda le 4 septembre 1998[425].

Comme le fait observer Télesphore Ondo, « *la responsabilité pénale internationale du Chef de l'État africain, n'a véritablement été mise en jeu qu'avec l'engagement, en France, des poursuites contre un Chef de l'État en exercice, le Président libyen Mouammar Kadhafi et la mise en cause de l'ex-Président tchadien Hissène Habré au Sénégal* »[426].

En ce qui concerne l'affaire Kadhafi (en 1989), les faits sont très bien connus tellement ils ont été médiatisés. Il s'agit de l'affaire de l'attentat contre l'avion DC10 de la compagnie aérienne UTA attaqué en vol qui explosa tuant 170 passagers. Il résulte de l'instruction que l'attentat met en cause les services secrets libyens. Le 10 mars 1999, les six auteurs de l'attentat, tous de nationalité libyenne, sont jugés par la Cour d'assises de Paris et condamnés par contumace à la réclusion criminelle à perpétuité, mais ils ne seront pas poursuivis dans leur pays.

L'instruction avait laissé penser à l'implication directe du Chef de l'État libyen puisqu'il était prouvé que l'attentat avait été préparé par le chef des services secrets, par ailleurs propre beau-frère du Chef de l'État.

Dès lors, l'association SOS Attentats va déposer le 15 juin 1999 une plainte avec constitution de partie civile auprès du doyen des juges d'instruction du TGI de Paris.

L'instruction avait été sollicitée contre le Chef de l'État libyen au motif de *« s'être sciemment rendu complice par instruction donnée, des homicides volontaires commis sur 170 personnes avec la circonstance que ladite destruction et dégradation d'objets mobiles et de biens immobiliers par l'effet d'une substance explosive ayant entraîné la mort de personnes a été commise en relation avec une entreprise collective ayant pour objet de troubler l'ordre*

---

[424] Même s'il faut faire observer qu'il y a eu un précédent : le cas de l'ex-Président de la Guinée Équatoriale Francisco Macias Ngema, jugé pour crime de génocide, arrêté et condamné à mort le 29 septembre 1979 et exécuté le jour même par la garde royale marocaine, faute de volontaires parmi les soldats équatoguinéens. V. sur cette question, TERNON (Y.), L'État criminel. Les génocides au XXe siècle, Paris, Seuil, 1995, p. 339.
[425] LAUCI (C.), La responsabilité pénale des détenteurs de l'autorité : étude de la jurisprudence récente des tribunaux pénaux internationaux, dans L'observateur des Nations Unies, n° 6, 1999, p. 143.
[426] Op. cit., p. 503.

public par l'intimidation et la terreur ». Ce motif vise en réalité des faits prévus et réprimés par le Code pénal et le Code de procédure pénale en France. Le Procureur de la République a, par ses réquisitoires, refusé d'informer en se basant sur la coutume internationale selon laquelle les Chefs d'État ou de gouvernement bénéficient d'une totale immunité, du fait du principe de la souveraineté des États.

Le premier vice-président du TGI de Paris, le juge Jean-Louis Bruguière, a, par ordonnance du 6 octobre 1999, rejeté le refus d'informer en se fondant sur l'article 113-7 du Code pénal, en vertu duquel, « *la loi pénale française est applicable à tout crime, ainsi qu'à tout délit puni d'emprisonnement, commis par un Français ou par un étranger hors du territoire de la République lorsque la victime est de nationalité française au moment de l'infraction* ».

Le Procureur de la République va interjeter appel et saisir la chambre d'accusation de la Cour d'appel de Paris qui dans un arrêt du 20 octobre 2000 a donné raison aux parties civiles en faisant observer qu'« *aucune immunité ne saurait couvrir les faits de complicité d'homicides volontaires et de destruction par substances explosives ayant entraîné la mort avec une entreprise terroriste consistant pour un Chef d'État à avoir ordonné l'explosion* » et « *que ces faits, à les supposer établis, entreraient dans la catégorie des crimes internationaux, et ne pourraient, en tout état de cause, être considérés comme ressortant des fonctions d'un Chef d'État* »[427].

À l'issue de cet arrêt la Cour de cassation fut saisie d'un pourvoi qui déboucha sur un arrêt de la chambre criminelle rendu le 13 mars 2001 par lequel, elle cassa l'ordonnance de la Cour d'appel, au motif que « *le crime dénoncé, quelle qu'en soit la gravité, ne relève pas des exceptions au principe de l'immunité de juridiction des Chefs d'État étrangers en exercice* »[428].

On notera que la formule de la Cour de cassation signifie, a contrario, que la Haute Juridiction reconnaît *expressis verbis* qu'il peut exister des exceptions au principe coutumier des immunités des Chefs d'État.

Mais la Cour affirme, par ailleurs, que « *la coutume internationale s'oppose à ce que les Chefs d'État en exercice puissent, en l'absence de disposi-*

---

[427] CA, Paris, Ch. Acc, 2e section, 20 octobre 2000, arrêt n°A 1999/0591. V. également POIRAT (Fl.), Jurisprudence française en matière de droit international public. Immunité de juridiction pénale du Chef d'État étranger et règles coutumières devant le juge judiciaire, dans RGDIP, n° 2/2001, pp. 473 et ss.

[428] C. Cass., Ch. Crim., 13 mars 2001, arrêt n° 1414, RGDIP, n° 2/2001, p. 473 sq., note Fl. POIRAT.

tions internationales contraires s'imposant aux parties concernées, faire l'objet de poursuite devant les juridictions pénales internes ». Par-là, elle montre son attitude d'extrême réserve à l'égard de la coutume internationale dans l'ordre juridique interne français.

Cela remet donc bien en cause la portée de la mise en jeu de la responsabilité pénale des Chefs d'État en exercice en droit français. C'est ce que va confirmer l'affaire Hissène Habré, qui elle ouvre de nouvelles perspectives.

Hissène Habré est un chef de guerre tchadien qui prend le pouvoir le 7 juin 1982 en renversant le Président Goukouni Oueddei et devient Président de la République du Tchad. Il est, à son tour, renversé le 1er décembre 1990 par un coup d'État mené par Idriss Déby. Il se réfugie alors au Sénégal.

Durant sa présidence, il est soupçonné d'être responsable de la mort de près de 40 000 personnes. Une fois renversé, plusieurs fosses communes, contenant plus de 150 squelettes, seront mises à jour aux alentours de la capitale N'Djamena.

La Belgique, compte tenu de sa loi de compétence universelle que nous avons déjà évoquée (certaines des victimes étaient de nationalité belge), va alors engager des poursuites à l'encontre de l'ex-Président du Tchad. La Belgique délivre alors à son encontre un mandat d'arrêt international le 19 septembre 2005 qui est transmis aux autorités sénégalaises. Hissène Habré est alors arrêté et placé en garde à vue. Il sera libéré quelques jours plus tard, car les juridictions sénégalaises se sont déclarées incompétentes et l'affaire est renvoyée devant l'Union africaine.

L'Union africaine va alors décider de mandater le Sénégal pour juger Hissène Habré de crimes contre l'humanité, crimes de guerre, et actes de torture en juillet 2006. Le Sénégal va alors engager des réformes constitutionnelles et législatives afin de se doter des instruments juridiques lui permettant de juger le dictateur tchadien.

Sur ces entrefaites, un tribunal de N'Djamena le condamne à mort par contumace, pour crimes contre l'humanité.

Le 30 juin 2012, il est de nouveau placé en garde à vue et son procès débute le 20 juillet 2015 à Dakar par une juridiction spéciale créée à cette fin par le Sénégal et l'Union africaine : les Chambres africaines extraordinaires[429]. On

---

[429] OUIGOU SAVADOGO (R.), « Les Chambres africaines extraordinaires au sein des tribunaux sénégalais : Quoi de si extraordinaire ? », Études internationales, vol. 45, n° 1, 21 mai 2014, p. 105–127.

peut ici reconnaître l'action décisive de la Belgique qui, face à la mauvaise volonté du Sénégal à juger Hissène Habré, est allée jusqu'à saisir la Cour Internationale de Justice laquelle, par un arrêt du 20 juillet 2012 – rendu à l'unanimité des 17 juges qui la composaient – a donné raison à la Belgique[430] et déclaré que le Sénégal avait l'obligation de poursuivre Hissène Habré ou à tout le moins de l'extrader vers tout État qui veut le poursuivre pénalement.

Le 30 mai 2016, le tribunal spécial de Dakar condamne Hissène Habré à la réclusion à perpétuité pour crimes contre l'humanité, viols, exécutions, esclavage et enlèvements. Il fait alors appel et un nouveau procès débute le 9 janvier 2017. La chambre d'appel confirme le jugement de première instance en précisant que la peine devra être purgée soit au Sénégal, soit dans tout autre pays de l'Union africaine.

Le 7 avril 2020, Hissène Habré sera autorisé à quitter sa prison de Dakar pour raisons sanitaires dues à la Covid-19 et placé en résidence surveillée pendant 60 jours. Il sera replacé en prison à compter du 7 juin 2020.

La coutume internationale, malgré la création de la Cour Pénale Internationale qui est, en partie, une résultante de la crise rwandaise, a révélé que les juridictions françaises comme étrangères demeurent extrêmement réticentes à reconnaître la responsabilité pénale internationale des Chefs d'Etat[431]. Mais

---

[430] CIJ, arrêt du 20 juillet 2012, Questions concernant l'obligation de poursuivre ou d'extrader (Belgique c./ Sénégal), arrêt, CIJ Rec. 2012, p. 422. Dans cet arrêt, la Cour dit pour droit (n°122) :
« La Cour, 1) A l'unanimité, Dit qu'elle a compétence pour connaître du différend entre les Parties concernant l'interprétation et l'application de l'article 6, paragraphe 2, et de l'article 7, paragraphe 1, de la convention des Nations Unies contre la torture et autres peines ou traitements cruels, inhumains ou dégradants du 10 décembre 1984, dont le Royaume de Belgique a saisi la Cour par requête déposée au Greffe le 19 février 2009 ; (...) 3) Par quatorze voix contre deux, Dit que les demandes du Royaume de Belgique fondées sur l'article 6, paragraphe 2, et l'article 7, paragraphe 1, de la convention des Nations Unies contre la torture et autres peines ou traitements cruels, inhumains ou dégradants du 10 décembre 1984 sont recevables ; 4) Par quatorze voix contre deux, Dit que la République du Sénégal, en ne procédant pas immédiatement à une enquête préliminaire en vue d'établir les faits relatifs aux crimes qui auraient été commis par M. Hissène Habré, a manqué à l'obligation que lui impose l'article 6, paragraphe 2, de la convention des Nations Unies contre la torture et autres peines ou traitements cruels, inhumains ou dégradants du 10 décembre 1984 ; 5) Par quatorze voix contre deux, Dit que la République du Sénégal, en ne soumettant pas l'affaire à ses autorités compétentes pour l'exercice de l'action pénale contre M. Hissène Habré, a manqué à l'obligation que lui impose l'article 7, paragraphe 1, de la convention des Nations Unies contre la torture et autres peines ou traitements cruels, inhumains ou dégradants du 10 décembre 1984 ; 6) À l'unanimité, Dit que la République du Sénégal doit, sans autre délai, soumettre le cas de M. Hissène Habré à ses autorités compétentes pour l'exercice de l'action pénale, si elle ne l'extrade pas ».

[431] V. en ce sens, sur la distinction entre immunité personnelle et immunité matérielle du Chef de l'État, le tout récent article d'H. ASCENCIO, L'immunité du Chef d'État devant les juridictions internationales, dans AFDI, 2019, p. 395-413.

l'affaire Hissène Habré a montré que des évolutions étaient possibles dans le sens d'une réelle mise en jeu de cette responsabilité pénale, au moins lorsqu'il s'agit d'ex-Chefs d'État.

B- SUR LA COMPETENCE UNIVERSELLE

CHAPITRE 7-

LA COMPETENCE UNIVERSELLE EN FRANCE : ENTRE AVANCEE LEGISLATIVE ET RECHERCHE D'EQUILIBRE DANS LES PROCES D'ASSISES

Élise Le Gall et Julie Baleynaud

En principe, seuls les tribunaux nationaux sont compétents pour juger les affaires qui relèvent de leur compétence territoriale (infraction commise sur le territoire de l'État concerné) ou de leur compétence personnelle (suspect ou victime ressortissant(e) de l'État sur lequel le tribunal est établi). Toutefois, une exception a été ouverte à ce principe dès lors qu'il s'agit de réprimer des crimes internationaux tels que la torture, les crimes contre l'humanité, les crimes de guerre, génocides ou encore les disparitions forcées. En effet, puisque ces crimes heurtent la conscience de l'humanité, certains États ont peu à peu instauré une compétence extraterritoriale, parfois également appelée compétence universelle.

Cette compétence universelle offre l'avantage de permettre à un tribunal national de poursuivre les auteurs de crimes internationaux, quand bien même ceux-ci ne seraient pas commis sur le territoire de l'État dans lequel se situe ledit tribunal et même si l'auteur ou la victime ne seraient pas des ressortissants de cet État.

Un tel mécanisme applicable à l'échelle nationale participe d'un système de répression universelle des crimes internationaux, caractérisé par un principe de complémentarité d'action entre les juridictions nationales des États et les juridictions pénales internationales. Celles-ci ont ainsi vocation à poursuivre les plus hauts responsables de crimes internationaux, à condition cependant qu'ils relèvent de leur compétence à la fois matériellement, temporellement et géographiquement limitée.

Si le vœu pieux est ainsi de réduire les zones d'impunité à travers le monde, reste que la mise en pratique de la compétence universelle peut se heurter à des limites diplomatiques, législatives ou encore juridiques pouvant faire naître certaines insatisfactions, frustrations de la part de l'ensemble des acteurs impliqués, par le biais de la compétence universelle, dans la lutte contre l'impunité des crimes internationaux.

Loin de pouvoir toutes les analyser, cette contribution vise à faire part des limitations existantes dans la loi française (I) pour ensuite s'intéresser à quelques fragments de sa pratique au sein des juridictions françaises, modelée par son système inquisitoire (II).

I. LA QUETE DE SOUPLESSE DANS LA PROCEDURE DE MISE EN ŒUVRE DE LA COMPETENCE UNIVERSELLE POUR LES CRIMES RELEVANT DU STATUT DE ROME

A. L'adoption et la ratification du statut de Rome portant création de la Cour pénale internationale

L'inclusion en 2010 du génocide, des crimes contre l'humanité et des crimes de guerre dans la catégorie des crimes permettant l'application de la compétence universelle en droit français est le fruit d'une longue maturation législative ayant débuté avec l'adhésion de la France au Statut de Rome.

En effet, c'est suite à l'éclosion du Statut de Rome portant création de la Cour pénale internationale (CPI) le 18 juillet 1998, et en raison de ses nécessaires adoption et ratification par l'État français, que la loi constitutionnelle du 8 juillet 1999[432] est venue insérer dans la Constitution l'article 53-2 énonçant « La République peut reconnaître la juridiction de la Cour pénale internationale dans les conditions prévues par le traité signé le 18 juillet 1998 ».

Suite à cette modification constitutionnelle, la ratification du Statut de Rome est intervenue par la loi du 30 mars 2000[433]. Dans un souci d'applicabilité immédiate et de coopération effective entre les deux niveaux de compétence, le législateur français a également adopté la loi du 26 février 2002 relative à la coopération de la France avec la Cour pénale internationale[434], organisant les modalités d'entraides entre les institutions nationales et la CPI, ainsi

---

[432] Loi constitutionnelle n° 99-568 du 8 juillet 1999 insérant, au titre VI de la Constitution, un article 53-2 et relative à la Cour pénale internationale (JORF n° 157 du 9 juillet 1999).

[433] Loi n° 2000-282 du 30 mars 2000 autorisant la ratification de la convention portant statut de la Cour pénale internationale (JORF n° 0077 du 31 mars 2000).

[434] Loi n° 2002-268 du 26 février 2002 relative à la coopération avec la Cour pénale internationale (JORF n° 0049 du 27 février 2002).

que la loi n° 2003-1367 du 31 décembre 2003 autorisant l'approbation de l'accord sur les privilèges et immunités de la Cour pénale internationale[435].

Il apparaît que les ajustements législatifs entrepris par le législateur français visaient principalement à instaurer des dispositions permettant de reconnaître et soutenir la compétence de la CPI mais non encore à parfaire le système de complémentarité entre la CPI et les juridictions nationales françaises.

Il faudra alors attendre près de dix ans après l'entrée en vigueur du Statut de Rome pour voir adoptée la loi du 9 août 2010 portant adaptation du droit pénal à l'institution de la Cour pénale internationale[436]. L'atout de cette loi sera de reconnaître avec vigueur la nécessité et le devoir pour la France de juger les auteurs des crimes les plus graves en organisant la poursuite de ces crimes internationaux.

B. La rigidité de la procédure de mise en œuvre de la compétence universelle pour les crimes relevant du statut de Rome

Bien que bienvenue car mettant en œuvre le mécanisme de la compétence universelle pour les crimes qui relèvent de la compétence de la Cour pénale internationale, la loi du 9 août 2010 portant adaptation du droit français à la CPI[437] renferme néanmoins des imperfections relatives à l'effectivité de l'exercice de la compétence universelle en France.

Ces imperfections se concentrent principalement autour de l'article 689-11 du Code de procédure pénale (CPP) qui pose un certain nombre de « verrous » obstruant le plein exercice de la compétence universelle française aux infractions relevant du Statut de Rome.

Le premier verrou est la condition de résidence habituelle du suspect sur le territoire français. En effet, l'article 689-11 du CPP conditionne l'exercice de la compétence universelle aux fins de poursuite des crimes visés par le Statut de Rome à un lien de rattachement avec le territoire français, dès lors que ce texte impose que la personne suspectée « réside habituellement sur le territoire de la République ». Il est à noter que le lien de rattachement de la simple « présence » du suspect sur le territoire, admis par exemple pour l'infraction

---

[435] Loi n° 2003-1367 du 31 décembre 2003 autorisant l'approbation de l'accord sur les privilèges et immunités de la Cour pénale internationale (JORF n° 1 du 1er janvier 2004).
[436] Loi n° 2010-930 du 9 août 2010 portant adaptation du droit pénal à l'institution de la Cour pénale internationale (JORF n° 0183 du 10 août 2010).
[437] Loi n° 2010-930 du 9 août 2010 portant adaptation du droit pénal à l'institution de la Cour pénale internationale (JORF n° 0183 du 10 août 2010).

de torture ou encore l'ensemble des régimes prévus aux articles 689-2 à 689-10 du CPP, n'a ici pas été retenu.

Le second verrou porte sur le principe de double incrimination qui prévoit que les juridictions françaises sont compétentes seulement si les faits incriminés sont également punis par la législation de l'État où ils ont été commis. Or, bien souvent, dans des contextes de génocide, crimes contre l'humanité, crimes de guerre, l'État de droit est en péril et les législations incriminant de tels actes absentes. De plus, il est intéressant de relever que le principe de double incrimination est uniquement prévu en droit français pour les délits, et non les crimes, dans le cadre très spécifique des procédures d'extraditions, où il tend d'ailleurs à s'affaiblir.

Le troisième verrou porte quant à lui sur la condition restrictive et cumulative du principe de complémentarité dit « inversé »[438]. En effet, l'article 689-11 du CPP issu de la loi du 9 août 2010 prévoit que les juridictions françaises ne peuvent pas être saisies sans qu'il ait été préalablement demandé à la CPI de décliner expressément sa compétence, donnant ainsi priorité à cette Cour pour exercer des poursuites contre les auteurs des crimes les plus graves. Or, il est intéressant de noter que ce mécanisme n'est pas prévu par le Statut de Rome qui établit dans son préambule ainsi qu'à son article 1er que la compétence de la CPI est complémentaire de celle des juridictions nationales[439]. Ainsi, selon le principe de complémentarité tel qu'instauré par le Statut de Rome, la Cour n'est compétente que si l'État sur le territoire duquel les faits ont été commis n'a pas la volonté et/ou est dans l'incapacité de poursuivre leurs auteurs. Ce troisième verrou de complémentarité dite *« inversée »* ne semble donc pas conforme aux dispositions du Statut de Rome[440]. À cet égard, il convient de noter que l'existence d'une véritable obligation de transposition des dispositions du Statut de Rome en droit pénal interne ainsi que, le cas échéant, l'étendue de cette obligation (notamment le degré d'identité requis)

---

438 V. not. BRACH-THIEL (D.), « Compétence internationale », Répertoire de droit pénal et de procédure pénale, D., 2017, par. 216-223 ; BAROUDY (J.), « La compétence universelle en mutation… », RSC., 2011/1, p. 237.

439 Le préambule du Statut de Rome rappelle « qu'il est du devoir de chaque État de soumettre à sa juridiction criminelle les responsables de crimes internationaux » et souligne que « La Cour pénale internationale dont le présent Statut porte création est complémentaire des juridictions pénales nationales », formulation qui est reprise à l'article 1er. L'article 17 traitant de la recevabilité articule alors plus concrètement le rapport de complémentarité entre les juridictions pénales nationales et la CPI.

440 En ce sens : BRACH-THIEL (D.), « Compétence internationale », Répertoire de droit pénal et de procédure pénale, Dalloz, 2017, § 216-223.

font débat[441]. Cependant, selon certains auteurs, il ressort d'une lecture du Statut de Rome à la lumière du droit des traités internationaux qu'en découle pour les États parties non seulement une obligation de transposition dans leur législation nationale du principe de complémentarité, mais une obligation de transposition conforme à la lettre et à l'esprit du Statut[442]. Pourtant, malgré les interrogations suscitées par ce troisième verrou, la chambre criminelle de la Cour de cassation a, dans un arrêt du 4 janvier 2011, considéré l'article 689-11 du CPP conforme au Statut de Rome[443].

Enfin, le dernier verrou vise la mise en place par la loi du 9 août 2010 d'un monopole des poursuites par le parquet. En effet, l'article 689-11 du CPP confie le monopole des poursuites au Ministère public et ne permet donc pas à la partie civile, personne physique (une victime) ou morale (une association de défense des droits de l'Homme), de mettre en mouvement l'action publique en cas de refus de poursuivre ou de classement sans suite par le procureur. Alors que cette possibilité est ouverte en droit commun, par exemple pour les crimes de torture, les victimes de crimes internationaux les plus graves se voient empêchées de mettre en mouvement l'action publique.

C. La recherche de souplesse dans la procédure de mise en œuvre de la compétence universelle par la proposition de loi du sénateur Jean-Pierre Sueur

À la faveur de l'alternance politique en 2012 et en application d'un engagement de campagne du candidat François Hollande formalisé par une lettre adressée au Président de l'association Action des chrétiens pour l'abolition de la torture (ACAT), le sénateur Jean-Pierre Sueur déposait une proposition de loi visant à modifier l'article 689-11 du CPP avec la ferme volonté d'adopter

441 V. AKTYPIS (S.), « L'adaptation du droit pénal français au Statut de la Cour pénale internationale : État des lieux », Droits fondamentaux, n° 7, 2008.
442 AKTYPIS (S.), « L'adaptation du droit pénal français au Statut de la Cour pénale internationale : État des lieux », Droits fondamentaux, n° 7, 2008, p. 6-7 ; SAAS (Cl.), « La nécessaire adaptation du droit français au Statut de Rome », AJ pén.,2007, p. 267.
443 C. Cass., Crim., 4 janvier 2011, n° 10-87.760, Bull. crim. n°2. Dans cette affaire, la partie demanderesse avait fait valoir que l'article 689-11 était contraire à l'article 1er du Statut de Rome en ce qu'il conditionnait l'exercice de la compétence universelle par les juridictions françaises notamment à la déclinaison de sa compétence par la CPI. Ainsi, la partie demanderesse arguait que le juge aurait dû écarter la loi interne pour faire prévaloir le droit conventionnel. La Cour de cassation a cependant écarté ce moyen, considérant que « l'article 689-11 du code de procédure pénale respecte le Statut de la Cour pénale internationale ».

une compétence universelle effective impliquant de lever l'ensemble des verrous afin que la France se conforme aux « exigences de la lutte contre les crimes internationaux les plus graves »[444].

La proposition de loi prévoyait alors un article unique selon lequel « peut être poursuivie et jugée dans les conditions prévues par l'article 689-1 toute personne coupable de l'une des infractions suivantes : les crimes contre l'humanité et crimes de génocide (…) ; les crimes de guerre (…) »[445]. La référence à l'article 689-1 du CPP permettait ainsi d'harmoniser les régimes de la compétence universelle en soumettant son exercice pour l'ensemble des crimes internationaux visés aux articles 689-2 à 689-11 du CPP à la seule condition de « présence du suspect sur le territoire français ».

Le rapport d'Alain Anziani pour la Commission des Lois préconisait quant à lui la suppression de seuls trois des quatre verrous à l'exercice de la compétence universelle et se prononçait en faveur du maintien du monopole des poursuites par le Parquet pour « préserver la France des effets pervers [des plaintes infondées] sur les relations internationales »[446]. L'amendement déposé dans ce sens était alors approuvé par le Sénat, qui adoptait la proposition de loi à l'unanimité le 26 février 2013[447].

Lors des débats parlementaires, la Garde des Sceaux Christiane Taubira avait qualifié le sujet du monopole des poursuites accordé au Parquet de « complexe et difficile », admettant cependant qu'il « paraît inconcevable de poser pour principe que la victime ne peut engager l'action publique »[448]. Elle

[444] SÉNAT, Proposition de loi tendant à modifier l'article 689-11 du code de procédure pénale relatif à la compétence territoriale du juge français concernant les infractions visées par le statut de la Cour pénale internationale, Sénat – session extraordinaire de 2011-2012, proposition n°753, enregistrée le 6 septembre 2012.

[445] SÉNAT, Proposition de loi tendant à modifier l'article 689-11 du code de procédure pénale relatif à la compétence territoriale du juge français concernant les infractions visées par le statut de la Cour pénale internationale, Sénat – session extraordinaire de 2011-2012, proposition n°753, enregistrée le 6 septembre 2012.

[446] Sénat, Alain ANZIANI, « Rapport sur la proposition de loi de M. Jean-Pierre SUEUR et plusieurs de ses collègues tendant à modifier l'article 689-11 du code de procédure pénale relatif à la compétence territoriale du juge français concernant les infractions visées par le statut de la Cour pénale internationale », Sénat – session ordinaire de 2012-2013, Rapport n° 353 (2012-2013), déposé le 13 février 2013, p. 33.

[447] SÉNAT, Session ordinaire de 2012-2013, Compte rendu intégral, Séance du mardi 26 février 2013 (Année 2013 - N° 21 S. (C.R.)).

[448] SÉNAT, Session ordinaire de 2012-2013, Compte rendu intégral, Séance du mardi 26 février 2013 (Année 2013 - N° 21 S. (C.R.)), p. 1532.

en appelait donc au travail parlementaire et à la navette qui « peut effectivement permettre (...) de faire mûrir la réflexion sur cette question »[449].

Le sénateur Jean-Pierre Sueur, à la clôture des débats au Sénat, estimait quant à lui nécessaire de renouveler « le souhait que ce texte puisse être discuté rapidement par l'Assemblée nationale (...) car notre pays se doit d'être efficace dans la lutte contre l'impunité des personnes coupables de crimes de guerre, de crimes de génocide ou de crimes contre l'humanité »[450].

Toutefois, et malgré les efforts de plaidoyer de la Coalition française pour la Cour pénale internationale et de ses associations, ordres et syndicats représentant la société civile, rappelant régulièrement les engagements tant du Président de la République que de son ministre des affaires étrangères en faveur de la justice internationale, la proposition de loi subissait encore, plus de deux ans après son adoption par le Sénat, les exigences de la *real politik* appliquées par la diplomatie française. Le texte était toujours en attente d'être inscrit à l'ordre du jour de l'Assemblée nationale et aucun député n'avait été désigné rapporteur.

D. L'article 63 de la loi n° 2019-222 du 23 mars 2019 de programmation 2018-2022 et de réforme pour la justice

Face à l'inertie patente du projet, le sénateur Jean-Pierre Sueur décidait alors de l'inscrire au sein du projet de loi visant à réformer la justice[451]. Ainsi, c'est finalement l'article 63 de la loi n° 2019-222 du 23 mars 2019 de programmation 2018-2022 et de réforme pour la justice qui est venu réviser l'article 689-11 du CPP[452]. Il en ressort que seuls deux verrous ont été modifiés, assouplissant légèrement la rigidité entourant l'application et l'effectivité de la compétence universelle en France.

---

[449] SÉNAT, Session ordinaire de 2012-2013, Compte rendu intégral, Séance du mardi 26 février 2013 (Année 2013 - N° 21 S. (C.R.)), p. 1532.

[450] SÉNAT, Session ordinaire de 2012-2013, Compte rendu intégral, Séance du mardi 26 février 2013 (Année 2013 - N° 21 S. (C.R.)), p. 1533.

[451] SUEUR (J.-P.) , « Compétence du juge français sur les infractions visées par le statut de la Cour Pénale Internationale : Jean-Pierre Sueur obtient des avancées, mais il considère que « nous ne sommes pas au bout du chemin » », 18 février 2019, <https://www.jpsueur.com/index.php?option=com_content&view=article&id=11064:competence-du-juge-francais-sur-les-infractions-visees-par-le-statut-de-la-cour-penale-internationale-jean-pierre-sueur-obtient-des-avancees-mais-il-considere-que-nous-ne-sommes-pas-au-bout-du-chemin-2&catid=51&Itemid=64>.

[452] Loi n° 2019-222 du 23 mars 2019 de programmation 2018-2022 et de réforme pour la justice (JORF n° 0071 du 24 mars 2019).

D'une part, de la lecture de l'article 63 de la loi n° 2019-222 du 23 mars 2019, il apparaît que le verrou concernant le dessaisissement exprès de la CPI a été supprimé. En effet, selon le sénateur Jean-Pierre Sueur, le Gouvernement aurait considéré qu'en vertu du principe de subsidiarité cette clause excédait ce qu'impose le Statut de Rome[453].

D'autre part, s'agissant du verrou de la double incrimination, celui-ci se trouve supprimé en ce qui concerne les génocides mais conservé concernant les crimes de guerre et les crimes contre l'humanité.

Ainsi, l'article 689-11 se lit comme suit :

« *Hors les cas prévus au sous-titre Ier du titre Ier du livre IV pour l'application de la convention portant statut de la Cour pénale internationale, ouverte à la signature à Rome le 18 juillet 1998, peut être poursuivie et jugée par les juridictions françaises, si elle réside habituellement sur le territoire de la République, toute personne soupçonnée d'avoir commis à l'étranger l'une des infractions suivantes :*

1° Le crime de génocide défini au chapitre Ier du sous-titre Ier du titre Ier du livre II du Code pénal ;

2° Les autres crimes contre l'humanité définis au chapitre II du même sous-titre Ier, si les faits sont punis par la législation de l'État où ils ont été commis ou si cet État ou l'État dont la personne soupçonnée a la nationalité est partie à la convention précitée ;

3° Les crimes et les délits de guerre définis aux articles 461-1 à 461-31 du même code, si les faits sont punis par la législation de l'État où ils ont été commis ou si cet État ou l'État dont la personne soupçonnée a la nationalité est partie à la convention précitée.

La poursuite de ces crimes ne peut être exercée qu'à la requête du procureur de la République antiterroriste et si aucune juridiction internationale ou nationale ne demande la remise ou l'extradition de la personne. À cette fin, le ministère public s'assure de l'absence de poursuite diligentée par la Cour pénale internationale et vérifie qu'aucune autre juridiction internationale compétente pour juger la personne n'a demandé sa remise et qu'aucun autre État n'a demandé son extradition. Lorsque, en application de l'article 40-3 du présent code, le procureur général près la cour d'appel de Paris est saisi d'un

[453] SUEUR (J.-P.), « Compétence du juge français sur les infractions visées par le statut de la Cour Pénale Internationale : Jean-Pierre Sueur obtient des avancées, mais il considère que « nous ne sommes pas au bout du chemin » », 18 février 2019, <https://www.jpsueur.com/index.php?option=com_content&view=article&id=11064:competence-du-juge-francais-sur-les-infractions-visees-par-le-statut-de-la-cour-penale-internationale-jean-pierre-sueur-obtient-des-avancees-mais-il-considere-que-nous-ne-sommes-pas-au-bout-du-chemin-2&catid=51&Itemid=64>.

recours contre une décision de classement sans suite prise par le procureur de la République antiterroriste, il entend la personne qui a dénoncé les faits si celle-ci en fait la demande. S'il estime le recours infondé, il en informe l'intéressé par une décision écrite motivée ».

La conservation du principe de double incrimination pour les crimes de guerre et crimes contre l'humanité est d'autant plus interpellante qu'elle n'est jamais invoquée ni dans le cadre du mandat d'arrêt européen pour les crimes les plus graves, ni dans aucune autre disposition relative à la compétence extraterritoriale des tribunaux français[454].

Il est par ailleurs intéressant de noter qu'initialement, en première lecture, le Sénat avait souhaité supprimer la double incrimination en ce qui concernait les trois crimes. *In fine*, les sénateurs souhaitaient une simple incrimination par le droit français pour ces trois infractions[455]. En deuxième lecture, après que la Commission mixte paritaire n'ait pu parvenir à un texte commun[456], l'Assemblée nationale a maintenu ses exigences quant à la nécessité de la double incrimination[457] et la Sénat n'a pas souhaité revenir dessus[458].

En revanche, est maintenu le critère de la résidence habituelle du suspect sur le territoire national — alors même que Robert Badinter énonçait dès 2008 que « conserver (cette) condition (...) signifie (…) que nous ne nous reconnaissons compétents pour arrêter, poursuivre et juger les criminels contre l'humanité, c'est-à-dire les pires qui soient, que s'ils ont eu l'imprudence de résider de façon quasi permanente sur le territoire français »[459] — ainsi que le monopole des poursuites par le Parquet.

---

[454] SÉNAT, Projet de loi « Parquet européen et justice pénale spécialisée », 1e lecture, Amendement n° 47, 24 février 2020. À noter que l'amendement proposé a été rejeté à cette date (2020). L'article reste donc celui en vigueur.

[455] ASSEMBLÉE NATIONALE, Rapport fait au nom des commissions mixtes paritaires chargées de proposer un texte sur les dispositions restant en discussion du projet de loi de programmation 2018-2022 et de réforme pour la justice et du projet de loi organique relatif au renforcement de l'organisation des juridictions, nos 1497 et 1498, 13 décembre 2018.

[456] SÉNAT, Projet de loi de programmation 2018-2022 et de réforme pour la justice, Résultat des travaux de la commission mixte paritaire, n° 203, 13 décembre 2018.

[457] Assemblée nationale, Projet de loi de programmation 2018-2022 et de réforme pour la justice, Session ordinaire de 2018-2019, Texte adopté n° 216, 23 janvier 2019.

[458] SÉNAT, Session ordinaire de 2018-2019, Compte rendu intégral, Séance du mardi 12 février 2019 (Année 2019. – N° 13 S. (C.R.)).

[459] SÉNAT, Session ordinaire de 2007-2008, Compte rendu intégral, Séance du mardi 10 juin 2008 (Année 2008. – N° 43 S. (C.R.)), p. 2743.

II. LA PRATIQUE DES PROCES DE COMPETENCE UNIVERSELLE ET L'EMERGENCE DE DEFIS A RELEVER

A. L'existence d'un pôle spécialisé en matière de délits et crimes de guerre, crimes contre l'Humanité et d'un office central de lutte contre les crimes contre l'Humanité

Le Tribunal judiciaire de Paris dispose depuis janvier 2012 d'un pôle spécialisé dans la lutte contre les crimes contre l'humanité, crimes de guerre et génocides, créé à l'initiative du ministre des Affaires étrangères Bernard Kouchner et de la Garde des Sceaux Michèle Alliot-Marie afin de remédier à la complexité et technicité des affaires relevant de ce contentieux, alors en nette croissance[460]. Ce pôle, composé d'une quinzaine de professionnels, magistrats du parquet, juges d'instruction et d'assistants spécialisés, est compétent pour les crimes contre l'humanité, les crimes et délits de guerre, les actes de tortures et les disparitions forcées.

En 2018, le pôle spécialisé tirait le bilan d'avoir mis en place près de quatre procès d'assises concernant le génocide des Tutsi au Rwanda, et menait près d'une quarantaine d'enquêtes. Le pôle travaillant sur plus de 15 zones géographiques différentes avec des dossiers concernant des exactions commises en Syrie, Irak, Libye, le Tchad, la République démocratique du Congo, la Côte d'Ivoire, l'Ouganda, l'Afghanistan…

À la faveur de la loi de programmation et de réforme de la justice naissait le 1er juillet 2019 le Parquet national antiterroriste (PNAT), à qui était attribuée la compétence pour toutes les infractions terroristes, mais aussi les crimes et délits relatifs à la prolifération d'armes de destruction massive, les crimes contre l'humanité, les crimes et délits de guerre, les actes de torture et de disparitions forcées commises par les autorités étatiques[461] ; la section C1 (antiterroriste) suivant près de 264 enquêtes préliminaires et la section AC5 (pôle crimes contre l'humanité) gérant près de 44 enquêtes criminelles[462].

---

[460] ALLIOT-MARIE (M.) et KOUCHNER (B.), « Tribune : Pour la création d'un pôle « génocides et crimes contre l'humanité » au TGI de Paris », Le Monde, 6 janvier 2010.

[461] Loi n° 2019-222 du 23 mars 2019 de programmation 2018-2022 et de réforme pour la justice (JORF n° 0071 du 24 mars 2019).

[462] BAUER (B.), « Ouverture du parquet national antiterroriste : pour une force de frappe judiciaire renforcée », Actu-juridique.fr, 22 juillet 2017.

Désormais le PNAT est investi d'un double objectif : celui de la lutte contre le terrorisme mais également la lutte contre les crimes de guerre et les crimes contre l'humanité, par l'implication de près de 27 magistrats[463].

En outre, les enquêtes portant sur un crime international relèvent sur l'ensemble du territoire national de la compétence de l'Office central de lutte contre les crimes contre l'humanité, les génocides et les crimes de guerre (OCLCH), depuis sa création en novembre 2013. Ses forces sont notamment mises à disposition du pôle spécialisé du Tribunal judiciaire de Paris, mais collaborent également avec des organisations internationales, dont la CPI, ainsi qu'avec des associations et organisations non gouvernementales[464].

Ainsi, ce sont les enquêteurs de l'OCLCH qui ont retrouvé et arrêté en mai 2020 Félicien Kabuga[465] au terme d'une opération *« sophistiquée »* saluée par le procureur du Mécanisme pour les tribunaux pénaux internationaux, Serge Brammertz[466]. Visé par une notice rouge d'Interpol et recherché depuis 1997 pour son implication dans le génocide des Tutsi au Rwanda en 1994, dont il est considéré avoir été le « financier », Félicien Kabuga avait échappé à plusieurs tentatives d'arrestation en France mais aussi au Kenya, en Allemagne et en Belgique[467].

B. La nécessité de sauvegarder au cours des poursuites et du procès l'équilibre entre l'accusation, la défense et les parties civiles

1°) L'apport des parties civiles dans le déclenchement des poursuites et lors du procès d'assises

Le premier procès de compétence extraterritoriale concernant le génocide des Tutsi au Rwanda a été celui de Monsieur Pascal Simbikangwa qui

463 Dont un procureur en titre, deux adjoints, un secrétaire général, quatre premiers vice-procureurs, douze vice-procureurs et sept substituts. V. BAUER (D.), « Ouverture du parquet national antiterroriste : pour une force de frappe judiciaire renforcée », Actu-juridique.fr, 22 juillet 2017.

464 Ministère de l'Intérieur, Gendarmerie nationale, « L'Office central de lutte contre les crimes contre l'humanité, les génocides et les crimes de guerre ».

465 « Arrestation de Félicien Kabuga : un « coup de tonnerre » et beaucoup de « questions » », Journal Le Point,18 mai 2020.

466 LEPIDI (P.), « Félicien Kabuga, l'un des principaux accusés du génocide rwandais, arrêté en France », Journal Le Monde, 16 mai 2020.

467 Thiolay (B.), « Les dessous de l'arrestation de Félicien Kabuga, le génocidaire rwandais, à Asnières », Journal L'express, 20 mai 2020.

s'est tenu en 2014[468]. En effet, Pascal Simbikangwa avait été appréhendé à Mayotte, et il fut alors, suite au refus opposé par les juridictions françaises à la demande d'extradition des autorités rwandaises, déféré en France[469]. Ce fut un procès relativement long portant sur des faits de complicité de génocide et de crimes contre l'humanité[470]. Le 14 mars 2014, Pascal Simbikangwa a été condamné à 25 ans d'emprisonnement[471], une décision devenue définitive suite à un appel infructueux en décembre 2016[472] ainsi qu'un rejet du pourvoi en cassation formulé par son équipe de défense en mars 2018[473]. Notons que dans cette affaire, les parties civiles n'étaient que des ONG, aucune victime ne s'étant constituée.

Le second procès a été celui d'Octavien Ngenzi et de Tito Barahira qui avaient été respectivement arrêtés à Mayotte et à Toulouse. Les deux affaires ont été jointes et ont fait l'objet d'un procès entre début mai et début juillet 2016 devant la Cour d'assises de Paris[474]. Ces deux accusés ont été reconnus coupables de génocide et crimes contre l'humanité et condamnés à la réclusion criminelle à perpétuité le 6 juillet 2016[475]. Le 6 juillet 2018, la Cour d'appel a confirmé la décision de première instance[476], décision devenue définitive suite à l'arrêt de la Cour de cassation en date du 16 octobre 2019[477]. Ici des personnes physiques s'étaient constituées et se sont, au fur et à mesure des débats, constituées d'autres parties civiles.

[468] V. not. TROUILLE (H. L.), « France, universal jurisdiction and Rwandan génocidaires : The Simbikangwa Trial », Journal of international criminal Justice, Vol. 14, mars 2016, p. 195-217 ; STURLESE (Br.), « Réflexions sur le premier procès d'assises français d'un officier rwandais pour génocide et crimes contre l'humanité », Les cahiers de la Justice, n° 4, 2014, p. 533-539.

[469] V. STURLESE (Br.), « Réflexions sur le premier procès d'assises français d'un officier rwandais pour génocide et crimes contre l'humanité », Les cahiers de la Justice, n° 4, 2014, p. 533-539.

[470] V. Fédération internationale pour les droits humains, Ligue des droits de l'Homme, « Rwanda – Procès de Pascal Simbikangwa : Retour sur un procès emblématique », décembre 2014, <https://www.fidh.org/IMG/pdf/rwanda_proces_simbikangwa.pdf>.

[471] C. Assises, Paris, 14 mars 2014, n° 13/0033.

[472] C. Assises, Saint-Denis, 3 décembre 2016, n° 51/2016.

[473] C. Cass. Crim., 24 mai 2018, n° 16-87.622, publié au bulletin.

[474] V. pour un aperçu général de la procédure : Trial International, « Tito Barahira », mis à jour le 14 juillet 2020, < https://trialinternational.org/fr/latest-post/tito-barahira/>; Trial International, « Octavien Ngenzi », mis à jour le 14 juillet 2020, <https://trialinternational.org/fr/latest-post/octavien-ngenzi/>.

[475] C. assises, Paris, 6 juillet 2016, n° 14/0044.

[476] C. Assises, Paris, 6 juillet 2018, n° 16/0066.

[477] C. Cass., Crim., 16 octobre 2019, n° 18/84.608.

Du suivi de ces procès rwandais, il ressort que l'essentiel de la preuve a été d'ordre testimonial et ce en raison tant de l'éloignement temporel que géographique des faits ayant été commis[478]. À cet égard, il apparaît que les ONG ont pu jouer un rôle central, en donnant une voie aux victimes qui n'ont pu se constituer parties civiles ainsi qu'en contribuant à la constitution du dossier pour celles qui ont pu dès 1990 documenter les exactions sur le terrain, y récolter des éléments probants rassemblés dans des rapports d'enquête[479]. Des rapports, photos et vidéos ont parfois permis de corroborer certains témoignages et d'apporter une vision plus précise du contexte dans lequel les exactions avaient pu être commises.

Outre leur participation à la procédure et leur apport en matière de preuve, il est intéressant de noter que les ONG ont bien souvent permis l'enclenchement effectif de l'action publique, tirant profit de la possibilité pour certaines associations (selon leurs statuts) de se constituer partie civile devant le doyen des juges d'instruction[480]. En effet, Me Akorri, avocate de la FIDH dans l'un des procès rwandais, a pu rappeler que pour le cas du génocide des Tutsi au Rwanda en 1994, la FIDH a alerté sans relâche depuis 1990 l'opinion publique ainsi que les autorités politiques et diplomatiques sur les exactions qui y ont été commises ainsi que sur l'impunité dont continuent de bénéficier certains de leurs auteurs[481]. Et c'est bien par le dépôt d'une plainte avec constitution de partie civile que s'est ouverte la procédure dans le cadre de l'affaire *Simbikangwa* suite à un travail de recherches et d'analyses prenant assise dans le rapport Carbonare datant de 1993 qui faisait déjà mention de Monsieur Pascal Simbikangwa[482].

Si c'est bien le parquet qui exerce en la matière le monopole des poursuites, le rôle actif que leur accorde néanmoins la procédure pénale française permet aux parties civiles de contribuer à l'effectivité de la compétence universelle,

---

478 STURLESE (B.), « Réflexions sur le premier procès d'assises français d'un officier rwandais pour génocide et crimes contre l'humanité », Les cahiers de la Justice, 2014/4, p. 533-539 ; GRAS (R.), « Interview d'Hélène DUMAS, « Rwanda – Procès Barahira-Ngenzi : « Des archives utiles à la compréhension de l'histoire du génocide des Tutsis » », Journal Jeune Afrique, 9 juillet 2018.

479 FÉDÉRATION INTERNATIONALE POUR LES DROITS HUMAINS, LIGUE DES DROITS DE L'HOMME, « Rwanda – Procès de Pascal Simbikangwa : Retour sur un procès emblématique », décembre 2014.

480 Art. 2-1 à 2-21 C. Proc. Pén..

481 ASSOCIATION FRANÇAISE POUR LA COMPÉTENCE UNIVERSELLE, « Compte-rendu du Colloque de l'AFCPU sur la compétence universelle et le génocide des Tutsi au Rwanda », 16 avril 2019.

482 FÉDÉRATION INTERNATIONALE POUR LES DROITS HUMAINS, LIGUE DES DROITS DE L'HOMME, « Rwanda – Procès de Pascal Simbikangwa : Retour sur un procès emblématique », décembre 2014.

luttant ainsi contre « son effritement progressif » dans d'autres systèmes juridiques en raison des crises diplomatiques qu'elle a pu y susciter[483]. À titre d'exemple, en Belgique, l'exercice de la compétence universelle a ainsi été nettement réduit depuis une loi de 2003 qui limite son champ d'application aux crimes commis par ou contre des citoyens ou résidents belges, reconnaît une immunité à tout invité officiel du gouvernement ou d'une organisation internationale, et empêche les victimes et ONG de mettre en mouvement l'action publique par constitution de partie civile[484]. En Espagne, de nombreuses crises diplomatiques ont conduit à une réduction drastique du champ d'application de la compétence universelle en 2014[485].

2°) Le difficile équilibre avec les droits de la défense

L'intervention des parties civiles aux côtés de l'accusation contribue cependant parfois à renforcer l'inégalité entre les moyens mis à disposition du ministère public et ceux dont bénéficie la défense, menaçant l'équilibre général du procès et l'exercice effectif des droits de la défense. C'est le constat dressé notamment par Me Epstein, l'un des avocats de Monsieur Pascal Simbikangwa, et Me Mathe, avocate de Monsieur Octavien Ngenzi, lors d'une conférence organisée par l'AFCPU en partenariat avec l'Ordre des Avocats du Barreau de Paris le 16 avril 2019[486].

Ainsi était notamment relevée la difficulté si ce n'est l'impossibilité pour la défense de pouvoir se déplacer sur les lieux, et ce en vue de participer à la manifestation de la vérité[487]. Dans le cas du procès de Pascal Simbikangwa, selon Me Epstein, à leur demande de déplacement sur les lieux leur avait été objecté que la Cour d'assises ne pouvait pas se déplacer. Pourtant, dès lors que pour ces procès, la grande majorité de la preuve est d'ordre testimonial, il apparaît légitime, à titre d'exemple, que lorsqu'il s'agit de confronter les propos d'un témoin situé à X mètres disant avoir vu l'accusé remettre des armes

---

483 JEANGENE VILMER (J.-B.), « La compétence universelle à l'épreuve des crises diplomatiques », RSC, n° 4, 2016, p. 701-714 ; LANGER (M.), « The Diplomacy of Universal Jurisdiction : The Political Branches and the Transnational Prosecution of International Crimes », American Journal of international Law, Vol. 105, n° 1, 2011.

484 JEANGENE VILMER (J.-B.), « La compétence universelle à l'épreuve des crises diplomatiques », RSC, n° 4, 2016, p. 707-709.

485 JEANGENE VILMER (J.-B.), « La compétence universelle à l'épreuve des crises diplomatiques », RSC, n° 4, 2016, p. 710-712.

486 ASSOCIATION FRANÇAISE POUR LA COMPÉTENCE UNIVERSELLE, « Compte-rendu du Colloque de l'AFCPU sur la compétence universelle et le génocide des Tutsi au Rwanda », 16 avril 2019.

487 V. également en ce sens : MANIRAKIZA (P.), « Les défis de la défense devant le Tribunal pénal international pour le Rwanda », Revue générale de droit, Vol. 38, n° 1, 2008, p. 95-96.

ou donner des instructions, il puisse être souhaité de pouvoir se rendre sur les lieux afin de déterminer la certitude de tel positionnement ou plutôt de tel autre[488]. Même constat de la part de Me Mathe, avocate de Octavien Ngenzi rapportant que pour les transports sur les lieux opérés par le juge d'instruction, les avocats de la défense n'ont jamais été convoqués, ni même informés qu'un transport sur les lieux était prévu. Et d'ajouter qu'au cours de ces transports sur les lieux, les témoins étaient auditionnés en commun par le juge d'instruction et le procureur qui posaient ensemble les questions et signaient le procès-verbal[489].

Lors de cette conférence, l'avocat de Monsieur Pascal Simbikangwa a également pu évoquer les répercussions d'un calendrier de procès particulièrement serré — résultant de la nécessaire conciliation entre la quantité des éléments à prendre en compte et le coût financier qu'implique la mise en œuvre de tels procès s'étendant sur plusieurs mois — sur l'exercice des droits de la défense. En effet, selon l'avocat, les témoins sont vite « usés » par les nombreuses questions posées tant à la fois par le Président de la Cour, les différentes parties et la défense, qui n'intervient qu'en dernier, au bout de deux ou trois heures d'interrogatoire[490]. Il a également évoqué l'injonction qui a pu lui être faite de conclure avec un témoin, alors que la défense n'avait pas fini son cycle de question, en raison de la tardiveté de l'heure ou de ce « qu'il faille passer à autre chose »[491]. Or le fait de priver la défense de l'opportunité d'aller au bout de ses questions, de confronter le témoin, comme cela se fait plus facilement devant les juridictions pénales internationales dont l'organisation et le mandat le permettent, peut nourrir l'impression de déséquilibre entre l'accusation, les parties civiles et la défense. Un constat également partagé par Me Mathe, l'avocate de Monsieur Octavien Ngenzi, qui lors de la conférence du 16 avril 2019 ajoute notamment que les témoins venus du Rwanda arrivaient à 6 h du matin à l'aéroport, étaient ensuite conduits à l'audience, et n'étaient parfois interrogés qu'en fin de journée vers 23 h par les avocats de la défense — après le tour de la Cour et de celui des dizaines d'avocats des parties civiles,

---

[488] Et ce d'autant plus, que dans le procès Simbikangwa, il a pu être démontré au cours du procès que certains témoins avaient parfois dit des choses inexactes comme le fait d'avoir vu Pascal Simbikangwa marcher alors qu'il était invalide depuis 1986 et que certains incidents relatés n'avaient par conséquent pas été retenus. À titre d'exemple, on pourra également évoquer l'affaire Katanga devant la Cour pénale internationale, où la Cour s'était déplacée sur place et alors qu'elle avait accordé le plus grand crédit à certains témoignages, certains s'étaient effondrés au regard de la configuration des lieux sur place.

[489] Association française pour la compétence universelle, « Compte-rendu du Colloque de l'AF-CPU sur la compétence universelle et le génocide des Tutsi au Rwanda », 16 avril 2019.

[490] Association française pour la compétence universelle, « Compte-rendu du Colloque de l'AF-CPU sur la compétence universelle et le génocide des Tutsi au Rwanda », 16 avril 2019.

[491] Association française pour la compétence universelle, « Compte-rendu du Colloque de l'AF-CPU sur la compétence universelle et le génocide des Tutsi au Rwanda », 16 avril 2019.

ainsi que de l'avocat général — étant donné l'impossibilité de remettre l'interrogatoire au lendemain, les témoins devant reprendre l'avion afin d'économiser une nuit d'hôtel. Selon elle, ces problématiques mettent en évidence la nécessité de réviser le Code de procédure pénale qui ne serait pas adapté à ce type de dossiers[492].

Enfin, s'ajoutent à ces déséquilibres procéduraux des déséquilibres financiers. D'une part, la question de la prise en charge des témoins, venant de l'étranger, pose des difficultés particulières dans les dossiers de compétence universelle. Dans l'une des affaires évoquées, le parquet avait fait venir environ 70 témoins à charge, dont la majorité venait du Rwanda. Cependant, en vertu des dispositions du Code de procédure pénale, la défense ne peut demander au Parquet que la citation de cinq témoins, le restant devant être pris en charge directement par la défense. Selon Me Mathe, le financement des billets d'avion depuis Kigali pour les témoins de la défense s'était ainsi avéré particulièrement problématique[493].

D'autre part, et de façon plus générale, c'est le déséquilibre entre les moyens financiers dont disposent le ministère public et les accusés qui menace l'équilibre du procès. Ainsi, en France, l'aide juridictionnelle accordée aux accusés s'élevait, pour l'ensemble d'une procédure s'étirant sur plusieurs années (interrogatoires et confrontations, audiences, mémoires, notes, demandes d'actes, etc.), à moins de 1500 euros[494]. À titre de comparaison, devant le Tribunal pénal international pour le Rwanda, les accusés bénéficient de la prise en charge totale des honoraires, fixés selon un standard international, d'un avocat principal et du collaborateur qu'il choisit, ainsi que de leurs assistants juridiques. Selon Me Mathe, le rôle joué en France par le juge d'instruction, censé instruire à charge ainsi qu'à décharge, ne suffit pas à compenser ce déséquilibre[495].

Notons cependant que certains de ces déséquilibres devraient être amenés à s'atténuer. En effet, si jusqu'à présent les poursuites engagées en France au titre de la compétence universelle ont fortement reposé sur de la preuve dite

---

492 Association française pour la compétence universelle, « Compte-rendu du Colloque de l'AF-CPU sur la compétence universelle et le génocide des Tutsi au Rwanda », 16 avril 2019.
493 Association française pour la compétence universelle, « Compte-rendu du Colloque de l'AF-CPU sur la compétence universelle et le génocide des Tutsi au Rwanda », 16 avril 2019. Dans le même sens, sur l'inégalité des armes entre le Procureur et la défense, V. MANIRAKIZA (P.), « Les défis de la défense devant le Tribunal pénal international pour le Rwanda », Revue générale de droit, Vol. 38, n° 1, 2008, p. 47-109.
494 MATHE (Fr.), « La défense devant les juridictions françaises saisies au titre de la compétence universelle », Les Cahiers de la Justice, 2014/4, p. 593-605.
495 MATHE (Fr.), « La défense devant les juridictions françaises saisies au titre de la compétence universelle », Les cahiers de la Justice, 2014/4, p. 593-605.

testimoniale, c'est aussi parce que ces affaires portaient sur le génocide des Tutsi au Rwanda, des exactions qui n'ont pu être que faiblement documentées. Les contentieux à venir, destinés à porter sur des conflits plus récents, devraient ainsi pouvoir bénéficier d'un apport plus large de preuves écrites, de vidéos, de documentations publiées sur les réseaux sociaux, permettant ainsi de remédier à certaines des difficultés soulevées relatives à la gestion du temps accordé aux témoignages, à la remise en contexte des faits et à la nécessité d'un déplacement sur les lieux.

Suite à l'essor de la compétence universelle, de nouvelles coopérations ont ainsi émergé au sein de la société civile en vue du rassemblement d'éléments probants et de la documentation de crimes internationaux[496]. Victimes et associations de victimes, journalistes, organisations non gouvernementales et parfois même organisations internationales, par le biais notamment de commissions d'enquête et de missions d'établissement des faits, collectent ainsi des témoignages mais aussi des photos et vidéos à des fins de poursuites judiciaires.

Le « rapport César » en est l'une des premières et plus impressionnantes illustrations[497]. « César » est le surnom d'un photographe légiste de la police militaire syrienne qui, entre le début de la révolution en 2011 et sa fuite en 2013, a documenté par plus de 55 000 photos les violences commises par le régime syrien. Originellement chargé de photographier les scènes de crimes de droit commun, César est réaffecté en 2011 et doit systématiquement et méthodiquement photographier les corps de ceux qui sont morts sous la torture dans les centres de détention de la région de Damas, photographies destinées à prouver aux donneurs d'ordre que leurs instructions avaient été suivies. Suite à la confirmation de leur crédibilité par un rapport d'expert en 2014[498], une enquête contre X est ouverte en septembre 2015 en France pour crimes contre l'humanité, confiée à l'Office central de lutte contre les crimes contre l'humanité, les génocides et les crimes de guerre[499]. C'est notamment grâce à cette documentation que la justice française a pu, en octobre 2018, délivrer des mandats d'arrêt internationaux à l'encontre de trois hauts responsables des services de renseignement syriens dans une affaire portant sur la torture et

---

496 V. not. TRIAL INTERNATIONAL, « Evidentiary challenges in universal jurisdiction cases – Universal Jurisdiction Annual Review 2019 », 2019.

497 V. à ce sujet : LE CAISNE (G.), Opération César, Paris, Stock, 2015.

498 DE SILVA (D.), NICE (G.) et CRANE (D. M.), « A report into the credibility of certain evidence with regard to Torture and Execution of Persons incarcerated by the current Syrian regime », 2014.

499 TALAGRAND (P.), « Syrie : une enquête ouverte en France visant le régime Assad pour « crimes contre l'humanité » », Journal Le Point, 30 septembre 2015.

disparition forcée de deux Franco-Syriens[500]. Puis, début 2019, l'enquête ouverte sur la base des clichés de César débouche sur l'arrestation de l'un des tortionnaires présumés en France et de deux autres en Allemagne[501]. Poursuivi au titre de la compétence universelle en Allemagne, le procès de l'un d'entre eux a débuté en avril 2020. Le dossier repose principalement sur les photos exfiltrées par César, dont une centaine ont été prises de victimes provenant de l'unité d'un centre de détention au moment où l'accusé en assurait le contrôle[502].

Enfin, et dans ce souci de trouver un équilibre entre les parties dans les procès touchant aux crimes contre l'humanité, crimes de guerre, génocide, terrorisme, et à tout le moins dans son apparence, il pourrait être intéressant de s'inspirer de la Cour pénale internationale qui pour assurer l'égalité des armes entre l'Accusation et la Défense, a fait le choix d'octroyer aux victimes un conseil commun. Ainsi, la Cour pénale internationale limite le temps de parole laissé auparavant aux nombreux avocats des victimes, garantissant ainsi à la Défense un temps de parole proportionnel et effectif, qui sauvegarde l'équilibre du procès. Tout comme, il pourrait être intéressant de mettre en place au sein du Barreau de Paris, une liste d'avocats spécialisés en droit international pénal et droit pénal qui pourraient intervenir dans ces procès et disposeraient d'appuis financiers afin de permettre l'exercice effectif des droits de la défense et des parties civiles, telle qu'elle existe auprès de la Cour pénale internationale.

---

500 VINCENT (E.), « Trois dignitaires syriens visés par des mandats d'arrêt émis par la justice française », Journal Le Monde, 5 novembre 2018 ; V. également TRIAL INTERNATIONAL, « Evidentiary challenges in universal jurisdiction cases – Universal Jurisdiction Annual Review 2019 », 2019.

501 « Un tortionnaire syrien présumé mis en examen en France pour complicité de crimes contre l'humanité », France 24, 16 février 2019.

502 BUSSARD (S.), « Stephen Rapp : « Le procès de Coblence prouve que l'impunité pour la Syrie n'existe pas », Journal Le Temps, 30 avril 2020.

C- Sur l'enquête pénale et la question des victimes

CHAPITRE 8-

LES SPECIFICITES DE L'ENQUETE PENALE SUR LES CRIMES DE GENOCIDE COMMIS AU RWANDA

Éric Émeraux et Nicolas Le Coz

D'une manière générale, les enquêtes sur les génocides, les crimes contre l'humanité, les crimes et délits de guerre et le crime de torture[503] se caractérisent par des spécificités visibles, notamment si on les compare à celles diligentées sur d'autres formes graves de criminalité.

L'éloignement de la scène de crime et de la date à laquelle l'infraction a été commise, la possible absence de coopération de l'État du lieu de commission des faits et l'éparpillement d'éventuels témoins entre plusieurs territoires sont autant d'exemples de défis qu'il faut relever. Par ailleurs, l'évolution de l'enquêteur dans un environnement où la coopération européenne et internationale est habituelle et caractérisée par une multitude d'acteurs, publics ou non, rend ces enquêtes tout à fait particulières.

Toutefois, avant d'entrer dans le vif du sujet et de faire part de quelques réflexions nourries par l'expérience dans les enquêtes diligentées autour du contentieux rwandais, il est nécessaire de rappeler quelques fondamentaux qui permettront de mieux comprendre le cadre procédural dans lequel s'inscrivent ces investigations. En France, les enquêtes pénales sur les crimes internationaux les plus graves, qu'elles soient diligentées en préliminaire sous la direction des magistrats du parquet ou sous la forme d'une information judiciaire sous la direction d'un juge d'instruction, relèvent de règles procédurales prévues aux articles 628 à 628-10 du Code de procédure pénale. Elles ont été introduites dans ce Code par la loi n° 2011-1862 du 13 décembre 2011. Cependant, les enquêtes et poursuites sur les crimes commis au Rwanda sont

---

[503] L'expression doit être entendue au sens de torture infligée par un agent de la fonction publique ou toute autre personne agissant à titre officiel ou à son instigation ou avec son consentement exprès ou tacite, comme le stipule l'article 1er de la Convention contre la torture et autres peines ou traitements cruels, inhumains ou dégradants, ouverte à la signature le 10 décembre 1984.

régies par des règles supplémentaires mais non codifiées qui sont contenues dans la loi n° 96-432 du 22 mai 1996. Quant à celles portant sur les crimes commis en ex-Yougoslavie, elles figurent dans la loi n° 95-1 du 2 janvier 1995.

Pour la conduite de ces enquêtes, deux institutions travaillent chaque jour en très étroite coopération. La première est le pôle « Crimes contre l'humanité et crimes et délits de guerre » du parquet du Procureur de la République antiterroriste (PRAT)[504] qui a succédé depuis le 1er juillet 2019 au pôle « Crimes contre l'humanité et crimes et délits de guerre » du parquet du Procureur de la République près le Tribunal de grande instance de Paris. La seconde est l'Office central de lutte contre les crimes contre l'humanité, les génocides et les crimes de guerre (OCLCH). Si sa création a été proposée dès 2008 par la Direction générale de la gendarmerie nationale (DGGN) et portée sans relâche au niveau interministériel pendant près de cinq ans, il a finalement été créé par décret du Premier ministre du 5 novembre 2013[505]. Rattaché à la Sous-direction de la police judiciaire (SDPJ) de la Direction générale de la gendarmerie nationale (DGGN), il est un service central de police judiciaire inter-forces et à vocation interministérielle, qui agit sous la direction des magistrats du parquet et de l'instruction précités. Il est en outre compétent pour acter sur la totalité du territoire de la République.

Afin de mener à bien sa mission, l'OCLCH est structuré en trois divisions, la première étant chargée de réaliser les enquêtes en matière de crimes contre l'humanité, la seconde travaillant sur les crimes de haine et enfin, la troisième étant chargée de l'appui aux enquêtes, c'est-à-dire du renseignement criminel, de l'analyse stratégique et juridique, de la coopération internationale et des enquêtes sur les criminels faisant l'objet d'une demande d'arrestation aux fins d'extradition ou de remise émanant de juridictions pénales internationales ou étrangères.

À la date du 1er juillet 2020, l'OCLCH diligentait environ 150 procédures se partageant entre le Moyen-Orient, l'Afrique (dont 28 liées au Rwanda) et l'Europe, cinq enquêtes visant à arrêter des fugitifs recherchés par des justices étrangères ou la justice internationale et six enquêtes dans le cadre de demandes d'entraide adressées à la France par la Cour pénale internationale

[504] Ce nouveau magistrat du parquet a été créé par l'article 69 de la loi n° 2019-222 du 23 mars 2019 de programmation 2018-2022 et de réforme pour la justice. Il a ainsi succédé au Procureur de la République de Paris dans ses prérogatives concernant les poursuites des crimes contre l'humanité, crimes et délits de guerre et les infractions qui leur sont connexes, comme en dispose désormais l'art. 628-1 C. proc. pén.

[505] Décret n° 2013-987 du 5 novembre 2013, selon lequel le ministre de l'Intérieur et le Garde des Sceaux, ministre de la Justice sont responsables de l'exécution dudit décret.

(CPI) ou par le Mécanisme international appelé à exercer les fonctions résiduelles des Tribunaux pénaux pour l'ex-Yougoslavie (TPIY) et le Rwanda (TPIR).

Outre les crimes internationaux les plus graves et comme l'existence d'une division dédiée le prouve, il est nécessaire de rappeler que l'OCLCH tire du décret précité un second mandat, lui permettant d'enquêter sur tout crime et délit complexe commis à raison de la race, l'ethnie, la nationalité, la religion, l'orientation sexuelle ou l'identité de genre de la victime. Pour ces procédures et contrairement à celles diligentées sur les crimes internationaux les plus graves, l'OCLCH agit sous la direction de tout parquet ou toute juridiction d'instruction du territoire national.

À l'heure où la justice pénale française est confrontée à une augmentation exponentielle du nombre des procédures portant sur des crimes internationaux les plus graves, il convient d'expliciter les spécificités des enquêtes à l'aune de l'expérience acquise par l'OCLCH depuis sa création en 2013 et notamment au Rwanda. À cette fin, il nous faudra aborder les règles de procédure pénale qui les encadrent (I) puis le contexte tout à fait particulier qui les caractérise (II).

I. L'ENQUETE EST ENCADREE PAR DES REGLES DE PROCEDURE PENALE SPECIFIQUES

Les enquêtes diligentées en France sur le crime de génocide commis au Rwanda, obéissent à des règles de compétences spécifiques, lesquelles sont d'ailleurs valables pour le contentieux en général.

A. Les enquêtes conduites au profit de la justice française

Conduites en application des règles de la compétence personnelle active, de la compétence personnelle passive ou de la compétence universelle (1), ces enquêtes donnent lieu à la mise en œuvre de techniques d'investigations dérogatoires au droit commun (2), faisant suite à des modes de déclenchement variés (3).

1°) Les règles de compétence

Ouvrir une enquête en France sur un ou plusieurs crimes internationaux commis au Rwanda nécessite de se poser la question de la compétence de la justice française. En premier lieu, les juridictions françaises peuvent exercer leur compétence dès lors que l'auteur d'un crime commis à l'étranger a la nationalité française. Cette compétence, dite personnelle active, s'applique également en cas de délit, à condition toutefois que ceux-ci soient punis par la législation de l'État où les faits ont été commis[506]. Ensuite, et l'on parle alors de compétence personnelle passive, les juridictions peuvent exercer leur compétence lorsque la victime d'un crime ou délit commis à l'étranger est française, à la condition toutefois que celle-ci ait préalablement déposé une plainte ou que les faits aient été officiellement dénoncés par l'État du lieu de l'infraction[507]. Finalement, grâce à la compétence universelle prévue par l'article 689-11 du Code de procédure pénale[508], les juridictions françaises peuvent poursuivre des crimes si l'auteur présumé du crime a sa résidence habituelle en France. Aussi, pour le crime contre l'humanité et les crimes et délits de guerre, il faut que les faits soient punis par la législation de l'État où ils ont été commis, ou que l'État dont la personne soupçonnée a la nationalité soit partie au Statut de Rome de 1998.

La notion de résidence habituelle forgée par le droit international privé est notamment utilisée dans plusieurs instruments juridiques de l'Union européenne afin de régler des conflits de lois entre personnes privées, et est aussi employée dans des instruments juridiques de l'UE portant sur le droit fiscal, ou la fonction publique. La Cour de cassation, saisie de pourvois discutant cette notion, a fait sienne la jurisprudence de la Cour de justice de l'Union européenne (CJUE) du 2 avril 2009[509] qui a jugé que la résidence habituelle d'une personne s'interprète comme le centre de ses intérêts moraux et matériels dans un État donné. Il s'agit d'une présence habituelle et notoire en raison d'attaches professionnelles et familiales plus étroites dans l'État concerné qu'ailleurs.

Pour tous ces crimes, l'article 689-11 précité prévoit que la poursuite ne puisse être exercée qu'à la requête du ministère public et si aucune autre juridiction nationale ou internationale ne demande la remise ou l'extradition de la personne concernée. À cette fin et comme en dispose l'article 689-11, « le ministère public s'assure de l'absence de poursuite diligentée par la Cour pénale internationale et vérifie qu'aucune autre juridiction internationale compétente pour juger la personne n'a demandé sa remise et qu'aucun autre État n'a demandé son extradition ».

---

506 Arti.113-6 C. pén..
507 Art. 113-7 et 113-8 C. pén..
508 Art. 689-11 C. proc. pén. modifié par la loi n° 2019-222 du 23 mars 2019 de programmation 2018-2022 et de réforme pour la justice.
509 CJUE, 3e ch., arrêt du 2 avril 2009, Aff. C-523/07.

Cependant, lorsqu'il s'agit d'un crime visé par le Statut du Tribunal militaire international de Nuremberg, d'un crime de torture au sens de la Convention de 1984, d'un crime commis en ex-Yougoslavie ou au Rwanda, la justice française est compétente dès lors que l'auteur des crimes est présent sur le territoire français, même par le biais d'un simple passage. Pour les autres crimes internationaux, commis à l'étranger, on applique le critère de la résidence habituelle. On peut donc constater que la compétence universelle est à géométrie variable, et en cela qu'elle ne bénéficie pas d'un régime unique et de critères uniques.

2°) Les règles de procédure

Les pouvoirs spéciaux d'enquête sont expressément prévus par l'article 628-8 du Code de procédure pénale qui opère un renvoi vers les dispositions du même Code, applicables aux enquêtes et l'information judiciaire portant sur des infractions relevant de la criminalité organisée et du terrorisme. Ces techniques spéciales d'enquêtes, initialement réservées aux infractions relevant de la criminalité organisée ont été heureusement élargies, par la loi n°2011-1862 du 13 décembre 2011 relative à la répartition des contentieux et à l'allègement de certaines procédures juridictionnelles, aux enquêtes ouvertes sur les génocides, les crimes contre l'humanité et les crimes et délits de guerre.

La mise en œuvre de l'article 628-8 permet dans les enquêtes préliminaires diligentées sous la direction des magistrats du parquet du Procureur de la République antiterroriste[510] de recourir, entre autres, aux mesures suivantes. Tout d'abord, il faut citer le recours à la mesure de garde à vue qui peut durer jusqu'à 96 heures[511]. Ensuite, sur autorisation du juge des libertés et de la détention, il est possible d'autoriser une perquisition dans des locaux autres que des lieux d'habitation et qui sera conduite en dehors des heures légales, c'est-à-dire en dehors de la tranche horaire allant de 06h00 à 21h00. Une perquisition dans des locaux d'habitation en dehors de ces mêmes heures légales peut être également diligentée mais seulement si elle est nécessaire pour prévenir une atteinte à l'intégrité physique ou une atteinte à la vie. L'interception des correspondances émises par le biais de communications électroniques, l'accès

[510] Toutes les autres techniques d'enquête classiques comme les réquisitions sont mises en œuvre (pour les cas où les techniques spéciales d'enquête ne sont pas prévues) dans les formes prévues par le Code de procédure pénale.

[511] La prolongation de la garde à vue jusqu'à 120 heures (5 jours) est réservée aux infractions à caractère terroriste et dans le seul cas où « il existe un risque sérieux de l'imminence d'une action terroriste en France ou à l'étranger ou que les nécessités de la coopération internationale le requièrent impérativement ».

à distance aux correspondances stockées par la voie des communications électroniques accessibles au moyen d'un identifiant informatique et le recours au dispositif dit « IMSI-Catcher »[512] peuvent aussi être mis en œuvre.

Le recours à l'infiltration de gendarmes et policiers employés par le service interministériel d'assistance technique (SIAT) dans des conditions strictes prévues par les articles 706-81 et suivants du Code de procédure pénale est aussi possible. Comme en dispose cet article, l'infiltration consiste, pour un officier ou un agent de police judiciaire spécialement habilité dans des conditions fixées par décret et agissant sous la responsabilité d'un officier de police judiciaire chargé de coordonner l'opération, à surveiller des personnes suspectées de commettre un crime ou un délit en se faisant passer, auprès de ces personnes, comme un de leurs coauteurs, complices ou receleurs. À l'issue de cette opération sensible, les indices collectés par ces agents permettront ainsi de nourrir le dossier d'enquête.

Pour l'information judiciaire, le juge d'instruction peut également autoriser les mêmes techniques spéciales d'investigation. Pour rechercher des indices à l'étranger, les règles de l'entraide pénale internationale, découlant des articles 694 et suivants du Code de procédure pénale et des conventions régulièrement ratifiées par la France doivent être appliquées. À titre d'exemple, les auditions de témoins, réalisées au Rwanda, ou des remises en situation, vont donner lieu à une demande d'entraide adressée par le magistrat français au Procureur général du Rwanda qui répondra par l'affirmative en envoyant une lettre d'invitation autorisant la venue d'enquêteurs de l'OCLCH pour une période déterminée et, le cas échéant, celle du magistrat du parquet ou de l'instruction qui souhaiterait être autorisé à se rendre dans ce pays. Cependant si, dans l'enquête classique, la projection d'enquêteurs français a pour but qu'ils assistent aux actes d'enquêtes réalisés par les enquêteurs de l'Etat requis, tel n'est pas le cas pour le Rwanda. En effet, les magistrats français appliquent l'article 18 alinéa 4 du Code de procédure pénale[513] qui, sous réserve d'avoir obtenu l'autorisation préalable des autorités judiciaires étrangères requises, autorise les enquêteurs à recueillir les auditions eux-mêmes et dans les formes prévues par la procédure pénale française. Cette disposition dont l'application est soumise à la réciprocité n'est cependant pas systématiquement mise en œuvre en raison du refus de certaines autorités judiciaires étrangères d'y faire

---

[512] Comme le précise la circulaire de la Garde des Sceaux n° JUSD 1915381 C du 27 mai 2019, un IMSI-catcher est un « appareil ou un dispositif technique de recueil des données techniques de connexion permettant l'identification d'un équipement terminal ou du numéro d'abonnement de son utilisateur, ainsi que les données relatives à la localisation d'un équipement terminal utilisé. Il permet également d'intercepter des correspondances ».

[513] Jusqu'à la loi n° 2019-222 du 23 mars 2019, cette possibilité était prévue par l'art. 18 al. 5 C. proc. pén.. Il a donc été modifié.

droit. Pour l'entraide judiciaire demandée à des autorités judiciaires d'États membres de l'Union européenne ou reçues de la part de ces dernières par les autorités judiciaires françaises, les demandes d'entraide sont désormais émises sous la forme de décisions d'enquête européenne (DEE).

3°) Le mode de déclenchement

Malgré le fait que le mode de déclenchement des enquêtes répond aux cas prévus par la procédure pénale française, il est également particulier pour de nombreuses raisons. Tout d'abord, on le sait, une enquête préliminaire peut être ouverte sur le fondement d'un simple soupçon constitué par tout élément (un témoignage ou un article de presse). Dans le contentieux des crimes internationaux les plus graves, la publication d'une liste de sanctions par le ministre en charge de l'économie et des finances peut générer un soupçon permettant au parquet d'ouvrir une enquête préliminaire et de transmettre un soit-transmis au chef de l'OCLCH pour que ladite enquête soit diligentée. De plus, en application de l'article 40 du Code de procédure pénale, « toute autorité constituée, tout officier public ou fonctionnaire qui, dans l'exercice de ses fonctions, acquiert la connaissance d'un crime ou d'un délit est tenu d'en donner avis sans délai au procureur de la République et de transmettre à ce magistrat tous les renseignements, procès-verbaux et actes qui y sont relatifs ». Ainsi, en 2015, l'article 40 a été utilisé par le ministre des Affaires étrangères pour signaler au Procureur de la République de Paris des crimes de torture susceptibles d'avoir été commis par le régime syrien et dénoncé par un photographe de la police militaire syrienne[514]. Ce signalement a permis aux magistrats du parquet du pôle « Crimes contre l'humanité et crimes et délits de guerre » d'ouvrir une enquête préliminaire sur le fondement de ce signalement ainsi que du disque dur remis aux autorités françaises par « César », procédure diligentée depuis par l'OCLCH et qui fait l'objet d'une équipe commune d'enquête (ECE) franco-allemande, créée depuis septembre 2018.

Par ailleurs, et depuis la loi du 29 juillet 2015 relative à la réforme du droit d'asile, le directeur de l'Office français de protection des réfugiés et apatrides (OFPRA) est tenu de signaler au parquet anti-terroriste toute personne exclue de l'asile en application de l'article 1F de la Convention relative au statut des réfugiés du 28 juillet 1951[515]. Cette mesure, prononcée sur le fondement de l'article L. 711-4 du Code de l'entrée et du séjour des étrangers et du droit d'asile, vise à exclure de l'asile toute personne suspectée d'avoir commis des

514 Ces quelque 55 000 clichés montraient des corps de milliers de ressortissants syriens suppliciés.
515 Art. 10 de la loi n° 2015-925 du 29 juillet 2015 relative à la réforme du droit d'asile portant modification de l'art. L. 722-3 CESEDA.

crimes contre la paix, des crimes contre l'humanité, des crimes de guerre ou des agissements contraires aux buts des Nations Unies. Dans ce dernier cas, où les craintes fondées de persécution en cas de retour dans l'État d'origine ont tout de même été reconnues par l'OFPRA, l'individu ne peut plus être expulsé du territoire français, en application du droit international des droits de l'Homme.

Sur la centaine d'enquêtes en cours, 37 mettent en cause des individus ayant été exclus de l'asile par l'OFPRA avant signalement par son directeur général au Procureur de la République anti-terroriste (PRAT). Ces cas concernent principalement des auteurs de crimes commis en Syrie, en Libye, au Sri Lanka et en Centrafrique. En effet, avec la crise migratoire qui touche actuellement l'Union européenne, nombreux sont les auteurs d'atrocités commises à l'étranger qui ont pénétré en France et dans d'autres États membres de l'UE pour tenter d'y obtenir l'asile en mentant sur leur passé criminel. Ainsi, l'OFPRA peut signaler au PRAT un rwandais demandeur d'asile en France.

Finalement, dans le domaine des crimes internationaux les plus graves, les plaintes avec constitution de partie civile émanant de victimes, d'ayants droit de victimes ou d'associations répondant aux critères prévus par les articles 2-4 et 2-5 du Code de procédure pénale constituent aussi une source de déclenchement des enquêtes sur commission rogatoire d'un juge d'instruction (information judiciaire). Pour être recevable, la plainte avec constitution de partie civile qui concerne un crime de torture commis à l'étranger ou des crimes internationaux (génocides, crimes contre l'humanité, crimes de guerre) commis au Rwanda ou en ex-Yougoslavie doit avoir été déposée le jour où l'auteur présumé était présent en France. Ensuite, il appartiendra à l'enquêteur de vérifier cette présence en France (par exemple avec une réquisition judiciaire adressée à un établissement hôtelier). Pour les autres crimes commis sur d'autres théâtres, et en application de l'article 689-11 du Code de procédure pénale, il faudra établir que la personne mise en cause avait sa résidence habituelle en France, au jour du dépôt de la plainte avec constitution de partie civile.

B. Les enquêtes conduites pour arrêter des criminels rwandais en fuite

La recherche de fugitifs condamnés à l'étranger de manière définitive pour crime contre l'humanité, génocide ou crimes de guerre ou mis en cause devant une juridiction étrangère justifie également l'ouverture d'une enquête particulière en recherche de fugitifs. Sur le fondement de l'article 696-9-1 du Code de procédure pénale, cette procédure permet de mettre en œuvre quelques prérogatives d'enquêtes prévues par l'article 74-2 du même Code.

L'autorité judiciaire compétente dans ces cas est le parquet général. Cet article a été utilisé dans le cadre de l'enquête exercée sous l'autorité du parquet général près la Cour d'appel de Paris qui a permis l'arrestation de Félicien Kabuga, le 16 mai 2020.

Attardons-nous sur les fondamentaux de ces arrestations provisoires en reprenant les explications fournies par le Bureau de l'entraide pénale internationale (BEPI) du ministère de la Justice. Les « diffusions » ou « demandes d'arrestation provisoire » sont des messages que les États membres de l'OIPC-Interpol transmettent directement afin d'obtenir l'arrestation provisoire d'une personne, en utilisant le canal de communication sécurisé mis en place par cette organisation internationale. Lorsque les autorités judiciaires d'un État souhaitent demander l'arrestation provisoire d'une personne, elles émettent, via leur Bureau central national Interpol (BCN), une demande d'arrestation provisoire qui sera adressée soit à l'ensemble des pays membres d'Interpol, soit à un pays déterminé en cas de localisation de la personne, soit à une ou plusieurs zones géographiques[516].

En revanche, les notices rouges se distinguent de la demande d'arrestation provisoire en ce qu'elles constituent un outil propre à l'organisation internationale de police criminelle. Si elles sont sollicitées par l'autorité judiciaire de l'État requérant, seul le Secrétariat général de l'OIPC-Interpol a le pouvoir de les émettre. De plus, en vertu du Statut de l'organisation, il existe une obligation générale de coopération en ce qui concerne les demandes transmises par ce moyen. Les notices rouges comportent systématiquement le matériel signalétique de l'intéressé et sont accessibles au public sur le site internet d'Interpol si l'État requérant a donné son autorisation. Il convient enfin de souligner qu'un État peut à la fois émettre une diffusion et une notice rouge à l'encontre du même individu.

Concernant sa valeur juridique, la notice rouge n'a pas valeur d'arrestation provisoire dans l'ensemble des pays d'Interpol. En France, bien que longtemps considérées comme un outil uniquement policier, la qualité et la précision des informations qu'elles contiennent ont finalement amené à les considérer comme un outil juridique comparable à une demande d'arrestation provisoire. Une notice rouge permet ainsi, en l'absence de difficulté technique ou juridique, l'interpellation de la personne concernée sur le territoire national, et fait donc l'objet du même traitement que les demandes d'arrestation provisoire.

---

[516] Il existe neuf zones Interpol, comme, par exemple, la zone IP2 comprenant la grande Europe, la zone IP 3 (Afrique du Nord et Moyen-Orient).

S'agissant du Rwanda, la Cour de cassation[517] refuse d'extrader les suspects de génocide, en raison du principe de non-rétroactivité, c'est-à-dire l'absence en 1994, date des faits, de l'incrimination de génocide dans le Code pénal rwandais. Il revient donc à la France de juger les présumés génocidaires ayant été interpellés sur le sol français.

II. DES ENQUETES DILIGENTEES DANS UN CONTEXTE TRES PARTICULIER

Une enquête portant sur un délit ou un crime commis par un groupe criminel organisé débute immédiatement après que l'autorité judiciaire en a eu connaissance. Par la suite, la réitération des infractions permet de collecter des indices et de comprendre rapidement les modes opératoires des membres du groupe. En revanche, même si l'enquête sur les crimes internationaux les plus graves débute aussi dès que l'autorité judiciaire française en a eu connaissance, elle est quelque peu différente. En effet, l'enquêteur est éloigné de la scène de crime (espace) et de la date de commission des faits (temps). Généralement, l'enquêteur est confronté à l'une ou l'autre de ces situations : soit l'auteur est identifié mais la victime ne l'est pas, soit l'auteur n'est pas identifié mais la victime l'est. Finalement, au-delà des règles précitées, la pratique des enquêtes sur les crimes internationaux les plus graves est elle-même sui generis, tant pour la recherche des indices (A) que pour la coopération permettant d'aider l'enquête (B).

A. La recherche des indices

Cette recherche d'indices nécessite des enquêteurs spécialisés (1) qui sauront ainsi collecter des témoignages (2) et des indices matériels (3) en passant au peigne fin l'environnement physique, numérique et financier du suspect (4).

[517] Dans ses arrêts (arrêt n° 808 du 26 février 2014 (13-86.631) - Cour de cassation - Chambre criminelle), la Cour de cassation relève qu'une telle extradition serait contraire au principe de « non-rétroactivité de la loi pénale », énoncé notamment dans la Déclaration des droits de l'homme et du citoyen de 1789 : on ne peut être jugé pour une infraction qui n'était pas définie par la loi au moment des faits. Or les demandes rwandaises d'extradition concernent « des faits qualifiés de génocide et de crimes contre l'humanité qui n'étaient pas incriminés par l'État requérant à l'époque où ils ont été commis », souligne la Cour.

1°) Les enquêteurs spécialisés

Pour être en mesure de conduire une enquête sur un génocide, un crime contre l'humanité ou un crime de guerre, chaque enquêteur, tel un « couteau suisse », doit avoir plusieurs cordes à son arc pour être capable d'affronter cet environnement particulier. On pense notamment à une pratique de la police judiciaire acquise préalablement en unité de recherches[518], un tropisme pour les relations internationales et les conflits armés ainsi que la maîtrise d'une ou plusieurs technicités. Cet enquêteur doit aussi être appuyé par des spécialistes, justifiant qu'au sein de l'OCLCH, la division en charge de l'appui aux enquêtes apporte aux enquêteurs des analyses juridiques ou géopolitiques, utilise l'analyse criminelle ou le mette en contact avec des enquêteurs étrangers ou des agences européennes ou des organisations internationales[519].

Les enquêteurs devront être sélectionnés mais aussi formés, dès leur arrivée et par la suite, aux fondamentaux du droit international public, du droit international pénal et du droit international humanitaire. Cette formation interne est assurée à l'aide d'experts de la gendarmerie nationale et de l'OCLCH parmi lesquels des officiers supérieurs de la réserve opérationnelle de la gendarmerie qui sont affectés au service de cet office central de police judiciaire. Elle l'est aussi grâce à des partenaires extérieurs comme, entre autres, les magistrats et assistants spécialisés du parquet du Procureur de la République antiterroriste (PRAT) ou de la juridiction d'instruction de Paris, le Comité international de la Croix-Rouge (CICR) ou des représentants d'ONG spécialisées dans la prise en charge des victimes de crimes internationaux les plus graves.

[518] Dans la gendarmerie nationale, les services de police judiciaire exclusivement dédiés aux enquêtes pénales sont désignés sous l'expression « Unités de recherches ». Ils comprennent les brigades de recherches (BR) au niveau des départements et les sections de recherches (SR) au niveau des régions. S'y ajoutent quatre offices centraux de police judiciaire compétents au niveau national qui sont l'office central de lutte contre la délinquance itinérante (OCLDI), l'office central de lutte contre les atteintes à l'environnement et à la santé publique (OCLAESP), l'office central de lutte contre le travail illégal (OCLTI) et l'office central de lutte contre les crimes contre l'humanité, les génocides et les crimes de guerre (OCLCH). Il faut également citer l'Institut de recherches criminelles de la gendarmerie nationale (IRCGN), le laboratoire de police technique et scientifique et le service central de renseignement criminel (SCRC).

[519] Par exemple, il peut s'agir du Mécanisme international, indépendant et impartial pour la Syrie dit « M 3 I » qui a été créé par l'Assemblée générale de l'ONU résolution n°A/71/L.48 du 19 décembre 2016 pour aider les États membres et leurs juridictions pénales dans leurs enquêtes et leurs poursuites pénales en leur transmettant des indices collectés auprès des États membres ou de toute autre source fiable.

2°) Les témoignages

Pour mener à bien des enquêtes sur les crimes internationaux les plus graves, il est indispensable d'entendre des témoins (pouvant se trouver en France mais aussi au Rwanda) des faits susceptibles d'incriminer l'auteur ou de le disculper. Rappelons en effet que les enquêtes diligentées sous la direction des magistrats du parquet[520] comme des magistrats du siège que sont les juges d'instruction le sont à charge et à décharge. Il s'agit ici pour les enquêteurs, en accord avec l'autorité judiciaire, d'organiser la venue du témoin dans des conditions assurant sa sécurité, ou de se déplacer dans l'État de résidence du témoin, après l'obtention, par l'autorité judiciaire française, de l'autorisation de l'autorité judiciaire étrangère concernée. Afin d'éviter toute menace sur les témoins, le Procureur ou le juge d'instruction peuvent demander au juge des libertés et de la détention que l'identité du témoin n'apparaisse pas dans les actes de procédure[521].

Dans le domaine de la police judiciaire, les auditions d'auteurs ou de témoins ont longtemps été fondées sur des pratiques transmises entre enquêteurs, et qui n'étaient pas toujours satisfaisantes. La gendarmerie nationale, inspirée d'une méthode canadienne, a mis au point le « Processus général de recueil des entretiens, auditoires et interrogatoires » (PROGREAI) fondé sur l'empathie et la préférence pour des questions ouvertes. Petit à petit, les enquêteurs de l'OCLCH sont formés à cette méthode d'audition.

De plus, l'expertise psychologique du témoin est importante, comme le sont les conditions dans lesquelles se déroulent les auditions. Ainsi, bénéficier d'une salle d'audition dédiée et aménagée (comme pour les auditions de mineurs et les salles aménagées de gendarmerie dite « MÉLANIE ») est important. C'est la raison pour laquelle une telle salle d'audition sera installée dans les locaux de l'OCLCH, au second semestre de l'année 2019.

Enfin, il est nécessaire de protéger les témoins dont l'intégrité physique pourrait fortement être menacée. Outre l'anonymat dans la procédure que nous avons mentionné, il est possible de demander des mesures de protection qui seront octroyées par la Commission nationale de protection et de réinsertion[522]

---

520 Art. 39-3 et 81 C. proc. pén..

521 Art. 706-68 C. proc. pén..

522 Elle a été créée par le décret n° 2014-346 du 17 mars 2014 relatif à la protection des personnes mentionnées à l'art. 706-63-1 C. proc. pén. bénéficiant d'exemptions ou de réductions de peines. Initialement réservée aux criminels repentis, la loi n° 2016-731 du 3 juin 2016 renforçant la lutte contre le crime organisé, le terrorisme et leur financement, et améliorant l'efficacité et les garanties de la procédure pénale a élargi le dispositif de protection aux témoins en ajoutant un article 706-62-2 dans le Code de procédure pénale. Par la suite, le décret portant

et mises en œuvre par le service interministériel d'assistance technique (SIAT)[523]. Seuls les témoins dont le témoignage est capital pour la procédure et qui font l'objet de graves menaces (ainsi que leurs proches) sont éligibles à ce programme de protection.

Toutefois, recueillir la preuve testimoniale n'est pas sans difficulté. En premier lieu, la mémoire des témoins, avec le temps, leur fait défaut, notamment pour les témoins victimes de traumatismes. Ensuite, il se peut qu'en raison de leur culture, les témoins ne puissent pas être précis, amenant ainsi l'enquêteur à demander un maximum de précisions. De plus, certains témoins peuvent avoir à cœur de participer à la procédure judiciaire et satisfaire les enquêteurs en leur disant ce qu'ils pensent qu'ils ont envie d'entendre. Enfin, la qualité et la probité des interprètes sont un point capital faisant que le choix de ces derniers ne doit pas être laissé au hasard. Au surplus, les manipulations de témoins demeurant toujours possibles, l'enquêteur doit tout mettre en œuvre pour vérifier la probité et la crédibilité de ces derniers.

3°) Les indices matériels

Ce domaine, complémentaire au testimonial, a beaucoup évolué eu égard au développement d'Internet, des réseaux sociaux et de l'intensification de la propagande par ces biais. Dans les années 1990, les journalistes étaient souvent les seuls à pouvoir rapporter des images des crimes et des conflits armés. À ce titre, s'agissant du Rwanda, ils sont souvent sollicités pour témoigner et mettre à disposition des magistrats ou des enquêteurs leurs archives vidéo ou photographies. En revanche, depuis les années 2000, des milliers d'images et de vidéos sont disponibles sur Internet, grâce, notamment, à la généralisation de l'emploi des smartphones. À l'avenir, la démultiplication des sources dématérialisées du type « Cloud » sera capitale. En tout état de cause, l'enquêteur doit examiner l'environnement physique, l'environnement numérique et l'environnement financier du suspect.

L'enquête sur l'environnement physique pourra être réalisée par la mise en œuvre des techniques spéciales d'enquêtes autorisées par l'article 628-8 du Code de procédure pénale, et des techniques d'enquêtes classiques, par exemple des réquisitions, vérifications dans les bases judiciaires et administratives nationales, perquisitions, gardes à vue ou constatations de police techniques et scientifiques. Il faut aussi évoquer l'échange de renseignements avec

---

création de la commission a été modifié par le décret n° 2016-1674 du 5 décembre 2016 portant application de l'art. 706-62-2 C. proc. pén. et modifiant le décret n° 2014-346 du 17 mars 2014 pour tenir compte de l'évolution législative et de l'élargissement des catégories de personnes susceptibles d'être protégées.

[523] En application des art. 706-62-2 et 706-63-1 C. proc. pén.

les services nationaux compétents, qui, une fois obtenus, pourront être intégrés dans la procédure judiciaire. Bien entendu, il faudra au préalable avoir obtenu la déclassification des renseignements classifiés « confidentiel défense », « secret défense » ou autres. Par ailleurs, des vérifications auprès d'organisations telles qu'Interpol, l'ONU et ses organes ou agences (Mécanisme international, indépendant et impartial pour les crimes commis par toutes les parties au conflit syrien dit « M3I », Haut-Commissariat des Nations Unies aux droits de l'Homme) et les agences de l'Union européenne (Europol et Eurojust) sont indispensables.

Pour ce qui est de l'environnement numérique, il s'agit de rechercher des renseignements en sources ouvertes (OSINT), notamment sur Internet. De fait, l'adage selon lequel « tout individu laisse une trace » est encore plus vrai dans le monde numérique. Ainsi, des éléments pourront être identifiés sur les réseaux sociaux comme Facebook, Instagram ou Twitter. Il peut s'agir de photographies publiées par l'auteur présumé et le mettant en scène sur les lieux du crime allégué ou le montrant en compagnie de personnes intéressantes pour l'enquête. La chaîne YouTube pourra également recéler des vidéos intéressantes et susceptibles de constituer des indices, à condition bien sûr d'avoir pu identifier les lieux, les personnes présentes sur la vidéo et la date à laquelle elle aura été filmée. Aussi, le recours aux images satellites par le biais de réquisitions judiciaires adressées aux directions compétentes du ministère des Armées permettra également de fournir des renseignements précieux pour les investigations. La recherche de renseignements en sources ouvertes, notamment sur Internet, implique, certes, de collecter ces indices en sources ouvertes mais, surtout, de vérifier ensuite leur parfaite authenticité pour être entrés en procédure. C'est la raison pour laquelle elle est effectuée par des spécialistes, formés à cet effet et qui font preuve de la plus grande rigueur.

Pour la recherche de témoins, il sera en outre possible de requérir l'aide de prestataires comme l'Association for the Study of War Crimes (ASWC), ONG spécialisée dans l'appel à témoins par le biais de Facebook et le traitement et analyse des témoignages. Le crowd sourcing[524] dont certaines ONG comme Bellingcat ou Eyewitness se sont faites spécialistes n'est pas non plus à écarter. Enfin, les expertises provenant d'experts en reconnaissance faciale pourront permettre d'identifier ou disculper l'auteur présumé sur des clichés. Parmi les personnels de l'OCLCH figure d'ailleurs une spécialiste dans ce domaine. Quoi qu'il en soit, les évolutions technologiques comme l'intelligence artificielle devront être suivies de très près.

---

[524] Ce terme peut être traduit par « externalisation ouverte » ou « production participative ».

S'agissant de l'environnement financier, l'enquête financière est très importante dans le contentieux des crimes internationaux car ceux-ci peuvent générer des avoirs criminels importants. Dans ce cas, Europol ou la cellule de renseignement financier française dite « TRACFIN » pourront être requis pour aider les enquêteurs à analyser ces flux financiers.

Il est essentiel de souligner que l'enquête sur les crimes internationaux les plus graves est intrinsèquement complexe et comporte beaucoup de contraintes. Elle nécessite des enquêteurs performants, curieux, créatifs et capables d'enquêter dans une « galaxie » d'acteurs et de partenaires différents de ceux rencontrés dans le cadre d'enquêtes sur des infractions de droit commun.

B. La coopération interne et internationale

Pour être menées à bien, les enquêtes sur les crimes internationaux les plus graves impliquent la mise en œuvre d'une coopération interne avec les administrations françaises susceptibles de détenir des éléments utiles (1) et une coopération internationale avec les organisations internationales (2), les juridictions pénales internationales ou internationalisées (3), les agences de l'Union européenne (4) et les organisations non gouvernementales (5).

1°) Les administrations françaises

Au plan national, il faut citer les services de renseignement appartenant au « 1er cercle » et mentionnés à l'article R. 811-1 du Code de la sécurité intérieure, l'OFPRA et la Cour nationale du droit d'asile (CNDA). On peut aussi mentionner la Direction de la coopération internationale (DCI) du ministère de l'Intérieur et son réseau des attachés de sécurité intérieure (ASI) en poste dans les ambassades et joignables via le réseau « DCI/H24 ». Le Rwanda ne dispose pas actuellement d'attaché de sécurité intérieure, chargé de la coopération dans le domaine judiciaire et policier. Pour autant, l'Ambassade de France à Kigali et son chargé d'affaires sont des partenaires indispensables à la bonne exécution de la mission. L'OCLCH organise entre deux et trois déplacements par an au Rwanda. Le ministère de l'Europe et des Affaires étrangères et le Centre de crise, et de soutien, la direction des Nations Unies et des organisations internationales et la sous-direction des droits de l'Homme et des affaires humanitaires méritent aussi d'être cités. Enfin, on peut citer le Réseau des référents « Crimes contre l'humanité » nommés dans les 41 sections de recherches de la gendarmerie présentes sur tout le territoire national.

2°) Les organisations internationales

Dans ses activités, l'OCLCH, comme ses homologues étrangers, évolue dans une galaxie d'organisations intergouvernementales qui participent à la lutte contre l'impunité des auteurs de crimes internationaux les plus graves. Des agences de l'ONU comme le Haut-commissaire aux droits de l'Homme peuvent ainsi constituer des partenaires précieux. Par exemple, cette agence a pu être sollicitée pour l'identification de témoins que la Commission internationale et indépendante d'enquête sur la République arabe syrienne dite « Commission Pinheiro »[525]avait interrogés de manière anonyme pour les besoins de ses rapports.

La création du Mécanisme international, impartial et indépendant chargé de faciliter les enquêtes sur les violations les plus graves du droit international commises en République arabe syrienne depuis mars 2011 et d'aider à juger ceux qui en sont responsables (dit « M3I ») a été justifiée par la nécessité d'aider les autorités judiciaires et les services d'enquêtes des États membres de l'ONU pour leurs enquêtes[526]. Le M3I est donc un partenaire des États membres des Nations Unies et de la France. Des règles organisant les modalités de la coopération entre les autorités judiciaires françaises et ce dernier seront donc inscrites dans le Code de procédure pénale à la faveur d'un prochain projet de loi qui sera déposé devant le Parlement français.

Il est aussi important de mentionner la création de l'Équipe d'enquêteurs des Nations Unies chargée de concourir à amener l'État islamique d'Irak et du Levant à répondre de ses crimes (UNITAD)[527] même si cette dernière a pour vocation première d'aider les poursuites diligentées devant les juridictions irakiennes.

3°) Les juridictions pénales internationales ou internationalisées

Il faut évoquer ici la Cour Pénale Internationale et son Bureau du Procureur avec lequel l'OCLCH coopère dans le cadre de l'entraide pénale internationale, soit pour réaliser des actes d'investigations, soit pour arrêter des cri-

---

[525] Cette commission a été créée par le Conseil des droits de l'Homme, par sa Résolution S-17/1. V. aussi la situation des droits de l'homme en République arabe syrienne, 22 août 2011, A/HRC/S-17/2.

[526] Pour prendre l'exemple du M3I, la transmission de pièces de procédure à cet organe des Nations Unies n'est pas encore possible tant que le Code de procédure pénale n'a pas été modifié pour l'autoriser.

[527] Elle a été créée par la résolution du CSNU : Rés. 2379 (2017) adoptée lors de la réunion 21 septembre 2017, S/RES/2379 (2017).

minels présumés en vue d'une remise à la juridiction pénale internationale permanente. Aussi, le Mécanisme international appelé à exercer les fonctions résiduelles du TPIR et TPIY est un partenaire au sein de la Task Force sur les fugitifs, qui réunit des représentants de l'OCLH et des services d'enquêtes de Belgique, du Luxembourg, des Pays-Bas et du Royaume-Uni. Cette Task Force a été activée en vue de l'interpellation des fugitifs, notamment Félicien Kabuga. Les chambres spéciales pour le Kosovo et les Chambres pour la Centrafrique ont également adressé des demandes d'entraide à la France. Cependant, pour ce qui concerne le Kosovo, une réflexion est en cours pour définir des règles de coopération adéquates, notamment pour qu'en cas d'audition des militaires français, celles-ci ne compromettent pas le secret de défense nationale.

4°) Les agences de l'Union Européenne

Depuis le 1er mai 2017, Europol est compétente pour apporter son soutien aux services de police des États membres dans leurs enquêtes portant sur les génocides, les crimes contre l'humanité et les crimes de guerre[528]. Partant, elle a créé un projet d'analyse sur les crimes internationaux les plus graves dit « AP-CIC »[529] qui a vocation à recevoir, par le biais de la messagerie sécurisée, les éléments issus des procédures pénales diligentées par les services d'enquête des 17 États qui participent au projet. Pour l'instant, malgré le fait qu'il a vocation à recevoir des éléments issus de toute procédure ouverte sur des crimes internationaux les plus graves, peu importe l'État de commission des faits, il reçoit en priorité des éléments issus des procédures ouvertes sur l'Irak et la Syrie. En revanche, il est fortement question d'étendre l'accès de l'AP CIC au contentieux rwandais afin de faire converger les renseignements émanant des différents pays européens et de gagner en efficacité. Soit dit en passant, l'OCLCH est le plus important contributeur européen à l'AP-CIC avec plus de 50 % des contributions. En outre, la Plateforme Sirius d'EUROPOL permet aussi d'aider les États membres dans leurs investigations sur Internet.

Par ailleurs, depuis le 14 novembre 2018, Eurojust est également compétente pour apporter son soutien aux enquêtes et aux poursuites portant sur les génocides, les crimes contre l'humanité et les crimes de guerre[530]. Il faut néanmoins souligner que l'agence est concernée par cette lutte depuis qu'elle hé-

528 Parlement Européen, Règlement (EU) 2016/794 relatif à l'agence de l'Union européenne pour la coopération des services répressifs, L 135/53-FR.
529 Analyst Project (AP) on Core International Crimes (CIC).
530 Parlement européen, Règlement (UE) 2018/1727 relatif à l'Agence de l'Union européenne pour la coopération judiciaire en matière pénale (Eurojust) et remplaçant et abrogeant la décision 2002/187/JAI du Conseil, 21 novembre 2018, L295/138-FR.

berge et finance le Réseau des points de contact en ce qui concerne les personnes présumées responsables de crimes contre l'humanité et crimes de guerre créé par la décision n°2002/294/JAI du Conseil de l'Union européenne.

À l'instar des magistrats du pôle crimes contre l'humanité et crimes et délits de guerres, l'OCLCH est également membre du réseau et profite ainsi de cette plateforme de réflexions et d'échanges sur les dossiers en cours à l'occasion de deux réunions semestrielles organisées à Eurojust. Par ailleurs, l'agence exerce une coordination dans l'enquête dite « César » et apporte un financement à l'Équipe commune d'enquête (ECE) franco-allemande créée en septembre 2018 et qui réunit les magistrats de la division « Crimes contre l'humanité » du parquet du Procureur de la République antiterroriste (PRAT), leurs homologues du parquet de Karlsruhe et des enquêteurs de l'OCLCH et de l'unité spécialisée dans les crimes de guerre[531] du Bundeskriminalamt (BKA). Elle contribue aussi à l'Équipe Commune d'Enquête UK-France sur un dossier rwandais.

5°) Les organisations non-gouvernementales

Les organisations non gouvernementales (ONG) constituent une source précieuse de renseignements que les enquêteurs de l'OCLCH doivent ensuite vérifier et intégrer dans la procédure. L'apport des ONG est particulièrement utile pour la détection et le signalement de criminels présents sur le territoire français, la connaissance de certains territoires étrangers et le recueil d'indices.

En ce qui concerne le Rwanda, l'ONG CPCR, Collectif des parties civiles pour le Rwanda, est une association française qui a été créée en 2001 et est dirigée par Alain et Dafroza Gauthier. Cette association a déposé une trentaine de plaintes pour génocide devant les magistrats instructeurs et s'est portée partie civile aux procès devant la Cour d'assises. Elle est un acteur majeur dans la lutte contre l'impunité et a agi avec pugnacité dans les procès qui suivent.

Le premier procès tenu en France visant des responsables du génocide des Tutsi est celui de Pascal Simbikangwa, condamné le 14 mars 2014 à 25 ans de prison pour génocide et complicité de crime contre l'humanité par la Cour d'assises de Paris. Son procès en appel devant la Cour d'assises de Bobigny confirme cette condamnation le 3 décembre 2016. Sa condamnation est devenue définitive après le rejet de son pourvoi par la Cour de cassation, le 24 mai 2018.

[531] Il s'agit de la Zentralstelle für die Bekämpfung von Kriegsverbrechen (ZBKV).

Le second procès concerne deux anciens bourgmestres de Kabarondo dans l'est du Rwanda, Tito Barahira et Octavien Ngenzi, tous les deux condamnés à la réclusion criminelle à perpétuité pour génocide et crime contre l'humanité par la Cour d'assises de Paris le 6 juillet 2016, peine confirmée en appel deux ans plus tard le 6 juillet 2018. Leur pourvoi en cassation a été rejeté le 16 octobre 2019.

Claude Muhayimana est appelé à comparaître devant la Cour d'assises de Paris à partir du 2 février 2021 pour complicité de génocide et complicité de crimes contre l'humanité.

Plusieurs ONG, parmi Amnesty, Human Rights Watch ou la Fédération internationale des ligues des droits de l'Homme (FIDH) publient régulièrement des rapports contenant de précieuses informations sur certaines situations de conflits armés, internes ou internationaux. D'autres, telles que l'International Commission for Justice and Accountability (CIJA), se sont spécialisées dans la collecte de témoignages et autres indices sur les atrocités commises en Syrie. De même, le Syrian Center for Media and Freedom of Expression (SCM) ou encore le Independent Commission for Human Rights (ICHR) peuvent être mentionnés. L'Association for the Study of War crimes (ASWC) s'est, quant à elle, spécialisée dans la production participative ou crowdsourcing, publie des appels à témoins par le biais de Facebook et produit un rapport sur le résultat de ses recherches. Pour ce qui est de la recherche d'indices en sources ouvertes, notamment sur Internet, on peut citer des ONG comme Bellingact, Eyewitness et l'association francophone spécialisée dans les investigations en sources ouvertes, Open Facto.

Il existe aussi des ONG spécialisées dans l'assistance aux victimes telles que la FIDH qui a des relais dans différents États, ainsi que des ONG spécialisées dans la collecte d'éléments de contexte ou d'indices sur certaines formes de crimes internationaux. Par exemple, dans le domaine des crimes sexuels constitutifs de crimes contre l'humanité ou crimes de guerre on retrouve une ONG récemment créée, We are not Weapons of War et le Dr. Denis Mukwege Foundation dont le fondateur s'est vu décerner le prix Nobel de la paix pour son action en faveur des femmes violées et mutilées lors des conflits armés. Aussi, Physicians for Human Rights (PHR) documente les attaques commises contre les personnels médicaux lors des conflits armés.

6°) Un axe d'amélioration possible : les équipes communes d'investigation internationale

La coopération internationale et notamment européenne pourrait être un axe d'amélioration. Le temps passant, ceux qui doivent rendre des comptes devant une juridiction nationale ou internationale tirent profit de ce manque de moyens et de coordination. Dans ce cadre, un projet de création d'une équipe commune d'enquête internationale est à l'étude. En effet, depuis 2017, la direction de la coopération internationale du ministère de l'Intérieur français met en œuvre des « équipes communes d'investigations » et cette solution pourrait trouver à s'appliquer dans le cas des enquêtes sur le génocide rwandais.

Financées par l'Union européenne, elles visent à renforcer en personnels des forces de sécurité intérieure de l'Union européenne des services de police ou des unités de gendarmerie des pays tiers pour améliorer leur efficacité opérationnelle. Ce renforcement en enquêteurs s'accompagne généralement de renforcement des capacités matérielles des unités. Le champ d'action des équipes est très large et va de la lutte contre l'immigration illégale et la traite des êtres humains (TEH) au Niger et au Mali à la lutte contre le terrorisme au Niger. S'agissant d'un mécanisme européen, ces équipes sont composées d'enquêteurs locaux et de personnels européens expérimentés dans la conduite d'enquêtes judiciaires complexes.

La lutte contre les génocides, crimes contre l'humanité et les crimes de guerre pourrait devenir un nouveau champ d'action. Le Rwanda pourrait alors être le premier État dans lequel une ECI pourrait être constituée en s'appuyant, bien entendu, sur l'unité de la police rwandaise chargée de la traque des génocidaires et qui est le type même de partenaire parfaitement adapté à l'insertion et au soutien d'une équipe d'enquêteurs européens.

Si elle devait se confirmer, les bénéfices attendus de la création de cette ECI sont multiples. Elle permettrait une meilleure coordination des enquêtes judiciaires menées par les différents États membres. En effet, il n'est pas rare que des témoins soient entendus plusieurs fois sur des faits identiques par différents services d'enquêtes nationaux par manque de coordination entre les autorités judiciaires ou services d'enquêtes. La mise en œuvre de capacités techniques serait aussi recherchée. En effet, l'ampleur du génocide et du nombre des personnes recherchées nécessite la mise en œuvre d'outils informatiques (analyse criminelle en particulier) qui permettent des gains en efficacité. Il s'agit aujourd'hui de gagner une course contre la montre car de nombreux génocidaires sont âgés. Certains sont sans doute cachés dans des États membres de l'UE pour y vivre une discrète et paisible retraite. Justice doit être faite avant qu'ils ne disparaissent.

Enfin, elle engendrerait la création d'une « base avancée » pour les services de police européens concernés qui effectuent chaque année de multiples missions in situ. La connaissance du terrain et des acteurs rwandais représentera un gain de temps considérable pour les enquêteurs et les magistrats dans la préparation et la réalisation de leurs missions sur place. Il est toutefois à noter que les personnels européens composant l'ECI ne sont pas habilités à enquêter sur place. Ils apportent une assistance technique aux autorités compétentes.

Caractérisées par ces spécificités qui sont autant de difficultés que de défis, les enquêtes sur les crimes internationaux les plus graves, commis au Rwanda ou ailleurs, ont déjà débouché en France sur plusieurs succès judiciaires. Outre les arrestations et remises à la Cour pénale internationale[532] ou les extraditions au profit, par exemple, de la justice de Bosnie-Herzégovine[533], il faut évoquer dans le cadre de la répression des auteurs du génocide rwandais, la condamnation de Pascal Simbikangwa à 25 ans de réclusion criminelle, d'une part et, d'autre part, celles d'Octavien Ngenzi et Tito Barahira à la réclusion criminelle à perpétuité. Ces condamnations ont été prononcées à l'issue d'un procès d'assises et d'un procès d'assises en appel. Par ailleurs et comme les médias français s'en sont faits l'écho, il est possible d'évoquer le dossier « Dabbagh »[534], dans lequel trois mandats d'arrêt internationaux ont été délivrés par la justice française contre des dignitaires syriens. Par ailleurs, comme dit supra, il faut rappeler l'arrestation de Félicien Kabuga, le 16 mai 2020 et sa remise prévue au Mécanisme international appelé à exercer les fonctions résiduelles des tribunaux pénaux internationaux.

---

532 Patrice-Edouard Ngaïssona a été arrêté par l'OCLCH le 12 décembre 2018 puis transféré et remis à la Cour pénale internationale à La Haye (Pays-Bas) le 23 janvier 2019, en application d'un mandat d'arrêt délivré par la Chambre préliminaire II de la CPI pour des crimes contre l'humanité et crimes de guerre présumés qui auraient été commis en République centrafricaine (« RCA »).

533 Radomir Sunsjar a été arrêté par l'OCLCH le 18 juin 2018 puis extradé vers la Bosnie-Herzégovine. Serbe de Bosnie, il était soupçonné d'avoir participé au massacre d'une soixantaine de civils bosniaques musulmans en 1992. Il a été condamné à 25 ans de prison par la Bosnie-Herzégovine.

534 Se reporter aux « Questions/Réponses » de la FIDH du 5 novembre 2018, disponibles en ligne : https://www.fidh.org/fr/themes/actions-judiciaires/questions-reponses-sur-l-affaire-dabbagh.

Quoi qu'il en soit, la lutte contre l'impunité de ces grands criminels réclame des moyens et une visibilité accrue, comme l'ont demandé les procureurs, juges d'instruction et enquêteurs membres du Réseau européen des points de contact en ce qui concerne les personnes présumées responsables de génocides et de crimes de guerre, lors de leur 25e réunion tenue au siège d'Eurojust, les 14 et 15 novembre 2018[535].

Chacun l'aura parfaitement compris aux termes de cette intervention, une répression efficace des auteurs de crimes internationaux les plus graves présents sur le territoire français par les juridictions françaises, étrangères ou supranationales, nécessite une mobilisation du législateur et des pouvoirs publics et l'octroi de moyens procéduraux, matériels et humains à la hauteur de cet enjeu de civilisation. Pourtant, à ce stade, le compte n'y est pas. Loin s'en faut.

Le maintien de la paix et de la sécurité internationale et la protection du territoire français contre des individus qui cherchent à échapper à leur responsabilité pénale et qui présentent un réel danger pour la sécurité nationale et internationale, d'une part, et, d'autre part, la réparation due aux victimes de crimes atroces qui défient l'imagination, sont à ce prix. Toutefois et contrairement à certains calculs erronés, il s'agit d'un prix raisonnable et qui est sans commune mesure avec l'ampleur des coûts humains, financiers et autres engendrés par l'impunité des plus grands criminels.

---

535 V. en ce sens, les Conclusions of the 25th Meeting of the European Network of Contact Points for investigation and prosecution of genocide, crimes against humanity and war crimes (the 'Genocide Network'), La Haye, 14-15 novembre 2018, disponibles en ligne : http://www.eurojust.europa.eu/doclibrary/genocide-network/genocidenetworkmeetings/Conclusions of the 25th Meeting of the Genocide Network, 14-15 November 2018/2018-11-Conclusions-25th-Genocide-Network-Meeting_EN.pdf.

CHAPITRE 9-

LES DROITS DES SURVIVANT.E.S DU GENOCIDE RWANDAIS A L'EPREUVE DE LA JUSTICE FRANÇAISE

Julie Bardèche et Dorine Nauleau

Au lendemain de l'arrestation de Félicien Kabuga en France suite à une traque de 26 ans, alors même qu'il s'apprête à être renvoyé en Tanzanie, pour une procédure pénale devant le Mécanisme international appelé à exercer les fonctions résiduelles des Tribunaux pénaux (IRMCT) ; à la veille du procès en assises de Claude Muhayimana à Paris promis début 2021 ; et suite au renvoi aux assises du médecin rwandais Eugène Rwamucyo pour génocide et crimes contre l'humanité, la justice pénale française semble enfin décidée à s'engager dans la lutte contre l'impunité dans le cadre du génocide rwandais. Le Président Macron en 2019 et le Conseil d'État en 2020 ont autorisé l'ouverture des archives françaises concernant le Rwanda qui permettront, peut-être, d'élucider l'étendue du rôle de la France dans le génocide[536]. Mais où sont les survivant.e.es du génocide rwandais de 1994 dans l'actualité, et dans la pratique des juridictions françaises ? Comme les terribles faits, les premières plaintes déposées en France contre des présumés génocidaires rwandais remontent au milieu des années 1990. C'était il y a presque trente ans. La France abrite l'une des plus nombreuses populations de migrant.e.s rwandais.es. Elle dispose de la compétence (quasi) universelle sur le génocide rwandais, entre autres, et d'un régime pénal très favorable aux droits des victimes. En ont-elles bénéficié ? Cet article propose d'effectuer un état des lieux des droits et réparations dont les survivant.e.s du génocide rwandais ont pu, ou non, bénéficier durant toutes ces années en France et ce que cela y implique pour le régime de la compétence universelle. Il se limite à l'examen détaillé des droits à l'information et aux réparations, sans pour autant minimiser l'importance des autres droits des victimes (droit à une protection, droit d'accès aux services d'aide aux victimes, etc.)[537]. Il se base sur des recherches effectuées en ligne, prend appui sur le chapitre relatif à la France du récent rapport

[536] Le Monde avec AFP, « Le Conseil d'Etat autorise la consultation des archives de Mitterrand sur le Rwanda », Journal Le Monde, 12 juin 2020.
[537] Directive 2012/29/UE du Parlement européen et du Conseil du 25 octobre 2012 établissant des normes minimales concernant les droits, le soutien et la protection des victimes de la criminalité et remplaçant la décision-cadre 2001/220/JAI du Conseil.

documenté et rédigé par le Dr Sarah Finnin[538] (Fédération Internationale pour les Droits Humains, ou FIDH), et les entretiens des auteures avec Me Clémence Bectarte (avocate et coordinatrice du groupe d'action judiciaire de la FIDH) et Me Loïc Padonou (avocat ayant agi pour la FIDH au nom du cabinet de Me Emmanuel Daoud, et deux parties civiles personnes physiques dans l'affaire Ngenzi/Barahira).

I. LE GENOCIDE RWANDAIS ET LA JUSTICE FRANÇAISE

A. La compétence quasi universelle sur les affaires rwandaises

Le 22 mai 1996, la France adoptait la loi n° 96-432. Cette loi pose les bases de la compétence des juridictions françaises sur « les personnes présumées responsables d'actes de génocide ou d'autres violations graves du droit international humanitaire commis sur le territoire du Rwanda, ainsi que les citoyens rwandais présumés responsables de tels actes ou violations commis sur le territoire d'États voisins, entre le 1er janvier et le 31 décembre 1994 »[539]. En bref, cette loi prévoit pour la France une obligation de juger ou extrader les personnes entrant dans la catégorie ci-dessus. Elle est intervenue en application de la Résolution 955 du Conseil de sécurité des Nations Unies, qui instituait le Tribunal pénal international pour le Rwanda (TPIR) – ancêtre de l'IRMCT. Cette résolution appelait en effet les États membres de l'Organisation des Nations Unies (ONU) à adapter leur législation interne afin de permettre une coopération avec le TPIR et, dans un objectif de lutte contre l'impunité, de poursuivre les suspect.e.s qui ne seraient pas extradé.e.s. Il ne s'agissait donc pas pour la France d'exercer une compétence universelle sur les affaires rwandaises, mais plutôt une compétence quasi universelle : extrader ou juger. Pour autant, il est intéressant de noter que cette compétence est plus étendue que la soi-disant compétence universelle, développée au-delà du génocide rwandais et du conflit en ex-Yougoslavie, des crimes d'apartheid, de tortures et des disparitions forcées. La compétence universelle sur les crimes

---

538 FIDH, REDRESS, ECCHR, Surmonter les obstacles : Accès à la justice en Europe pour les victimes de crimes internationaux, septembre 2020 (ci-après : Surmonter les obstacles) ; ce rapport est le point culminant d'un projet mené par la FIDH, REDRESS et ECCHR pour l'amélioration de l'accès à la justice en Europe pour les victimes de crimes internationaux graves.

539 Loi n° 96-432 du 22 mai 1996 portant adaptation de la législation française aux dispositions de la résolution 955 du Conseil de sécurité des Nations unies instituant un tribunal international en vue de juger les personnes présumées responsables d'actes de génocide ou d'autres violations graves du droit international humanitaire commis en 1994 sur le territoire du Rwanda et, s'agissant des citoyens rwandais, sur le territoire d'États voisins, NOR : JUSX9500141L, art. 1er.

internationaux, qui dépendent du statut de Rome de la Cour pénale internationale (CPI) et n'entrent pas dans les catégories énumérées ci-avant, est dépendante des « quatre verrous »[540] : les responsables ne peuvent être poursuivis que s'ils ou elles résident habituellement sur le territoire français ; le parquet exerce le monopole des poursuites ; une juridiction étrangère ou internationale n'exerce pas sa compétence ; sauf en cas d'allégations de génocide, les faits sont punissables dans l'État de commission du crime ou de nationalité du ou de la responsable, ou bien l'État en question était partie au Statut de Rome au moment des faits[541].

Malgré la loi n° 96-432 et la proactivité du monde associatif qui dépose des plaintes auprès des juridictions françaises dès 1995 (voir ci-après)[542], la justice française ne s'attaque pas sérieusement aux affaires rwandaises avant les années 2010. L'absence de volonté politique et le manque cruel de moyens (dû à la précédente) expliquent ces lenteurs[543]. Les affaires de crimes internationaux exigent des déplacements à l'étranger, la coopération d'autorités de police et judiciaires étrangères, et des connaissances techniques et contextuelles très spécifiques[544]. La question rwandaise est particulièrement épineuse, car de nombreux.ses auteur.e.s présumé.e.s ont immigré et se sont installé.e.s en France sans être inquiété.e.s avec la complaisance des autorités françaises[545].

Cette lenteur a fait l'objet d'une condamnation de la France par la Cour européenne des droits de l'Homme (CEDH) en 2004[546]. Dans cette affaire, la requérante, rescapée du génocide qui a coûté la vie aux membres de sa famille, saisit la CEDH en février 1999[547]. Elle allègue que la procédure relative à sa plainte avec constitution de partie civile datant d'août 1995 contre l'abbé Munyeshyaka n'a pas été traitée dans un délai raisonnable (comme prévu par l'article 6 § 1 de la Convention européenne des droits de l'Homme) et qu'elle n'a bénéficié d'aucun recours pour s'en plaindre (contrairement à l'article 13 de la même Convention)[548]. Cet ancien dirigeant de la paroisse de Sainte Famille à Kigali où de nombreux.ses Tutsi et Hutu se sont réfugié.e.s lors du génocide était notamment accusé de viol contre plusieurs réfugiées et d'avoir participé

---

540 AMNESTY INTERNATIONAL, « La compétence universelle en France ».
541 Art. 689-11 C. proc. pén.
542 CPCR, Tableau récapitulatif des plaintes; Ligue des droits de l'homme, « La Cour européenne des droits de l'homme condamne la France pour la lenteur de sa justice », 10 juin 2004.
543 Entretien des auteures avec Me Clémence Bectarte, 13 octobre 2020.
544 Entretien des auteures avec Me Clémence Bectarte, 13 octobre 2020.
545 Entretien des auteures avec Me Clémence Bectarte, 13 octobre 2020.
546 CEDH, 8 juin 2004, Mutimura c. France, n°46621/99.
547 Ibid.
548 Ibid., § 3.

à l'exécution des Tutsi. Dans sa décision, la CEDH statue en faveur de la requérante et condamne la France[549]. Elle conclut notamment qu'une « durée globale de presque neuf ans pour une information pénale au demeurant toujours en cours » ne peut pas être considérée comme raisonnable, même dans ce type d'affaires[550]. En 2013, le Procureur général de Kigali (Rwanda) accuse la France de « protéger » les génocidaires[551].

Il faudra attendre 2012 pour la formation au sein du Tribunal de grande instance (TGI) de Paris d'un Pôle spécialisé « crimes contre l'humanité et délits de guerre » (Pôle placé depuis 2019 sous l'autorité du Parquet national anti-terroriste) ; 2013 pour celle de l'Office central de lutte contre les crimes contre l'humanité, les génocides et les crimes de guerre (OCLCH)[552] ; et 2018 pour la première condamnation définitive d'un accusé dans le cadre du génocide rwandais[553].

La création du Pôle et de l'OCLCH, qui résulte essentiellement d'un rapprochement entre Kigali et la France, entre les Présidents Nicolas Sarkozy et Paul Kagame par l'intermission de Bernard Kouchner[554], a accéléré les procédures relatives au Rwanda. Cette institutionnalisation[555] témoigne d'une inflexion de la volonté politique française vers la lutte contre l'impunité des auteur.e.s de crimes internationaux[556]. Elle prodigue enfin les moyens financiers et humains nécessaires pour permettre à ces procédures complexes et particulières d'avancer.

Depuis, la France a condamné de manière définitive Pascal Simbikangwa[557], ex-officier de la garde présidentielle rwandaise, à 25 ans de prison pour génocide et complicité de crimes contre l'humanité le 24 mai 2018[558], et Octavien Ngenzi et Tito Barahira, deux anciens maires, à des peines d'emprisonnement à perpétuité le 16 octobre 2019, notamment pour leur participation

549 Ibid.

550 Ibid., § 74.

551 V. « Rwanda – Martin Ngoga : « La France n'a jamais rien fait concernant les suspects de génocide », Journal Jeune Afrique, 20 janvier 2013.

552 Surmonter les obstacles, p. 46.

553 CPCR, « Tableau des plaintes ».

554 DORIDANT (R.), « France-Rwanda : le quinquennat perdu », Survie, 7 avril 2017 ; Entretien des auteures avec Me Clémence Bectarte.

555 LEFRANC (S.), « La justice de l'après-conflit politique : justice pour les victimes, justice sans tiers ? », Négociations, n° 24, 2015, p. 110.

556 V. « Pour la création d'un pôle 'génocides et crimes contre l'humanité' au TGI de Paris, par Michèle Alliot-Marie et Bernard Kouchner », Journal Le Monde, 6 janvier 2010.

557 C. Cass., crim., 24 mai 2018, n° 16-87.622.

558 C. Cass., crim., 24 mai 2018, n° 16-87.622 ; V. aussi « Génocide : la peine du premier Rwandais condamné en France confirmée en appel », Journal Le Monde, 3 décembre 2016.

au génocide contre les Tutsi dans le village de Kabarondo[559]. Entre temps, la Cour de cassation a confirmé le non-lieu dans l'affaire contre l'abbé Wenceslas Munyeshyaka[560], faute de charges suffisantes[561] et le Cameroun a accepté la demande française d'extradition de Philippe Hategekimana[562], suspecté de l'assassinat d'un maire tutsi et du massacre de la colline de Nyamure. Depuis le 15 février 2019, il est placé en détention provisoire en France[563]. La Cour de cassation a, en outre, refusé l'extradition de Claude Muhayimana le 26 février 2014[564], suspecté d'avoir participé en avril 1994 à l'attaque de l'école de Nyamishaba (Préfecture de Kibuye) et aux massacres de civil.e.s tutsi réfugié.e.s à Karongi, Gitwa et Bisesero, vers le Rwanda, faute d'incrimination des infractions de génocide et contre l'humanité au sein du droit rwandais lors de la commission des faits[565], et celle de Sosthène Munyemana, soupçonné d'avoir distribué des munitions et compilé une liste de Tutsi à éliminer, en raison de l'imprécision de la demande d'extradition[566].

En application de l'obligation de juger ou extrader et suite à un renvoi depuis la Cour d'assises de Paris, le procès contre Claude Muhayimana est prévu pour février 2021[567] ; tandis qu'un renvoi aux assises de l'affaire contre Sosthène Munyemana, ordonné le 3 décembre 2018, est en cours d'appel devant la chambre de l'instruction[568]. Laurent Bucyibaruta, accusé d'avoir ordonné aux groupes armés qui étaient sous ses ordres de commettre plusieurs massacres contre les Tutsi, a également été renvoyé devant la Cour d'assises[569]

---

[559] C. Cass., crim., 16 octobre 2019, n° 18-84.608, Inédit.
[560] C. Cass., crim., 30 octobre 2019, n° 18-84.663, Inédit.
[561] C. Cass., crim., 30 octobre 2019, n° 18-84.663, Inédit.
[562] TRIAL INTERNATIONAL, « Philippe Hategekimana », 8 mai 2018 (modifié 15 juillet 2020).
[563] TRIAL INTERNATIONAL, « Philippe Hategekimana », 8 mai 2018 (modifié 15 juillet 2020).
[564] C. Cass., crim., 26 février 2014, n° 13-87.888, publié au bulletin.
[565] C. Cass., crim.,26 février 2014, n° 13-87.888, publié au bulletin.
[566] TRIAL INTERNATIONAL, « Sosthène Munyemana », 25 avril 2016 (modifié 15 juillet 2020).
[567] V. « Génocide au Rwanda : le procès en France d'un ancien chauffeur repoussé à février 2021 », Journal Le Figaro, 20 mai 2020.
[568] TRIAL INTERNATIONAL, « Sosthène Munyemana », 25 avril 2016 (modifié 15 juillet 2020).
[569] V. « Un ancien préfet rwandais renvoyé aux assises en France pour complicité de génocide », Journal Le Monde, 31 décembre 2018.

pour complicité « d'une pratique massive et systématique d'exécutions sommaires »[570]. Laurent Bucyibaruta a interjeté appel de cette ordonnance de renvoi en 2019[571]. En mai 2020, les autorités françaises ont arrêté Félicien Kabuga, connu des autorités pour avoir financé le génocide rwandais et recherché depuis 1997, suite à une longue et complexe traque largement relayée par les médias internationaux[572].

Les affaires rwandaises ont donné un nouveau souffle à l'exercice de la compétence universelle en France, même si celle-ci a fait le choix d'en limiter son usage par les « quatre verrous », choix réitéré en 2019, où l'occasion de faire « sauter » ces verrous a été déclinée[573]. Le travail du Pôle est toutefois exponentiel : au-delà du Rwanda, il travaille aujourd'hui sur des crimes internationaux commis en Afghanistan, au Cambodge, en Centrafrique, au Congo, en Irak, en Libye, en Syrie, ou encore au Tchad[574].

La progressive institutionnalisation de la compétence universelle française et l'éveil de la volonté politique de juger les auteur.e.s présumé.e.s du génocide rwandais ont donc conduit à des condamnations, non-lieu, renvois aux assises et extraditions. Dans ce cadre, les droits des survivant.e.s sont très peu évoqués.

B. Le statut des survivant.e.s dans la procédure pénale

La participation des victimes en tant que parties civiles au procès pénal est un élément clé de la tradition juridique française. Dans le cadre d'allégations aussi graves et d'affaires aussi complexes, elle est même cruciale. Les victimes sont « la pierre angulaire de toute enquête ou poursuite viable »[575] dans le cadre de procédures relatives à des crimes internationaux ; elles sont « les premiers témoins des faits »[576]. Concernant des faits qui ont eu lieu dans un contexte culturel, géographique et temporel lointain, et dont l'instruction et le jugement reposent essentiellement sur la base de témoignages, les victimes, qu'elles soient constituées parties civiles ou non, contribuent largement

[570] V. « Un ancien préfet rwandais renvoyé aux assises en France pour complicité de génocide », Journal Le Monde, 31 décembre 2018.
[571] TRIAL INTERNATIONAL, « Laurent Bucyibaruta », 27 avril 2016 (modifié 15 juillet 2020).
[572] COHEN (M.), "Victim Redress from Nuremberg and Tokyo to the ICTY and ICTR", p. 312.
[573] GIUDICELLI (A.), « Droit pénal international », RSC, 2019, p. 479-488.
[574] DEVOS (A.), « Juger le passé au présent : une promesse pour l'avenir ? », Les Cahiers de la Justice, n° 4, 2014, p. 559.
[575] Surmonter les obstacles, p. 14.
[576] FOREMAN (S.), « Partie civile dans un procès de génocide : retour d'expérience d'un avocat », Les Cahiers de la Justice, n° 4, 2014, p. 575-583 ; Surmonter les obstacles, p. 14-15.

à la recherche de la vérité[577]. Ainsi, au moins 70 témoins ont été appelés à la barre lors du procès de Pascal Simbikangwa[578], et 80 à l'occasion du procès Ngenzi/Barahira[579]. Pourtant, aucune personne physique ne s'est constituée partie civile dans l'affaire Simbikangwa, et seulement 25 se sont constituées lors de l'audience dans l'affaire Ngenzi/Barahira[580]. Dans des affaires de génocide et crimes contre l'humanité, cela soulève quelques questions[581].

Au-delà de leur contribution à l'établissement des faits, les survivant.e.s du génocide rwandais bénéficient de certains droits en tant que victimes, indépendamment de leur lieu de résidence et de leur nationalité[582] *:*

- Le droit d'initier la procédure pénale, alors même que le ministère public s'y refuserait, à la seule condition que la personne suspectée soit présente sur le territoire français[583] ;
- La possibilité de déclencher une enquête en portant plainte auprès d'un.e juge d'instruction, les conditions de refus étant limitées[584] ;
- Le droit d'exercer un recours auprès du ou de la Procureur.e général.e près la Cour d'appel de Paris, en cas de classement sans suites[585] ;
- Le droit d'être informé.e « de l'état d'avancement de l'information »[586] ;
- Le droit de « poser des questions ou présenter de brèves observations » lors des interrogatoires, confrontations et auditions dirigées par le ou la juge d'instruction[587] ;
- Le droit d'accéder au dossier pénal[588] ;
- Le droit de demander des actes d'instruction[589] ;
- Le droit de demander une réparation[590] ;

---

577 Surmonter les obstacles, p. 14.
578 Surmonter les obstacles, p. 48.
579 Entretien des auteures avec Mr Loïc Padonou, 15-16 octobre 2020.
580 Entretien des auteures avec Me Clémence Bectarte, 13 octobre 2020 ; Entretien des auteures avec Me Loïc Padonou, 15-16 octobre 2020 ; Surmonter les obstacles, p. 48.
581 Entretien des auteures avec Me Clémence Bectarte, 13 octobre 2020.
582 CFCPI, « Juger enfin en France les auteurs de crimes internationaux », p. 4.
583 Art. 85 C. proc. pén. ; C. Cass. crim., 21 février 1968, n° 67-92180 ; C. Cass. crim., 21 septembre 1999, n° 98-85051. Voir aussi : C. Cass. crim., 16 novembre 1999, n° 98-84800, cité dans OSIJ et TRIAL INTERNATIONAL, Universal Jurisdiction Law and Practice in France, p. 23 ; Surmonter les obstacles, pp. 50-51.
584 Art. 85 et 86 C. proc. pén..
585 Art. 40-3, 689-11 C. proc. pén. ; Surmonter les obstacles, p. 52.
586 Art. 90-1(1) C. proc. pén..
587 Art. 120 C. proc. pén..
588 Art. 197(3) C. proc. pén..
589 Art. 82-1 C. proc. pén..
590 Art. 10-2 C. proc. pén..

- Durant la phase de procès, le droit d'accéder au dossier, de poser des questions aux personnes appelées à la barre, de présenter une réplique, de déposer des conclusions, à une traduction et interprétation[591].

La majorité des droits dont bénéficient les victimes au cours d'un procès pénal est liée au statut de partie civile[592]. Les victimes qui ne se constituent pas parties civiles bénéficient de droits plus restreints[593]. Elles ont le droit de « bénéficier d'un interprète et d'une traduction des informations indispensables à l'exercice de leurs droits »[594], de recevoir des informations de la part du ou de la Procureur.e de la République qui se doit d'aviser les plaignant.e.s et les victimes « des poursuites ou des mesures alternatives aux poursuites qui ont été décidées à la suite de leur plainte ou de leur signalement »[595]. Dans le cas où le/la Procureur.e décide de classer l'affaire sans suite, les victimes ont le droit de « former un recours auprès du procureur général » contre cette décision[596]. Elles peuvent également bénéficier de mesures de protection[597], en particulier si elles sont amenées à témoigner[598].

Dans le cadre du procès contre Ngenzi et Barahira, un certain nombre de survivant.e.s appelé.e.s à témoigner ont appris ou compris à la barre qu'ils ou elles pouvaient se constituer parties civiles. Plusieurs ont ainsi décidé d'exercer ce droit, en cours de procès[599]. Tou.te.s ont bénéficié de l'aide juridictionnelle[600]. Lors des audiences, des psychologues et des interprètes étaient présent.e.s afin de favoriser la communication entre les parties civiles et les acteur.rice.s de la justice française et de veiller au bien-être psychologique des victimes. Pour beaucoup, ces personnes avaient fait le déplacement depuis le Rwanda pour témoigner devant les juridictions françaises des horreurs dont elles avaient souffert[601].

Cependant, l'accompagnement des témoins a été confié à une association d'aide aux victimes réquisitionnée pour les procès en première instance et en appel, plutôt qu'à un organe rattaché au TGI ou au Pôle[602]. Cette association

---

591 Art. 312, 315, 332, 344, 346 C. proc. pén. ; Surmonter les obstacles, p. 52.
592 Surmonter les obstacles, p. 50.
593 Surmonter les obstacles, pp. 50-59.
594 Art. 10-2-7° C. proc. pén..
595 Art. 40-2 C. proc. pén..
596 Art. 40-3 C. proc. pén..
597 Art. 10-5 C. proc. pén..
598 Surmonter les obstacles, p.56 ; Art. 706-62-1 C. proc. pén..
599 Entretien des auteures avec Me Loïc Padonou, 15-16 octobre 2020.
600 Entretien des auteures avec Me Loïc Padonou, 15-16 octobre 2020.
601 Entretien des auteures avec Me Loïc Padonou, 15-16 octobre 2020.
602 Surmonter les obstacles, p. 55.

était responsable afin d'assurer la présence des témoins aux audiences, de toutes les questions logistiques, et du soutien psychologique et social[603]. Cette assistance s'est limitée à la durée des procédures et aucun suivi sur le long terme n'a été réalisé[604]. Les rares avocat.e.s des parties civiles qui ont fait le déplacement afin de voir les parties civiles qu'ils ou elles représentaient au Rwanda pour discuter de la phase d'appel et comprendre mieux le contexte local, n'ont bénéficié d'aucun soutien financier pour ce faire[605]. Plus récemment dans d'autres affaires, les juges d'instruction français.es ont toutefois organisé des déplacements au Rwanda, avec une prise en charge des frais des conseils des parties[606]. Ces difficultés pratiques ne sont pas limitées aux affaires rwandaises et les avocat.e.s des parties civiles dans des procédures relatives à d'autres situations ont rencontré des difficultés similaires[607]. La mise en œuvre des droits des survivant.e.s s'avère donc difficile en pratique dans le cadre des procédures de compétence universelle.

II. LES DROITS DES SURVIVANT.E.S RWANDAIS.ES EN PRATIQUE

A. L'impact du manque d'information des survivant.e.s

La participation très limitée des victimes ou survivant.e.s des crimes internationaux aux procédures rwandaises – et aux procédures de compétence universelle en France de manière plus générale – tient du déficit d'informations prodiguées aux victimes quant à leurs droits et leur possibilité de se constituer parties civiles[608]. Certaines informations très génériques sur les procédures de crimes internationaux sont disponibles sur le site de l'OCLCH et un appel à témoin avec quelques informations très limitées sur les droits des victimes sur celui de l'Office français des réfugiés et des apatrides (OFPRA)[609], et ce depuis relativement récemment. Seules les personnes ayant obtenu le

603 Ibid.

604 Ibid. ; Entretien des auteures avec Me Loïc Padonou, 15-16 octobre 2020.

605 Entretien des auteures avec Me Loïc Padonou, 15-16 octobre 2020.

606 Entretien des auteures avec Me Loïc Padonou, 15-16 octobre 2020.

607 Intervention de Me Simon Foreman lors du Webinaire de lancement du rapport « Surmonter les obstacles », 26 octobre 2020.

608 Surmonter les obstacles, p. 53 ; Entretien des auteures avec Me Clémence Bectarte, 13 octobre 2020. V. aussi : LUGAZ (M.) et RONDA (Y.), « Pascal Simbikangwa devant la Cour d'assises de Paris : quels sont les enjeux du premier procès français lié au génocide rwandais ? », Quid Justitiae, 12 mars 2014.

609 Surmonter les obstacles, p. 53 ; MINISTÈRE DE L'INTÉRIEUR, « L'Office central de lutte contre les crimes contre l'humanité, les génocides et les crimes de guerre (OCLCH) »; OFPRA, « Appel à témoins : Lutte contre l'impunité des crimes internationaux les plus graves ».

statut de réfugié.e reçoivent les informations relatives aux droits des victimes de crimes internationaux[610].

Une explication pratique – et soulevée par les praticien.ne.s – est le principe du secret de l'instruction[611], qui s'oppose à toute communication publique sur le cours de l'enquête et de l'instruction[612]. Aucune exception n'est posée en matière de crimes internationaux. Une certaine transparence, voire des campagnes générales d'informations sur les situations en cours d'instruction, avec des indications sur la possibilité de témoigner et de se constituer partie civile, permettraient probablement une meilleure participation des survivant.e.s aux procédures de compétence universelle. Celles-ci pourraient être effectuées à l'occasion des procédures de demande d'asile, bien qu'il y ait des inquiétudes quant à l'efficacité et la désirabilité de cette démarche[613]. Elles pourraient également être effectuées lors des éventuels déplacements vers et communications avec les communautés affectées, et par le biais de campagnes de plaidoyers auprès des diasporas en France.

Dans le cadre du procès Ngenzi/Barahira devant la Cour d'assises de Paris, environ 80 témoins ont fait le déplacement depuis Kigali[614]. Ceux et celles-ci ont appris dans la salle d'audience qu'ils ou elles avaient la possibilité de se constituer parties civiles. Plusieurs en ont fait la demande à la barre, au cours de leur témoignage[615]. Si ces personnes avaient été informées plus tôt dans la procédure de leur possibilité de se constituer parties civiles, elles auraient pu exercer leurs droits, dès la phase d'instruction. Dans le cadre d'une autre instruction résultant sur un non-lieu par exemple, cette participation peut avoir un impact capital et la capacité d'infléchir l'ordonnance de clôture (par exemple si des actes d'instruction demandés par les avocat.e.s des parties civiles révèlent des preuves à charge jusqu'alors non élucidées).

Dans ce contexte, le monde associatif a joué un rôle essentiel afin de porter la voix des survivant.e.s du génocide devant les juridictions françaises. Entre autres, la FIDH, le Collectif des parties civiles pour le Rwanda (CPCR), la Croix Rouge Française (CRF) et l'association « Survie » ont déposé des plaintes avec constitution de partie civile dès 1995 à l'encontre d'individus

---

610 Surmonter les obstacles, p. 53.

611 Art. 11 C. proc. pén..

612 Surmonter les obstacles, p. 54.

613 Surmonter les obstacles, pp. 113-114 : une telle démarche pourrait compromettre la procédure de demande d'asile, ou encore donner l'impression que les autorités d'immigration agissent au nom des autorités de poursuite.

614 Entretien des auteures avec Me Loïc Padonou, 15-16 octobre 2020.

615 Entretien des auteures avec Me Loïc Padonou, 15-16 octobre 2020.

rwandais présents sur le sol français[616]. Par exemple, ces ONG sont à l'origine des procédures judiciaires à l'encontre de Pascal Simbikangwa[617], d'Octavien Ngenzi[618], de Sosthène Munyemana[619], de Philippe Hategekimana[620] et, dernièrement, de la BNP Paribas[621]. Ces organisations ont ainsi pu se faire le relais des procédures en cours pour les victimes en France et au-delà[622]. Toutefois, elles dépendent largement de budgets orientés vers certains objectifs. Il n'est pas raisonnable pour la justice française d'attendre qu'elles soient en capacité d'assumer ce rôle important de manière continue et permanente dans des affaires de cette longueur et complexité.

Par contraste, dans le cadre de procédures soumises aux « quatre verrous », l'influence des ONG et organisations de la société civile est beaucoup plus restreinte. En effet, le pouvoir d'initier l'instruction est à la discrétion des procureur.e.s, dont l'indépendance des dynamiques diplomatiques et politiques est parfois mise en question[623]. Si les victimes peuvent contester un classement sans suite, la décision en appel revient au ou à la Procureur.e général.e ; cela a rarement été utilisé et n'a jamais été suivi de succès[624]. Dans les plus récentes affaires concernant les Yazidis, certain.e.s enquêteur.rice.s ont pris le temps lors d'auditions de témoins-victimes de leur expliquer la procédure française[625]. Ainsi, il semble que la situation s'améliore progressivement, mais pas encore de manière systématique ou systémique[626].

B. La question épineuse des réparations

Le droit des victimes à obtenir une réparation, sous forme de restitution, compensation, réhabilitation, satisfaction, et garanties de non-répétition est

---

616 CPCR, « Tableau récapitulatif des plaintes » ; Ligue des droits de l'homme, « La Cour européenne des droits de l'homme condamne la France pour la lenteur de sa justice », 10 juin 2004.

617 TRIAL INTERNATIONAL, « Pascal Simbikangwa », 27 avril 2016 (modifié 15 juillet 2020).

618 TRIAL INTERNATIONAL, « Octavien Ngenzi », 15 avril 2016 (modifié 14 juillet 2020).

619 TRIAL INTERNATIONAL, « Sosthène Munyemana », 25 avril 2016 (modifié 15 juillet 2020).

620 TRIAL INTERNATIONAL, « Philippe Hategekimana », 8 mai 2018 (modifié 15 juillet 2020).

621 ARNOLD (M.), « French public prosecutor opens probe into allegations of complicity in 1994 bloodshed », Financial Times, 25 septembre 2017.

622 Surmonter les obstacles, p. 54.

623 Surmonter les obstacles, p. 47 ; V. aussi : JACQUIN (J.-B.), « Crimes contre l'humanité : les poursuites facilitées en France », Journal Le Monde, 15 février 2019.

624 Surmonter les obstacles, p. 52.

625 Surmonter les obstacles, p. 53.

626 Surmonter les obstacles, p. 53.

largement reconnu en droit international comme un droit fondamental[627]. Les réparations « constituent un impératif moral visant à réparer ce qui a été brisé et participent aux objectifs individuels et sociétaux en termes de réadaptation, réconciliation, consolidation de la démocratie et rétablissement du droit »[628].

Par ailleurs, les victimes de crimes internationaux qui n'ont pas la nationalité française, semble-t-il au moment des faits, ne peuvent bénéficier des mécanismes d'indemnisation prévus par le droit français[629]. La Commission d'indemnisation des victimes d'infraction (CIVI), qui traite les demandes d'indemnisation des victimes, et le Fonds de garantie des victimes des actes de terrorisme et d'autres infractions (FGTI), qui verse lesdites indemnités, ne sont pas ouverts aux victimes étrangères de crimes internationaux[630]. Seul.e.s les ressortissant.e.s français.es et/ou les victimes d'une infraction commise sur le territoire français, peuvent bénéficier de ces mécanismes[631].

En procédure pénale française, les victimes d'infractions ont la possibilité de demander « la réparation de leur préjudice, par l'indemnisation de celui-ci ou par tout autre moyen adapté, y compris, s'il y a lieu, une mesure de justice restauratrice »[632]. En pratique, dans le cadre des crimes internationaux, ce droit s'avère difficile à exécuter. En effet, il revient aux parties civiles de poursuivre l'exécution d'un jugement leur octroyant des dommages et intérêts[633].

---

627 AGNU, Principes fondamentaux et directives concernant le droit à un recours et à réparation des victimes de violations flagrantes du droit international des droits de l'homme et de violations graves du droit international humanitaire, Résolution 60/147, 21 mars 2006 ; AGNU, Déclaration des principes fondamentaux de justice relatifs aux victimes de la criminalité et aux victimes d'abus de pouvoir, Résolution 40/34, 29 novembre 1985 ; Déclaration universelle des Droits de l'Homme, Résolution 217A (III), UN Doc A/810, 1948, article 8 ; Convention contre la torture et autres peines ou traitements cruels, inhumains ou dégradants, 1984 ; Pacte international relatif aux droits civils et politiques, Résolution 2200A (XXI), UN Doc. A/6316 (1966), article 2(3)(a), (b) et (c) ; CIADH, 16 novembre 2009, Gonzales y Otras c. Mexico (Affaire des terrains de coton) ; CIADH, 10 septembre 1993, Aloeboetoe c. Suriname, Réparations, para. 43 ; CIJ, 9 juillet 2004, Conséquences juridiques de l'édification d'un mur dans le territoire palestinien occupé, Avis consultatif, para. 152.
628 REDRESS, « Ne plus perdre de temps : la mise en œuvre des réparations pour les victimes devant la Cour pénale internationale », 2019, p. 18.
629 Art. 706-3 C. proc. pén. ; V. aussi : C. Cass., 2e civ., 12 février 2009, n° 08-12.987 : « L'acquisition de la nationalité française après les faits constitutifs d'une "infraction pénale commise à l'étranger, ne permet pas à Monsieur X, "alors de nationalité marocaine, de répondre aux conditions fixées par "l'article 706-3 du Code de procédure pénale ».
630 Surmonter les obstacles, pp. 57-59.
631 Art. 706-3(3) C. proc. pén. ; Surmonter les obstacles, pp. 57-59.
632 Art.10-2 C. proc. pén.; V. aussi : art. 2 et 3 C. proc. pén..
633 Surmonter les obstacles, p. 58.

Or, le manque de fonds nationaux disponibles pour les victimes de crimes internationaux et l'insolvabilité des condamné.e.s rendent difficile, voire impossible, leur obtention[634].

Depuis 2008, la création du Service d'aide au recouvrement des victimes d'infractions (SARVI) permet aux victimes d'obtenir le paiement de leur indemnisation accordée par le Tribunal[635]. Ainsi, toute personne physique qui, « s'étant constituée partie civile, a bénéficié d'une décision définitive lui accordant des dommages et intérêts en réparation du préjudice qu'elle a subi du fait d'une infraction pénale, mais qui ne peut pas obtenir une indemnisation [...] peut solliciter une aide au recouvrement de ces dommages et intérêts ainsi que des sommes allouées »[636]. Cette possibilité se trouve donc ouverte aux victimes de crimes internationaux y compris dans le cadre des procédures rwandaises.

L'absence de victimes personnes physiques lors du procès contre Pascal Simbikangwa a, de fait, écarté toute possibilité de réparation. Les victimes constituées parties civiles au procès contre Octavien Ngenzi et Tito Barahira ont obtenu, quant à elles, un euro symbolique de dommages et intérêts[637]. L'audience sur les intérêts civils en appel ne semble pas encore avoir eu lieu[638]. Un avocat a fait le choix de ne pas interjeter appel de cette décision, car pour les parties civiles qu'il représentait, la condamnation des accusés constituait en elle-même une forme de réparation[639]. Par contraste, d'autres victimes estiment que le déni des faits par les deux condamnés à l'occasion du procès est « une insulte à [leurs] morts [et l]eur arrogance, un couteau qui ravive [leurs] plaies »[640]. Selon elles, ce déni démontre que les faits pourraient se répéter et manque ainsi de leur assurer des garanties de non-répétition[641].

---

634 Art. 706-3 C. proc. pén. ; Surmonter les obstacles, p. 58.

635 Site internet du Fonds de garantie des victimes des actes de terrorisme et d'autres infractions.

636 Art. 706-15-1 et 2 C. proc. pén. ; Surmonter les obstacles, p. 59.

637 Entretien des auteures avec Me Loïc Padonou, 15-16 octobre 2020 ; PETIT (Fr.), « Rwandais condamnés à la perpétuité à Paris : réactions contrastées, 1 € pour chaque partie civile », Justiceinfo, 8 juillet 2016.

638 Entretien des auteures avec Me Loïc Padonou, 15-16 octobre 2020.

639 Entretien des auteures avec Me Loïc Padonou, 15-16 octobre 2020.

640 RUVUGIRO (S.), « Rwanda : Ce qu'attendent les victimes du génocide à Kabarondo du procès de Paris », Justiceinfo, 3 juillet 2018.

641 RUVUGIRO (S.), « Rwanda : Ce qu'attendent les victimes du génocide à Kabarondo du procès de Paris », Justiceinfo, 3 juillet 2018.

La justice française semble se positionner vers une attitude de rétribution, plutôt que de réparation dans le cadre de la poursuite des crimes internationaux[642]. La Suède, par exemple et par contraste, n'hésite pas à condamner les auteur.e.s de crimes internationaux au paiement de lourds dommages et intérêts pour les victimes[643]. Toutefois, même en Suède, l'exécution des décisions de compensation est variable et dépend largement de la capacité financière du ou de la condamné.e, du gel ou de la saisie préalable de ses avoirs et de la capacité financière des victimes à poursuivre ladite exécution, le cas échéant[644].

En France, la compétence universelle est davantage perçue comme un outil de lutte contre l'impunité que de réparation des victimes[645]. La création d'un fonds de réparation pour les victimes du génocide rwandais y est peu probable, notamment parce que la réparation peut être perçue comme étant d'abord la responsabilité de l'État rwandais. En revanche, une modification de la législation française afin de permettre l'obtention effective de réparations pour les victimes de crimes internationaux est souhaitable, en particulier en cas de défaut de la personne condamnée[646]. À cet égard, le Président de l'ancien Tribunal pénal international pour l'ex-Yougoslavie appelait en 2016 les juridictions exerçant la compétence universelle « à associer chaque fois que possible les demandes d'indemnisation aux poursuites pénales »[647]. Dans d'autres affaires dans lesquelles des parties civiles demanderaient davantage qu'une indemnisation symbolique, ce creux entre des droits théoriques et leur application pratique poserait un véritable obstacle.

---

642 CHILSTEIN (D.), Droit pénal international et lois de police, Dalloz, coll. Nouvelle bibliothèque des thèses, 2003, n° 125 sqq, cité par GOGORZA (A.), « Compétence universelle et réconciliation sociale », RSC, 2010, pp. 353 s.
643 Par ex. dans certaines affaires, les cours suédoises ont condamné les auteurs de crimes internationaux, y compris dans le cadre du génocide rwandais, à des sommes allant de 1 000 à 145 000 euros de dommages et intérêts : Surmonter les obstacles, p. 94.
644 Surmonter les obstacles, p. 102.
645 Entretien des auteures avec Me Loïc Padonou, 15-16 octobre 2020.
646 Entretien des auteures avec Clémence Bectarte, 13 octobre 2020.
647 CSNU, « Lettre datée du 17 mai 2016, adressée au Président du Conseil de sécurité par le Président du Tribunal international chargé de juger les personnes accusées de violations graves du droit international humanitaire commises sur le territoire de l'ex-Yougoslavie », UN Doc S/2016/454, 17 mai 2016, p. 27.

D- SUR LA QUESTION DE L'EXTRADITION

CHAPITRE 10-

LE CONTENTIEUX DE L'EXTRADITION DANS LES RELATIONS FRANCO-RWANDAISES : ESQUISSES D'UNE POLITIQUE JURISPRUDENTIELLE SINGULIERE

Thomas Herran

Le rôle de la France dans la perpétration du génocide rwandais est régulièrement mis en question, notamment ces dernières années. Ce sujet n'a pas fini de griser les colonnes des journaux, de noircir des pages d'ouvrages et de rapports officiels, de remplir des pellicules de film, sans jamais être épuisé. Dernièrement, François Graner, physicien de son état, et Raphaël Doridant, instituteur, ont écrit un livre, intitulé *L'État français et le génocide des Tutsis au Rwanda*, dans lequel ils pointent du doigt le soutien de la France au régime génocidaire pendant comme après les exactions. Ils mettent notamment en cause la Justice française, réticente selon eux à mettre en cause les militaires français qui auraient une part de responsabilité. Une telle accusation interroge : le politique aurait-il des prises sur les décisions de justice ? Une telle emprise relève-t-elle du fantasme ou est-elle bien réelle ? Cette question se pose avec une acuité particulière dans le domaine extraditionnel car l'extradition revêt une dimension politique particulièrement importante.

L'extradition est une procédure par laquelle un État demande à un autre la remise d'une personne afin qu'elle soit jugée pour la commission d'une infraction ou pour qu'elle exécute une peine à laquelle elle a été condamnée. Ce n'est pas une procédure judiciaire comme les autres car elle est fortement teintée d'une dimension politique. Présentée comme un « acte de souveraineté »[648], l'extradition a longtemps été perçue comme un acte de diplomatie. Bien que sa dimension politique soit moins prégnante aujourd'hui, elle en

---

[648] À propos de l'extradition, C. Cass. Crim. 6 juin 1867, Bull. n° 139 ; 17 février 1970, Bull. n° 68 ; HELIE (F.), Traité de l'instruction criminelle, t. 1, Bruxelles, Bruylant 1863, n° 932 ; DONNEDIEU DE VABRES (H.), Les principes modernes du droit pénal international, Paris, Sirey, 1928, p. 251.

porte encore des stigmates profonds. En voici quelques exemples : l'extradition est accordée par un décret pris par le Premier ministre[649] et une demande d'extradition ne peut émaner que d'un État souverain[650]. Aussi, plus encore qu'une autre matière, le domaine extraditionnel est en proie à une influence politique. Par conséquent, l'hypothèse d'un jeu politique sur les décisions françaises statuant sur les demandes d'extradition émanant des autorités rwandaises, pour juger les personnes suspectées d'avoir participé au génocide de 1994, n'est pas totalement dénuée de sens. D'ailleurs, la jurisprudence de la chambre criminelle de la Cour de cassation semble, *prima facie*, confirmer cette impression. En effet, dans l'ensemble des décisions de la Cour de cassation se prononçant, à la suite d'un pourvoi contre les avis rendus par les chambres de l'instruction, sur des demandes d'extradition adressées par le Gouvernement rwandais, la Haute juridiction a systématiquement fait obstacle à l'extradition[651]. Ce refus repose, pour l'essentiel, sur deux motifs, souvent isolés, parfois complémentaires : d'une part, le non-respect des garanties fondamentales de procédure par les juridictions rwandaises[652] et d'autre part, l'absence de la condition de la double incrimination en raison du fait que les incriminations de génocide et de crimes contre l'humanité n'étaient pas prévues dans le droit rwandais à l'époque de la commission des faits[653]. C'est ce dernier motif de refus qui a prospéré dans les affaires les plus récentes. Pourtant, certaines chambres de l'instruction, se fondant sur une motivation plutôt solide, avaient émis des avis favorables à l'extradition. Les décisions de la Cour de cassation pourraient alors témoigner d'une réticence des juridictions françaises à collaborer avec les autorités rwandaises.

Pour autant, la seule sévérité de ces décisions ne peut suffire pour conclure à une immixtion du politique dans les affaires rwandaises d'extradition. Une telle conclusion ne pourrait éventuellement être permise qu'au terme d'une mise en perspective par rapport au contentieux général des procédures de remise, qu'il s'agisse de l'extradition ou de la remise aux juridictions pénales

---

[649] Art. 696-18 C. proc. pén..

[650] C. Cass., crim., 14 février 2012, bull. n° 41 ; Dalloz actualité, 28 février 2012, obs. M. BOMBLED ; D. 2012, p. 931, note M. BENILLOUCHE.

[651] V. GIUDICELLI (A.), « Le génocide rwandais devant la chambre criminelle », RSC 2020, p. 443.

[652] C. Cass. crim. 9 juillet 2008, n° 08-82.922, D., 2008, p. 2640, obs. Ph. GRECIANO ; Cass., crim., 11 juillet 2012, n° 12-82.502, AFDI, 2013, p. 605, obs. J. CAZALA, Al. MARIE et L. TRIGEAUD. Dans le même sens, CA, Ch. inst. Toulouse, 23 oct. 2008, 08/00029.

[653] C. Cass. crim., 11 juillet 2012, n° 12-82.502 préc. ; C. Cass. crim., 24 avril 2013, n° 13-81.061 ; C. Cass. crim., 26 février 2014, n° 13-87.846, n° 13-86.631 et n° 13-87.888, Lexbase droit public, 2014, n° 325, obs. S. ARZALIER ; RGDIP, 2014, p. 407, obs. B. TRANCHANT, JCP, G, 2014, p. 904, obs. Th. HERRAN, RPDP 2014, p. 629, obs. Fr. ROUSSEAU, D., 2014, p. 702, obs. D. ROETS ; C. Cass., crim. 14 octobre 2015, n° 15-84.420, JCP, G, 2016, p. 56, obs. D. REBUT, RGDIP 2016, p. 213, obs. B. TRANCHANT ; C. Cass. crim., 5 octobre 2016, n° 16-84.717.

internationales. Pour ce faire, une analyse comparée est riche d'enseignements. Pour être significative, la comparaison doit être menée par rapport, d'un côté, aux décisions de la chambre criminelle relatives à la coopération verticale – c'est-à-dire les décisions portant sur une demande de remise émanant d'une juridiction pénale internationale, en l'occurrence le Tribunal pénal international pour le Rwanda et le Mécanisme international appelé à exercer les fonctions résiduelles des tribunaux pénaux – et, d'un autre côté, aux décisions de la même chambre relatives à des demandes émanant d'autres États, dans des situations analogues ou du moins très comparables à la situation rwandaise. L'analyse des divergences jurisprudentielles, laissant entrevoir que les demandes d'extradition émanant des autorités rwandaises font l'objet d'un contrôle singulier, d'une particulière intensité, n'exclut pas définitivement l'existence d'une empreinte du politique sur les décisions de justice dans ce domaine.

L'analyse comparée des décisions relatives au contentieux de remise au Rwanda laisse entrevoir des divergences entre les coopérations verticale et horizontale qui pourraient, en partie du moins, s'expliquer par la singularité de la première. En revanche, la confrontation des décisions en matière de coopération horizontale relatives à l'extradition pour des faits de génocide ou de crimes contre l'humanité révèle une différence de traitement dans les décisions relatives à la situation rwandaise et celles relatives à des situations très comparables, qui ne parvient pas toujours à être expliquée de manière convaincante.

I. LES DIVERGENCES JURISPRUDENTIELLES ENTRE LES COOPERATIONS HORIZONTALE ET VERTICALE RELATIVES AU GENOCIDE RWANDAIS

L'analyse comparée des décisions de la chambre criminelle relatives aux demandes d'extradition émises par le Gouvernement rwandais et celles relatives aux demandes de remise par les juridictions pénales internationales montre une différence de traitement, le contrôle exercé pour les premières étant sans commune mesure avec celui mené pour les secondes. Cette différence semble pouvoir s'expliquer, malgré encore quelques incertitudes, notamment concernant les garanties procédurales et la question de la rétroactivité de la loi pénale.

A. La singularité du contrôle des garanties procédurales

L'un des motifs qui a justifié le refus de remise de personnes suspectées d'avoir participé au génocide concerne l'existence d'un risque de non-respect des garanties procédurales à l'occasion du procès mené devant les juridictions *Gacaca*, condition exigée à l'article 696-4 7° du Code de procédure pénale. Dans un arrêt du 9 juillet 2008, la chambre criminelle censure l'avis partiellement favorable d'une chambre de l'instruction au motif qu'elle n'a pas recherché si la personne réclamée, dans les faits, bénéficierait des garanties fondamentales de procédure et de protection des droits de la défense. En somme, c'est parce qu'elle n'a pas exclu l'existence d'un risque concret de violation du droit garanti par l'article 6 de la Convention de sauvegarde des droits de l'Homme et des libertés fondamentales que la décision de la chambre de l'instruction est cassée. C'est d'ailleurs pour cette même raison que l'avis favorable de la chambre de l'instruction de la Cour d'appel de Rouen est censuré par la Cour de cassation dans l'arrêt du 11 juillet 2012. Dans la lignée, la chambre de l'instruction de Toulouse, dans un arrêt du 23 octobre 2008, émet un avis défavorable, considérant, en prenant appui sur deux décisions du Tribunal pénal international pour le Rwanda, que la protection des témoins de la défense n'était pas garantie, et qu'il existait un risque pour la défense de ne pas pouvoir citer ou faire comparaître des témoins de la défense, ce qui constituerait une atteinte à l'égalité des armes. Le risque de violation du droit à un procès équitable a alors justifié le rejet des demandes d'extradition rwandaises, à tout le moins dans les premières décisions.

Un tel motif de refus n'a pas pu prospérer, du moins jusqu'il y a peu, dans le cadre de la coopération verticale. En effet, la chambre criminelle a, dans ses premiers arrêts portant sur les demandes de remise émanant du Tribunal pénal international pour le Rwanda, pris le soin de limiter le périmètre du contrôle du juge judiciaire. Lorsque la personne réclamée alléguait un quelconque motif de violation de ses droits fondamentaux, et notamment des irrégularités procédurales, la haute Cour répondait que « *le grief invoqué, à l'état de simple allégation, est étranger tant au pouvoir de contrôle attribué à la chambre d'accusation par l'article 13 de la loi du 2 janvier 1995 qu'à l'exécution des actes accomplis par les autorités françaises, au titre de l'entraide judiciaire, dans les formes prévues par le titre II de ladite loi* »[654], la référence à l'état de simple allégation n'étant pas visée dans d'autres décisions[655]. Ainsi, la Cour se retranchait derrière l'article 13 de la loi portant adaptation de la législation française aux dispositions de la résolution 827 du Conseil de sécurité des Nations Unies instituant un tribunal international en vue de juger les personnes

---

[654] C. Cass. crim., 9 févr. 2000, n° 99-88.054.
[655] C. Cass. crim., 4 mai 2000, n° 00-81.874.

présumées responsables de violations graves du droit international humanitaire commises sur le territoire de l'ex-Yougoslavie depuis 1991[656], pour restreindre considérablement le contrôle des chambres de l'instruction[657]. Cette différence de traitement pouvait éventuellement s'expliquer par la verticalité de la relation de coopération. En vertu du statut du Tribunal Pénal international pour le Rwanda, les États ont une obligation de coopérer avec le Tribunal, notamment pour l'arrestation, la détention et le transfert des mis en cause[658] : la procédure de remise n'est donc pas une procédure d'extradition et reste soumise à des dispositions spécifiques[659]. Elle est strictement judiciaire et ne répond pas à la même logique, comme en atteste l'absence de motifs de refus comparable à ceux existant en matière extraditionnelle. Par conséquent, ces derniers ne sont pas applicables et ne peuvent donc pas être opposés à la juridiction pénale internationale.

Toutefois, sur ce point, la chambre criminelle semble avoir assoupli sa position et élargi quelque peu le contrôle réalisé par les juridictions françaises dans une décision du 30 septembre 2020[660]. En l'espèce, le Mécanisme pour les tribunaux pénaux internationaux saisit les juridictions françaises d'une demande de remise, en vertu de l'article 13 de la loi du 2 janvier 1995, auquel renvoie l'article 2 de la loi du 22 mai 1996. La personne réclamée soulève des exceptions de nullité fondées, d'une part, sur l'absence d'interprète afin de vérifier lors de l'examen médical s'il souffrait de pathologies lourdes, et de garantir son consentement à la réalisation du prélèvement biologique destiné à permettre l'analyse d'identification de l'empreinte génétique et, d'autre part, sur l'irrégularité de la procédure préalable à la remise. La Cour rappelle que l'article 13 de la loi de 1995 limite le contrôle de la chambre de l'instruction à la vérification des conditions de remise « *quant à l'identité de la personne, la production des titres en vertu desquels la demande est formée, l'existence de faits entrant dans la définition posée à l'article 1er de cette loi, et l'absence d'une erreur évidente* ». Mais elle précise, ce qui est nouveau, que « *ce contrôle inclut par ailleurs, si sa violation est invoquée, le respect des garanties*

---

[656] L'art. 2 de la loi n° 96-432 du 22 mai 1996 portant adaptation de la législation française aux dispositions de la résolution 955 du Conseil de sécurité des Nations unies instituant un tribunal international en vue de juger les personnes présumées responsables d'actes de génocide ou d'autres violations graves du droit international humanitaire commis en 1994 sur le territoire du Rwanda et, s'agissant des citoyens rwandais, sur le territoire d'États voisins renvoie aux dispositions de la loi portant adaptation de la législation française aux dispositions de la résolution 827 du Conseil de sécurité des Nations Unies instituant un tribunal international en vue de juger les personnes présumées responsables de violations graves du droit international humanitaire commises sur le territoire de l'ex-Yougoslavie depuis 1991.

[657] Dans le même sens, C. Cass. crim. 7 mai 2008, n° 08-81.541.

[658] Art. 28 du statut du TPIR.

[659] Art. 9 à 15 de la loi n° 95-1 du 2 janvier 1995.

[660] Cass. crim. 30 septembre 2020, n° 20-90.013.

fondamentales accordées à la personne réclamée »[661]. La formule employée est énigmatique. La notion de « garanties fondamentales accordées » semble renvoyer aux garanties fondamentales de procédure, de sorte que la chambre criminelle alignerait le contrôle de la procédure de remise à la juridiction internationale sur celui de l'extradition. Et le fait qu'elle écarte son application en l'espèce ne remet pas en cause cet alignement puisqu'en matière extraditionnelle, la Cour de cassation considère de jurisprudence constante que « *l'extradé ne peut arguer de nullité entachant la procédure suivie sur le territoire de l'État requis* »[662]. Aussi le renforcement du contrôle opéré par la Cour dans cet arrêt pourrait conduire à un alignement sur celui mis en œuvre en matière extraditionnelle. Toutefois, cette extension paraît se limiter aux seules garanties de procédure, et non pas à l'ensemble des droits fondamentaux, malgré ce qu'aurait pu laisser entendre la généralité de la formule « garanties fondamentales », car le contrôle du non-respect des principes de légalité et de non-rétroactivité est exclu.

B. La singularité du contrôle de la non-rétroactivité de la loi pénale

Ces dernières années, le refus d'extrader les ressortissants rwandais suspectés d'avoir participé au génocide se fonde sur le fait que le droit rwandais n'incriminait pas, en tant que tels, le crime contre l'humanité et le génocide au moment des faits[663]. Plus précisément, la Cour de cassation considère que « *ces infractions [...] auraient-elles été visées par des instruments internationaux, en l'espèce la Convention sur le génocide du 9 décembre 1948 et celle sur l'imprescriptibilité des crimes contre l'humanité du 26 novembre 1968, applicables à la date de la commission des faits, en l'absence, à cette même date, d'une définition précise et accessible de leurs éléments constitutifs ainsi que de la prévision d'une peine par la loi rwandaise, le principe de légalité criminelle, consacré par le Pacte international relatif aux droits civils et politiques ainsi que par la Convention européenne des droits de l'homme et ayant valeur constitutionnelle en droit français, fait obstacle à ce que lesdits faits soient considérés comme punis par la loi de l'État requérant, au sens de l'article 696-3, 1°, du code de procédure pénale* »[664]. Sur ce fondement, elle a

---

[661] Cette extension a également été reconnue dans un arrêt rendu le même jour sur le renvoi d'une QPC au Conseil constitutionnel : C. Cass. crim., 30 sept. 2020, n° 20-83.181.

[662] C. Cass., crim., 20 mars 1908, bull. n° 121 ; C. Cass., crim., 25 mars 1954, bull. n° 122 ; Cass., crim., 4 juin 1964, JCP, G, 1964, II, 13806, rapp. P. COMTE ; C. Cass. Crim., 17 décembre 2002, bull. n° 229 ; Cass. Crim., 26 avril 2006, inédit.

[663] C. Cass. crim., 11 juil. 2012, n° 12-82.502 préc. ; C. Cass. crim., 24 avril 2013, préc. ; Cass. crim., 26 févr. 2014, préc. ; C. Cass. crim. 14 oct. 2015, préc. ; C. Cass. crim., 5 oct. 2016, préc.

[664] C. Cass. crim., 26 févr. 2014, préc. ; C. Cass. crim., 5 oct. 2016, préc.

censuré des avis favorables donnés par les chambres de l'instruction[665] et rejeté le pourvoi formé contre un avis défavorable[666], au motif que la condition de la double incrimination n'était pas satisfaite[667]. Pour la chambre criminelle, deux problèmes se posent : d'une part, les incriminations en droit international ne sont pas suffisamment précises et accessibles, nuisant à leur prévisibilité, et, d'autre part, la peine encourue n'était pas prévisible dès lors que le droit international ne pose aucune norme de sanction. Ce faisant, elle adopte une conception formelle et stricte de la légalité[668] et considère ainsi que l'absence d'incrimination nationale forme un obstacle dirimant à l'extradition. Cette position n'a pas manqué d'être critiquée[669], notamment à la lumière de la jurisprudence de la Cour européenne des droits de l'Homme[670]. Les griefs sont triples : premièrement, l'accessibilité paraît bien acquise dès lors que les textes internationaux étaient ratifiés par le Rwanda ; deuxièmement, la définition posée par les Conventions sur le génocide du 9 décembre 1948 et sur l'imprescriptibilité des crimes contre l'humanité du 26 novembre 1968 ne peut pas être raisonnablement remise en cause en raison de son insuffisance puisque d'une part, elle a été reprise par les statuts des deux tribunaux pénaux internationaux et celui de la Cour pénale internationale et, d'autre part, elle est considérée comme équivalente à celle du droit français[671] ; troisièmement, le droit national prévoyait à l'époque des faits, si ce n'est la peine pour génocide et crime contre l'humanité, la peine pour les crimes sous-jacents[672] reprochés

---

[665] C. Cass. crim., 26 févr. 2014, n° 13-87.846 et 13-87.888 ; C. Cass. crim., 5 oct. 2016, préc.
[666] C. Cass. crim., 26 févr. 2014, n° 13-86.631.
[667] Bien que la teneur de la double incrimination soit discutée en doctrine dans le domaine extraditionnel (V. infra.), elle peut être définie comme « le fait que le comportement qui est l'objet de la coopération soit constitutif d'infraction tant dans l'État requérant que dans l'État requis » (FLORE (D.), Droit pénal européen les enjeux d'une justice pénale européenne, Bruxelles, 1er éd, Larcier, 2009, p. 413).
[668] HERRAN (Th.), « La répression du génocide rwandais : une histoire sans fin », JCP, G, n°18, p. 538.
[669] Ibid. ; ROETS (D.), « L'extradition des personnes suspectées d'avoir participé au génocide des Tutsi du Rwanda », D., 2013, p. 2570 ; ROETS (D.), « De la prétendue impossibilité d'extrader vers le Rwanda les Rwandais suspectés d'avoir participé au génocide de 1994 », D. 2014, p. 702.
[670] CEDH, 19 septembre 2008, Korbely c/ Hongrie, n° 9174/02 : Dr. pén. 2009, chron. 4, obs. E. DREYER ; RSC 2009, p. 193, obs. D. ROETS et J.-P. MARGUENAUD ; CEDH, 24 juillet 2008, Dr. pén. 2009, chron. 4, obs. E. DREYER ; RSC 2009, p. 185, obs. D. ROETS et J.-P. MARGUENAUD ; CEDH, gr. Ch., 17 mai 2010, Korbely c/ Hongrie, n° 9174/02 : JCP, G, 2010, n° 23, note B. PASTRE-BELDA ; Dr. Pén., 2011, chron. n° 28, obs. E. DREYER ; RSC, 210, p. 696, obs. D. ROETS ; RTDH, 2011, p. 343, note A. DÉCAUX ; RIDP 2010, p. 634, obs. Fr. FOURMENT.
[671] ROETS (D.), « De la prétendue impossibilité d'extrader vers le Rwanda les Rwandais suspectés d'avoir participé au génocide de 1994 », préc. ; HERRAN (Th.), « La répression du génocide rwandais : une histoire sans fin », préc.
[672] Le crime sous-jacent correspond au comportement individuel reproché au mis en cause, qui est dans la très grande majorité des cas une infraction de droit commun (meurtre, atteinte à

aux personnes réclamées, c'est-à-dire les infractions de droit commun commises dans le cadre du génocide[673]. C'est donc au terme d'un raisonnement rigide et discutable que la Cour de cassation érige un obstacle à l'exécution de la demande d'extradition.

Cet argument aurait pu faire également obstacle à la remise des Rwandais suspectés aux juridictions pénales internationales car les mêmes critiques peuvent être adressées pour le jugement par le Tribunal pénal international pour le Rwanda et le Mécanisme pour les tribunaux pénaux internationaux. En effet, d'un point de vue formel, les poursuites et les condamnations reposent sur le statut du TPI, adopté par la résolution du 8 novembre 1994, soit après la commission des faits. D'ailleurs, ce dernier reprend les définitions posées par les textes préexistants, et notamment la Convention pour la prévention et la répression du crime de génocide de 1948, celles-là mêmes considérées comme imprécises par la Cour de cassation[674]. Par ailleurs, la peine encourue par les personnes mises en cause devant les juridictions internationales est celle fulminée par le statut et donc non prévisible au moment de la commission des faits. Pourtant, l'argument de la légalité et de la non-rétroactivité n'entache pas d'une quelconque irrégularité les demandes de remise émanant des juridictions pénales internationales. Le résultat est somme toute contradictoire : les suspects peuvent être jugés par une juridiction internationale, sur le fondement de dispositions adoptées postérieurement aux faits reposant sur des conventions internationales, pour des faits commis dans un pays dont les juridictions ne peuvent les juger au motif que l'incrimination n'était pas suffisamment précise et accessible et la peine prévisible.

Ce paradoxe pourrait être déjoué par trois arguments dont la force est variable.

Premièrement, la verticalité de la coopération peut expliquer la timidité du contrôle exercé par les juridictions. Dans ce cadre, la coopération est bien une obligation, en application du Statut du TPI, et non une simple prérogative comparable à la coopération horizontale.

---

l'intégrité, entrave des naissances, déportation, torture…) accompli dans le contexte particulier lui conférant la qualification de génocide, de crime contre l'humanité ou de crime de guerre.

673 Ibid.

674 ROETS (D.), « De la prétendue impossibilité d'extrader vers le Rwanda les Rwandais suspectés d'avoir participé au génocide de 1994 », préc. ; HERRAN (Th.), préc.

Deuxièmement, le non-respect de la non-rétroactivité par les juridictions pénales internationales, qui a fait l'objet de discussions et controverses[675], a pu être justifié par l'existence de normes internationales incriminant les comportements en cause avant leur commission, même s'il ne s'agissait pas de textes[676]. Cet argument, invoqué pour les tribunaux militaires internationaux, s'applique, avec plus de force encore pour les tribunaux pénaux internationaux, puisque des conventions internationales incriminant ces comportements ont été conclues après 1945. Pour autant, on peut tout de même émettre une réserve : quand bien même le droit international incriminait les comportements en cause avant leur commission, le droit appliqué par le Tribunal pénal international, puis par le Mécanisme pour les TPI, n'était, à en croire la Cour de cassation dans les arrêts relatifs aux demandes d'extradition rwandaises, aucunement prévisible et accessible pour les mis en cause. Si l'on applique la logique de la juridiction française, la norme de comportement n'est pas davantage prévisible et accessible quand ils sont jugés par la juridiction internationale – ou les juridictions nationales non rwandaises d'ailleurs – que lorsqu'ils le sont par les juridictions rwandaises. Par ailleurs, la question du respect de la non-rétroactivité pose d'autant plus de difficulté à l'égard des peines dès lors que le droit international n'en fixe pas ; la prévisibilité de la peine ne peut pas alors être assurée[677]. Aussi, l'argument obstacle à l'extradition pourrait bien s'appliquer à la remise à la juridiction internationale. Mais encore faudrait-il pouvoir invoquer ce grief.

Troisièmement, il peut être avancé que l'argument de la non-rétroactivité est fondu dans le contrôle de la double incrimination, condition spécifique à l'extradition. Dans la mesure où il n'existe pas un contrôle de la réciprocité d'incrimination dans la procédure de remise aux juridictions pénales internationales, les personnes réclamées n'ont pas la possibilité d'invoquer ce grief. Un tel argument est implacable dès lors que la Cour de cassation a rattaché la question de la légalité à la condition de la double incrimination[678], ce qui est

---

675 Sur ce point, à propos du tribunal militaire international de Nuremberg, V. LOMBOIS (CL.), Droit pénal international, Paris, 2e éd. Précis Dalloz, 1979, p. 158 ; KOERING-JOULIN (R.) et HUET (A.) Droit pénal international, Paris, 3e éd., Thémis, PUF, 2005, p. 39 ; REBUT (D.), Droit pénal international, Paris, 3e éd., Précis Dalloz, 2019, p. 672. Sur la persistance de la difficulté après Nuremberg, V. GIUDICELLI (A.), préc., p. 450.

676 JUROVICS (Y.), « Le procès international pénal face au temps », RSC 2001, p. 781.

677 V. LOMBOIS (Cl.), op. cit., p. 158 ; REBUT (D.), op. cit., p. 672.

678 C. Cass., crim., 24 avril 2013, préc. ; C. Cass. crim., 26 février 2014, préc. ; C. Cass. crim. 14 octobre 2015, préc. ; C. Cass., crim., 5 octobre 2016, préc ; C. Cass., crim., 12 juillet 2016, n° 16-82.664 ; C. Cass., crim., 24 mai 2018, n° 17-86.340, D. 2018, p. 1480, obs. A. GOGORZA ; AJ pénal, 2018, p. 472, obs. Chr. OTERO ; Gaz. Pal., 2018, n° 24, p. 37, obs. C. BERLAUD ; AJ pénal 2018, p. 375, obs. Chr. COURTIN ; Dr. pén. 2019, p. 7, obs. O. BEAUVALLET et alii. Sur ce point, V. MALABAT (V.), « L'exigence de légalité en droit pénal

contestable pour Didier Rebut[679]. Si l'on considère, avec ce dernier, que la question de la non-rétroactivité est étrangère à la double incrimination et relève du moyen du respect du principe fondamental de légalité, alors il pourrait être fait obstacle à la remise à la juridiction internationale. En effet, Didier Rebut relève que « l'appréciation d'une loi étrangère par rapport à la conception française du principe de légalité est pleinement justifiée, dès lors qu'elle tend à empêcher une atteinte à un droit fondamental français ». Dès lors, dans la mesure où est en cause un droit fondamental[680], le refus de remise à la juridiction internationale serait possible. Ce n'est pas le sens de la décision du 30 septembre 2020 mais il faut préciser que la chambre criminelle n'a pas été interrogée directement sur cette question. En effet, le moyen tenant à la non-rétroactivité, avancé par la personne réclamée, ne contestait pas la remise en arguant une violation du principe de légalité par son jugement par le Mécanisme pour les TPI ; il était avancé, à propos d'une éventuelle réextradition par le Rwanda, la personne réclamée considérant qu'il était possible qu'il soit remis aux autorités rwandaises pour y être jugée par les juridictions nationales. La juridiction française a alors considéré que la remise hypothétique aux autorités rwandaises ne pouvait justifier un refus de coopération avec le Mécanisme. Finalement, le poids de ce troisième argument reste à déterminer.

En définitive, la différence de traitement dans les décisions de remise aux autorités rwandaises, dans le cadre de la coopération horizontale, et celles portant sur les demandes émanant des juridictions pénales internationales peut, en l'état de la jurisprudence, trouver à s'expliquer juridiquement, sans que l'on puisse identifier avec évidence une quelconque empreinte politique. Cette conclusion est moins tranchée s'agissant de l'analyse comparée de la jurisprudence dans le seul domaine de la coopération horizontale.

---

international », dans Des liens et des Droits, Mélanges en l'honneur de Jean-Pierre LABORDE, Paris, Dalloz, p. 771.

679 REBUT (D.), « Principe de double incrimination et principe de légalité », JCP G 2016, p.56. Didier REBUT considère que le droit extraditionnel n'impose pas une condition de double incrimination selon laquelle les faits doivent être incriminés dans la législation de l'État requis et l'État requérant. Seule l'incrimination des faits dans l'État requis serait exigée. L'argument de la légalité et de la non-rétroactivité à propos de l'incrimination dans la législation de l'État requérant est étranger à la condition de réciprocité d'incrimination. Il s'agit d'un argument autonome fondé sur les textes protecteurs des droits humains.

680 Art. 7 de la Convention de sauvegarde des droits de l'homme et des libertés fondamentales, article 15 du Pacte international relatif aux droits civils et politiques, art. 8 de la Déclaration des droits de l'homme et du citoyen.

II. LES DIVERGENCES JURISPRUDENTIELLES ENTRE LES COOPERATIONS HORIZONTALES RELATIVES AUX INFRACTIONS

La comparaison des décisions de la chambre criminelle en matière extraditionnelle portant sur les demandes rwandaises pour le génocide et de celles portant sur les demandes d'autres États, pour des faits similaires, laissent entrevoir un traitement particulier des premières qui peut laisser dubitatif.

A. Une singularité certaine

L'ensemble des décisions portant sur les demandes émises par le Gouvernement rwandais a fait obstacle à la remise au motif que le droit rwandais n'incriminait pas, à l'époque des faits, le génocide et le crime contre l'humanité, indépendamment de leur existence en droit international. Pour la Cour de cassation, seraient en cause la prévisibilité et l'accessibilité de l'incrimination et la prévision de la peine[681]. Pourtant, dans des situations très comparables, la solution n'est pas la même. La Cour de cassation ainsi que le Conseil d'État n'ont pas fait obstacle à l'extradition d'individus demandée par les Gouvernements argentin et bosniaque pour des faits de crimes contre l'humanité.

S'agissant, en premier lieu, de l'affaire *Susnjar* relative à la demande d'extradition émise par le Gouvernement bosniaque[682], les juridictions françaises ne se sont pas opposées à la remise. Pour autant, il est intéressant de noter que les juridictions judiciaire et administrative portent un regard sensiblement différent. D'abord, la Cour de cassation n'a pas censuré l'avis favorable, émis par la chambre de l'instruction, aux motifs que les faits étaient incriminés sous la qualification de crime contre l'humanité à l'époque de leur commission, qu'ils constituaient des crimes de droit international auquel le droit bosniaque renvoie et que les faits étaient incriminés en droit français sous la qualification d'assassinat. Or, le requérant faisait valoir que les faits qualifiés de crime contre l'humanité n'étaient pas incriminés par l'État requérant au moment où ils ont été commis. Pourtant, la chambre criminelle a considéré que la chambre de l'instruction a correctement vérifié la double incrimination en relevant « *que l'incrimination de crime contre l'humanité était définie précisément dans la législation de l'État requérant par les articles 141 et 142 du Code pénal de la république fédérative de Yougoslavie, applicable au moment des faits, puis dans les articles 171 et 172 du Code pénal de l'actuelle Bosnie-Herzégovine, comme étant, notamment, des meurtres et actes d'extermination*

---

681 V. supra.

682 Cass. crim., 12 juil. 2016, n° 16-82.664.

perpétrés contre des populations civiles et que la loi française, déjà applicable au moment des faits, réprimait corrélativement l'assassinat ». Dans cet arrêt, la Cour semble considérer que la condition de double incrimination posait des difficultés, non pas au regard du droit bosniaque – les faits étant incriminés sous cette qualification[683] –, mais au regard du droit français car, à l'époque des faits, les crimes contre l'humanité n'étaient pas incriminés en France. Pour autant, la Cour de cassation considère que la double incrimination est respectée dès lors que les faits étaient punis, à l'époque de leur commission, sous la qualification d'assassinat en droit français. On comprend alors que la double incrimination est remplie car, du côté de la législation française, le crime sous-jacent reproché à la personne réclamée était puni à l'époque des faits.

Mais ensuite, le Conseil d'État, statuant sur le décret d'extradition, s'est prononcé certes dans le même sens, mais en des termes sensiblement différents[684]. Si la juridiction administrative ne fait pas obstacle à l'extradition, la requête est rejetée au terme d'un raisonnement distinct. Le Conseil considère que le Code bosniaque prévoit que la règle, selon laquelle la loi applicable à l'infraction est celle en vigueur au moment de la commission de l'infraction, « *ne fait pas obstacle à ce que soit poursuivie et condamnée une personne ayant commis des actes qui, au moment de leur commission, constituaient des infractions conformément aux principes généraux du droit international* ». Il constate que « *les crimes contre l'humanité étaient, à la date des faits, définis de façon suffisamment accessible et prévisible comme des crimes de droit international* » et que, par conséquent, « *l'extradition, demandée aux fins de poursuivre des faits qualifiés de crimes contre l'humanité, qui étaient définis à la date de leur commission en vertu des principes généraux du droit international auxquels renvoie le droit pénal de l'État requérant, ne peut être regardée comme ayant été accordée en méconnaissance du principe de non-rétroactivité de la loi pénale imposé par l'ordre public français* ». Il ajoute que l'extradition peut donc être accordée dès lors que les autorités bosniaques ont précisé que, « *en tout état de cause* », les faits étaient réprimés sous la qualification de crimes de guerre contre la population civile par le droit national à l'époque des faits. Il résulte de cet arrêt que, d'une part, les faits étaient incriminés par le droit international, auquel le Code pénal bosniaque renvoie,

---

[683] Il est à noter que l'incrimination des faits par le droit bosniaque sous la qualification de crime contre l'humanité n'apparaît avec autant d'évidence dans la décision du Conseil d'État dans la même affaire puisque ce point est discuté. V. infra.

[684] CE, 18 juin 2018, n° 415046, D., actu 25 juin 2018, obs. J.-M. PASTOR ; RGDIP 2019, p.543, obs. B. TRANCHANT et J. CAZALA, JDI 2019, p. 616, obs. K. MEHTIYEVA ; AJDA 2018, p. 1446, obs. S. ROUSSEL et Ch. NICOLAS.

et, d'autre part, les faits étaient incriminés en droit interne sous une autre qualification, celle de crime de guerre contre une population civile[685]. Par conséquent, l'extradition pouvait être accordée.

S'agissant, en second lieu, de l'affaire *Sandoval,* un ancien policier argentin poursuivi dans son pays pour disparition forcée d'Hernan Abriata en 1976 et réfugié en France, était visé par une demande d'extradition à propos de laquelle la Cour de cassation a été saisie à deux reprises[686]. Dans le premier arrêt, la Cour de cassation élude le moyen relatif à la non-rétroactivité pour se concentrer sur le seul moyen relatif à la prescription[687]. Mais, dans le second arrêt, la Cour de cassation examine le moyen invoqué par le requérant selon lequel les faits n'étaient pas incriminés au moment de la commission de l'infraction. Plus précisément, la chambre de l'instruction, pour balayer cet argument, affirmait « *qu'il est de jurisprudence constante qu'il n'appartient pas aux autorités françaises, lorsqu'elles se prononcent sur une demande d'extradition, de vérifier si les faits pour lesquels l'extradition est demandée ont reçu, de la part des autorités de l'État requérant, une qualification juridique exacte au regard de la loi pénale de cet État* ». Par ailleurs, le juge de l'extradition avait justifié son avis favorable sur le fait que, si le droit argentin ne réprimait les crimes contre l'humanité à l'époque des faits, « *la révision constitutionnelle de 1994 a introduit les instruments internationaux dans le bloc constitutionnel, que la coutume internationale tirée d'instruments internationaux tels que la Déclaration des Nations Unies pour la protection des personnes contre les disparitions forcées, la Convention interaméricaine sur la disparition forcée de personnes et le Statut de la Cour Pénale Internationale du 18 juillet 1998 autorise la répression de tels crimes, que la Cour Suprême de Justice de la Nation Argentine a reconnu, dans un arrêt du 2 novembre 1995, que la Convention sur l'imprescriptibilité des crimes contre l'humanité reprenait une règle déjà en vigueur en fonction du droit international public basé sur la coutume, et en conséquence, d'application obligatoire par l'État argentin, que la jurisprudence argentine a donné la qualification de crimes contre l'humanité aux actes commis pendant la dernière dictature militaire* ». La

---

[685] Le silence des arrêts de la chambre de l'instruction et de la Cour de cassation sur cette différence de qualification entre l'actuelle et celle applicable au moment des faits laisse penser que les juridictions judiciaires les ont considérées comme parfaitement équivalentes.

[686] Cass. crim., 15 févr. 2015, n° 14-84.193, AJ pénal 2015, p. 257, obs. C. CHASSANG ; Cass. crim., 24 mai 2018, n° 17-86.340, D. 2018, p. 1480, obs. A. GOGORZA ; AJ pénal 2018, p.472, obs. Chr. OTERO ; Gaz. Pal., 2018, n° 24, p. 37, obs. C. BERLAUD ; AJ pénal 2018, p. 375, obs. Chr. COURTIN ; Dr. pén. 2019, p. 7, obs. O. BEAUVALLET et alii.

[687] Cet arrêt casse la décision de la chambre de l'instruction émettant un avis favorable à l'extradition au motif que cette dernière n'a pas suffisamment justifié sa décision selon laquelle la prescription n'était pas acquise au regard du droit français. Dès lors que l'avis favorable de la chambre de l'instruction était censuré sur ce moyen, il n'apparaissait pas nécessairement utile que la Cour se prononce sur l'argument de la non-rétroactivité.

chambre criminelle rejette le pourvoi en réitérant la règle, déjà énoncée par la chambre de l'instruction, selon laquelle « *s'il appartient aux juridictions françaises, lorsqu'elles se prononcent sur une demande d'extradition, de vérifier si les faits pour lesquels l'extradition est demandée étaient incriminés par l'État requérant au moment de leur commission, il ne leur appartient pas de vérifier si ces faits ont reçu, de la part des autorités de cet État, une exacte qualification juridique au regard de la loi pénale de ce dernier* ».

Il existe plusieurs similitudes entre ces deux affaires et celles relatives aux demandes d'extradition rwandaises. Dans l'ensemble des cas, même si la qualification – crime contre l'humanité ou génocide – n'est pas celle en vigueur au moment de la demande d'extradition, les faits étaient incriminés à l'époque de leur commission sous la qualification d'une infraction de droit commun, correspondant au crime sous-jacent. Par ailleurs, dans chaque affaire, les faits étaient incriminés par le droit international. Enfin, la peine encourue par les personnes réclamées était celle applicable au moment des faits à l'infraction de droit commun. Pourtant, la position des juridictions françaises est bien différente dans les affaires relatives au Rwanda et celles relatives à l'Argentine et la Bosnie. Dans les arrêts *Sandoval* et *Susnjar*, les juridictions françaises considèrent que la qualification exacte des faits importe peu, conformément à la jurisprudence constante[688], l'essentiel étant que les faits fassent bien l'objet d'une incrimination, quelle qu'elle soit, dans le droit de l'Etat requérant. Pourtant, dans les arrêts relatifs aux demandes rwandaises, et notamment ceux du 26 février 2014, le contrôle exercé par le Cour de cassation semble aller au-delà puisque la juridiction ne se contente pas de l'existence d'une qualification à l'époque des faits et vérifie si la qualification apparaissant dans la demande d'extradition est celle applicable. Le contrôle est alors manifestement plus poussé que dans les décisions relatives aux demandes d'autres États. Reste alors à déterminer si cette singularité peut trouver à se justifier.

B. Une singularité douteuse

L'intensité du contrôle mis en œuvre dans les décisions relatives au Rwanda, sans commune mesure avec l'intensité du contrôle réalisé dans d'autres décisions, interroge. Est-ce là la marque d'une interférence du politique ? Rien ne permet de l'exclure avec certitude lorsque l'on cherche les raisons pouvant justifier une telle différence.

Il apparaît clairement un changement de conception de la Cour de cassation entre les premiers arrêts relatifs au Rwanda et les plus récents portant sur des demandes émanant d'autres États. Dans les premiers, la chambre criminelle

[688] CE, 24 mai 1985, *Mac Caffery*, n° 65207, Lebon p. 160.

retient une conception formelle de la légalité en exigeant un texte d'incrimination national, considérant l'incrimination internationale insuffisamment précise et accessible et la peine imprévisible[689]. Or, dans les arrêts postérieurs, sa prise de position est bien différente. Sur les trois points – précision de la définition, accessibilité de l'incrimination internationale et prévisibilité de la peine – qui ont justifié le refus de l'extradition des personnes réclamées par le Gouvernement rwandais, il y a deux points de rupture flagrants et un troisième plus ambigu dans les décisions relatives aux demandes bosniaque et argentine.

Le premier point de rupture porte sur la précision de la norme de comportement décrite par le droit international. À aucun moment la précision de la définition posée par les textes internationaux n'est mise en cause alors qu'elle a été contestée par la chambre criminelle dans les arrêts du 26 février 2014, même s'il est vrai que les avis favorables aux extraditions émises par la Bosnie et l'Argentine font référence à des conventions internationales supplémentaires. Le second point de rupture concerne la prévisibilité de la peine qui n'est pas mise en cause dans les décisions les plus récentes. En effet, l'application de la peine fulminée pour l'infraction prévue par la législation nationale à l'époque des faits, en l'absence de norme internationale de sanction, ne pose aucune difficulté dans les arrêts de 2016 et 2018, alors qu'il s'agissait *a priori* d'un argument dirimant justifiant le refus d'extradition dans les arrêts de 2014. Force est alors de reconnaître une réelle évolution de la jurisprudence sur ces deux points. Sauf à l'expliquer par le fait que le moyen de l'absence de prévisibilité n'ait pas été soulevé dans ces dernières affaires, on peut interpréter ce changement soit comme un revirement de la chambre criminelle, soit comme la marque d'une empreinte politique en vue de faire entrave aux remises du suspect aux autorités rwandaises.

L'évolution de la jurisprudence sur le troisième point, à savoir la question de l'accessibilité de l'incrimination, est moins évidente. Le doute est permis car il y aurait des différences, jugées déterminantes, dans les affaires rwandaises et les autres. En effet, dans les affaires *Sandoval* et *Sunsjar*, l'accessibilité de la norme internationale de comportement serait bien plus importante que dans les premières en raison de renvois du droit national au droit international. S'agissant du droit bosniaque d'une part, le Code pénal actuel pose une exception au principe de non-rétroactivité de la loi pénale pour les infractions aux principes généraux du droit international et renvoie ainsi expressément au droit international[690]. S'agissant du droit argentin, aucun renvoi n'est fait par

[689] V. supra.
[690] « Si l'article 4 du Code pénal de Bosnie-Herzégovine énonce que la loi applicable à l'infraction est celle en vigueur au moment de la commission de l'infraction, l'article 4 a) du même code prévoit que cette règle ne fait pas obstacle à ce que soit poursuivie et condamnée une

les textes mais la chambre de l'instruction justifie sa décision en prenant appui sur la Constitution et la jurisprudence de la Cour suprême argentine qui intègrent le droit international dans le bloc de constitutionnalité[691]. Dans ces deux affaires, le droit international étant intégré soit par les textes, soit par la jurisprudence dans l'ordre juridique national, l'accessibilité de la norme internationale de comportement semble certaine. Il s'agirait là d'une différence déterminante justifiant le fait que la Cour de cassation soit passée d'une conception formelle de la légalité dans les arrêts relatifs au Rwanda à une légalité matérielle dans les autres arrêts[692] : l'assise nationale garantirait l'accessibilité du droit international.

Toutefois, une telle argumentation peine à convaincre pour deux séries de raisons.

La première tient au fait que, si l'on peut éventuellement admettre que le droit international a une meilleure accessibilité car la loi nationale ou la jurisprudence suprême y renvoient expressément, il n'en demeure pas moins que la norme internationale de comportement n'était pas plus accessible à l'époque de la commission des faits. En effet, la disposition de renvoi du Code bosniaque et la jurisprudence de la Cour suprême argentine sont postérieures à la commission des faits litigieux, de sorte que ces gages d'une meilleure accessibilité n'existaient pas au moment les faits. Partant, la situation rwandaise n'est pas si différente des situations argentine et bosniaque. Par ailleurs, la Cour européenne des droits de l'Homme n'exige pas une telle condition pour admettre l'accessibilité de la norme internationale.

La seconde série repose sur la jurisprudence classique en matière d'extradition qui prévoit que la juridiction de l'État requis ne doit pas vérifier l'exactitude de la qualification donnée par l'État requérant[693]. Cette règle appelle deux remarques. D'une part, l'État requérant ne devrait pas vérifier l'application faite par l'État requis du droit international. Comme le précise la chambre de l'instruction dans l'affaire *Sandoval*, « *qu'en application du principe de l'égalité souveraine de tous les États, consacré par l'article 2, paragraphe 1 de la Charte des Nations Unies du 26 juin 1945, il n'appartient pas non plus aux autorités françaises, lorsqu'elles se prononcent sur une demande d'extradition, d'apprécier les conditions dans lesquelles l'État requérant entend ap-*

personne ayant commis des actes qui, au moment de leur commission, constituaient des infractions conformément aux principes généraux du droit international ». V. CE, 18 juin 2018, n° 415046, préc.

691 V. la motivation de la chambre de l'instruction dans l'arrêt du 24 mai 2018 (Cass. crim., 24 mai 2018, n° 17-86.340).

692 En ce sens, V. ROUSSEL (S.) et NICOLAS (Ch.), « De l'extradition pour crime contre l'humanité », AJDA 2018, p. 1446.

693 V. supra.

pliquer, dans son ordre juridique interne, les stipulations des accords ou traités internationaux auxquels il est partie ». Alors, les solutions de la Cour de cassation relatives aux demandes d'extradition rwandaises peuvent paraître excessives. D'autre part, dans toutes les situations, il existait en tout état de cause une incrimination en droit interne à l'époque des faits, celle correspondant au crime sous-jacent, qui devrait suffire à satisfaire la condition de double incrimination. La Cour de cassation l'a elle-même reconnu en considérant dans l'affaire *Susjnar* que cette condition est remplie dès lors que les faits étaient incriminés en droit bosniaque, sous la qualification de crime de guerre contre une population civile, et en droit français, sous la qualification d'assassinat. Dans ces conditions, la qualification en droit rwandais à l'époque des faits aurait dû suffire à justifier la réciprocité d'incrimination. Cela étant, une réserve peut être émise sur ce dernier point tenant à la prescription de l'action publique. L'intérêt de la qualification de crime contre l'humanité tient notamment à son caractère imprescriptible. En revanche, tel n'est pas le cas des infractions de droit commun. Par conséquent, il est fort probable que l'action publique pour les autres qualifications de droit rwandais soit prescrite, sauf acte interruptif. Alors, l'argument de l'existence d'une qualification en droit interne est caduc.

En définitive, il apparaît clairement que le contrôle de la double incrimination dans les décisions relatives aux demandes d'extradition rwandaises fait l'objet d'un contrôle spécifique en comparaison aux décisions rendues postérieurement relatives à des demandes émanant d'autres États. Cette différence de l'intensité du contrôle témoigne *a minima* d'une évolution de la politique jurisprudentielle sur la question voire d'un traitement singulier éventuellement inspiré par des raisons politiques. Il est naturellement impossible de répondre à cette question. On peut seulement relever que les raisons pouvant expliquer ces différences n'emportent pas toujours la conviction.

E- SUR LE STATUT DES REFUGIES

CHAPITRE 11-

L'ECHO DES DECISIONS DU TPIR DEVANT LE JUGE FRANÇAIS DE L'ASILE ET DE L'IMMIGRATION

Verlaine Etame Sone

Dans trois articles controversés[694] publiés dans le Figaro en 1994 à son retour du Rwanda, Jean d'Ormesson affirmait que « s'il faut tirer une leçon du Rwanda, c'est que les hommes sont tous coupables et qu'ils sont tous innocents ». La difficulté d'établir les responsabilités dans le cadre du génocide rwandais ne repose pas sur un négationnisme historique des faits dont ont été victimes les populations tutsi. Elle découle surtout de la difficulté contemporaine d'identifier et de condamner les personnes qui se sont rendues coupables de tels crimes. Pourtant, si les victimes de ces atrocités ne réclament pas de vengeance, elles exigent la justice. Celle-ci implique alors de porter un regard réflexif sur le sort réservé aux personnes soupçonnées d'avoir pris part aux crimes commis lors du génocide. Si certains doivent être arrêtés et condamnés, d'autres doivent être protégés par le statut de réfugiés dans le cadre du droit d'asile.

Le drame éclate au printemps 1994. Le 7 avril 1994, l'assassinat du Président hutu Juvénal Habyarimana déclenche une série de massacres des populations tutsi portant le bilan entre 800 000 et 1 million de morts[695]. Si la part la plus importante des massacres s'est déroulée entre le printemps et l'été 1994, force est de reconnaître que ce génocide, parfois qualifié de « pire atrocité que

694 V. HERSZKOWICZ (A.), « Jean d'Ormesson, sa face obscure et négationniste », Médiapart, 2017.V. encore la tribune de l'écrivain et professeur de philosophie et de littérature, Boubacar DIOP, « La France au banc des accusés », Courrier international, 8 avril 2004.

695 V. sur ces chiffres, AUDOUIN-ROUZEAU (S.) et DUMAS (H.), « Le génocide des Tutsi Rwandais vingt ans après : Réflexions introductives », Vingtième siècle, revue d'histoire, 2014, n° 122, p. 3-16. V. aussi PITON (F.), Le génocide des Tutsi au Rwanda, Paris, La Découverte, « Repères », 2018, p. 9-12.

ce qu'ont fait les nazis pendant toute la seconde guerre mondiale »[696], a des causes plus profondes.

De façon systémique, le génocide des Tutsi de 1994 trouve ses origines dans l'organisation sociale rwandaise dès la période coloniale. Le Rwanda colonial est administré par la minorité tutsi avec le soutien du Gouvernement belge, ce qui ne manque pas de nourrir au sein de l'élite hutu, exclue du pouvoir, un ressentiment qui influencera considérablement la pratique politique dans le pays[697].

En effet, pendant la période coloniale, la Belgique et l'Église catholique ont destitué tous les notables hutu des fonctions administratives, politiques et judiciaires « indigènes ». L'idée était alors répandue que seuls les « *Batutsi* » étaient ontologiquement, voire, congénitalement, aptes à occuper des fonctions administratives. Reprenant en ce sens les propos du vicaire apostolique Léon Classe, Filip Reyntjens présente les Tutsi comme des « chefs-nés » qui ont « le sens du commandement »[698]. À la veille de l'indépendance, les Hutu ayant bénéficié d'une instruction et n'ayant pas pu valoriser leurs qualifications au sein d'un système politique et administratif qui leur est hostile développent une frustration et un ressentiment réels à l'égard des élites tutsi. Le soutien jadis accordé aux Tutsi par l'administration de tutelle et l'Église catholique bénéficie également désormais aux jeunes élites hutu. Il y a dès lors désormais une opposition ouverte entre les élites tutsi qui réclament l'indépendance et la majorité hutu, qui veut mettre fin à l'hégémonie tutsi, en réclamant d'abord la démocratie, et l'indépendance, ensuite. Éclate alors dans ce contexte, en 1959, un soulèvement qui entraînera des milliers de morts et le début de l'exil pour les populations tutsi[699].

Si cette organisation sociale était déjà propice à la montée des tensions, force est de constater que l'organisation « matérielle et idéologique » se précise et peaufine à la suite des assauts menés par les forces du Front patriotique rwandais (FPR) en 1990 contre le régime de Juvénal Habyarimana[700]. La

---

696 Cette appréciation découle des observations de l'avocat général Alain WINANTS lors du premier procès consacré aux criminels Rwandais. Il affirme avec cynisme, « qu'en termes de quantité et d'efficacité, c'est mieux que ce qu'ont fait les nazis pendant toute la seconde guerre mondiale » (KALAGARIS (M.), Sur la piste des tueurs Rwandais, Paris, Flammarion, coll. enquêtes, 2012, p. 34).
697 Ibid.
698 REYNTJENS (F.), Le génocide des Tutsi au Rwanda, Paris, PUF, coll. Que-sais-je ? 2017, p. 9-27.
699 Ibid.
700 Pour un récit des assauts menés par le FPR et de la contre-offensive des Forces Armées Rwandaises (FAR) : V. PITON (Fl.), Le génocide des Tutsi au Rwanda, préc., p. 67-102.

guerre contre le FPR semble alors avoir joué un rôle important dans la légitimation du génocide par le camp au pouvoir.

Il ne s'agit pas ici d'imputer aux assauts menés par le FPR en 1990, la cause principale du génocide. Bien que certains y voient « une responsabilité historique » du FPR, accusé d'imprudence pour avoir mené ces assauts alors qu'un climat de génocide planait déjà sur les Tutsi de l'intérieur[701], il ne faut pas ignorer l'existence d'autres facteurs à la fois politiques[702] et socio-psychologiques[703].

Certains acteurs et responsables de ce génocide[704] ont été identifiés et jugés par le Tribunal pénal international pour le Rwanda (TPIR)[705]. Cette juridiction internationale a connu à ce jour, près de 93 affaires, dont 62 condamnations, 14 acquittements, 10 personnes renvoyées devant les juridictions nationales,

---

701 REYNTJENS (F.), Le génocide des Tutsi au Rwanda, préc, p.45-87. ; V. aussi KUPERMAN (A.), « Provoking genocide : A revised history of the Rwandan Patriotic Front », Journal of Genocide Research, vol.6, n°1, 2004, p.63.

702 Les accords d'Arusha qui concluent au partage du pouvoir sont décriés par une partie du camp présidentiel. Certains Hutu radicaux s'opposaient aux accords d'Arusha ce qui a conduit à s'interroger sur leur implication dans l'attentat contre l'avion du Président Habyarimana. D'ailleurs, s'il est souvent parlé de génocide des Tutsi, il ne faut pas oublier que plusieurs Hutu y ont également été tués dès lors qu'il était établi qu'ils étaient favorables au partage du pouvoir et s'opposaient au génocide.

703 La haine ethnique a également été invoquée comme l'une des principales causes du génocide. Cette version est de plus en plus contestée. En effet, des études sociologiques ont pu révéler que les Hutu et les Tutsi entretenaient au quotidien des relations cordiales et parfois affectives. V. en ce sens, STRAUSS (S.), The order of genocide. Race, Power and War in Rwanda, Cornell University Press, 2006, p. 127-132 ; V. aussi FUJII (L.-A.), Killing Neighbours. Web of violence in Rwanda, Cornell University Press, 2009, p. 119.

704 Le terme génocide a lui-même été forgé en 1944 par le juriste Raphaël Lemkin pour désigner l'éradication des Arméniens par les Turcs et le massacre des Juifs par les nazis. S'il n'existe pas une définition unanime du génocide, quelques critères sont communs aux différentes conceptions. Ainsi, le génocide suppose la sélection des cibles selon un ou plusieurs critères identitaires, la mise en œuvre d'un programme par l'État, le caractère systématique des massacres sans distinction de classe, d'âge ou de sexe, et l'intention délibérée de commettre ce crime (V. sur ce point : PITON (F.), Le génocide des Tutsi au Rwanda, préc.).

705 Le TPIR a été institué par la résolution 955 (1994) du Conseil de sécurité du 8 novembre 1994 adoptée sur le fondement du chapitre VII de la charte des Nations unies. Il s'agit d'une juridiction pénale internationale spéciale créée « pour juger les personnes présumées responsables d'actes de génocide ou d'autres violations graves du Droit international humanitaire commis sur le territoire du Rwanda et sur les territoires d'États voisins entre le 1er janvier 1994 et 31 décembre 1994 » (https://unictr.irmct.org/fr/tribunal). V. aussi MARTIN (F.), Les compétences juridictionnelles ratione personae, ratione temporis et ratione materiae du tribunal pénal international pour le Rwanda, dans FRONZA (E.) MANACORDA (S.) (dir.), La justice pénale internationale dans les décisions des tribunaux ad hoc, Paris, Dalloz, 2003, p. 198.

3 fugitifs, 2 personnes décédées avant le procès et 2 actes d'accusation retirés avant le procès[706].

Les décisions rendues par le tribunal d'Arusha ont sans aucun doute autorité sur les parties qui y sont déférées. Toutefois, l'impact de ces décisions sur les juridictions nationales se heurte à la souveraineté juridique et politique des États. L'autorité de la chose jugée par les décisions internationales ne s'applique pas de manière systématique aux juridictions nationales. La question de la prise en compte de ces décisions par le juge national se pose avec davantage d'acuité dans le cadre de l'instruction par ce dernier des demandes d'asile déposées par les personnes ayant potentiellement été impliquées dans le génocide.

De fait, la France a accueilli sur son territoire nombre de responsables rwandais ayant exercé des fonctions pendant la période du génocide. Ces derniers ont sollicité le statut de réfugié sur le territoire français ou un titre de séjour en vue de s'y installer avec leur famille. De façon plus globale, ces demandes visent, pour leurs auteurs, à obtenir une protection juridique visant à échapper aux représailles auxquelles ils seraient injustement exposés dans leur pays d'origine.

En ce sens, l'article 1 de la Convention de Genève pour les réfugiés, tel que modifié par le protocole relatif aux réfugiés[707], prévoit qu'est reconnue comme réfugiée toute personne « craignant avec raison d'être persécutée du fait de sa race, de sa religion, de sa nationalité, de son appartenance à un certain groupe social ou de ses opinions politiques, se trouve hors du pays dont elle a la nationalité et qui ne peut ou, du fait de cette crainte, ne veut se réclamer de la protection de ce pays »[708]. Il est également prévu par la même convention une protection subsidiaire pour les personnes qui ne remplissent pas les conditions suscitées, mais qui « *établissent qu'elles sont exposées dans leurs pays à la peine de mort, à la torture ou à des peines ou traitements inhumains ou dégradants, ou, s'agissant d'un civil, à une menace grave, directe et individuelle contre sa vie ou sa personne en raison d'une violence généralisée résultant d'une situation de conflit armé interne ou internationa*l »[709].

---

[706] V. les chiffres sur le site des Nations unies relatif au mécanisme international appelé à exercer les fonctions résiduelles des tribunaux pénaux (https://unictr.irmct.org/fr/tribunal).

[707] Protocole relatif au statut des réfugiés de 1966.

[708] V. le 2° de l'art. 1er § À de la convention de Genève du 28 juin 1951 relative au statut des réfugiés.

[709] V. art. L. 712-1 CESEDA.

Ces stipulations conventionnelles ont été intégrées dans l'ordre juridique français par la ratification de la Convention de Genève le 23 juin 1954, et par l'insertion du droit d'asile dans le bloc de constitutionnalité à travers le Préambule de la Constitution du 27 octobre 1946[710]. Plus encore, le Conseil constitutionnel a érigé le droit d'asile en principe à valeur constitutionnelle. Il affirme ainsi que « *le respect du droit d'asile, principe de valeur constitutionnelle, implique d'une manière générale que l'étranger qui se réclame de ce droit soit autorisé à demeurer provisoirement sur le territoire jusqu'à ce qu'il ait été statué sur sa demande* »[711]. Le droit d'asile a ainsi en droit français une valeur à la fois conventionnelle, et constitutionnelle.

Par conséquent, les deux fondements du droit d'asile prévus par la convention de Genève sont invocables par les ressortissants hutu installés en France à la suite du génocide des Tutsi en 1994. Ils évoquent en plus au soutien de leurs demandes d'asile, le supposé défaut d'équité de la justice rwandaise dans le cadre du traitement de ces dossiers[712].

La reconnaissance du statut de réfugié aux personnes ayant été impliquées dans le génocide rwandais n'est pas totalement indifférente à la jurisprudence du TPIR, créé pour punir les auteurs des crimes perpétrés.

En effet, la Convention de Genève prévoit une clause d'exclusion au détriment des personnes à l'égard desquelles il existe, en substance, des raisons sérieuses de penser qu'elles ont commis des crimes graves contre la personne humaine[713].

Très souvent, les ressortissants rwandais soupçonnés d'avoir participé au génocide appuient leurs demandes d'asile sur les décisions d'acquittement dont ils bénéficient, et rendues par le Tribunal pénal international pour le Rwanda. Cela conduit nécessairement à s'interroger sur l'incidence de ces décisions sur la politique française de l'asile. Il se pose ainsi la question de savoir si les autorités administratives françaises, notamment juridictionnelles, sont

---

710 Le droit d'asile découle du Préambule de la Constitution du 27 octobre 1946 qui affirme que « tout homme persécuté en raison de son action en faveur de la liberté a droit d'asile sur les territoires de la République ». Ce Préambule a désormais valeur constitutionnelle depuis la décision du Conseil constitutionnel 71-44 DC du 16 juillet 1971.

711 CC, 93-325 DC du 13 août 1993, Loi relative à la maîtrise de l'immigration et aux conditions d'entrée, d'accueil et de séjour des étrangers en France, considérant 84. ; V. GENEVOIS (B.), « Un statut constitutionnel pour les étrangers », RFDA, 1993, p. 871-901.

712 V. en ce sens : GRECIANO (Ph.), « Le génocide Rwandais : rupture de confiance », D. 2008, p. 2640.

713 V. sur ce point, le F de l'art. 1er de la Convention de Genève de 1951.

tenues par les décisions du Tribunal pénal international pour le Rwanda lors de l'instruction des demandes d'asile déposées devant elles.

Il conviendra, pour répondre à cette question, d'adopter une réflexion essentiellement contentieuse. Une telle orientation se justifie dès lors qu'elle s'inscrit dans la continuité de travaux déjà consacrés à la question du génocide rwandais. En effet, de nombreuses études davantage théoriques ont déjà été consacrées à la question du Rwanda, notamment en matière de sciences sociales[714]. Fut ainsi abordée sous des angles divers la question des rôles et des responsabilités personnelles et étatiques, établies ou soupçonnées dans le cadre de cette crise.

Il ne sera donc pas pertinent à l'occasion de cette étude de réitérer les recherches déjà effectuées en la matière mais plutôt de contribuer au parachèvement d'un édifice déjà considérablement construit. Ces réflexions se situeront alors temporellement dans la période post-génocidaire. L'accompagnement juridique de la reconstruction d'après crise impose de faire la lumière sur le sort réservé aux personnes soupçonnées d'avoir pris part à la commission ou la préparation du génocide.

Pour ce faire, il conviendra de montrer que la jurisprudence administrative apporte une réponse nuancée. Elle admet qu'il puisse être fait écho aux décisions du Tribunal pénal international pour le Rwanda dans la mise en œuvre de la clause d'exclusion de la Convention de Genève à l'encontre d'un demandeur (I). Toutefois, elle rappelle que ces décisions, notamment lorsqu'elles prononcent l'acquittement d'un demandeur, ne sauraient présumer de son éligibilité au bénéfice du statut de réfugié (II).

I. LA CLARTE : LA PRISE EN COMPTE PAR LE JUGE FRANÇAIS DE L'ASILE DES DECISIONS DU TPIR POUR L'APPLICATION DE LA CLAUSE D'EXCLUSION

Les décisions rendues par le Tribunal pénal international pour le Rwanda trouvent un écho certain en droit français, notamment en matière de

---

714 V. pour quelques ex : CHRÉTIEN (J.-P.) (dir), Rwanda : les médias du génocide, Paris, Karthala, 1995. V. aussi, VERDIER (R.), DECAUX (E.) et CHRÉTIEN (J.-P.) (dir), Rwanda : un génocide du vingtième siècle, Paris, L'harmattan, 1995. V. encore, PRUNIER (P.), Rwanda : le génocide, Paris, Dagorno, 1995, 1999. V. enfin : GUICHAOUA (A.) (dir), Les crises politiques au Burundi et au Rwanda (1993-1994), Lille/Paris, Université des sciences et technologies de Lille/Karthala, 1995.

contentieux des étrangers. En effet, ce dernier constitue un domaine fertile à la conciliation des décisions internes et externes.

La situation conflictuelle qui avait cours au Rwanda au début des années 1990 a engendré de nombreux déplacements de populations, lesquelles ont dû s'exiler en dehors de leur territoire d'origine. Tandis que nombre d'entre elles ont été poursuivies devant le Tribunal pénal international, d'autres ont été accueillies dans les pays étrangers dont la France[715] où ils vivent le plus souvent dans la clandestinité[716] ou la discrétion totale[717]. Comme l'affirme Alain Gauthier, le Président du Collectif des Parties Civiles pour le Rwanda (CPCR), « désormais, ils sont parfois tout près de nous, ici en France »[718].

L'attribution de l'asile aux ressortissants rwandais en France, soupçonnés d'avoir pris part au génocide, n'est pas totalement indifférente aux décisions adoptées par le TPIR. Dans le cadre de l'instruction des demandes d'asile déposées par les ressortissants hutu installés en France, les autorités administratives et juridictionnelles françaises accordent un écho certain aux constatations de faits établies par le Tribunal d'Arusha (A). Au-delà de l'autorité reconnue aux constatations factuelles du Tribunal, les décisions de condamnation de ce dernier permettent aux autorités nationales de présumer de l'existence de raisons sérieuses d'exclure les demandeurs du bénéfice du statut de réfugiés (B).

---

715 Dans un article publié sur son blog le 20 mai 2020, l'association « Survie » montre que la France est une « terre d'asile » pour les extrémistes hutu. V. dans le même sens, l'ouvrage de Maria MALAGARIS, Sur la piste des tueurs rwandais, paru en 2012 aux éd. Flammarion. Cet auteur y montre que la France a accueilli de nombreux acteurs du génocide rwandais. V. aussi, THIOLAY (B.), « L'interminable traque des génocidaires Rwandais réfugiés en France », Journal L'express, 25 mai 2020. V. encore la tribune publiée dans Le Point le 16 mai 2020 : « La France, terre prisée des présumés génocidaires Rwandais ».

716 V. par exemple s'agissant du financier du génocide Félicien Kabuga, interpellé dans son appartement d'Asnières-sur-Seine sous une fausse identité. V. en ce sens : BERTHEMET (T.) et CORNEVIN (Ch.), « Fin de cavale pour KABUGA, argentier du génocide des Tutsi », Le Figaro, 10 mai 2020.

717 À l'exemple de ce sous-préfet responsable de milliers de morts au Rwanda qui « avait refait paisiblement sa vie dans le sud-ouest de la France » (KALAGARIS (M.), Sur la piste des tueurs Rwandais, Flammarion enquête, 2012, p. 13).

718 Ibid.

A. Le juge français de l'asile soumis à l'autorité des constatations factuelles du TPIR

Les autorités nationales saisies d'une demande d'asile par un ressortissant rwandais peuvent tenir compte, pour l'attribution d'un tel statut, des constatations de faits dégagées dans une décision du Tribunal pénal international pour le Rwanda. Le Conseil d'État juge dans sa jurisprudence constante que les constatations factuelles établies par le Tribunal pénal international pour le Rwanda s'imposent aux autorités nationales chargées d'instruire les demandes d'asile[719].

Ces constatations factuelles permettent au juge national d'apprécier s'il existe, conformément à la Convention de Genève, des raisons sérieuses de penser que le demandeur a commis l'un des faits prévus par la Convention. La Convention énumère à cet effet trois catégories de faits susceptibles de fonder la mise en œuvre de la clause d'exclusion. Il s'agit des actes de crime contre la paix, crime de guerre ou crime contre l'humanité, de crime grave de droit commun en dehors du pays d'accueil avant d'y être admises comme réfugiées, d'agissements contraires aux buts et aux principes des Nations Unies.

La prise en compte par les autorités juridictionnelles nationales des constatations de fait, établies par la décision du Tribunal pénal international pour le Rwanda n'a rien de novateur ni de surprenant. Elle s'inscrit en effet dans la logique de l'autorité accordée aux décisions des juridictions pénales devant le juge administratif.

D'abord, le Conseil d'État affirme de manière générale qu'une affaire jugée par un Tribunal pénal international ne peut plus être rejugée par une juridiction nationale[720].

Ensuite, le Conseil d'État rappelle que l'autorité sur le juge administratif, des décisions rendues par le Tribunal pénal international pour le Rwanda, est similaire à celles des décisions rendues par les juridictions pénales nationales. Les constatations de faits qui sont le support nécessaire du dispositif d'un jugement devenu définitif s'imposent au juge tandis que les motifs d'un jugement de relaxe tirés de ce que les faits reprochés ne sont pas établis ou de ce qu'un doute subsiste sur leur réalité, ne s'imposent pas[721].

---

[719] V. CE, 11 juin 2015, *Kabiligi*, n° 367922.

[720] V. en ce sens, cls E. PRADA-BORDENAVE sur CE, 13 février 2006, *Adem Gokkaya*, n°271035.

[721] V. cls S. ROUSSEL sur CE, 28 février 2019, *Nzuwonemeye*, n° 414821. V. AUBIN (E.), « Génocide du Rwanda et tyrannie de la preuve devant le TPIR face aux doutes sérieux du juge français de l'asile », AJDA, 2019, p. 1352-1356.

Il faut noter que le sort ainsi réservé aux décisions du Tribunal pénal international pour le Rwanda diffère considérablement de celui globalement réservé aux décisions des juridictions externes. Pendant que ces dernières ne bénéficient que d'une autorité relative de la chose jugée lorsqu'elles ne sont pas soumises à la procédure d'exequatur[722], celles des juridictions pénales internationales s'imposent quant à leurs constatations factuelles notamment.

Outre les constatations factuelles qui découlent de l'instrument même de la décision du Tribunal pénal international, les autorités nationales chargées d'instruire les demandes d'asile peuvent également se fonder sur le dossier d'instruction dudit Tribunal. Les pièces du dossier peuvent ainsi contribuer à l'appréciation de la demande d'asile devant le juge français compétent à cet effet.

Il est donc loisible aux autorités nationales de prendre en compte, dans l'instruction des demandes qui leur sont soumises, les dossiers d'instruction des juridictions pénales internationales pour le Rwanda. Le Conseil d'État a eu l'occasion de préciser cette possibilité dans le cadre d'une demande d'asile déposée par madame Agathe Kanziga Habyarimana, la veuve de l'ancien Président hutu. Dans cette affaire, les autorités nationales lui avaient appliqué la clause d'exclusion prévue par la Convention de Genève en se fondant sur des pièces déposées et discutées devant le Tribunal pénal international. Le Conseil d'État affirme que n'est pas entachée d'erreur de droit une décision qui se fonde « notamment sur des éléments contenus dans des déclarations déposées, dans le cadre d'instances devant le tribunal pénal international pour le Rwanda, par des témoins non identifiés car bénéficiant de mesures de protection au titre de l'article 21 des statuts et de l'article 69 du règlement de procédure de ce tribunal »[723]. Le Conseil d'État rajoute dans cette décision que la commission était fondée à prendre sa décision à la lumière des pièces citées dans une décision du Tribunal pénal international pour le Rwanda[724].

Le rapporteur public dans cette affaire rappelle d'ailleurs que l'existence de raisons sérieuses à l'encontre de la requérante est tirée de son appartenance

---

722 CE, Ass, 23 juillet 1974, *Dame Veuve Naoui Benabdhallah*, n° 81086, cls MORISOT. V. aussi, CE, 24 novembre 2006, *Bellounis*, n° 275527. V. LECUCQ (O.), « La portée d'un jugement étranger devant une juridiction nationale », AJDA, 2007, p. 638-639.
723 CE, 16 octobre 2009, *Madame Agathe Kanziga veuve Habyarimana*, n° 311793.
724 Ibid.

à « l'AKAZU »[725], dont le rôle majeur dans la préparation du génocide découle des pièces versées devant le Tribunal pénal international pour le Rwanda[726].

Si les constatations factuelles du TPIR ont un impact direct et explicite sur l'office du juge français de l'asile, ses décisions de condamnation n'auront qu'un impact implicite perceptible à travers le raisonnement du juge.

B. Les décisions de condamnation du TPIR comme fondement déterminant des décisions de rejet des demandes d'asile

Les décisions rendues par le Tribunal pénal international pour le Rwanda peuvent également influencer le sens de la décision adoptée par le juge national. Le plus souvent, elles ont une autorité plus forte lorsqu'elles concluent à la culpabilité des personnes traduites devant elles. Dans ce cadre, la décision rendue permet à l'autorité administrative d'appliquer aisément la clause d'exclusion prévue par la Convention de Genève.

En effet, la Convention exclut du statut de réfugié les personnes à l'encontre desquelles il existe des raisons de penser qu'elles ont commis des crimes de guerre ou de génocide. La construction des stipulations de la Convention révèle que la mise en œuvre de la clause d'exclusion repose sur des soupçons, et non pas sur une preuve de culpabilité. Seuls des doutes suffisent à appliquer la clause d'exclusion. Cette interprétation est confirmée par la jurisprudence du Conseil d'État qui rappelle de manière constante qu'il n'appartient pas aux autorités administratives d'apporter la preuve de la culpabilité du demandeur.

Cependant, par un raisonnement *a fortiori*, il faut constater qu'une décision de condamnation émanant du Tribunal pénal international pour le Rwanda suffit à appuyer l'existence de tels doutes quant à la participation du demandeur à l'un des crimes prévus par la clause d'exclusion. En réalité, une décision de condamnation du Tribunal pénal international pour le Rwanda pour génocide ou complicité de génocide traduirait, *ipso facto*, l'existence d'un

---

[725] L'Akazu désigne dans le Rwanda ancien « la Cour ». Il est employé par l'opposition à la fin de l'année 1991 pour désigner l'entourage du Président de la République composé des membres de sa famille et de sa belle-famille qui occupent des fonctions importantes dans l'administration et dans l'armée et qui constituent un réseau de pouvoir parallèle. Afin de conserver leurs privilèges, les membres de l'Akazu se radicalisent pour éviter la mise en œuvre des accords relatifs au partage du pouvoir (PITON (F.), Le génocide des Tutsi au Rwanda, précité, p. 133-172).

[726] V. les cls de J. BURGUBURU sur CE,16 octobre 2009, *Agathe Kanziga veuve Habyarimana*, préc.

doute sérieux quant à la commission d'un des agissements prévus par la Convention. La condamnation suffirait en elle-même à fonder le doute sérieux à l'encontre du demandeur.

L'incidence des décisions du Tribunal pénal international pour le Rwanda est davantage perceptible à l'égard des demandes d'asile des personnes soupçonnées de complicité de génocide. La juridiction administrative adopte en effet la définition de la complicité de génocide telle que dégagée par le TPIR[727]. Ce dernier considère que la complicité dans le génocide n'exige pas l'intention spécifique du génocide. C'est le cas notamment du fait d'inciter des personnes à commettre des exactions sachant que ces personnes commettaient le génocide, même si « l'accusé n'avait pas lui-même l'intention spécifique de détruire le groupe visé »[728]. C'est aussi le cas de la fourniture d'armes ayant contribué au génocide[729].

C'est à la lumière de cette jurisprudence du TPIR que le Conseil d'État a confirmé l'annulation du refus du statut de réfugié à un ressortissant rwandais producteur et fournisseur de bière pendant le conflit. Le Conseil affirme que « *les activités de commerce de bière de l'intéressé, malgré leur poursuite jusqu'en juillet 1994 au Rwanda, ne l'avaient pas, dans les circonstances de l'espèce, conduit à participer, fût-ce indirectement, à la conception, à l'organisation ou à la mise en œuvre du génocide Rwandais* »[730]. Le rapporteur public Julien Boucher explique cette solution par le fait que le commerce de bière ne constitue pas la fourniture de l'instrument même des massacres. Il rajoute qu'en « l'état actuel du droit international », ne saurait être qualifié de complicité de génocide le simple fait de « profiter de la situation créée par la mise en œuvre du dessein génocidaire, ou de toute forme de collaboration économique avec les auteurs ou agents de ce dessein »[731].

Cette approche, bien que compréhensible, peut être critiquable. En réalité, la détermination de la complicité dans l'accomplissement d'un acte n'implique pas exclusivement la participation au corps même de l'infraction. La complicité peut également résider dans la fourniture des instruments même de

---

727 Le statut du TPIR définit la complicité de génocide comme le fait d'aider, d'encourager et de planifier, préparer ou exécuter un crime visé aux articles 2 à 4 du statut.

728 TPIR, 2 septembre 1998, Akayesu, n°ICTR-96-4-T. Cette solution est confirmée en appel par la décision TPIR, 1er juin 2001, n°ICTR-96-4-A.

729 TPIR, 3 décembre 2003, Nahimana, Barayagwiza et Ngeze, n°ICTR-99-52-T.

730 CE, 14 juin 2010, *OFPRA c/ Jean Claude Ndamiye*, n° 304816 et CE, 14 juin 2010, *Tatien Kayijuka*, n° 320630. V. MESA (R.) et MARMIN (S.), « Retour sur une clause d'exclusion de la qualité de réfugié : la suspicion de complicité de génocide », AJDA, 2010, p. 1992-1995. V. aussi TCHEN (V.), « L'exclusion de l'asile pour les auteurs de crime contre la paix, de crimes de guerre ou de crimes contre l'humanité », DA, 2010, p. 31-32.

731 Cls Julien BOUCHER sur CE, 14 juin 2010, *OFPRA c/ Jean Claude Ndamiye*.

l'infraction. Mais aussi, elle peut s'apprécier à l'aune de l'encouragement matériel des auteurs de l'infraction incriminée. Ainsi, la fourniture d'aliments ou de boissons peut être perçue comme un encouragement fourni aux forces combattantes sur le terrain, comme un soutien à l'effort de guerre. Autrement dit, de telles actions peuvent traduire l'existence d'une base arrière pour les forces impliquées dans le conflit.

Toutefois, la commercialisation d'alcool pendant la guerre est perçue, par la jurisprudence administrative, non pas comme un soutien à l'effort de guerre, mais plutôt comme une activité économique à part entière. En ce sens, le commerçant ne peut pas être perçu comme ayant apporté un soutien logistique à l'effort de guerre, auquel cas, il l'aurait fait à titre gratuit. En poursuivant son activité économique dans un contexte de crise humanitaire, son action est davantage immorale qu'illégale.

L'incidence des décisions du TPIR est donc réelle lorsqu'elles concluent à la condamnation des personnes poursuivies devant elles. Elles facilitent l'application de la clause d'exclusion en offrant aux juges nationaux une présomption d'existence de doutes sérieux à l'égard des demandes d'asile. Pourtant, cet écho sera brouillé, lorsque les décisions du TPIR concluent à l'acquittement d'un demandeur.

II. LE BROUILLAGE : L'INDIFFERENCE DU JUGE FRANÇAIS DE L'ASILE A L'EGARD DES DECISIONS DU TPIR POUR LA MISE À L'ECART DE LA CLAUSE D'EXCLUSION

Les décisions du Tribunal pénal international pour le Rwanda ont certes, une incidence réelle sur le juge national de l'asile quant à l'application de la clause d'exclusion prévue par la Convention de Genève. Cependant, l'écho ainsi accordé aux décisions du Tribunal se heurte à l'autonomie des autorités nationales dans l'attribution du statut de réfugié. Ainsi, si les décisions de condamnation facilitent la mise en œuvre de la clause d'exclusion, les décisions d'acquittement, en revanche, n'entament pas la liberté d'appréciation des autorités nationales quant à l'attribution du statut de réfugié. En d'autres termes, l'acquittement d'un demandeur d'asile devant le Tribunal pénal international pour le Rwanda ne lui garantit pas l'attribution du statut de réfugié en droit français. Les décisions d'acquittement prononcées par le Tribunal pénal international pour le Rwanda sont de ce fait dépourvues d'autorité devant le juge administratif français de l'asile (A). Cette autonomie des autorités nationales en matière d'asile en dépit des décisions d'acquittement du

TPIR se poursuit après le rejet d'une demande d'asile. La carence des autorités nationales à adopter des mesures d'éloignement à l'égard de certaines personnes déboutées conduit à s'interroger sur la place réservée, dans ce domaine, à la raison d'État (B).

A. L'absence d'autorité des décisions d'acquittement du TPIR sur le juge administratif français de l'asile

Les clauses d'exclusions prévues par la convention de Genève ont pour objet d'éviter que le statut de réfugié ait pour conséquence l'impunité des auteurs de certains crimes d'une exceptionnelle gravité. Comme le rappelle la rapporteure publique Sophie Roussel, ces clauses ont été instaurées à une époque où n'existait pas de juridiction pénale internationale. Certes, elles visent à éviter que les auteurs de crimes graves ne soient impunis. Mais plus globalement, elles visent à protéger les États d'accueil des risques d'atteinte à l'ordre public liés à la présence de ces personnes sur le territoire[732].

A priori, la création, pour ce qui concerne le Rwanda, d'un Tribunal pénal international pour le Rwanda influencerait les décisions d'attribution ou de refus du statut de réfugié. Une condamnation par la juridiction pénale internationale conduirait logiquement au refus du statut de réfugié tandis qu'un acquittement induirait une attribution dudit statut au demandeur.

Toutefois, les décisions rendues par le Tribunal pénal international pour le Rwanda ne s'imposent pas systématiquement aux autorités nationales. Le juge administratif français rappelle que les autorités administratives conservent toute leur liberté dans l'appréciation de la demande d'asile. Sophie Roussel précise que les juridictions pénales internationales ne bénéficient pas d'un monopole qui ferait obstacle à l'application de la clause d'exclusion prévue par la Convention de Genève[733]. La décision d'acquittement ne saurait alors présumer de l'absence de doute sérieux quant à la commission d'un crime contre l'humanité[734].

---

732 V. cls S. ROUSSEL sur CE, 28 février 2019, *Nzuwonemeye*, n° 414821.

733 S. ROUSSEL, cls préc.

734 CE, 3 février 2012, *Ministre de l'Intérieur, de l'Outre-mer et des collectivités territoriales c/ André Ntagerura*, n° 353952. V. cls B. DACOSTA. V. aussi TCHEN (V.), « Le refus d'un visa à un réfugié statutaire », DA, 2012, p. 26-27. V. encore CE, 28 février 2019, *Nzuwonemeye*, n° 414821.

Il ressort de cette décision qu'il est loisible au juge français de l'asile, saisi d'une demande d'asile appuyée sur une décision d'acquittement du TPIR, d'apprécier souverainement, si en dépit de cette décision, il n'existe pas à l'encontre du demandeur une raison sérieuse de penser qu'il ait commis, ou participé à la commission, d'un crime contre l'humanité. Il appartient en la matière aux autorités nationales de rechercher si le demandeur d'asile a personnellement commis des actes justifiant l'application de la clause d'exclusion[735].

En d'autres termes, le refus du statut de réfugié repose sur l'existence de soupçons et non pas sur l'existence de certitudes. Le Conseil d'État a ainsi admis une présomption de participation au génocide à l'encontre de responsables hauts placés de gouvernement qui ont perpétré des massacres. Ainsi, il existe des doutes sérieux à l'encontre de la veuve de l'ex-Président qui était membre de son cercle rapproché ayant participé à la préparation du génocide[736] ou encore à l'encontre d'un officier supérieur de l'armée rwandaise en fonction au moment des exactions, en dépit de son acquittement par le Tribunal pénal international pour le Rwanda[737].

Cette solution traduit l'indépendance des autorités françaises dans l'instruction des demandes d'asile et dans la conduite de la politique d'accueil des étrangers. Elle repose surtout sur la logique même du mécanisme de protection instauré par la Convention et codifié en droit français. L'exclusion du statut de réfugié n'est pas soumise en effet à la démonstration de la culpabilité du demandeur. Il ne bénéficie pas de ce statut dès lors qu'il existe à son égard des raisons sérieuses de penser qu'il a commis un crime prévu au paragraphe F de la Convention. L'autorité se limite alors au seul doute raisonnable, indépendamment de la culpabilité ou de l'innocence du demandeur. Le Conseil d'État rappelle cette interprétation dans une jurisprudence constante. Dans une affaire du 18 janvier 2006, le Conseil d'État a annulé pour erreur de droit, une décision de la commission de recours des réfugiés qui, pour rejeter l'application de la clause d'exclusion par l'OFPRA, a exigé la démonstration de l'implication du demandeur dans les crimes commis au Rwanda en 1994[738].

---

[735] CE, 25 mars 1998, *Mahboud*, Lebon, T., p. 961. V. aussi, CE, 15 mai 2000, *Hamid*, n°190059

[736] CE, 16 octobre 2009, *Agathe Habyarimana*, préc.

[737] CE, 28 février 2019, *Nzuwomeneye*, n° 414821. V. DOSEN (M.), « Acquitté mais pas innocent ? L'exclusion du statut de réfugié devant le juge administratif », DA. 2019, p. 27-31.
V. aussi : PUTMAN (E.) et CACIOPPO (S.), « L'acquittement d'un étranger au bénéfice du doute par un tribunal pénal international ne fait pas obstacle à l'application d'une clause d'exclusion », RJPF, 2019, p. 16-17.

[738] CE, 18 janvier 2006, *OFPRA c/ TEGERA*, n° 255091. L'OFPRA avait en effet refusé le statut de réfugié au demandeur en ce qu'il était membre du parti du Président hutu Habyarimana et occupait une position intellectuelle reconnue (V. sur ce point, cls C. VEROT sur CE, 18 janvier 2006, *OFPRA c/TEGERA*, précité).

La rapporteure publique Verot, dans cette affaire, précise que l'application de la clause d'exclusion « ne nécessite pas comme en matière pénale une conviction que les crimes ont été commis. L'application de la clause n'est pas subordonnée à l'engagement de poursuites ou à une condamnation au plan pénal »[739]. Il résulte de cette affirmation que la condamnation du demandeur par le TPIR n'est pas nécessaire pour lui appliquer la clause d'exclusion. Ainsi, même en présence d'une décision d'acquittement du TPIR, l'autorité nationale demeure libre d'appliquer la clause d'exclusion dès lors que la condamnation n'est pas exigée en la matière. Si l'autorité administrative ne doit pas apporter la preuve catégorique des doutes sérieux, elle doit apporter des éléments circonstanciés[740].

Cette solution est d'autant plus compréhensible que le doute raisonnable n'est pas dépourvu de conséquences en pratique. En réalité, l'attribution du statut de réfugié à une personne à l'encontre de laquelle il existe un doute sérieux de penser qu'il a pris part à la commission d'un des crimes prévus au paragraphe F, peut engendrer un trouble à l'ordre public, notamment dans son volet immatériel. Le Conseil d'État a ainsi pu affirmer que si la protection de la dignité de la personne humaine constitue une composante de l'ordre public, il n'en saurait être autrement de l'accueil d'une personne ayant participé à un génocide. Le génocide constitue en lui-même, une atteinte à la personne humaine pire que la seule atteinte à sa dignité.

La composante morale de l'ordre public justifie alors d'apprécier avec parcimonie les demandes d'asile déposées par les acteurs du génocide. Ainsi, le Conseil d'État a jugé que l'acquittement d'une personne poursuivie pour génocide par le Tribunal pénal international pour le Rwanda n'invalide pas le motif d'ordre public qui fonde la décision de refus du statut de réfugié[741]. Bertrand Dacosta, dans ses conclusions sur la décision relative à la demande de titre de séjour introduite par la veuve du Président Habyarimana, rappelle qu'il suffit au juge de constater que la présence sur le territoire français d'une personne qui a exercé des responsabilités de haut niveau dans un régime impliqué dans le génocide est de nature à porter atteinte à l'ordre public[742].

L'activisme des associations des victimes des actes commis au Rwanda est également pris en compte dans l'appréciation des éventuelles conséquences

---

[739] Cls C. VEROT, préc. V. aussi cls J. BURGUBURU sur CE, 16 octobre 2009, *Agathe Habyarimana*, préc.
[740] Ibid.
[741] V. cls. B. DACOSTA sur CE, 3 février 2012, *Ministre de l'Intérieur, de l'outre-mer, des collectivités territoriales et de l'immigration c/ André Ntagerura*, n° 353952.
[742] V. cls B. DACOSTA sur CE, 5 juin 2013, *Ministre de l'Intérieur c/ Agathe Habyarimana*, n° 366219.

sur l'ordre public de l'attribution de l'asile aux personnes acquittées devant le Tribunal pénal international pour le Rwanda. Certes, la justice n'est pas rendue selon l'opinion, mais elle n'en demeure pas moins indifférente. La réputation de la personne poursuivie n'est donc pas dépourvue d'effets sur le refus ou l'accord de l'asile. En ce sens, la réputation de la veuve de l'ancien Président rwandais, Agathe Kanziga, perçue par l'opinion comme l'incarnation du camp des ultras, ne facilitait guère l'admission de sa demande d'asile.

La préservation de l'ordre public justifie ainsi le refus de l'asile aux personnes à l'égard desquelles il existe un simple doute sérieux quant à la commission de certains crimes contre l'humanité. Sophie Roussel rappelle que la gravité des actes reprochés à ces personnes, quand bien même ils ne sont pas condamnés par le TPIR, les rendent indignes de bénéficier du statut de réfugiés. Il appartient alors aux autorités nationales, dans ce cas de figure, de rejeter la demande d'asile afin de protéger l'État d'accueil des « risques d'atteinte à la sécurité et à l'ordre public que pourrait causer la présence d'un tel individu sur le territoire »[743].

Au demeurant, la nature et l'ampleur du génocide commis au Rwanda justifient la prudence avec laquelle les autorités nationales apprécient les demandes d'asile déposées par les personnes ayant été mises en cause dans ces actes. La diversité des acteurs[744] ayant pris part au génocide, y compris au sein de la population civile, impose de ne pas se limiter aux décisions de condamnation ou d'acquittement du Tribunal pénal international pour le Rwanda. L'acquittement de certains acteurs devant le TPIR ne saurait présumer une absence totale d'implication. L'irresponsabilité pénale n'implique pas en ce domaine une abstention totale dans la commission des faits en cause. Il reste que cette parcimonie traduit une prudence, mais aussi parfois couvre des considérations politiques inavouées.

B. L'indifférence du juge français de l'asile dissociable de la raison d'État ?

P. Tavernier montre que les défauts de collaboration entre les juridictions nationales et les décisions des juridictions pénales internationales, en l'occurrence de celles du TPIR, traduisent le recul de la coopération face à la

[743] Cls S. ROUSSEL sur CE, 28 février 2019, préc..

[744] V. sur ce point : PITON (Fl.), Le génocide des Tutsi au Rwanda, préc., p. 133-172. Les acteurs impliqués dans le génocide ne sont pas exclusivement des hommes politiques. L'une des premières personnes poursuivies sur le territoire Français était un prêtre catholique (V. sur sa traque : KALAGARIS (M.), Sur la piste des tueurs Rwandais, Paris, Flammarion, coll. enquêtes, 2012, p. 91-131).

raison d'État[745]. En effet, l'institution du TPIR visait la condamnation des personnes déclarées coupables de génocide et la réinstallation des personnes acquittées. Cependant, l'autorité relative accordée aux décisions d'acquittement du Tribunal pénal international pour le Rwanda réduit les effets de la réinstallation et du rétablissement de ces personnes.

Au demeurant, l'absence de collaboration des juridictions nationales avec le Tribunal pénal international pour le Rwanda n'est exposée à aucune sanction. Le TPIR ne peut en effet pas contraindre les États à coopérer par l'adoption de mesures coercitives favorables à la réinstallation des personnes acquittées[746]. Ainsi, le fait d'ignorer les décisions d'acquittement prononcées par le Tribunal dans l'instruction d'une demande d'asile ne saurait être apprécié comme la violation par les juridictions nationales de l'autorité de la chose jugée par le Tribunal.

La raison d'État est également perceptible au regard du traitement des personnes déboutées du droit d'asile et de l'autorisation de séjour sur le territoire français. Maria Kalagaris souligne dans son ouvrage la passivité des autorités françaises dans l'éloignement de ressortissants rwandais déboutés du droit d'asile. Elle affirme qu'en 2004, dix ans après le génocide, « *la France n'a encore jamais accepté d'extrader vers Kigali un citoyen rwandais accusé de génocide. Cinq situations semblables se sont déjà présentées et chaque fois les juges français ont rejeté les demandes du Rwanda* »[747].

Pourtant, ces personnes peuvent théoriquement se voir notifier, sur le fondement de la réglementation française, une obligation de quitter le territoire français[748]. Certes, la législation française n'en fait qu'une possibilité pour l'autorité administrative et non pas une obligation[749]. Pour autant, l'obligation de quitter le territoire français peut également être notifiée aux personnes qui constituent une menace pour l'ordre public.

---

[745] TAVERNIER (T.), « La coopération étatique : entre raison d'État et entraide juridictionnelle, dans BURGORGUE LARSEN (L.) (dir.), La répression internationale du génocide Rwandais, CREDHO, Bruylant, 2003, p. 3. V. aussi, PUJOL (M.), « Quand la France s'abstient de coopérer avec le tribunal pénal international pour le Rwanda », AJDA, 2010, p. 510.
[746] MEGRET (Fr.), Le Tribunal pénal international pour le Rwanda, Paris, Pédone, 2002, p. 74 sq. ; CAZALA (J.), « Est-il risqué pour les États de coopérer avec les juridictions internationales ? Réflexions sur les relations entre juridictions nationales, tribunaux pénaux internationaux et Cour européenne des droits de l'homme », RSC, 2003, p. 72.
[747] KALAGARIS (M.), Sur la piste des tueurs rwandais, préc., p. 144.
[748] V. le 6° de l'art. L. 511-1 CESEDA.
[749] CE, Avis, 23 juin 2019, *Époux Jata*, n° 426703.

Juridiquement, l'autorité administrative dispose donc d'instruments suffisants pour éloigner du territoire les personnes déboutées du droit d'asile. Il est en effet difficilement compréhensible que ces personnes déboutées ne fassent l'objet d'aucune mesure d'éloignement et continuent de résider sur le territoire français en dépit même de la menace que leur présence fait peser sur l'ordre public[750]. Les décisions de refus du droit d'asile fondées sur les risques d'atteinte à l'ordre public sont donc privées de leurs effets lorsque les personnes déboutées se maintiennent sur le territoire.

Cependant, il faut reconnaître que la France autorise de plus en plus l'extradition de certains acteurs du génocide rwandais résidant en France. C'est le cas récemment de l'extradition vers le Tribunal d'Arusha du financier du génocide capturé en région parisienne[751]. D'autres continuent de bénéficier de décisions de non-extradition[752] ou simplement de la passivité des autorités nationales quant à leur éloignement du territoire français[753]. La rareté des mesures d'éloignement des ressortissants rwandais déboutés du droit d'asile s'explique au-delà des considérations purement juridiques.

---

[750] Cette incompréhension est d'ailleurs sans cesse martelée par les associations de victimes du génocide du Rwanda.

[751] V. en ce sens la décision de la Cour de cassation qui rejette le pourvoi de monsieur Félicien Kabuga contre la décision de la Cour d'appel qui autorise son extradition vers le TPIR. V. en ce sens, GAUTHIER (A.), « Feu vert pour l'extradition de Kabuga vers Arusha », (http://www.collectifpartiescivilesRwanda.fr/feu-vert-pour-lextradition-de-kabuga-vers-arusha/). V. Aussi Pierre LEPIDI, « La Cour de cassation confirme la remise de Félicien Kabuga à la justice internationale, Journal Le Monde, 30 septembre 2020. V. encore : KALAGARIS (M.), « France-Rwanda : Félicien Kabuga sera remis à la justice internationale », Journal Libération, 30 septembre 2020.

[752] Plusieurs acteurs du génocide ont bénéficié de décisions de non-extradition critiquées par le collectif des parties civiles rwandaises. C'est le cas notamment d'Innocent Bagabo (http://www.collectifpartiescivilesRwanda.fr/la-cour-de-cassation-rejette-lextradition-dinnocent-bagabo/); de joseph Habyarimana (http://www.collectifpartiescivilesRwanda.fr/affaire-joseph-habyarimana-un-refus-dextradition-inacceptable/) ; de Laurent Serubuga (http://www.collectifpartiescivilesRwanda.fr/pas-dextradition-pour-laurent-serubuga-et-maintenant/).

[753] Cette passivité cache parfois un activisme des autorités nationales en vue de rejeter les demandes d'extradition des personnes soupçonnées d'être impliquées dans le génocide. Ainsi, pour rejeter une demande d'extradition, un avocat général près la Cour d'assises de Versailles argue, en 2010, suscitant la stupéfaction générale, que la peine de mort n'est pas abolie au Rwanda, en méconnaissance de la loi organique n° 31/2007 du 25 juillet 2007 portant abolition de la peine de mort. Plus encore, il faut se souvenir de la régularisation du Docteur Eugène Rwamucyo, débouté de sa demande d'asile, mais bénéficiaire ultérieurement d'un titre de séjour. L'on se souvient de l'exclamation de Marine Le Pen à cette époque qui dénonçait que « non seulement, l'UMP n'expulse pas les criminels, mais elle les régularise ! » (V. pour ces ex., KALAGARIS (M.), Sur la piste des tueurs rwandais, préc., p. 196-218).

L'on pourrait penser qu'au-delà de ces considérations juridiques, des raisons politiques sous-tendent le maintien sur le territoire français de certains de ces ressortissants. La sauvegarde de la discrétion des relations franco-rwandaises ne constituerait-elle pas l'une des raisons du maintien de certains responsables du régime génocidaire sur le territoire français en dépit du rejet de leurs demandes d'asile ? L'exemple de la veuve de l'ancien Président hutu, Agathe Kanziga, semble en être une illustration topique. Il reste que, le maintien sur le territoire français des personnes soupçonnées d'avoir commis des crimes lors du génocide du Rwanda en dépit du rejet de leur demande d'asile, continue de préoccuper les parties civiles. Il ne fait aucun doute que ces derniers, ici en France, se conçoivent comme la conscience qui leur rappellera toujours leur passé. Au demeurant, sur le plan scientifique, l'équilibre entre la préservation de l'ordre public et la raison d'État mérite davantage d'être abordé dans le cadre d'une réflexion à la croisée de la science politique et de la science juridique.

CHAPITRE 12-

AGATHE KANZIGA ET LE DROIT FRANÇAIS DES ETRANGERS : RETOUR SUR UNE SAGA CONTENTIEUSE[754]

Raphaël Maurel

Agathe Kanziga (1942-), épouse Habyarimana, est la veuve de Juvénal Habyarimana (1937-1994), Président hutu de la République rwandaise de 1973 à sa mort dans le célèbre attentat du 6 avril 1994. Elle est peut-être « la plus célèbre des sans-papiers »[755] en France.

Exfiltrée en Centrafrique dès le 9 avril 1994, Agathe Kanziga ne voit pas le déchaînement de violence, rejoignant la France le 17 avril 1994. Après avoir gagné le Gabon, le Zaïre et le Kenya, elle rejoint de nouveau et définitivement la France en 1998, sous une fausse identité et avec un passeport gabonais. Ce n'est que près de six ans plus tard, en 2004, qu'Agathe Kanziga, dont presque tous les enfants vivent alors en France – pour certains avec un statut de réfugié, voire ayant été naturalisés –, dépose finalement une demande d'asile. Débute alors une saga contentieuse devant les différentes autorités et juridictions françaises[756]. Mme Kanziga est entendue à l'OFPRA, l'Office de protection des réfugiés et des apatrides, qui rejette d'abord implicitement sa requête. Informé du dépôt d'un recours déposé le 12 décembre 2005 devant la Commission de recours des réfugiés (CRR), ancêtre de l'actuelle Cour nationale du droit d'asile (CNDA), le Directeur général de l'Office produit début 2007 une décision explicite exposant les motifs de la décision implicite de rejet. L'Office y indique que la demande de protection de la requérante, sur le fondement de la Convention de Genève du 28 juillet 1951 relative au statut des réfugiés, a

---

[754] L'auteur remercie François Graner pour sa disponibilité, les informations et les idées qu'il a pu échanger pendant la rédaction de cette contribution, ainsi qu'Arnaud Lobry pour sa relecture attentive.

[755] GAUTHIER (A.), « Le témoignage au service de la justice. L'expérience du collectif des parties civiles pour le Rwanda en France », Les Temps Modernes, n° 2014/4, p. 240. V. également DORIDANT (R.) et GRANET (Fr.), L'État français et le génocide des Tutsis au Rwanda, Paris, Agone, 2020, pp. 291-304.

[756] Précisons d'emblée que ce chapitre ne portera que sur le volet « droit des étrangers » du parcours de Mme Kanziga, et non sur les procès intentés, au pénal, contre les personnes suspectées d'avoir participé au génocide – et dont une trentaine étaient toujours en cours d'instruction en 2020.

été rejetée après entretien au motif qu'il existait « *des raisons sérieuses de penser que Mme Agathe Kanziga veuve Habyarimana a participé en tant qu'instigatrice ou complice à la commission du crime de génocide* »[757]. La CRR la déboute, pour les mêmes raisons[758]. Le pourvoi en cassation de la requérante, devant le Conseil d'État, est rejeté en 2009[759].

Quelques semaines plus tard, et alors qu'un mandat d'arrêt international pour génocide et crimes contre l'humanité est émis à son encontre[760], Mme Kanziga dépose une demande d'octroi d'une carte de séjour temporaire portant la mention « vie privée et familiale ». La préfecture rejette le 4 mai 2011 sa demande, au motif que la présence de Mme Kanziga sur le sol français constituerait une menace pour l'ordre public ; celle-ci conteste la décision devant le Tribunal administratif de Versailles. Après une première annulation du fait d'une irrégularité procédurale, la juridiction administrative annule en octobre 2011 la nouvelle décision préfectorale[761]. La Cour administrative d'appel de Versailles valide le jugement de première instance par un arrêt du 6 décembre 2012[762]. Le ministre de l'Intérieur se pourvoit enfin en cassation devant le Conseil d'État, qui lui donne finalement raison par un arrêt du 5 juin 2013[763]. À partir de fin 2013, la presse se fait l'écho d'une saisine de la Cour européenne des droits de l'Homme[764] à ce jour en suspens selon les médias[765] – ce qui est douteux[766].

Des éléments qui précèdent ressortent les deux volets de la « saga » juridictionnelle qui entoure l'affaire Kanziga : le droit d'asile d'une part, le droit plus général du séjour des étrangers d'autre part. En suivant la chronologie

---

757 OFPRA, 4 janvier 2007, Mme Agathe Kanziga veuve Habyarimana.

758 CRR, 15 février 2007, Mme Agathe Kanziga veuve Habyarimana, n° 564776.

759 CE, 16 octobre 2009, *Mme Agathe Kanziga veuve Habyarimana*, n° 311793, cls. J. Burguburu.

760 La demande d'extradition de la requérante sera cependant rejetée par la Cour d'appel de Paris en 2011.

761 TA de Versailles, 6 octobre 2011, *Mme Agathe Kanziga veuve Habyarimana*, n° 1102726. L'arrêté préfectoral attaqué, qui lui refusait le titre de séjour, était assorti d'une OQTF (obligation de quitter le territoire français).

762 CAA de Versailles, 6 décembre 2012, *Préfet de l'Essonne*, n° 11VE03720.

763 CE, 5 juin 2013, *Ministre de l'Intérieur c/ Mme Agathe Habyarimana*, n° 366219, cls B. Dacosta.

764 Par ex : Jeune Afrique, « Dépourvue de titre de séjour en France, Agathe Habyarimana saisit la CEDH », 15 janvier 2014.

765 Encore en 2020, chez un média sénégalais : Tract, « La France, « patrie » des génocidaires rwandais », 17 mai 2020.

766 Des auteurs indiquent, en l'absence de décision publiquement accessible, que la Cour européenne « n'a pas considéré sa demande comme recevable » (DORIDANT (R.) et GRANET (Fr.), L'État français et le génocide des Tutsis au Rwanda, op. cit., note 755, p. 293). Sur cette question, voir infra la fin de cette contribution.

contentieuse, l'on peut ainsi revenir d'abord sur la manière dont sa requête a contribué à façonner le droit d'asile et notamment le droit de l'exclusion ; l'analyse paraît d'ailleurs particulièrement d'actualité, dans un contexte de défiance de la Cour nationale du droit d'asile à l'heure où ces lignes sont écrites[767] (**I**). L'on peut ensuite évoquer le second volet de la saga, dont le cœur repose sur le délicat équilibre entre la conception française de l'ordre public et le droit à la vie privée et familiale (**II**).

I. L'EXCLUSION DE L'ASILE D'AGATHE KANZIGA

La procédure qui a mené Mme Kanziga du dépôt initial de sa demande d'asile en 2004 à une issue définitivement négative en 2009 l'a conduite à se présenter successivement devant trois institutions : l'OFPRA, la CRR et le Conseil d'État. Si l'OFPRA et la CRR ont examiné de manière sensiblement proche les arguments de la demandeuse d'asile (**A**), tel n'est pas le cas de la plus haute juridiction administrative française, dont les modalités du contrôle exercé méritent d'être commentées (**B**).

A. Un refus initial de l'asile devant l'OFPRA et la CRR

Devant l'OFPRA comme la CRR, Mme Kanziga se présenta comme une demandeuse de l'asile dit « conventionnel », c'est-à-dire fondé sur la Convention de Genève de 1951 ; elle fut soumise à une procédure rapide dont les contours sont parfois contestables (1). À l'issue d'un examen précis, sur le fond, de son récit et du contexte rwandais, les conditions permettant l'obtention d'un statut de réfugié furent considérées remplies ; cependant, l'application de la « clause d'exclusion » prévue par la Convention de Genève empêcha la demandeuse d'être protégée par l'État français (2).

[767] Le 16 octobre 2020, Samuel Paty, Professeur d'histoire-géographie à Conflans-Sainte-Honorine, est décapité par un jeune terroriste tchétchène de 18 ans pour avoir projeté à ses élèves de 4e, lors d'un cours sur la liberté d'expression, des caricatures du prophète Mahomet. Ses parents avaient obtenu, après un refus de l'OFPRA, le statut de réfugié de la part de la Cour nationale du droit d'asile en 2011. Souvent sans considération pour le contexte de l'attribution de l'asile à la famille en 2011 – alors que l'agresseur n'avait que 9 ans – ni pour le droit applicable, une partie de l'opinion publique a semble-t-il découvert avec effroi l'existence de la Cour, qui subit depuis lors (au 27 octobre 2020) attaques médiatiques, menaces diverses et cyberattaques.

1°) Une procédure améliorée dans l'intérêt du requérant

Le processus suivi par Agathe Kanziga une fois sa demande d'asile déposée, en 2004, ne correspond plus pleinement à l'état du droit positif.

Une fois sa demande enregistrée en préfecture, Mme Kanziga fut, dans le cadre de la phase administrative de sa demande, convoquée pour une audition à l'OFPRA – ce qui n'était à l'époque pas obligatoire, contrairement à ce que prévoit aujourd'hui l'article L. 723-6 du CESEDA[768]. À son issue, la demandeuse d'asile ne pouvait faire l'objet que de trois[769] types de décision : le rejet, l'octroi d'une protection conventionnelle lui conférant le statut de réfugiée, ou l'octroi de la toute nouvelle « protection subsidiaire » instituée par la loi du 10 décembre 2003[770]. Dans la mesure où elle remplissait les conditions d'octroi du statut de réfugié, Mme Kanziga pouvait ou bien l'obtenir, ou bien faire l'objet d'une décision de rejet.

Or, l'obligation d'une décision expresse de rejet, aujourd'hui obligatoire[771], ne l'était pas à l'époque. Malgré la gravité du motif qui présida au refus d'octroi d'une protection internationale, la demandeuse fit ainsi l'objet d'une décision implicite de rejet. Pourtant, celle-ci ne chercha manifestement pas à contester immédiatement ce rejet, puisqu'elle ne saisit la CRR que le

---

768 En 2004, 51 % des requérants – en procédure normale ou en réexamen – ont bénéficié d'un entretien, ce chiffre ayant augmenté de 10 points dès 2005 (OFPRA, Rapport d'activité 2004, p. 17). Sur l'OFPRA et la procédure actuelle de la demande d'asile en général, V. FLEURY-GRAFF (Th.) et MARIE (A.), Droit de l'asile, Paris, PUF, 2019, p. 126 sqq.

769 En 2004, l'art. 2 de la loi n° 52-893 du 25 juillet 1952 relative au droit d'asile prévoyait en réalité déjà deux autres types de protections toujours d'actualité : « [l]'office reconnaît la qualité de réfugié à toute personne persécutée en raison de son action en faveur de la liberté ainsi qu'à toute personne sur laquelle le haut-commissariat des Nations unies pour les réfugiés exerce son mandat aux termes des articles 6 et 7 de son statut tel qu'adopté par l'Assemblée générale des Nations unies le 14 décembre 1950 ». Cependant, Mme Kanziga n'entrait dans aucune de ces deux catégories de demandes, qui s'avèrent en outre très rares dans la pratique.

770 La loi n° 2003-1176 du 10 décembre 2003 modifiant la loi n° 52-893 du 25 juillet 1952 relative au droit d'asile modifie en particulier, par son article 1er, le 2° du II de l'article 2 de la loi de 1952 en substituant à l'ancien « asile territorial » une « protection subsidiaire ». En 2004, l'OFPRA devient compétent pour octroyer « le bénéfice de la protection subsidiaire à toute personne qui ne remplit pas les conditions d'octroi du statut de réfugié énoncées à l'alinéa précédent et qui établit qu'elle est exposée dans son pays à l'une des menaces graves suivantes : a) La peine de mort ; b) La torture ou des peines ou traitements inhumains ou dégradants ; c) S'agissant d'un civil, une menace grave, directe et individuelle contre sa vie ou sa personne en raison d'une violence généralisée résultant d'une situation de conflit armé interne ou international. Le bénéfice de la protection subsidiaire est accordé pour une période d'un an renouvelable ». Le régime de la protection subsidiaire, issu du droit de l'Union européenne, est aujourd'hui régi par la loi n° 2015-925 du 29 juillet 2015 relative à la réforme du droit d'asile.

771 L'exigence d'une décision explicite de rejet d'une demande d'asile, aujourd'hui codifiée par l'art. L 723-3-1 CESEDA, n'est en effet entrée en vigueur qu'ultérieurement.

12 décembre 2005, par conséquent après un délai particulièrement long[772]. Une décision explicite de rejet motivant la décision implicite, visant à aiguiller les travaux de la CRR comme l'argumentation de la demande, fut notifiée à la requérante le 4 janvier 2007, plus d'un an après la saisine de la CRR et seulement quelques jours avant la séance de la Commission, prévue le 25 janvier 2007. La requérante, comme les membres de la Commission[773] n'ont disposé que de quelques jours pour prendre connaissance des motifs de la décision de rejet de l'OFPRA, ce qui n'affecte pas substantiellement le traitement du dossier[774]. L'on ne peut que relever le peu de temps dont a disposé la CRR pour prendre connaissance de la décision de l'OFPRA, mais il faut sur ce point relever – et souvent déplorer – que la CRR et la CNDA actuelle sont toujours pressées par les délais, quand bien même plusieurs années se sont écoulées depuis la demande initiale d'asile. Par ailleurs, l'exigence d'une décision explicite et donc motivée de rejet tend à réduire les problématiques soulevées par la production tardive de pièces, phénomène très courant mais qui n'est plus aujourd'hui imputable à l'OFPRA s'agissant des décisions contestées.

Ce n'est néanmoins que début janvier 2007, treize ans après sa fuite, neuf ans après son installation définitive en France et trois ans après sa demande initiale d'asile que Mme Kanziga est officiellement informée des motifs du refus de protection.

2°) L'application d'une clause d'exclusion à Mme Kanziga

Le 15 février 2007, la CRR rend sa décision et valide le raisonnement de l'OFPRA[775] : Mme Kanziga fait l'objet d'une clause d'exclusion.

L'exclusion demeure peu commune et constitue, lorsqu'elle est invoquée, l'une des rares exceptions à la pratique selon laquelle l'OFPRA n'est jamais

[772] La forclusion ne lui était cependant pas opposable, dans la mesure où elle n'avait pas fait l'objet d'une décision expresse.
[773] La requérante n'a communiqué la décision que le 10 janvier 2007 à la CRR.
[774] Mme Kanziga contestera néanmoins cette procédure, devant le Conseil d'État, arguant que la référence, par la CRR, à la décision expresse de rejet ne pouvait être fondée dans la mesure où cette décision est intervenue après l'inscription de l'affaire au rôle. Le juge administratif rejettera l'argumentation dans la mesure où le principe du contradictoire avait été respecté, les conclusions relevant notamment que la requérante n'avait pas demandé de renvoi de son dossier une fois la décision explicite notifiée, et qu'elle avait au surplus produit un mémoire complémentaire en réponse à ladite décision, démontrant qu'elle avait pu en prendre connaissance et exercer ses droits de défense.
[775] CRR, 15 février 2007, Mme Agathe Kanziga veuve Habyarimana, préc..

présent à l'audience devant la CRR ou la CNDA[776]. L'exclusion « *s'analyse juridiquement comme une exception à la reconnaissance de la qualité de réfugié ou au bénéfice de la protection subsidiaire* »[777] et est depuis 2015 codifiée, s'agissant de l'exclusion du statut de réfugié, par l'article L. 711-3 du CESEDA[778] renvoyant à la Convention de Genève. La section F de l'article 1er de la Convention prévoit en effet, dans son a), que le statut de réfugié n'est pas applicable « *aux personnes dont on aura de sérieuses raisons de penser qu'elles ont commis un crime contre la paix, un crime de guerre ou un crime contre l'humanité au sens des instruments internationaux élaborés pour prévoir des dispositions relatives à ces crimes* » : il s'agit de ne protéger que les persécutés, et non les persécuteurs[779], qui sont indignes de la protection de l'État français. La logique de l'exclusion implique, par ailleurs, que le demandeur soit bien éligible à une protection internationale, c'est-à-dire ici que sa demande d'asile soit dûment examinée et qu'il soit conclu au bénéfice du statut de réfugié. Ce n'est qu'après avoir établi cette éligibilité que la clause d'exclusion peut, le cas échéant, être appliquée.

Malgré son argumentation, et notamment le fait qu'elle s'est « *efforcée de circonscrire sa personnalité et son rôle à celui de simple épouse d'un chef d'État, confinée à des actions classiques de représentation et sans la moindre influence sur l'évolution politique du Rwanda* »[780], le cas de Mme Kanziga est l'un des rares cas d'exclusion sur le fondement de la participation à la commission d'un crime contre l'humanité, « *étant donné ses liens directs avec les responsables du génocide des Tutsis et son emprise sur la vie politique du Rwanda* »[781]. Au regard du caractère sensible de l'affaire, l'OFPRA prend soin

776 Il s'agit en effet d'une curiosité juridique propre au contentieux de l'asile : le défendeur n'est quasiment jamais représenté, du fait du nombre très significatif de recours contre ses décisions. L'OFPRA ne se déplace pour défendre sa décision que lorsque le dossier fait apparaître des éléments exceptionnels, qui l'ont souvent conduit à faire application de l'exclusion.
777 FLEURY-GRAFF (Th.) et MARIE (A.), op. cit., p. 263.
778 Celui-ci dispose que « Le statut de réfugié n'est pas accordé à une personne qui relève de l'une des clauses d'exclusion prévues aux sections D, E ou F de l'article 1er de la convention de Genève, du 28 juillet 1951, précitée. La même section F s'applique également aux personnes qui sont les instigatrices ou les complices des crimes ou des agissements mentionnés à ladite section ou qui y sont personnellement impliquées ».
779 En ce sens, V. les cls de J. BURGUBURU sur l'arrêt du Conseil d'État du 16 octobre 2009, précité, p. 2.
780 CRR, 15 février 2007, Mme Agathe Kanziga veuve Habyarimana, préc..
781 FLEURY-GRAFF (Th.) et MARIE (A.), op. cit., note 768, p. 271. Voir, pour un autre exemple, CNDA, 15 juillet 2009, M. N. alias N., n° 549950/05024108.

de motiver longuement sa décision explicite, s'appuyant sur de nombreux témoignages, travaux de recherche, rapports publics[782], actes d'accusation devant le TPIR la mentionnant et sources publiques quant à son pouvoir d'influence en matière de promotion et d'éviction de personnes aux plus hauts postes à responsabilités, à sa responsabilité dans certaines exactions, à son rôle au sein de l'Akazu[783]. L'office en conclut que ces éléments « *autorisent à conclure au bien-fondé des craintes de persécutions* » de la requérante au Rwanda, mais qu'ils « *constituent également des raisons sérieuses de penser que Mme Agathe Kanziga veuve Habyarimana a participé en tant qu'instigatrice ou complice à la commission du crime de génocide* »[784] assimilé à un crime contre l'humanité.

Devant la CRR, la requérante nie en bloc, conteste la fiabilité des éléments avancés par l'OFPRA – présentant par exemple le TPIR, qui au demeurant ne la poursuit pas, comme une institution peu crédible – et indique qu'il n'existe pas de « raisons sérieuses » permettant de penser qu'elle a participé d'une manière ou d'une autre au génocide[785]. La Commission, citant avec précision les sources disponibles et rappelant que la requérante ne s'est à aucun moment désolidarisée des actions conduites par le gouvernement de son mari, ne peut que conclure qu'elle s'est « trouvée au cœur du régime génocidaire » et l'exclure.

B. Le contrôle de la validité de l'exclusion par le Conseil d'État

C'est assez logiquement que la requérante, désireuse d'obtenir le statut de réfugié par ailleurs octroyé à six de ses enfants en France, se pourvoit en cassation devant la plus haute juridiction de l'ordre administratif. Dans son arrêt du 16 octobre 2009, le Conseil d'État écarte les questions relatives aux

---

[782] Notamment celui de la Commission d'enquête internationale sur les violations des droits de l'Homme au Rwanda depuis le 1er octobre 1990, qui « décrit le rôle personnel de la requérante dans l'organisation des massacres de Bagogwe en 1991 » (CRR, 15 février 2007, Mme Agathe Kanziga veuve Habyarimana, préc.).

[783] Ce réseau officieux, dont l'une des branches dédiées à l'élimination d'opposants était dirigée par le frère de la requérante, est décrit successivement par l'OFPRA comme « une élite privilégiée [...] qui a confisqué le véritable pouvoir en institutionnalisant les soutiens familiaux » et comme une « confrérie fondée sur des liens familiaux, d'affaires ou d'intérêts impliquée dans l'exercice autoritaire du pouvoir par l'intermédiaire de structures de violence organisée » (idem). Sur la question, V. not. PITON (Fl.), Le génocide des Tutsi du Rwanda, Paris, La Découverte, 2018, p. 133-172.

[784] CRR, 15 février 2007, Mme Agathe Kanziga veuve Habyarimana, préc.

[785] Idem. La requérante se présente comme une simple épouse, arguant qu'elle « préparait les repas pour toute la famille, s'occupait de jardinage et d'élevage, qu'elle n'écoutait pas la radio et ne lisait pas de journaux ».

droits de la défense et à la motivation[786] et distingue les moyens tirés d'erreurs de fait et de dénaturation des erreurs de droit alléguées (1). L'on peut aussi revenir sur un moyen non (encore) examiné par le juge administratif : l'inexacte qualification juridique à laquelle la CRR aurait procédé (2).

1°) Le contrôle de la dénaturation des faits et de l'erreur de droit

Le premier groupe d'arguments[787] de la requérante portait sur la dénaturation des faits. Il consistait d'abord à nier l'exactitude matérielle des faits retenus par la CRR, notamment quant à la préparation du génocide avant 1994 et à la conclusion selon laquelle elle s'était retrouvée au « cœur » du régime génocidaire. Il s'appuyait également sur une erreur commise par la CRR, laquelle avait indiqué que l'acte d'accusation du TPIR à l'encontre du frère de la requérante l'associait à la mise en forme graduelle du plan génocidaire. Le juge administratif considère, au regard de la diversité et du nombre des sources mentionnées par la CRR, que son appréciation n'est pas fondée sur des faits matériellement inexacts, et qu'aucune dénaturation des faits ne ressort du dossier. Au surplus, qualifiant d'« erreur purement matérielle » la mention, par la CRR, d'une association entre la requérante et son frère dans l'acte d'accusation du TPIR, le Conseil d'État juge que « *c'est sans dénaturer les pièces du dossier et sans que cette erreur ait d'incidence sur l'appréciation souveraine à laquelle [la CRR] s'est livrée qu'elle a pu estimer que la requérante avait joué un rôle central au sein du premier cercle du pouvoir rwandais et pris part à ce titre à la préparation et à la planification du génocide* »[788].

Plusieurs erreurs de droit étaient ensuite invoquées. La principale concernait l'erreur qu'aurait supposément commise la CRR en dégageant des « raisons sérieuses de penser » que la requérante avait participé au génocide en l'absence de toute fonction officielle et de poursuites pénales engagées contre elle. Sur ce point, le juge administratif précise que l'appréciation de l'existence de telles « raisons sérieuses » n'est pas subordonnée à ces circonstances, suivant les conclusions du rapporteur public. Selon lui en effet, l'exclusion « *n'est pas dépendante de la procédure pénale et ne nécessite ni poursuites ni condamnations. C'est, en effet, une présomption qui joue en la matière, indépendante des qualifications de droit pénal. La commission ne se prononce pas sur la culpabilité du demandeur : il faut et il suffit qu'il y ait de sérieuses raisons de penser que le comportement du requérant est répréhensible du point de vue de la convention de Genève* »[789].

---

786 V. supra.

787 Les conclusions du rapporteur public présentent cinq groupes de moyens différents ; nous nous éloignons de cette structure pour en présenter les points les plus saillants.

788 CE, 16 octobre 2009, *Mme Agathe Kanziga veuve Habyarimana*, préc.

789 V. not. Cls J. BURGUBURU sur ibid., p. 8.

Enfin, un dernier moyen portait sur la méconnaissance des stipulations des articles 3 et 8 de la Convention européenne de sauvegarde des droits de l'Homme et des libertés fondamentales (ci-après « Convention EDH »). Selon la requérante, le refus d'une protection, et *a fortiori* l'exclusion, portait atteinte à son droit à la vie privée et familiale (article 8) et à son droit à être protégée contre les traitements inhumains et dégradants (article 3), dès lors qu'elle risquait d'être renvoyée au Rwanda. Le Conseil d'État fit jurisprudence et précisa sur ce point que « *la décision qui se prononce sur le droit au bénéfice du statut de réfugié et à la protection subsidiaire n'a par elle-même ni pour objet ni pour effet de conférer ou de retirer au demandeur le droit de séjourner en France ni de fixer le pays de destination où il devrait le cas échéant être reconduit* ». Il s'agit là de la distinction classique entre le droit d'asile et le droit de séjour, lequel existe – et sera ultérieurement invoqué par Mme Kanziga – indépendamment du premier. Autrement dit, l'invocation des articles de la CESDH est inopérante, dans la mesure où la CRR ne se prononce que sur le statut de réfugié, et en aucun cas ni sur un hypothétique retour ni sur le lieu de cet éventuel retour. Malgré cette clarification limpide, cet argument est régulièrement soulevé devant la CNDA voire devant le Conseil d'État, avec toujours la même réponse[790]. Il peut dès lors paraître étonnant que les recours contre les décisions de l'OFPRA continuent parfois à argumenter, en 2020, sur le fondement de l'article 3 de la Convention EDH[791].

2°) L'absence de contrôle de la qualification juridique

Si l'arrêt du Conseil d'État rejette le pourvoi de Mme Kanziga et valide intégralement la solution de la CRR – à l'exception de l'erreur matérielle mentionnée *supra* – il faut relever que l'une des branches du moyen tiré de l'erreur de droit n'a pas été examinée par le juge administratif : l'inexacte qualification des faits retenus pour appliquer la clause d'exclusion. Selon la requérante, la Commission aurait « *inexactement qualifié les faits de l'espèce, dès lors que ceux-ci étaient insuffisants pour justifier l'application de la clause d'exclusion* »[792]. Autrement dit, la requête appelait le juge administratif à ne pas se contenter d'un contrôle classique de l'erreur de droit et de la dénaturation des faits, mais à exercer un contrôle de la qualification juridique, lequel est inédit

---

[790] V. en dernier lieu : CE, 28 février 2019, *M. Nzuwonemeye*, n° 414821, cons. 6.

[791] À l'audience, le rapporteur public se contente dans ces cas de rappeler à titre liminaire que la Convention européenne de sauvegarde des droits de l'Homme et des libertés fondamentales n'étant pas relative au droit à une protection internationale, ce type de moyens est inopérant devant le juge de l'asile. Du reste, ces arguments anachroniques ne sont, sauf rarissime exception, jamais plaidés par les conseils des requérants devant la Cour, ce qui interroge profondément quant à la pertinence de leur maintien dans certaines écritures.

[792] Cls J. BURGUBURU préc, p. 9.

s'agissant des clauses d'exclusion. Sur ce point le juge administratif n'innove pas, ne le mentionnant pas dans son arrêt et suivant les conclusions du rapporteur public : « *[e]n matière de contentieux des réfugiés, vous limitez généralement votre contrôle à celui de la dénaturation. [...] Cette limitation de votre contrôle n'est pas déraisonnable dès lors que l'application du droit des réfugiés est essentiellement fondée sur l'appréciation des faits et de leur caractère probant. Or la preuve est un des domaines de prédilection de la souveraineté des juges du fond [...]* »[793].

Deux affaires ultérieures ont permis au juge administratif de confirmer puis de revenir sur cette position, la question de l'intensité du contrôle en cas d'application d'une clause d'exclusion étant, au regard de ses effets, sensible. Dans l'arrêt *Kayijuka*, le Conseil d'État conclut à l'erreur de droit de la CRR faute d'établir les éléments matériels et intentionnels spécifiques à la complicité qu'elle entendait relever : si elle « *n'est pas tenue d'établir la culpabilité des demandeurs, [la CRR] est néanmoins dans l'obligation d'établir les raisons sérieuses la conduisant à mettre en œuvre la clause d'exclusion de l'article 1 F, a* »[794]. En l'espèce, le requérant invoquait à titre de moyen unique l'erreur de qualification juridique des faits, ce qui contraignait le juge administratif à se prononcer sur l'intensité du contrôle. Le rapporteur public Julien Boucher plaida alors une solution de compromis : « *l'existence d'une faute, au sens large, est au nombre des matières sur lesquelles vous renoncez rarement à contrôler, en cassation, la qualification juridique donnée aux faits par les juges du fond. Mais il n'est pas moins certain que l'appréciation du caractère « sérieux » d'un moyen ou d'un motif ressortit en règle générale au pouvoir souverain des juges du fond, sauf dénaturation. Il nous semble, dans ces conditions, que l'approche qui concilie au mieux ces tendances contradictoires de votre jurisprudence consiste, en ce qui concerne la mise en œuvre des clauses d'exclusion du statut de réfugié, à vérifier de manière assez approfondie, au titre de l'erreur de droit, si les juges du fond ont mis en œuvre les bons critères pour identifier les éléments constitutifs de l'infraction reprochée au demandeur d'asile, tout en laissant à leur appréciation souveraine la question de savoir si, quant aux faits, les éléments de preuve avancés par l'OFPRA suffisent à établir l'existence des « raisons sérieuses » auxquelles se réfère le F de l'article 1 de la convention de Genève* »[795]. Cette solution, qui conduisait le juge administratif à exercer un contrôle étendu de l'erreur de droit pour éviter d'exercer un contrôle de la qualification juridique, a été également défendue par le rapporteur public dans l'arrêt *OFPRA* du 9 novembre 2016[796].

[793] Idem.
[794] CE, 14 juin 2010, *M. Kayijuka*, n° 320630, cls J. Boucher.
[795] Cls J. Boucher sur ibid., p. 4.
[796] Cls A. Bretonneau sur CE, 9 novembre 2016, *OFPRA*, n° 388830.

Le maintien d'un contrôle de l'erreur de droit en matière d'exclusion était globalement justifié par le fait que le droit des réfugiés est principalement fondé sur l'appréciation des faits, et qu'en la matière le juge du fond est, du fait de l'échange direct avec le requérant[797], mieux placé que le juge de cassation. Autrement dit, « *[d]ans le contentieux de l'asile, l'attractivité factuelle est donc telle que le juge de cassation se met traditionnellement en retrait* »[798], même si le contrôle de l'erreur de droit, à la suite de l'affaire *Habyarimana*, s'avérait particulièrement poussé.

Malgré le poids de la tradition jurisprudentielle initiée par la requête de Mme Kanziga, le juge administratif n'a pas suivi son rapporteur public dans l'arrêt *OFPRA*, estimant qu'un contrôle de la qualification juridique s'avérait, au regard des effets exceptionnels de la clause d'exclusion, indispensable. Ce contrôle renouvelé, qui peut être « offensif à l'égard de l'appréciation de la Cour [nationale du droit d'asile] »[799], a été globalement salué par la doctrine, « au vu des effets que la cause d'exclusion emporte sur le statut des personnes par ailleurs objet de persécutions »[800]. Rien ne permet cependant de penser, sur le fond, que la solution retenue quant à l'exclusion d'Agathe Kanziga par le Conseil d'État aurait été différente si ce dernier avait d'emblée accepté d'exercer un contrôle de la qualification juridique des faits retenus par la CRR. En tout état de cause, l'arrêt du 16 octobre 2009 signa la fin de la procédure de demande d'asile de la requérante, sans pour autant qu'elle puisse être expulsée vers le Rwanda : dans la mesure où ses craintes de persécutions ont été établies, un tel renvoi constituerait notamment une violation de l'article 3 de la Convention EDH[801].

Autrement dit, fin 2009, Mme Kanziga se trouvait dans « *une zone grise du droit, à la fois sans titre sur le territoire étatique, mais ne pouvait être éloigné de celui-ci, en une forme d'asile territorial réduit à sa plus simple*

797 Aurélie Bretonneau souligne ainsi, et par exemple, que l'abstention de procéder à un contrôle de la qualification « est encore plus légitime [...] dans le cas où, comme en matière d'asile, un écart procédural important existe entre la juridiction de fond (qui bénéficie, via l'oralité, d'un contact direct et interactif avec les parties) et le juge de cassation, procéduralement maintenu à distance des faits et surtout des indices permettant d'évaluer leur crédibilité » (ibid., p. 6).

798 SIRINELLI (M.), « Exclusion du statut de réfugié : le contrôle renforcé du juge de cassation », AJDA, 2017, p. 587.

799 FLEURY-GRAFF (Th.) et MARIE (A.), op. cit., p. 169-170.

800 MARTI (G.), « Exclusion de la qualité de réfugié pour suspicion de crime grave : contrôle de la qualification juridique des faits », JCP, Adm. Cl., 2017, n° 48, p. 2295.

801 En application de la jurisprudence Soering (CEDH, 7 juillet 1989, Soering c. Royaume-Uni, n° 14038/88), il est en effet impossible, sans violer l'art. 3 de la Convention, d'expulser vers son pays d'origine un ressortissant y risquant la torture ou une autre atteinte prohibée par cet article.

expression »[802]. Faute d'asile, Agathe Kanziga se tourna dès lors vers les autres solutions, moins pérennes, offertes par le droit français des étrangers.

II. LE REFUS DU DROIT DE SEJOUR À AGATHE KANZIGA

Le droit français prévoit aujourd'hui l'existence de plusieurs titres de séjour, qui peuvent être délivrés à plusieurs catégories de personnes. En marge des travailleurs, des cartes de séjour peuvent ainsi être octroyées aux visiteurs, étudiants, bénéficiaires de liens privés et familiaux avec une personne vivant en France, étrangers admis à titre exceptionnel au séjour, victimes de proxénétisme ou de violences conjugales, titulaires d'un droit de séjour acquis dans un pays européen, retraités ou jeunes au pair[803]. Après avoir été exclue du bénéfice du statut de réfugiée, Agathe Kanziga s'appuya sur la présence de six de ses enfants en France pour demander, le 19 novembre 2009, l'octroi d'une carte de séjour temporaire portant la mention « vie privée et familiale », lequel lui fut refusé (A). Les fondements de cette décision devenue définitive peuvent être discutés quant à l'équilibre opéré entre l'ordre public et la vie privée et familiale de la semble-t-il éternelle requérante, qui resterait aujourd'hui – si l'on en croit les médias – dans l'attente d'un verdict de la Cour européenne des droits de l'Homme (B).

A. Le refus du séjour sur le fondement d'un ordre public moral renouvelé

C'est sur le fondement de l'article L 313-11 du Code de l'entrée et du séjour des étrangers et du droit d'asile (CESEDA)[804] que Mme Kanziga a pu solliciter la délivrance d'une carte de séjour temporaire portant la mention « vie privée et familiale ». En effet, dès lors que six de ses sept enfants toujours en vie résidaient en France – certains bénéficiant du statut de réfugié voire de la nationalité française –, celle-ci pouvait se prévaloir de liens personnels et familiaux en France. Si les autorités françaises ont fini par la lui

[802] FLEURY-GRAFF (Th.) et MARIE (A.), op. cit., p. 296.
[803] Cette catégorisation est empruntée à Vincent Tchen (TCHEN (V.), Droit des étrangers, Paris, LexisNexis, 2020, p. 484 sq.).
[804] Le 7° prévoit, sauf menace pour l'ordre public, la délivrance de plein droit de ce titre par la préfecture à « l'étranger [...] dont les liens personnels et familiaux en France, appréciés notamment au regard de leur intensité, de leur ancienneté et de leur stabilité, des conditions d'existence de l'intéressé, de son insertion dans la société française ainsi que de la nature de ses liens avec la famille restée dans le pays d'origine, sont tels que le refus d'autoriser son séjour porterait à son droit au respect de sa vie privée et familiale une atteinte disproportionnée au regard des motifs du refus » (art. L. 313-11, 7° CESEDA).

refuser sur le fondement de la menace à l'ordre public que sa présence sur le sol national constituait, les juges du fond n'ont pas validé cette approche (1). Seul le Conseil d'État, faisant valoir une conception étendue et renouvelée de l'ordre public moral, fera droit à la décision préfectorale en refusant l'attribution du titre de séjour (2).

1°) La présence d'Agathe Kanziga, une menace pour l'ordre public ?

L'article L. 313-11 du CESEDA précise que « *sauf si sa présence constitue une menace pour l'ordre public*, la carte de séjour temporaire portant la mention « vie privée et familiale » est délivrée de plein droit » (nous soulignons). Le 5 juillet 2010, le préfet de l'Essonne rejette sa demande sur ce fondement et l'assortit d'une obligation de quitter le territoire français, fixant sa destination au Rwanda. Mme Kanziga saisit le Tribunal administratif de Versailles le 4 août 2010, avançant plusieurs moyens – dont l'incompatibilité, manifeste, de la fixation du pays de renvoi avec l'article 3 de la Convention EDH, les risques de persécution étant avérés. Le Tribunal n'examina cependant qu'un seul moyen pour annuler, le 2 novembre 2010, la décision attaquée : le préfet aurait dû, dans la mesure où la requérante remplissait les conditions d'octroi de l'article L. 313-11 du CESEDA, saisir pour avis la commission du titre de séjour[805]. Quelques mois plus tard, le 4 mai 2011, le même préfet, après saisine de la commission du titre de séjour cette fois, adopta une décision similaire, à l'exception notable qu'elle prévoyait le renvoi de la requérante « à destination d'un pays dans lequel elle serait légalement admissible à l'exception du Rwanda ». Cette seconde décision s'appuyait à la fois sur l'avis défavorable rendu le 18 février 2011 par la commission du titre de séjour – les enfants étant majeurs et autonomes, tout comme la requérante, les

[805] TA de Versailles, 2 novembre 2010, *Mme Agathe Kanziga*, n° 1005234. Le considérant pertinent est ainsi rédigé : « Considérant qu'il ressort des pièces du dossier que Mme Kanziga veuve Habyarimana, née en 1942, déclare vivre en France de manière continue depuis 1998 et que le préfet de l'Essonne reconnaît que tel est le cas depuis le 2 décembre 2003 ; que quatre de ses cinq enfants encore en vie résident en France où ils bénéficient soit du statut de réfugié soit de la nationalité française ; qu'elle est hébergée chez l'un d'eux ; que compte tenu de l'intensité des liens familiaux sur le territoire français et de leur continuité, Mme Kanziga veuve Habyarimana remplit effectivement les conditions prévues par les dispositions précitées du 7° de l'article L. 313-11 du code de l'entrée et du séjour des étrangers et du droit d'asile ; que, par suite, le préfet de l'Essonne était tenu de saisir de son cas la commission du titre de séjour, sans que puisse y faire obstacle la circonstance que la présence en France de Mme Kanziga veuve Habyarimana constituerait une menace à l'ordre public ; que faute d'avoir été précédé de cette consultation, le refus de titre de séjour opposé à Mme Kanziga veuve Habyarimana le 5 juillet 2010 est intervenu au terme d'une procédure irrégulière et est, ainsi, entaché d'illégalité ; que l'illégalité de ce refus affecte la légalité de la décision dans son ensemble, l'obligation de quitter le territoire français ne pouvant être prise indépendamment du refus de titre de séjour ».

liens familiaux furent jugés insuffisants – et sur la menace à l'ordre public. Contestée le 18 mai 2011, la décision fut annulée par le même tribunal administratif de Versailles le 6 octobre de la même année[806]. Le jugement s'avère cependant plus dense que le précédent, sans toutefois traiter de l'ensemble des moyens avancés.

Le premier motif, relatif à la densité des liens familiaux de Mme Kanziga avec ses enfants, permet d'emblée au Tribunal d'invalider l'appréciation du préfet. Relevant que la requérante vit chez l'un de ses enfants réfugiés ou naturalisés et que sa présence continue est incontestée depuis 2003 – soit huit ans –, le juge administratif établit donc son éligibilité au titre de séjour sollicité. Amené à traiter du second motif relatif à l'ordre public, le juge estime « qu'en se bornant à se référer aux décisions [de l'OFPRA, de la CRR et du Conseil d'État précitées], lesquelles n'ont par elles-mêmes ni pour objet ni pour effet de conférer ou de retirer au demandeur le droit de séjourner en France et ne suffisent pas à caractériser la menace à l'ordre public »[807], le préfet a insuffisamment motivé sa décision. Autrement dit, le préfet aurait dû se fonder sur des éléments factuels et actuels justifiant que la présence de la veuve Habyarimana constituait bien une menace à l'ordre public.

Saisie par le préfet, la Cour administrative d'appel de Versailles valide, un an plus tard, le jugement rendu en première instance. Plus spécifiquement, elle relève d'abord qu'en l'absence de condamnation, de poursuites pénales en particulier s'agissant des faits retenus au titre de « raisons sérieuses » par la CRR, ou encore de tout acte spécifique commis par la requérante, la menace pour l'ordre public n'est pas fondée. La Cour indique ensuite qu'au regard tant de l'impossibilité de retourner au Rwanda que de celle de reconstituer sa vie privée et familiale dans un pays autre que la France, l'arrêté préfectoral porte au respect de la vie privée et familiale de Mme Kanziga une atteinte disproportionnée. Elle conclut qu'il y a lieu d'enjoindre le préfet de l'Essonne à délivrer, sous un mois, le titre de séjour requis[808].

Le 20 février 2013, le ministre de l'Intérieur se pourvoit en cassation devant le Conseil d'État, lequel valide finalement l'arrêté préfectoral attaqué.

---

[806] TA de Versailles, 6 octobre 2011, *Mme Agathe Kanziga veuve Habyarimana*, préc.
[807] Idem.
[808] CAA de Versailles, 6 décembre 2012, *Préfet de l'Essonne*, préc.

2°) La mise en avant de l'ordre public moral au Palais Royal

Dans son bref arrêt du 5 juin 2013, le Conseil d'État rappelle d'abord que l'autorité administrative « *ne peut opposer un refus à une telle demande que pour un motif d'ordre public suffisamment grave pour que ce refus ne porte pas une atteinte disproportionnée au droit au respect de la vie privée et familiale du demandeur* »[809], et relève que peut être pris en compte « *le fait qu'un demandeur a été impliqué dans des crimes graves contre les personnes et que sa présence régulière sur le territoire national, eu égard aux principes qu'elle mettrait en cause et à son retentissement, serait de nature à porter atteinte à l'ordre public* »[810]. Le juge administratif conclut ensuite, assez rapidement, à une inexacte qualification des faits par la Cour administrative d'appel : l'atteinte portée au respect de la vie privée et familiale d'Agathe Kanziga n'était, au regard de la majorité de ses enfants et du fait de la présence d'une de ses filles au Canada, pas disproportionnée[811]. Réglant le litige au fond, le Conseil d'État suit la logique qu'il a initiée et invalide la décision du Tribunal administratif. Pour ce faire, il opère une distinction subtile – que l'on pourra juger quelque peu artificielle au regard du contexte – entre la référence, par le préfet, aux décisions de l'OFPRA et de la CRR d'une part, et la référence aux faits que ces décisions ont pris en considération d'autre part[812]. Notant que l'arrêté préfectoral « comporte les considérations de fait, relatives tant à l'ordre public qu'à la vie privée et familiale de l'intéressée »[813], le Conseil d'État le conforte finalement.

L'arrêt prête le flanc à de nombreuses critiques. La première réside dans le fait que le juge s'appuie sur la seule circonstance qu'une seule des filles encore vivantes de la requérante réside au Canada pour considérer qu'elle n'est pas dépourvue de liens familiaux hors du territoire français – point qui n'est pas

---

[809] CE, 5 juin 2013, *Ministre de l'Intérieur c/Mme Agathe Habyarimana*, cons. 3.

[810] Idem.

[811] Ibid., cons. 4 : « Mme Habyarimana a joué un rôle central au sein du régime au pouvoir au Rwanda jusqu'en 1994 ; que ce régime, pendant plusieurs années, a préparé et planifié le génocide perpétré, dans ce pays, d'avril à juin 1994 ; que, par ailleurs, si l'intéressée fait état de la présence en France de plusieurs de ses enfants, ceux-ci sont majeurs et n'assument pas sa charge ; qu'en outre l'intéressée n'est pas dépourvue de liens familiaux et personnels dans d'autres pays que la France ».

[812] Ibid., cons. 7 : « en faisant référence aux décisions de l'Office français de protection des réfugiés et apatrides et de la commission des recours des réfugiés refusant de lui accorder le statut de réfugié et à celle du Conseil d'État du 16 octobre 2009 rejetant le pourvoi de Mme Habyarimana contre ce refus, le préfet de l'Essonne ne s'est pas cru lié par elles dans l'appréciation de la menace à l'ordre public à laquelle il a procédé, mais s'est référé aux faits que ces décisions ont pris en considération ».

[813] Ibid., cons. 10.

plus développé. L'assimilation entre les « raisons sérieuses de penser » dégagées par la CRR des années plus tôt et des « faits » paraît, par ailleurs, discutable. De manière plus significative encore, les fondements du raisonnement qui préside à la décision finale interrogent.

Le Conseil d'État, de manière certes non inédite[814], adopte une conception particulièrement immatérielle de l'ordre public dans cette espèce[815]. L'on peut considérer qu'il est par principe regrettable que l'ordre public puisse être défini, de manière quelque peu vaporeuse, comme « l'ensemble des valeurs essentielles qui fondent l'ordre juridique français »[816]. Malgré ce paradoxe – certainement discutable – qui conduit l'ordre public immatériel à être défini comme un ensemble juridiquement et structurellement indéfinissable, cet état jurisprudentiel est néanmoins bien admis. Il n'en demeure pas moins contestable : alors que la requérante n'a fait l'objet d'aucune poursuite pénale, seul un « ordre public moral » s'oppose avec suffisamment de force, selon le Conseil d'État mais contrairement à l'avis du juge d'appel[817], au séjour de Mme Kanziga pour que l'atteinte à sa vie privée et familiale soit écartée. Il s'agit là d'une application nouvelle de l'ordre public immatériel, laquelle constitue une extension de la solution dégagée l'année précédente dans l'arrêt *Ntagerura*[818]. Comme le résume parfaitement le rapporteur public dans l'ultime volet de l'affaire *Ntagerura* devant le juge administratif, « *suivant les conclusions de son rapporteur public, M. Dacosta, dans sa décision du 3 février 2012, le Conseil d'État a estimé, qu'outre sa composante matérielle, la composante « morale » ou « immatérielle » de l'ordre public devait être prise en compte. M. Dacosta relevait ainsi que « l'ordre public français s'oppose à ce que soit accueilli sur le territoire national un responsable politique de premier plan d'un gouvernement impliqué dans la préparation et la mise en œuvre d'un génocide ». Il l'a confirmé s'agissant de la veuve Habyarimana,*

[814] V. not. CE, 27 octobre 1995, *Commune de Morsang-sur-Orge*, n° 136727 ; plus récemment et à propos, CE, 16 avril 2010, *M. Dieng*, n° 318726, concl. C. ROGER-LACAN, où le juge administratif indique qu'« il résulte de l'ensemble des dispositions du code de l'entrée et du séjour des étrangers et du droit d'asile qui interdisent la délivrance ou prévoient le retrait de titres de séjour aux étrangers vivant en état de polygamie et à leurs conjoints que cette situation est au nombre des motifs d'ordre public susceptibles d'être pris en considération pour fonder un refus de visa, alors même que le regroupement familial aurait été autorisé ».

[815] En ce sens, V. les cls de B. DACOSTA sur l'arrêt, pp. 2-3.

[816] Cls C. ROGER-LACAN sous CE, 16 avril 2010, *M. Dieng*, précité, p. 2.

[817] Cls B. DACOSTA sur CE, 5 juin 2013, *Ministre de l'Intérieur c/Mme Agathe Habyarimana*, p. 3 : « [la Cour administrative d'appel a] en quelque sorte, neutralisé les faits imputés à l'intéressée au motif qu'elle n'avait pas fait l'objet d'une condamnation ni de poursuites pénales ; puis elle a estimé que, depuis son entrée en France, elle n'avait pas constitué une menace pour l'ordre public ».

[818] Idem, renvoyant à CE, 3 février 2012, *Ministre de l'Intérieur, de l'outre- mer, des collectivités territoriales et de l'immigration c/ M. Ntagerura*, n° 366219.

alors qu'elle n'a fait l'objet d'aucune poursuite par le Tribunal pénal international pour le Rwanda et qu'elle n'a pas troublé l'ordre public depuis qu'elle réside sur le territoire français »[819]. Selon le rapporteur public en 2013, le raisonnement relatif au refus de visa tenu dans l'affaire *Ntagerura* l'année précédente – le requérant avait continué à exercer des responsabilités ministérielles pendant les massacres, bien qu'ayant été acquitté par le TPIR au bénéfice du doute – est ainsi parfaitement transposable à la situation de Mme Kanziga, quand bien même celle-ci n'avait ni exercé de fonctions pendant les massacres, ni été poursuivie par le TPIR.

C'est ainsi à l'issue d'un raisonnement questionnable[820] que le Conseil d'État rejette, *in fine*, les prétentions de Mme Kanziga. Un point en particulier paraît peu discuté par la décision, si bien qu'il pourrait avoir justifié la saisine ultérieure de la Cour européenne des droits de l'Homme – si celle-ci était établie.

B. L'équilibre délicat entre l'ordre public et le droit à la vie privée et familiale

L'arrêt du Conseil d'État en 2013 n'est pas prolixe sur la question de l'équilibre entre les deux notions majeures de ce dossier (1), à tel point que la CEDH pourrait avoir été invitée à se prononcer à ce propos (2).

---

819 Cls Ch. GRENIER sur CAA, Nantes, 30 avril 2014, *M. Ntagerura*, n° 13NT02144, § 3.

820 Selon le rapporteur public, « indépendamment du comportement d'un étranger ou des troubles éventuels que sa présence physique peut entraîner, [le Conseil d'État a] admis que l'entrée et le maintien sur le territoire national d'une personne ayant été impliquée dans la commission d'un génocide puissent être de nature à porter atteinte à l'ordre public. [...] Si l'étranger est déjà sur le territoire français, on conçoit qu'il puisse tolérer cette situation de fait, en particulier si l'étranger ne peut pas être éloigné vers son pays d'origine et tant qu'aucun autre État d'accueil n'est disponible. Mais l'autorité administrative peut refuser de lui délivrer un titre lui permettant de séjourner régulièrement en France. Il n'existe pas de droit à régularisation pour l'étranger dont la présence constitue une menace à l'ordre public, au seul motif que son éloignement se heurte à des contraintes matérielles ou juridiques » (Cls B. DACOSTA sur CE, 5 juin 2013, *Ministre de l'Intérieur c/ Mme Agathe Habyarimana*). L'on peut ici regretter le peu de densité de l'argumentation : pour considérer que la « présence » de la requérante constitue une menace à l'ordre public, le seul élément pris en considération est « l'implication dans la commission d'un génocide », sans considération pour l'absence de poursuites ou condamnations. C'est justement face à la faiblesse, en droit, de cet unique argument – faiblesse au demeurant contestable au regard des faits historiques, et explicable par des politiques juridictionnelles par ailleurs critiquées – que la Cour administrative d'appel avait recouru au raisonnement complémentaire fondé sur l'absence de troubles causés depuis l'arrivée de Mme Kanziga.

1°) L'absence d'analyse de l'équilibre entre ordre public et vie privée

L'une des principales critiques qu'il est loisible de formuler à l'encontre de l'arrêt du 5 juin 2013 réside, à notre sens, dans l'absence d'analyse précise de l'équilibre entre l'ordre public moral et le droit à la vie privée et familiale. Le rapporteur public, suivi par le juge administratif, élude globalement cette question, concluant sobrement que « *dans ces conditions, il faudrait que le refus de titre de séjour opposé à Mme Habyarimana porte à son droit de mener une vie familiale normale une atteinte d'une singulière gravité pour neutraliser le motif invoqué par le ministre... Atteinte il y a bien en l'espèce, puisque la plupart des enfants et des petits-enfants de l'intéressée vivent en France, et que la présence continue de celle-ci est attestée avec certitude depuis 2003. Mais cette seule circonstance ne suffit certainement pas, selon nous, à faire regarder cette atteinte comme disproportionnée au regard du motif qui fonde la décision attaquée* »[821].

Ces quelques mots constituent, manifestement, le fondement du raisonnement du juge administratif, tels qu'ils ressortent de sa sentence : « *eu égard aux buts en vue desquels il a été pris, le refus opposé à la demande de Mme Habyarimana n'a pas porté à son droit au respect de sa vie privée et familiale une atteinte disproportionnée* »[822].

Il est cependant permis de se demander si une véritable mise en balance a bien été effectuée par le juge administratif. Deux éléments peuvent être mentionnés à ce propos. D'une part, le seuil de gravité que doit franchir l'atteinte au droit de mener une vie familiale normale pour qu'une disproportion soit révélée est fixé à un simple caractère « singulier » par le rapporteur public, et n'est pas précisé, ni même mentionné, par le Conseil d'État. D'autre part, la mention des « buts en vue desquels » le refus de titre de séjour a été formulé est porteuse de confusions. La formulation employée par le juge du Palais Royal suggère que le droit au respect de la vie privée et familiale n'a pas été atteint de manière disproportionnée non seulement « au regard » de l'ordre public moral, mais également « parce que » l'ordre public moral était en jeu. En effet, la référence aux « buts » du refus ne peut que renvoyer à la préservation de l'ordre public moral : seul ce but permet, juridiquement, de déroger à l'attribution de plein droit du titre requis[823]. Dès lors, et à la lumière du raisonnement proposé par le rapporteur public, il est loisible de considérer que faire référence à ce but pour justifier l'absence de disproportion alors qu'il

---

[821] Ibid., p. 4.

[822] CE, 5 juin 2013, *Ministre de l'Intérieur c/Mme Agathe Habyarimana*, § 7.

[823] Une lecture du § 5 de la décision, mentionnant les « buts de préservation de l'ordre public », le confirme d'ailleurs.

devrait justement faire l'objet d'une mise en balance revient à faire de l'ordre public moral l'alpha et l'oméga du contrôle de proportionnalité. Dans ces circonstances, il est difficile de déterminer dans quelles conditions le contrôle de proportionnalité aurait pu aboutir à un résultat différent.

Il ressort de ces éléments qu'il est possible de soutenir, indépendamment de la gravité des faits reprochés à la requérante, que le Conseil d'État n'a pas suffisamment examiné l'équilibre des droits en cause. En faisant primer de manière ostensible un ordre public moral étendu pour l'occasion sans fixer de critères ni de seuils permettant de déterminer à partir de quel moment le contrôle de proportionnalité de la mesure de refus pourrait pencher en faveur du droit de mener une vie familiale normale, le juge administratif a ici, comme souvent, fait preuve de son souci d'en dire le moins possible[824], quitte à voir la motivation de sa décision discutée.

2°) Un épilogue douteux auprès de la CEDH

Comme il a été indiqué, Mme Kanziga a annoncé à la presse son intention de saisir la Cour européenne des droits de l'Homme fin 2013 et début 2014. Néanmoins, aucune information, ni quant à l'issue de la procédure, ni quant à la consistance des violations invoquées, n'a à notre connaissance été diffusée depuis, de sorte que les propos qui suivent relèvent de la pure prospective. Deux séries de considérations peuvent être développées à propos de cette saisine présumée.

En premier lieu et comme suggéré *supra*, rien ne permet de penser que Mme Kanziga a effectivement saisi la Cour. En effet, il est improbable que la Cour, malgré ses délais de traitement des affaires, n'ait rendu aucune décision ni communication sur l'existence de l'affaire en six ans. Seules trois options semblent réalistes : soit la requérante a subi une décision d'irrecevabilité au stade du filtrage – laquelle n'est pas publique –, soit elle s'est désistée de l'instance conformément à l'article 43 du Règlement de la Cour, soit elle n'a jamais saisi la Cour. L'annonce d'une saisine, suivie d'un silence de six années, peut ainsi être interprétée comme une stratégie médiatique visant à présenter positivement la requérante déboutée par le juge administratif.

En second lieu, et dans l'hypothèse où la Cour aurait été valablement – c'est-à-dire sans que la requête comporte un vice de forme – saisie, il est probable qu'une décision d'irrecevabilité ait été transmise à Mme Kanziga. Celle-

[824] La formule est empruntée, dans un autre contexte, à Bruno Genevois (V. GENEVOIS (B.), « Sur la hiérarchie des décisions du Conseil d'État statuant au contentieux », dans Droit administratif. Mélanges René Chapus, Paris, Montchrestien, 1992, p. 251).

ci aurait officiellement mis fin à la saga contentieuse qu'elle et/ou la presse tente(nt) toujours d'entretenir, en suggérant implicitement que la Cour n'a pas encore fait droit à sa demande. Ce rejet peut s'appuyer, conformément à l'article 35 de la Convention EDH, sur différents fondements, parmi lesquels l'absence d'épuisement des voies de recours, l'absence de statut de victime du requérant, l'absence de préjudice important ou encore le défaut manifeste de fondement.

Sur le fond, l'équilibre entre la mise en avant de l'ordre public moral et le droit à la vie privée et familiale protégé par l'article 8 de la Convention pourrait faire l'objet d'une décision par la Cour, au regard de la relative faiblesse de la « mise en balance » de ces deux impératifs par l'État français. En effet, la Cour « *s'assure que la mesure d'éloignement du territoire – qu'il s'agisse d'une mesure d'éloignement forcé [...], d'un refus d'entrée [...] ou d'une mesure d'interdiction définitive du territoire [...] – respecte un juste équilibre entre le maintien de l'ordre public et la sauvegarde de la vie familiale de l'étranger* »[825]. Il nous semble, néanmoins, particulièrement improbable que la Cour se prononce en faveur d'une violation de l'article 8 dans l'affaire Kanziga. Cet article « comprend sa part d'illusion »[826] en matière de refus de séjour : les différentes composantes du droit au respect de la vie privée et familiale sont « relativisées à la lumière de la menace pour l'ordre public »[827] y compris devant la Cour. En la matière, la Cour juge constamment qu'il « *incombe aux États contractants d'assurer l'ordre public, en particulier dans l'exercice de leur droit de contrôler [...] l'entrée et le séjour des non-nationaux. À ce titre, ils ont la faculté d'expulser les délinquants parmi ceux-ci. Toutefois, leurs décisions en la matière, dans la mesure où elles porteraient atteinte à un droit protégé par le paragraphe 1 de l'article 8, doivent se révéler nécessaires, dans une société démocratique, c'est-à-dire justifiées par un besoin social impérieux et, notamment proportionnées au but légitime poursuivi* »[828]. Pour ce faire, elle juge qu'un « *élément essentiel pour l'évaluation de la proportionnalité de la mesure d'expulsion est la gravité des infractions commises par le requérant* »[829] et prend en compte dans son appréciation, entre autres, « *la nature et la gravité de l'infraction commise par le requérant, la durée de son séjour dans le pays d'où il va être expulsé, la période qui s'est*

---

[825] SUDRE (Fr.), Droit européen et international des droits de l'homme, Paris, PUF, 13e éd., 2016, p. 928.
[826] TCHEN (V.), op. cit., p. 504.
[827] Ibid., p. 505.
[828] CEDH, 2 août 2001, Boultif c. Suisse, n° 54273/00, § 48.
[829] CEDH, 13 février 2001, Ezzouhdi c. France, n° 47160/99, § 34.

écoulée depuis la perpétration de l'infraction ainsi que la conduite de l'intéressé durant cette période »[830]. La Cour a certes eu l'occasion de prononcer la violation de l'article 8 pour un requérant ayant « *subi une sérieuse entrave à l'établissement d'une vie familiale, puisqu'il lui est pratiquement impossible de mener sa vie familiale dans un autre pays* »[831], le « pratiquement impossible » pouvant *mutatis mutandis* être appliqué à Mme Kanziga.

Toutefois, rien de ce qui précède ne permet de penser que la Cour condamnerait la France dans le cas d'Agathe Kanziga, dans la mesure où les faits publiquement allégués concernent la participation à un génocide. Quand bien même un doute subsisterait, la Cour ferait probablement usage de la « marge de manœuvre concédée aux États »[832] en la matière.

Dès lors, et en admettant que la requérante a bien valablement saisi la CEDH sur le fondement de l'article 8, deux solutions expliquant la probable irrecevabilité se dessinent. Ou bien, d'une part, la Cour a pu estimer que les faits ne révélaient aucune apparence de violation, et ainsi écarté la requête pour défaut manifeste de fondement conformément à l'article 35 § 3 de la Convention EDH. Au regard de sa jurisprudence, il nous semble cependant que la solution de la Cour ne s'impose pas avec évidence en la matière, et qu'elle aurait pu saisir cette occasion pour préciser la marge d'appréciation des États par une décision publique, malgré le caractère sensible de l'affaire. Ou bien, d'autre part, la Cour a pu observer qu'aucune mesure d'éloignement ne pouvait être exécutée, et considéré qu'il n'existait aucun préjudice important au sens de l'article 35 § 3 b de la même Convention. En effet, Mme Kanziga, aujourd'hui âgée de près de 80 ans, n'a, en pratique, aucune chance d'être expulsée, sa demande d'extradition ayant été refusée ; elle viendrait en outre, fin 2020 et selon les médias, d'être placée sous le statut de témoin assisté dans l'affaire Paul Barril[833]. Il nous semble cependant plus crédible, après examen de ces différents éléments et malgré le risque que l'avenir nous donne tort, qu'aucune requête ne soit jamais parvenue jusqu'à la CEDH.

Quelle que soit la vérité, il y a en tout état de cause lieu de penser que la saga contentieuse autour d'Agathe Kanziga est définitivement achevée… s'agissant de ses prétentions au titre du droit des étrangers.

---

[830] CEDH, 2 août 2001, Boultif c. Suisse, op. cit., note 828, § 48.
[831] Ibid., § 55.
[832] TCHEN (V.), op. cit., p. 505.
[833] V. Journal Le Point, « Génocide au Rwanda : la veuve du président Habyarimana entendue dans l'enquête Barril », 3 novembre 2020.

PARTIE III -
QUELQUES COMPARAISONS ETRANGERES

A- CAS DE LA BELGIQUE

CHAPITRE 13-

APERÇU DES POURSUITES JUDICIAIRES MENEES EN BELGIQUE

Damien Vandermeersch

En 1993, le législateur belge a édicté une législation en matière de crimes de guerre destinée notamment à mettre son droit interne en concordance avec les obligations qu'il avait contractées par la ratification des Conventions de Genève du 12 août 1949 et les deux Protocoles additionnels à ces Conventions. Ce faisant, la Belgique est allée au-delà de ses obligations internationales en prévoyant des incriminations originales et des règles de compétence plus larges. Ainsi, la loi du 16 juin 1993 relative à la répression des infractions graves aux Conventions de Genève de 1949 et aux Protocoles I et II de 1977 additionnels à ces Conventions[834], qui, comme son intitulé l'indique, ne concernait à l'origine que les crimes de guerre, fut innovatrice sous plusieurs points en introduisant des dérogations importantes par rapport au droit pénal commun (incriminations spécifiques complètes, modes de participation et responsabilité du supérieur, exclusion de causes de justification ou d'excuse...) ainsi que sur le plan de la procédure (compétence universelle sans exigence de lien de rattachement avec le pays du for, possibilité de constitution de partie civile entre les mains du juge d'instruction et imprescriptibilité)[835].

---

[834] Votée sans réserve par le Parlement belge, cette loi a été par la suite vivement critiquée parce qu'elle écartait les immunités procédurales accordées aux chefs d'États et de gouvernement étrangers et parce qu'elle ne faisait pas de la circonstance que l'inculpé a été trouvé sur le territoire belge une condition de recevabilité de l'action publique. En conséquence, cette législation a été abrogée et remplacée par la loi du 5 août 2003 qui est revenue à des critères plus classiques de rattachement pour justifier la compétence extraterritoriale du juge belge (V. MEIRE (P.) et VANDERMEERSCH (D.), Génocide rwandais : le récit de quatre procès devant la cour d'assises de Bruxelles, Les dossiers de la Revue de droit pénal et de criminologie, n°19, Bruxelles, La Charte, 2011, p. V et 15-20).

[835] V. à ce sujet, VANDERMEERSCH (D.) « Les poursuites et le jugement des infractions de droit international humanitaire en droit belge », dans Actualité du droit international humanitaire, Dossier n° 6 de la Revue de droit pénal et de criminologie, Bruges, La Charte, 2001, p.121-180 ; VANDERMEERSCH (D.), « La compétence universelle en droit belge », Poursuites pénales et extraterritorialité, Bruges, La Charte, 2002, p. 39 à 89.

Malheureusement, la loi du 16 juin 1993 trouva à s'appliquer fort rapidement à la suite des événements dramatiques qui se sont déroulés au Rwanda entre avril et juillet 1994. En effet, en raison des liens privilégiés unissant le Rwanda et la Belgique, des citoyens rwandais et belges, résidant en Belgique, se sont trouvés directement touchés par les crimes commis au Rwanda à partir du 6 avril 1994, notamment en raison du meurtre de membres de leur famille. Par ailleurs, de nombreux Rwandais avaient fui entre-temps leur pays et certains d'entre eux s'étaient réfugiés en Belgique alors qu'ils étaient soupçonnés d'avoir participé à certains crimes. Vu l'impossibilité d'extrader ces personnes vers le Rwanda en raison de l'absence de traité d'extradition liant la Belgique à ce pays, différentes plaintes ont été déposées entre les mains du Procureur du Roi de Bruxelles dès le mois de juillet 1994. Il s'agissait toutefois de simples plaintes sans constitution de partie civile[836]. Au mois de février 1995, le ministre de la Justice belge décida d'exercer son droit d'injonction positive[837] à l'égard du Procureur général de Bruxelles pour provoquer l'ouverture des poursuites à l'égard de suspects d'avoir commis des crimes au Rwanda en 1994 par la saisine d'un juge d'instruction.

En date du 2 mars 1995, les premiers dossiers d'instruction ont été ouverts à Bruxelles sur la base de la loi du 16 juin 1993[838]. Par la suite, le juge d'instruction saisi s'est vu confier d'autres dossiers en relation aux événements du Rwanda en 1994. Les dossiers concernaient pour la plupart des faits impliquant des suspects se trouvant sur le territoire belge ou des victimes de nationalité belge ou rwandaise résidant en Belgique. Dans un premier temps, douze dossiers mettant en cause plus de trente inculpés ont ainsi fait l'objet d'une instruction à Bruxelles.

Par ailleurs, les juridictions militaires ont ouvert des poursuites à l'encontre d'un officier supérieur belge du chef d'homicide par imprudence et de défaut de précautions pour sa gestion des événements ayant conduit à la mort des dix Casques bleus belges le 7 avril 1994 au camp militaire de Kigali. Cet officier supérieur a été acquitté par la Cour militaire[839].

---

[836] SWARTENBROECKX (M.-A.), "Détentions et poursuites judiciaires en Belgique", in La justice internationale face au drame rwandais, Paris, 1996, Karthala, p. 143.
[837] En droit belge, le ministère public jouit d'une relative indépendance à l'égard de l'exécutif. Le ministre de la Justice ne dispose d'aucun droit d'injonction négative pour empêcher des poursuites mais il dispose d'un droit d'injonction positive pour ordonner l'ouverture de poursuites (art. 151 de la Constitution et art. 364 du Code d'instruction criminelle).
[838] COMMISSION D'ENQUÊTE PARLEMENTAIRE RWANDA, Compte rendu analytique des auditions, Documents parlementaires, Sénat, 1996-1997, COM-R 1-43, p. 414.
[839] Cour mil., 4 juillet 1996, Revue de droit pénal et de criminologie, 1997, p. 115.

De son côté, le Tribunal pénal international pour le Rwanda a évoqué totalement ou partiellement plusieurs dossiers d'instruction belges[840]. À la requête du Procureur de ce Tribunal, plusieurs accusés ont été arrêtés en Belgique par les autorités judiciaires et ont été ensuite transférés au siège du Tribunal à Arusha.

À ce jour, les dossiers d'instruction ouverts à Bruxelles ont débouché sur cinq procès menés devant la Cour d'assises de l'arrondissement administratif de Bruxelles-Capitale que nous nous proposons de détailler ci-après.

I. LE PREMIER PROCES (17 AVRIL AU 8 JUIN 2001)[841]

Le premier procès dit des « Quatre de Butare » concernait des faits qui s'étaient déroulés, pour la plupart, dans la préfecture de Butare (province située dans le sud du Rwanda) et mettait en cause quatre accusés. En réalité, il était l'aboutissement de deux dossiers d'instruction qui ont été joints au moment du renvoi des accusés devant la Cour d'assises.

A. La phase d'instruction

Le premier dossier concernait les deux premiers accusés, V.N. (chargé de cours à l'Université nationale du Rwanda) et A.H. (ancien ministre MRND, directeur d'usine à Butare). C'est à la suite de l'injonction positive du ministre de la Justice que ce dossier d'instruction a été ouvert à Bruxelles le 2 mars 1995 du chef d'infractions à la loi du 16 juin 1993 relative à la répression des infractions graves aux Conventions de Genève de 1949 et aux Protocoles I et II de 1977 additionnels à ces Conventions[842]. En cours d'instruction, plusieurs victimes se sont constituées parties civiles entre les mains du juge d'instruction dans le cadre de ce dossier.

---

[840] V., not., C. Cass., 9 octobre 1996, Bull., 1996, 962, Revue de droit pénal et de criminologie, 1997, 1076 et la note de H. D. BOSLY.

[841] V. MEIRE (P.) et VANDERMEERSCH (D.), Génocide rwandais : le récit de quatre procès devant la cour d'assises de Bruxelles, Les dossiers de la Revue de droit pénal et de criminologie, n° 19, Bruxelles, La Charte, 2011, p. 21 à 64. L'ONG RCN Justice & Démocratie a été autorisée à enregistrer l'intégralité des débats menés devant la Cour d'assises et a procédé à leur transcription intégrale. Cette ONG a créé en 2002 un site internet qui restitue les débats qui ont eu lieu durant le procès mais aussi qui les interroge à travers la retranscription d'entretiens menés avec des personnalités ayant assisté au procès (http://assisesrwanda2001.org/010000.html).

[842] COMMISSION D'ENQUÊTE PARLEMENTAIRE RWANDA, Compte rendu analytique des auditions, Doc. parl., Sénat, 1996-1997, COM-R 1-43, p. 414.

L'instruction a comporté de très nombreux devoirs d'enquête tels que les auditions des plaignants, des perquisitions, les interrogatoires des inculpés, les auditions de témoins en Belgique, la collecte de documents, notamment des rapports établis par les Nations Unies, les associations de défense des droits de l'homme et les autres ONG, des commissions rogatoires internationales au Rwanda et dans d'autres pays[843].

Ainsi, le juge d'instruction, le Procureur du Roi et les enquêteurs se sont déplacés au Rwanda à trois reprises en 1995 et à une reprise en 2000 pour effectuer, en collaboration avec les autorités judiciaires rwandaises, des devoirs d'enquête dans le cadre de commissions rogatoires internationales. Lors de ces déplacements, de très nombreux devoirs d'enquête ont été accomplis tels que des auditions de témoins et de co-inculpés (notamment ceux détenus dans les prisons rwandaises), des descentes sur les lieux des faits, des prises de vue et des enregistrements vidéo, des saisies de documents… Plus de trois cents procès-verbaux ont été établis dans le cadre de ces commissions rogatoires. Conformément au droit commun de l'entraide judiciaire, les procès-verbaux relatant ces devoirs accomplis au Rwanda étaient établis au nom des officiers de police judiciaire rwandais. Mais dans les faits, les magistrats et les policiers de l'équipe judiciaire belge présents sur place pour assister à l'exécution des commissions rogatoires ont pu travailler activement sur le terrain en étroite collaboration avec les autorités judiciaires et policières locales. Dans ce cadre, le juge d'instruction belge s'est vu octroyer une très grande liberté d'action dans l'organisation du travail sur place et l'exécution des devoirs concrets devant être réalisés[844]. Autrement dit, le juge d'instruction a exercé *de facto* et en toute indépendance, et ce en accord avec les autorités rwandaises, la direction et la responsabilité des devoirs d'enquête exécutés au Rwanda.

En date du 27 avril 1995, des perquisitions ont été menées aux domiciles des inculpés N.V. et A.H. et après avoir été entendus par le juge d'instruction, ils ont été inculpés et placés sous mandat d'arrêt du chef de crimes de droit international constituant des infractions graves aux Conventions de Genève du 12 août 1949 et aux Protocoles additionnels I et II, tels que visés par les dispositions de la loi du 16 juin 1993, en vigueur à l'époque.

Le 11 janvier 1996, exerçant sa primauté de compétence, le TPIR a demandé officiellement à la Belgique de lui déférer les poursuites pénales engagées par les autorités judiciaires belges contre A.H. Mais, par arrêt du 8 août

---

843 V. COMMISSION D'ENQUÊTE PARLEMENTAIRE RWANDA, Doc. parl., Sénat, SO 1997-1998, 1-611/7, p. 677.

844 V. COMMISSION D'ENQUÊTE PARLEMENTAIRE RWANDA, Doc. parl., Sénat, SO 1997-1998, 1-611/7, p. 678.

1996, la chambre préliminaire du TPIR n'a pas confirmé l'acte d'accusation établi par le Procureur en cause de cet accusé[845] et le Bureau du Procureur a réorienté ce dossier vers la Belgique. Par arrêt du 13 août 1996[846], la Cour de cassation a décidé de renvoyer la cause d'A. H. au juge d'instruction de Bruxelles pour qu'il continue son instruction dont la poursuite avait été empêchée par l'arrêt de dessaisissement du 15 mai 1996[847]. L'inculpé a été remis en liberté le 6 septembre 1996 par la chambre des mises en accusation de la Cour d'appel de Bruxelles[848].

Entre-temps, l'instruction avait été poursuivie en Belgique concernant l'autre inculpé V.N., toujours détenu provisoirement en Belgique, dès lors que celui-ci n'avait pas fait l'objet d'une demande de dessaisissement du TPIR. Considérant que son instruction était complète, le juge d'instruction a communiqué, au mois de mars 1995, le dossier au Procureur du Roi en vue de la clôture de l'instruction. Le Procureur du Roi de Bruxelles a établi au mois de juin de la même année, sur injonction formelle du Procureur général près la Cour d'appel de Bruxelles, un réquisitoire tendant au non-lieu. Il s'agissait d'une situation inédite dès lors que l'inculpé se trouvait, à ce moment, toujours en détention préventive. À l'audience de la chambre du conseil du Tribunal de première instance de Bruxelles à laquelle cette affaire était appelée en vue du règlement de la procédure[849], le substitut du Procureur du Roi, faisant application de l'adage « La plume est serve mais la parole est libre »[850], s'est distancié du réquisitoire écrit que le Procureur général lui avait donné ordre de signer[851] et a requis que la chambre du conseil ordonne la transmission des pièces au Procureur général en vue d'un renvoi à la Cour d'assises. Faisant droit aux réquisitions verbales du parquet, la chambre du conseil a rendu le 22

---

[845] En revanche, l'acte d'accusation concernant les deux autres inculpés E. N. et J. K. a été confirmé. Ce n'est que par jugements du 24 juin 2011 et du 14 juillet 2011 qu'ils ont été jugés et condamnés par le TPIR respectivement à une peine d'emprisonnement à vie et à une peine de 35 ans d'emprisonnement (et ce donc, après plus de seize ans de détention préventive !).

[846] C. Cass., 13 août 1996, RG P.96.1186.F, Pas., 1996, p. 740.

[847] C. Cass., 15 mai 1996, RG P.96.0640.F, Pas., 1996, p. 491.

[848] COMMISSION D'ENQUÊTE PARLEMENTAIRE RWANDA, Doc. parl., Sénat, SO 1997-1998, 1-611/7, p. 667.

[849] En Belgique, ce n'est pas le juge d'instruction qui décide de la suite à réserver à son instruction mais la chambre du conseil qui est une chambre à juge unique du Tribunal de première instance.

[850] BOSLY (H. D.), VANDERMEERSCH (D.) et BEERNAERT (M.-A), Droit de la procédure pénale, 6e éd., Bruxelles, La Charte, 2010, p. 132 ; « L'affaire Nt. », Journal Le Soir, 28 juin 1996, p. 7.

[851] Dans son rapport, la Commission d'enquête parlementaire note qu'elle n'a pas obtenu de réponse à la question de savoir quelles ont été les raisons qui ont poussé l'avocat général à ordonner dans l'affaire V. N., de prendre un réquisitoire de non-lieu contraire à ses propres conclusions et à la position prise depuis de longs mois par le parquet (Commission d'enquête parlementaire Rwanda, Doc. parl., Sénat, SO 1997-1998, 1-611/7, p. 722).

juillet 1996 une ordonnance de transmission des pièces avec prise de corps de l'inculpé[852]. Entre-temps, N.V. avait été remis en liberté provisoire par la chambre du conseil le 28 juin 1996.

Ensuite, ce dossier qui se trouvait entre les mains du Procureur général près la Cour d'appel n'a plus connu d'évolution durant plusieurs années. Dans son rapport, la Commission d'enquête parlementaire a souligné le retard anormal subi par le dossier au stade du règlement de la procédure et s'est inquiétée du blocage des dossiers et de l'absence de volonté apparente des autorités judiciaires de mener à leur terme les poursuites dans les dossiers d'instruction relatifs au génocide de 1994[853].

Ce n'est finalement que fin 1999-début 2000 que la procédure a été réactivée. L'inculpé A.H. a fait d'abord l'objet, à son tour, d'une ordonnance rendue le 28 mars 2000 par la chambre du conseil de Bruxelles ordonnant la transmission des pièces au Procureur général avec prise de corps. Par arrêt du 27 juin 2000, la chambre des mises en accusation de la Cour d'appel de Bruxelles a ensuite renvoyé les deux inculpés V.N. et A.H. devant la Cour d'assises de l'arrondissement administratif de Bruxelles-Capitale[854].

Le dossier qui concerne les deux autres accusées, C.M. (sœur supérieure du couvent de Sovu, Butare) et J. M. (religieuse au couvent de Sovu), a été ouvert, à l'origine, à la suite d'une plainte avec constitution de partie civile que la sœur C. M. avait déposée en date du 3 juillet 1995 contre un journaliste du chef de calomnie et diffamation. En date du 6 décembre 1995, le Procureur du Roi a pris des réquisitions complémentaires à charge des deux religieuses du chef d'infractions à la loi du 16 juin 1993, à la suite d'informations et témoignages complémentaires qui avaient été récoltés à propos des faits qui s'étaient déroulés au couvent de Sovu.

Les deux sœurs ont été entendues par le juge d'instruction en date du 25 janvier 1996, mais elles n'ont pas été placées sous mandat d'arrêt.

L'instruction s'est poursuivie notamment par l'envoi de commissions rogatoires en France en janvier 1996 ainsi qu'en Tanzanie, auprès du Tribunal

---

[852] COMMISSION D'ENQUÊTE PARLEMENTAIRE RWANDA, Doc. parl., Sénat, SO 1997-1998, 1-611/7, p. 667, 679 et 680.
[853] COMMISSION D'ENQUÊTE PARLEMENTAIRE RWANDA, Doc. parl., Sénat, SO 1997-1998, 1-611/7, p. 667, 679-681 et 722.
[854] C. Assises, Bruxelles (mis. acc.), 27 juin 2000, arrêt n° 1939.

Pénal International pour le Rwanda. Le juge d'instruction a communiqué son dossier au Procureur du Roi à toutes fins le 15 mai 1996[855].

Après n'avoir plus subi d'évolution pendant une assez longue période, à l'instar de l'affaire en cause de V.N. et A.H. (V. ci-dessus), le dossier a été réactivé en 2000. Deux commissions rogatoires ont alors été exécutées : l'une a lieu au Rwanda, du 28 février au 5 mars 2000, en présence de l'équipe judiciaire belge et l'autre fut adressée par le magistrat instructeur au TPIR.

En date du 28 mars 2000, la chambre du conseil de Bruxelles, conformément aux réquisitions du ministère public, a joint le dossier 62/95 (en cause de C. M. et J. M.) au dossier 37/95 (en cause de V. N. et A. H.), et a rendu une ordonnance de transmission des pièces au Procureur général avec prise de corps des deux inculpées. Par arrêt du 27 juin 2000, la chambre des mises en accusation de la Cour d'appel de Bruxelles a renvoyé celles-ci devant la Cour d'assises de l'arrondissement administratif de Bruxelles-Capitale[856].

Afin d'éviter toute discussion quant à la qualification des faits et à l'application de la loi pénale dans le temps[857], le ministère public a fait le choix de se limiter dans le cadre de ses demandes de renvoi à des qualifications de crimes de guerre telles qu'elles étaient prévues dans la loi du 16 juin 1993.

B. Les faits reprochés aux accusés

Au moment des faits en 1994, l'accusé V. N. était chargé de cours à l'Université nationale du Rwanda (UNR) à Butare. Il était membre du P. R. D. (Parti pour le Renouveau Démocratique), parti nouvellement créé. Suivant l'accusé, il s'agissait d'un parti modéré. L'acte d'accusation lui reprochait d'avoir établi des listes des familles tutsi liées à l'Université de Butare en vue de préparer leur extermination, d'être impliqué dans l'assassinat de deux familles et de deux autres jeunes personnes, d'avoir participé à des rondes, d'avoir cosigné une demande d'entraînement et d'armement et enfin, d'avoir

---

855 COMMISSION D'ENQUÊTE PARLEMENTAIRE RWANDA, Doc. parl., Sénat, SO 1997-1998, 1-611/7, p. 671.

856 C. Assises, Bruxelles (mis. acc.), 27 juin 2000, arrêt n° 1939.

857 Les incriminations de génocide et de crimes contre l'humanité ont été incorporées formellement en droit interne belge par la loi du 10 février 1999 relative à la répression des violations graves de droit international humanitaire qui est venue étendre le champ d'application de la loi du 16 juin 1993 aux crimes contre l'humanité et au crime de génocide et a modifié son intitulé qui est devenu « loi relative à la répression des violations graves de droit international humanitaire ».

contribué à la rédaction et à la diffusion d'un document intitulé « Appel à la conscience des Bahutus », incitant à la violence ethnique[858].

Licencié en mathématiques, l'accusé A. H. a commencé sa carrière dans l'enseignement. De 1982 à 1990, il est secrétaire exécutif de la Communauté Economique des Pays des Grands Lacs (CEPGL). En 1991, le Président Habyarimana le nomme ministre des Transports et des Communications. Il exerce ces fonctions pendant dix mois, jusqu'en décembre 1991. À partir du 27 janvier 1992, l'accusé fut détaché de son administration pour devenir directeur général de la SORWAL à Butare (Société rwandaise des allumettes). Selon de nombreux témoignages, l'accusé était connu pour être un Hutu extrémiste, très prétentieux, très régionaliste et très ethnique. Il appartenait au cercle des intimes du Président Habyarimana et des privilégiés du régime. Il était adhérent du parti MRND et son épouse avait même adhéré au parti extrémiste de la CDR. L'instruction a permis de découvrir trois documents émanant de l'accusé ou co-signés par lui qui incitaient les Hutu à s'engager dans une stratégie extrémiste d'autodéfense civile contre les « Tutsis assoiffés de pouvoir ». Dans un courrier adressé au directeur technique de son usine le 23 mai 1994, l'accusé a écrit notamment une phrase lourde de sens dans le contexte des événements qui se déroulaient à l'époque au Rwanda : *Pour la sécurité dans Butare, il faut poursuivre et achever le « nettoyage ».* Il lui était reproché également d'avoir engagé des Interahamwe dans le personnel de son usine et d'être impliqué dans l'assassinat de ses voisins à Gisenyi.

Les deux autres accusées étaient des sœurs bénédictines appartenant au couvent implanté à Sovu, dans la commune de Huye (préfecture de Butare). Sœur G. en était la Mère supérieure au moment des événements et Sœur K., originaire de Sovu, était une sœur vivant également au couvent. Suivant de nombreux éléments de l'enquête, ces deux sœurs entretenaient de très bonnes relations avec le chef des Interahamwe locaux et avec les autorités communales. Au début du mois d'avril 1994, un grand nombre de personnes sont venues se réfugier dans le couvent et le centre de santé qui en dépendait. Le 22 avril 1994, le centre de santé a fait l'objet d'une attaque par les interahamwe tuant la presque totalité des réfugiés qui s'y trouvaient et dont le nombre fut estimé entre 5.000 et 6.000 personnes. Suivant des témoins, les sœurs auraient apporté des bidons d'essence qui auraient servi à incendier un des bâtiments où s'étaient entassées de nombreuses personnes. Le 25 avril et le 6 mai 1994, au cours de deux vagues, les personnes qui s'étaient réfugiées dans le couvent même ont été également massacrées par les Interahamwe. Il était reproché aux deux accusées d'avoir incité directement les Interahamwe à venir chercher et tuer ces réfugiés et de les avoir livrés à leurs tueurs. Une

[858] Ce document qui se termine par les « Dix commandements » a été publié notamment dans le journal extrémiste Kangura de décembre 1990.

lettre du 5 mai 1994 signée par la Sœur G. demandait au bourgmestre de venir débarrasser le couvent des derniers réfugiés. Ce dernier accompagné de militaires et apparemment d'Interahamwe est venu les chercher le lendemain et ils ont été massacrés, les uns immédiatement, les autres plus tard.

C. Le procès et les arrêts de la Cour d'assises

Le procès a eu lieu devant la Cour d'assises de l'arrondissement administratif de Bruxelles-Capitale[859]. La session d'assises relative à cette affaire a été ouverte le 17 avril 2001. Les débats ont duré un peu plus de sept semaines. L'arrêt pénal fixant les peines infligées aux condamnés est intervenu le 8 juin 2001.

L'accusé V. N. était défendu par deux avocats, l'accusé A. H. par trois avocats, l'accusée C. M. par deux avocats tout comme l'accusée J. M. Onze avocats représentaient les intérêts des 109 parties civiles.

Au total, 186 témoins ont été cités devant la Cour d'assises. Ceux-ci provenaient majoritairement de Belgique (87) et du Rwanda (71) mais aussi d'autres pays tels que l'Allemagne, la Suisse, la Pologne, la France, les États-Unis, le Kenya, le Burundi et la Côte d'Ivoire.

Afin de permettre à la Cour d'assises et aux jurés d'être suffisamment informés sur le contexte des faits qui s'étaient déroulés à environ 7000 kilomètres de la Belgique, il a été opté pour une approche pédagogique dans ce type de procès en faisant venir, dans un premier temps, des témoins dits de contexte. Ceux-ci ont exposé aux jurés le contexte historique, diplomatique, politique, culturel et sociologique dans lequel les faits s'étaient passés. Durant cette première partie du procès et en présence du juge d'instruction, des émissions de télévision thématiques datant de 1994 furent projetées. Certains documents photographiques et autres reportages, tournés au moment des faits, furent également diffusés à l'audience.

Dans un second temps, le juge d'instruction et les enquêteurs ont longuement exposé le contenu du dossier d'instruction, son déroulement, les divers aléas rencontrés ainsi que la façon dont les différents actes d'enquête ont été posés. Des vidéos et photos retraçant les lieux des faits et illustrant certains témoignages ont été projetées à l'audience.

---

[859] En droit belge, la Cour d'assises est composée de trois magistrats professionnels et de douze jurés tirés au sort. Les jurés se prononcent seuls sur la question de la culpabilité.

Les témoins relatifs aux faits ont ensuite été entendus. La majorité de ces témoins provenaient du Rwanda. Leur venue en Belgique a nécessité l'envoi préalable au Rwanda de plusieurs demandes d'entraide judiciaire pour permettre aux policiers belges, en collaboration avec les autorités rwandaises, de localiser les témoins cités et prendre toutes les dispositions nécessaires pour l'organisation pratique du transfert des témoins. Ceux-ci ont fait leur déposition sous serment à l'audience de la Cour d'assises et ont été soumis aux différentes questions des parties.

Après ces auditions, les parties civiles ont plaidé, l'avocat général a requis et la défense des accusés a plaidé. Chacune des parties a reçu l'occasion de répliquer.

Au terme des débats et des délibérations, la Cour d'assises de Bruxelles-Capitale a rendu en date du 8 juin 2001 un arrêt de condamnation à l'égard des quatre accusés. À cette époque, les verdicts rendus par les Cours d'assises en Belgique n'étaient pas motivés. La Cour d'assises a qualifié les faits comme crimes de guerre commis dans le cadre d'un conflit armé non international au sens du Protocole II additionnel aux Conventions de Genève en déclarant que les faits dont les accusés étaient déclarés coupables avaient été commis dans le cadre d'un conflit armé non international se déroulant sur le territoire du Rwanda entre les forces armées de cet État et des forces armées dissidentes ou des groupes armés organisés qui, sous la conduite d'un commandement responsable, exerçaient sur une partie du territoire de cet État un contrôle tel qu'il leur permettait de mener des opérations militaires continues et concertées et d'appliquer le Protocole II du 8 juin 1977, additionnel aux Conventions de Genève du 12 août 1949, relatif à la protection de victimes des conflits armés non internationaux.

L'accusé V.N. a été reconnu coupable d'avoir commis, comme auteur ou coauteur, différents homicides intentionnels sous la qualification de crimes de guerre commis dans le cadre d'un conflit armé non international. Il a été également reconnu coupable de tentatives d'homicide intentionnel et de provocation ou de participation à commettre de tels crimes par l'établissement de listes de personnes. Il a été acquitté de l'accusation d'homicide intentionnel des membres des deux familles. Après avoir admis des circonstances atténuantes résultant de l'absence de condamnation antérieure à une peine criminelle, la Cour d'assises a condamné l'accusé V.N. à une peine de réclusion de 12 ans.

Aux termes de la déclaration du jury, l'accusé A. H. a été reconnu coupable, comme auteur ou coauteur, par action ou par omission, d'avoir, par les trois écrits repris dans l'acte d'accusation, commis ou provoqué à commettre des homicides intentionnels de plusieurs personnes et d'un nombre indéterminé de personnes non identifiées, et ce sous la qualification de crimes de guerre commis dans le cadre d'un conflit armé non international. Il a aussi été reconnu coupable d'avoir, par les trois écrits précités, soit donné des ordres, soit proposé ou offert, soit avoir accepté l'offre de commettre un nombre indéterminé d'homicides intentionnels sur un nombre indéterminé de personnes, faits qualifiés comme crimes de guerre commis dans le cadre d'un conflit armé non international, ou encore d'avoir provoqué ou participé à de tels crimes. Après avoir admis des circonstances atténuantes résultant de l'absence de condamnation antérieure à une peine criminelle, la Cour d'assises a condamné l'accusé A. H. à une peine de réclusion de 20 ans.

La sœur supérieure G. a été reconnue coupable, comme auteur ou coauteur, par action ou par omission, d'avoir commis ou provoqué à commettre des homicides intentionnels de plusieurs personnes et d'un nombre indéterminé de personnes non identifiées et des tentatives de tels crimes, et ce sous la qualification de crimes de guerre commis dans le cadre d'un conflit armé non international. Après avoir admis des circonstances atténuantes résultant de l'absence de condamnation antérieure à une peine criminelle, la Cour d'assises a condamné l'accusée C. M. à une peine de réclusion de 15 ans.

Comme la sœur G., la sœur K. a été reconnue coupable, comme auteur ou coauteur, par action ou par omission, d'avoir commis ou provoqué à commettre des homicides intentionnels de plusieurs personnes et d'un nombre indéterminé de personnes non identifiées et des tentatives de tels crimes, et ce sous la qualification de crimes de guerre commis dans le cadre d'un conflit armé non international. Après avoir admis des circonstances atténuantes résultant de l'absence de condamnation antérieure à une peine criminelle, la Cour d'assises a condamné l'accusée J. M. à une peine de réclusion de 12 ans.

L'arrêt rendu le 8 juin 2001 par la Cour d'assises de l'arrondissement administratif de Bruxelles-Capitale a constitué une première dans l'histoire judiciaire belge. Il s'agissait en effet des premières condamnations sur la base de la compétence universelle reconnue aux juridictions belges en matière de crimes de droit international humanitaire, la Cour d'assises ayant qualifié les faits reprochés aux accusés comme crimes de guerre commis dans le cadre d'un conflit armé non international au sens du protocole II additionnel aux Conventions de Genève. Le procès mené en 2001 a permis de démontrer que nonobstant les difficultés rencontrées, il était possible pour une juridiction nationale — qui plus est à un jury populaire — de connaître et de juger des faits commis à plusieurs milliers de kilomètres de la Belgique, à un coût fort raisonnable[860].

II. LE DEUXIEME PROCES (9 MAI-29 JUIN 2005)[861]

La deuxième cause jugée par la Cour d'assises de l'arrondissement administratif de Bruxelles-Capitale concernait des faits commis dans la préfecture de Kibungo située au sud-est du Rwanda et mettait en cause deux accusés E. N. et S. N, qui étaient des demi-frères et tous deux commerçants dans la région de Kibungo.

A. La phase d'instruction

Ce dossier a été mis à l'instruction en date du 2 mars 1995 à la suite de l'injonction positive du ministre de la Justice, en même temps que le premier dossier évoqué ci-dessus.

L'enquête concernait les massacres commis en 1994 dans la préfecture de Kibungo, notamment ceux qui avaient eu lieu dans la commune de Sake et dans l'église de Zaza. À l'origine, elle mettait en cause le colonel P.-C. R. (ancien chef d'état-major) et le député S. M. Suivant les éléments recueillis ultérieurement par l'instruction, le colonel R. serait décédé au Cameroun au mois de juin 1995 et le député S. M. serait, quant à lui, toujours en fuite dans un pays non localisé.

Dans une audition du 30 mai 1995 recueillie dans le cadre de ce dossier, un témoin a évoqué un grand commerçant de Kibungo qui avait financé les Interahamwe. En date du 14 décembre 1995, une nouvelle plainte est parvenue au parquet de Bruxelles faisant état d'un groupe de commerçants du Centre commercial de Kibungo qui aurait joué un rôle actif dans les tueries ; parmi ceux-ci, les plaignants citent les futurs accusés E. N. et S. N. Le 30 septembre 1999, un témoin signale que le commerçant E. N. serait à Bruxelles.

Le 14 juin 2001, les plaignants informent les enquêteurs belges que le procès d'un certain CYASA, alias E. H., responsable des Interahamwe à Kibungo et

---

860 MEIRE (P.) et VANDERMEERSCH (D.), Génocide rwandais : le récit de quatre procès devant la cour d'assises de Bruxelles, Les dossiers de la Revue de droit pénal et de criminologie, n° 19, Bruxelles, La Charte, 2011, p. 64.

861 MEIRE (P.) et VANDERMEERSCH (D.), Génocide rwandais : le récit de quatre procès devant la cour d'assises de Bruxelles, Les dossiers de la Revue de droit pénal et de criminologie, n° 19, Bruxelles, La Charte, 2011, p. 65-97.

ayant dirigé les massacres dans la région, a eu lieu à Kibungo et que le commerçant E. N. aurait été cité à plusieurs reprises au cours de ce procès.

Le juge d'instruction communique ces nouveaux renseignements au parquet au début du mois de juillet 2001. Eu égard aux informations précises faisant état de la présence d'E. N. sur le territoire belge, le Procureur du Roi de Bruxelles demande au magistrat instructeur, par réquisitions complémentaires du 16 juillet 2001, d'en instruire à charge de l'intéressé du chef d'infractions à la loi du 16 juin 1993 relative à la répression des violations graves du droit international humanitaire, comme auteur ou coauteur.

Une nouvelle commission rogatoire est alors exécutée au Rwanda, du 8 au 23 janvier 2002. À cette occasion, les magistrats et les enquêteurs belges poursuivent, avec leurs collègues rwandais, les investigations concernant ce dossier en se rendant à Kigali, à Kibungo et à la prison de Nsinda. Ils procèdent à de nombreuses auditions de témoins et de détenus.

Le 14 octobre 2002, E. N. a été arrêté à son domicile en Belgique et a été placé sous mandat d'arrêt du chef de crimes de droit international humanitaire et assassinats.

Lors de la commission rogatoire exécutée au Rwanda du 12 novembre au 1er décembre 2002, l'équipe d'enquête a recueilli de nombreux témoignages supplémentaires concernant E. N. mettant aussi en cause son demi-frère S. N. qui vivait également en Belgique sous une fausse identité.

S. N. a été arrêté à son domicile belge par les enquêteurs bruxellois en date du 4 décembre 2002 et il a été placé sous mandat d'arrêt du chef de crimes de droit international humanitaire et assassinats.

L'instruction s'est poursuivie par l'exécution de nombreux devoirs complémentaires. La détention préventive des deux inculpés a été maintenue jusqu'à la clôture de l'instruction et ils ont comparu détenus devant la Cour d'assises.

Entre-temps, par arrêt du 27 avril 2004, la chambre des mises en accusation de Bruxelles a renvoyé les deux inculpés devant la Cour d'assises de l'arrondissement administratif de Bruxelles-Capitale.

B. Les faits reprochés aux accusés

Les faits qui ont été jugés dans le cadre de ce dossier se déroulent dans la préfecture de Kibungo, située au sud-est du Rwanda. Le chef-lieu de la préfecture est la ville du même nom (Kibungo) où l'accusé E. N. exerçait un négoce important. Dans cette région, les massacres ont commencé dès la matinée du 7 avril 1994, au lendemain de l'attentat contre l'avion du Président Habyarimana. Compte tenu de l'avancée rapide des troupes du Front Patriotique Rwandais (FPR) dans cette zone et notamment de la prise de la ville de Kibungo aux alentours du 22 avril 1994, les massacres s'y sont déroulés sur une période assez limitée mais ont été particulièrement intensifs puisqu'on y a dénombré, entre le 6 et le 22 avril 1994, des dizaines de milliers de morts (le chiffre de 50.000 victimes est généralement cité).

L'accusé E. N. est originaire de la préfecture de Kibungo ; il est natif de Kirwa, village situé à une demi-heure de route de la ville de Kibungo. Avant les événements tragiques de 1994, il partageait son temps entre Kigali et Kibungo. Il exerçait la profession de commerçant (grossiste en bière) et il était considéré comme un grand commerçant, très fortuné, propriétaire de plusieurs biens immobiliers et bénéficiant d'un grand pouvoir. Il disposait d'un négoce important situé au rond-point de Kibungo, qui constituait un nœud commercial sur la route entre Kigali et la Tanzanie. Bien qu'il l'ait toujours contesté, l'enquête a révélé qu'il était membre du MRND, parti du Président Habyarimana.

Aux termes de l'acte d'accusation, E. N. était soupçonné d'abord d'avoir participé à des réunions prônant l'élimination des Tutsi et des Hutu modérés et d'avoir contribué à la mise sur pied et à l'organisation, dans la préfecture de Kibungo, des milices Interahamwe. Il était également accusé d'avoir ordonné et supervisé plusieurs massacres commis par les Interahamwe à Kibungo-ville et à Kirwa, au cours desquels plusieurs centaines de personnes ont perdu la vie.

L'accusé S. N., demi-frère du premier accusé, est également natif de Kirwa où il a résidé jusqu'à son départ du Rwanda, le 22 avril 1994. S. N. exerçait la profession de commerçant à Kibungo où il tenait deux débits de boissons ; il exploitait également une petite société de taxi-bus, disposant à cet effet de deux véhicules Toyota faisant la navette entre Kibungo et Kigali.

Comme à l'encontre de son frère, l'accusation lui reprochait d'abord d'avoir participé à des réunions prônant l'élimination des Tutsi et des Hutu modérés et d'avoir contribué à la création et à l'organisation des milices Interahamwe à Kirwa. Par ailleurs, l'acte d'accusation mettait en évidence son implication dans les massacres qui furent commis par les Interahamwe le 10 avril 1994 sur la place du marché à Kirwa. Il était également soupçonné d'avoir accompagné et/ou dirigé les Interahamwe dans la chasse à l'homme de différentes personnes.

C. Le procès et les arrêts de la Cour d'assises

La session d'assises relative à cette affaire s'est ouverte le 9 mai 2005 pour se terminer le 29 juin 2005.

Les deux accusés ont comparu au procès en état de détention. Ils étaient chacun assistés de deux avocats. Au total, 61 personnes, représentées par 14 avocats, se sont constituées parties civiles contre les accusés.

Au total, 183 témoins ont été cités parmi lesquels, à l'instar du premier procès, divers témoins dits de contexte. Ces témoins provenaient majoritairement du Rwanda (114) et de Belgique (49), mais aussi de France, des Pays-Bas, d'Allemagne, de Suisse, des États-Unis, de Côte d'Ivoire, de Finlande, du Canada, de Tanzanie.

Par arrêt du 24 mai 2005, la Cour d'assises a par ailleurs ordonné l'audition par vidéoconférence de trois témoins, frappés d'une interdiction de quitter le territoire du Rwanda en raison de leur état de détention ou de libération conditionnelle. Ces auditions à distance ont pu être réalisées grâce à la collaboration technique des services du TPIR au départ de ses locaux à Kigali, qui étaient déjà équipés des moyens techniques *ad hoc* et aussi d'une liaison satellite entre Kigali et La Haye[862].

Le ministère public a pris ses réquisitions les 17 et 20 juin 2005, les avocats des parties civiles ont plaidé du 20 au 22 juin 2005 et la défense des accusés, les 24 et 27 juin 2005.

Au terme des débats et des délibérations, la Cour d'assises de Bruxelles-Capitale a rendu en date du 29 juin 2005 un arrêt de condamnation à l'égard des deux accusés. À cette époque, seul le verdict sur la peine devait être motivé. La Cour d'assises a qualifié les faits de crimes de droit international, à savoir des infractions graves portant atteinte par action ou omission aux personnes et aux biens protégés par les Conventions signées à Genève le 12 août 1949 et par les Protocoles I et II additionnels à ces conventions. Suivant la Cour, ces infractions ont consisté en la participation à des homicides intentionnels et à des tentatives d'homicides intentionnels commis en 1994 au Rwanda, et plus précisément dans la préfecture de Kibungo, dans le cadre d'un

[862] La Belgique ne devait plus assurer que la liaison satellite entre La Haye et Bruxelles.

conflit armé non international qui opposait les Forces Armées Rwandaises (F.A.R.) et des forces armées dissidentes ou des groupes armés organisés.

Aux termes de la déclaration du jury, ayant délibéré seul sans l'assistance des magistrats professionnels, l'accusé E. N. a été reconnu coupable, comme auteur ou coauteur, par action ou par omission, d'avoir commis à Kibunga et à Kirwa, sous la qualification de crimes de droit international, l'homicide intentionnel de plusieurs personnes déterminées et « d'un nombre indéterminé de personnes non identifiées à ce jour » et de tentatives d'homicide intentionnel. Il a été acquitté d'un seul homicide. Il a été condamné par la Cour d'assises à une peine de douze ans de réclusion.

L'accusé N. S. a été reconnu coupable d'avoir commis à Kirwa, sous la qualification de crimes de droit international, l'homicide intentionnel de plusieurs personnes déterminées et « d'un nombre indéterminé de personnes non identifiées à ce jour » et de tentatives d'homicide intentionnel. Il a aussi été acquitté d'un seul homicide. Il a été condamné par la Cour d'assises à une peine de dix ans de réclusion.

D'aucuns, à l'issue du procès d'assises de 2001, ont cru ou considéré qu'en tenant ce premier procès, la Belgique avait rempli son devoir de juger sur son territoire certaines personnes qui y avaient trouvé refuge après leur participation au génocide de 1994. La tenue, en 2005, d'un deuxième procès a permis de démontrer que le procès d'assises de 2001 n'était pas qu'une application « *one shot* » de la compétence universelle des juridictions belges et que les autorités judiciaires entendaient placer leur action dans la continuité en fonction des moyens disponibles et nécessairement limités.

Si le premier procès avait permis de mettre en exergue le rôle de certains intellectuels, de certaines personnes proches du pouvoir en place et de certains membres de la communauté religieuse, le procès de 2005 a permis, quant à lui, de mettre en lumière le rôle non négligeable, lors du génocide de 1994, de certains commerçants, disposant d'une position de prestige dans leur localité ; ceci s'est notamment traduit par leur soutien apporté aux milices Interahamwe (financement, formation, mise à disposition de véhicules, boissons offertes, fourniture d'armes, planification des massacres et instructions données à ces milices et présence à leurs côtés sur les lieux des faits…).

III. LE TROISIEME PROCES (19 AVRIL-5 JUILLET 2007)[863]

La troisième cause jugée par la Cour d'assises de l'arrondissement administratif de Bruxelles-Capitale mettait en cause un accusé, B. N., major des Forces armées rwandaises (F.A.R.), et concernait principalement des faits qui avaient eu lieu à Kigali.

A. La phase d'instruction

Le meurtre, le 7 avril 1994, des dix Casques bleus belges, faisant partie du contingent belge des Forces des Nations Unies de maintien de la paix déployées au Rwanda (la MINUAR), avait suscité une émotion très vive au sein de la population belge. Cet événement tragique a provoqué notamment la décision du gouvernement belge de retirer du Rwanda, quelques jours plus tard, le contingent belge de la MINUAR. Cette décision qui a laissé le champ libre aux tueurs a été malheureusement très lourde de conséquences pour la population rwandaise.

À la suite du décès des dix soldats belges, l'auditeur militaire de Bruxelles[864] a ouvert un dossier judiciaire dès lors qu'il était compétent pour dégager les responsabilités pénales éventuelles des supérieurs militaires belges. L'enquête de l'auditorat militaire a débouché sur le procès d'un militaire belge, le colonel M., justiciable, de par son grade, de la Cour militaire. Comme déjà mentionné ci-avant, il fut poursuivi du chef d'homicides involontaires par défaut de prévoyance et de précaution à l'égard des dix Casques bleus belges. Par arrêt du 4 juillet 1996, la Cour militaire a acquitté le colonel M.[865]

Dès lors que l'auditeur militaire n'était compétent qu'à l'égard d'éventuels inculpés militaires belges, les juridictions de droit commun, dont le juge d'instruction, étaient, quant à elles, compétentes à l'égard des civils et des militaires étrangers — sous réserve de la question des immunités — susceptibles d'être notamment impliqués dans la mort des dix Casques bleus belges.

---

863 MEIRE (P.) et VANDERMEERSCH (D.), Génocide rwandais : le récit de quatre procès devant la cour d'assises de Bruxelles, Les dossiers de la Revue de droit pénal et de criminologie, n° 19, Bruxelles, La Charte, 2011, p. 99-138.

864 À l'époque, l'auditeur militaire était un magistrat exerçant les fonctions d'information et de poursuite devant la juridiction militaire appelée conseil de guerre. Depuis la réforme de la Constitution du 17 décembre 2002, les juridictions militaires sont supprimées en temps de paix (art.157, al. 1er de la Constitution).

865 Rev. dr. pén. crim., 1997, p. 115-130.

Ainsi, à la suite de l'injonction du ministre de la Justice du 14 février 1995 et sur la base des éléments importants déjà engrangés par l'enquête de l'auditorat militaire, le Procureur du Roi de Bruxelles a fait ouvrir un dossier d'instruction « civil » entre les mains du juge d'instruction à Bruxelles en date du 21 avril 1995 à charge d'inconnus du chef d'infractions à la loi du 16 juin 1993 (crimes de guerre) et d'assassinats.

Lors de la première commission rogatoire internationale effectuée au Rwanda du 1er au 13 mai 1995, l'équipe d'enquête sous la direction du juge d'instruction a procédé à de nombreuses investigations concernant le meurtre des dix Casques bleus belges et l'identification des auteurs de ces faits. Le 29 mai 1995, le juge d'instruction a décerné deux mandats d'arrêt internationaux par défaut, l'un à charge de T. B., colonel retraité de l'armée rwandaise et chef de cabinet du ministre de la Défense et l'autre à charge d'un autre officier supérieur, le major rwandais B. N., tous deux inculpés de crimes de droit international et d'assassinats. Ces mandats d'arrêt ont fait l'objet d'un signalement international, la retraite des deux inculpés étant à ce moment inconnue.

Toujours en 1995, le juge d'instruction a mené encore deux autres commissions rogatoires au Rwanda au cours desquelles plusieurs témoins directs des faits et de nombreux militaires rwandais ont été entendus et des photos des lieux ont été prises. En décembre 1995, le juge d'instruction et les enquêteurs se sont déplacés au Togo et au Ghana dans le cadre d'une commission rogatoire aux fins d'entendre le capitaine togolais de la MINUAR qui se trouvait au camp militaire de Kigali et qui avait été témoin direct du meurtre des dix para-commandos belges ainsi que cinq soldats ghanéens, qui avaient été faits prisonniers en même temps que les dix soldats belges.

Le colonel T. B., chef de cabinet du ministre de la Défense en 1994, a été arrêté à Yaoundé, le 10 mars 1996, sur la base du mandat d'arrêt international belge. Dès le 11 mars 1996, les autorités belges adressèrent une demande d'extradition aux autorités camerounaises. Mais, très rapidement, le Procureur du Tribunal pénal international pour le Rwanda manifesta son intention de déférer ce haut responsable devant cette juridiction internationale. Le 17 mai 1996, la première chambre du Tribunal pénal international pour le Rwanda édicta une demande de dessaisissement des autorités judiciaires belges au profit de la juridiction internationale et en date du 9 juillet 1996, la Cour de cassation belge accéda à cette demande[866].

---

866 V. rapport de la Commission d'enquête parlementaire concernant les événements du Rwanda, Doc. Parl., Sénat, 1997-1998, 1-611/7, p. 670.

Le 6 juin 1998, le major rwandais B. N., se sachant recherché notamment par les autorités judiciaires belges, s'est constitué prisonnier au siège du Tribunal pénal international pour le Rwanda à Arusha. Il a précisé aux enquêteurs du TPIR s'être rendu volontairement de Zambie — où il s'était réfugié — au siège du TPIR, car il craignait d'être déporté vers le Rwanda où il se savait aussi recherché. Le 13 juillet 1998, l'ambassade belge en Tanzanie a transmis au ministre tanzanien des Affaires étrangères, la demande d'extradition du major B. N. formulée par les autorités belges. Le 26 septembre 1998, le Procureur du TPIR a établi à l'encontre du major B. N. un acte d'accusation. Le 23 février 1999, après qu'il ait été statué sur certains chefs d'accusation, le Procureur du TPIR a demandé à la chambre de première instance I du Tribunal d'être autorisé à retirer l'acte d'accusation établi à l'encontre de B. N. en raison du fait que la juridiction internationale avait refusé de joindre ce dossier aux poursuites concernant d'autres responsables militaires. À l'appui de sa requête, le Procureur du TPIR a fait notamment état du souhait et de l'engagement des autorités belges de pouvoir exercer des poursuites à l'encontre des personnes impliquées dans l'assassinat des dix soldats belges de la MINUAR dont était notamment soupçonné B. N. Le 18 mars 1999, la chambre de première instance I du TPIR a autorisé le Procureur à retirer son acte d'accusation établi à l'encontre de B. N. Dans la même décision, la chambre du TPIR a ordonné sa remise en liberté du quartier pénitentiaire du TPIR à Arusha. Le 26 mars 2004, après avoir écarté la demande d'extradition des autorités belges pour des raisons de procédure et n'avoir, par la suite, pas pris en compte la demande d'extradition du Rwanda, les autorités judiciaires tanzaniennes remettent en liberté B. N., lequel décide alors de se rendre volontairement en Belgique. Dès son arrivée en Belgique, il est placé sous mandat d'arrêt le 27 mars 2004 par le juge d'instruction sous l'inculpation de crimes de droit international humanitaire et tentatives de crimes de droit international humanitaire.

Entre-temps, le juge d'instruction et les enquêteurs avaient eu l'occasion, lors des différentes commissions rogatoires effectuées au Rwanda[867], de compléter l'enquête par l'audition de témoins supplémentaires, des prises de photos et l'enregistrement de vidéos. Après l'arrestation de B. N. en Belgique, l'équipe d'enquête a réalisé encore, dans le cadre d'une commission rogatoire effectuée au Rwanda du 28 septembre au 13 octobre 2004, plusieurs devoirs complémentaires à la suite des auditions de l'inculpé et des demandes de la défense.

Par arrêt du 7 septembre 2006, la chambre des mises en accusation de Bruxelles a, conformément aux réquisitions du ministère public, renvoyé l'accusé B. N. devant la Cour d'assises de l'arrondissement administratif de

---

[867] Ces commissions rogatoires ont été effectuées respectivement du 8 au 23 janvier 2002, du 12 novembre au 1er décembre 2002 et du 20 septembre au 1er octobre 2003.

Bruxelles-Capitale. La détention préventive de l'accusé a toujours été maintenue jusqu'à la date du procès.

B. Les faits reprochés à l'accusé B. N.

Le fait principal reproché à l'accusé était son implication dans le meurtre de la Première ministre rwandaise et des dix Casques bleus belges chargés de sa protection. Ce chef d'accusation concerne des faits qui se sont déroulés à Kigali le 7 avril 1994, soit le lendemain de l'attentat sur l'avion présidentiel. Les victimes en sont la Première ministre du Rwanda en exercice, Agathe Uwilingiyimana, qui a été tuée à son domicile et les dix para-commandos belges affectés à la protection de celle-ci qui furent emmenés et tués au camp militaire de Kigali. Le Major B. N. était accusé d'avoir commandé l'attaque contre la résidence de la Première ministre et d'avoir emmené en minibus les dix Casques bleus belges ainsi que cinq militaires ghanéens au camp Kigali, après les avoir désarmés. Lors de l'arrivée du bus au camp Kigali, le major B. N. leur a donné l'ordre de descendre et de s'asseoir par terre. Quelques instants plus tard, de nombreux soldats rwandais du camp Kigali se sont rués sur eux pour les rouer de coups dont certains se sont rapidement révélés mortels pour quatre Casques bleus belges. Les six autres Casques bleus belges et leurs cinq collègues ghanéens parvinrent, entre-temps, à se réfugier dans un local annexe à celui de la permanence ONU. Le local où s'étaient réfugiés les Casques bleus fut alors pris sous le feu des armes des Rwandais. Par la suite, les cinq Casques bleus ghanéens furent, à l'initiative des militaires rwandais, séparés de leurs collègues belges survivants et extirpés du local par une fenêtre. Les Casques bleus belges opposèrent encore une résistance farouche mais finirent par succomber. Le major B. N. aurait assisté à une partie du massacre sans réagir ni intervenir. Suivant, plusieurs témoins, l'accusé B.N. avait été clairement chargé d'une mission lorsqu'il s'était rendu le 7 avril 1994 au matin, à la résidence de la Première ministre Agathe Uwilingiyimana, épisode au cours duquel celle-ci fut également assassinée.

Par ailleurs, il était également reproché à l'accusé d'être impliqué dans l'opération de nettoyage qui a été opérée dans le quartier Kyovu à Kigali où il habitait. Il aurait ainsi directement participé au massacre de membres d'une famille voisine de son quartier. De même, l'acte d'accusation le mettait en cause dans un massacre qui a eu lieu le 9 avril 1994 sur un barrage tenu par des miliciens Interahamwe dans le quartier de Gitega à Kigali, à proximité de l'ONATRACOM.

Au début du mois de juin 1994, le major B. N. fut désigné comme commandant du camp militaire de Ngoma à Butare. Il était accusé d'avoir, en cette qualité, participé à l'organisation des massacres dans cette préfecture, notamment par la participation aux réunions du conseil de sécurité préfectoral qui se sont tenues à l'époque.

C. Le procès et les arrêts de la Cour d'assises

La session d'assises relative à cette affaire s'est ouverte le 19 avril 2007 pour se terminer, sur le plan pénal, le 5 juillet 2007.

Au total, plus de 175 témoins ont été cités parmi lesquels de nombreux militaires ou anciens militaires belges — de tous grades — et divers témoins de contexte. Ces témoins provenaient majoritairement de Belgique (102), du Rwanda (32), de France (13) mais aussi du Ghana, du Togo, de Tanzanie, du Canada, de Côte d'Ivoire, des États-Unis, d'Ouganda, de Suisse, du Danemark, d'Irlande, du Kenya, des Pays-Bas et de la République Démocratique du Congo.

L'accusé a comparu au procès en état de détention. Il était assisté de trois avocats dont deux ont été commis d'office par la Présidente de la Cour d'assises, en cours de session, le 26 avril 2007, afin de pallier tout risque de défection de la défense de l'accusé.

Le siège du ministère public était occupé par un magistrat fédéral.

Au total, 160 personnes, représentées par 43 avocats, se sont constituées parties civiles contre l'accusé. Parmi ces parties civiles, outre les membres des familles des dix Casques bleus belges assassinés et des proches de victimes rwandaises, figuraient aussi l'État belge représenté par son ministre de la Défense nationale et la République du Rwanda, représentée par son ministre de la Justice.

Le verdict sur la culpabilité est tombé le 4 juillet 2007 et l'arrêt sur la peine, le 5 juillet 2007. Au terme de la déclaration du jury, ayant délibéré seul sans l'assistance des magistrats professionnels, l'accusé B. N. a été reconnu coupable, comme auteur ou coauteur, par action ou par omission, d'avoir commis sous la qualification de crimes de guerre l'homicide intentionnel sur la personne des dix Casques bleus belge, sur ses voisins et sur un nombre indéterminé de personnes non identifiées à ce jour et des tentatives d'homicides intentionnels sur d'autres personnes.

L'accusé a été acquitté de l'homicide intentionnel contre la Première ministre Agathe Uwilingiyimana et des faits qui avaient eu lieu dans la préfecture de Butare.

Après avoir admis des circonstances atténuantes en faveur de l'accusé, la Cour d'assises, dans sa composition collégiale (magistrats professionnels et jurés), a condamné l'accusé B. N. à une peine de réclusion de 20 ans.

Le procès d'assises « Rwanda » de 2007 a permis d'établir — pour autant que de besoin — combien l'assassinat de la Première ministre et des dix Casques bleus belges avait été un élément-clé dans le déclenchement du génocide de 1994. Ce procès a aussi revêtu une valeur hautement symbolique, réunissant dans la même émotion, la même douleur et la même volonté de justice, des parties civiles belges et rwandaises, toutes victimes du génocide de 1994.

On peut aussi relever qu'il ressort de la motivation de l'arrêt de condamnation de la Cour d'assises que pour la première fois, une juridiction belge a retenu explicitement la responsabilité du supérieur qui, ayant connaissance des actes criminels perpétrés *n'a posé aucun acte quelconque, dans les limites de sa possibilité d'action dont il disposait en vertu de sa qualité d'officier supérieur, de nature à s'opposer aux actes criminels dont il était le témoin* (omission d'agir visée à l'art. 136 *septies*, 5°, C. pén.).

IV. LE QUATRIEME PROCES : ARRET RENDU PAR DEFAUT ET FRAPPE D'OPPOSITION (9 NOVEMBRE - 1ER DECEMBRE 2009)[868]

Ce quatrième procès concernait un accusé, E. N., né en 1952, qui était, à l'époque des faits, cadre dirigeant de banque et membre du comité national des Interahamwe. La majorité des crimes reprochés à l'accusé portaient sur des faits qui avaient eu lieu dans la préfecture de Kigali et essentiellement dans la capitale même du Rwanda.

Ce dossier se distingue des autres affaires précédentes sur plusieurs points. D'abord, il a été ouvert à la demande du procureur du TPIR ; ensuite, l'accusé était en aveu d'une grande partie des faits qui lui étaient reprochés et enfin, la décision de la Cour d'assises a été rendue par défaut à l'égard de l'accusé gravement malade. Aucune décision définitive n'est intervenue sur le fond de cette affaire dès lors que le décès de l'accusé a entraîné l'extinction de l'action publique avant qu'il ne soit statué sur son opposition.

---

868 MEIRE (P.) et VANDERMEERSCH (D.), Génocide rwandais : le récit de quatre procès devant la cour d'assises de Bruxelles, Les dossiers de la Revue de droit pénal et de criminologie, n° 19, Bruxelles, La Charte, 2011, pp. 139-163.

A. La phase d'instruction

Après avoir décidé, dans un premier temps, de mener lui-même une enquête concernant E. N., le Procureur du TPIR adressa aux autorités belges, en date du 28 avril 2004, une demande d'entraide judiciaire ayant pour objet différents devoirs d'enquête à effectuer sur le territoire belge, en ce compris l'audition de l'intéressé. En effet, il était apparu des données de l'Office des étrangers que E. N. résidait en Belgique depuis le 28 octobre 1999.

Dans un second temps, soit en date du 11 juin 2004, le Procureur du TPIR a transmis au ministre de la Justice belge son dossier en cause d'E. N., en sollicitant la reprise des poursuites par la justice belge. Par ce courrier, le Procureur annonçait qu'il se dessaisissait du dossier et qu'il demandait, conformément à la résolution 1503 du Conseil de Sécurité des Nations Unies[869], que « les Autorités du Royaume de Belgique se saisissent de ce dossier et prennent les mesures appropriées concernant l'inculpation et la poursuite dudit E. N. », qui se trouvait toujours à ce moment-là sur le territoire belge.

Eu égard à ces éléments, le parquet fédéral a saisi le juge d'instruction de Bruxelles en date du 15 juin 2004, le requérant d'instruire à charge d'E. N. du chef de crimes de droit international humanitaire.

Lors de la mise à l'instruction, le dossier comprenait notamment les auditions de l'inculpé E. N. réalisées par la police fédérale belge dans le cadre de la demande d'entraide judiciaire dont question ci-dessus ainsi qu'une cassette vidéo de l'époque des faits où apparaissait, à plusieurs reprises, l'inculpé. Ont été joints également au dossier les documents transmis par le Bureau du Procureur du TPIR, qui contenaient notamment les auditions de témoins et les comptes rendus des entretiens qu'E. N. avait eus avec des enquêteurs du Bureau du Procureur.

L'inculpé E. N. a été placé sous mandat d'arrêt par le juge d'instruction de Bruxelles le 21 juin 2004, sous l'inculpation de crimes de droit international humanitaire.

Dans le cadre de l'instruction, l'inculpé a été interrogé à de nombreuses reprises. Son épouse a fait également plusieurs déclarations aux enquêteurs. Par ailleurs, E. N. a été appelé à témoigner par vidéoconférence à plusieurs

[869] Suivant le courrier du Procureur, ce transfert de dossier se fondait sur la Résolution 1503, adoptée le 28 août 2003 par le Conseil de sécurité agissant en vertu du chapitre VII de la Charte des Nations unies. Cette Résolution invitait le TPIR à arrêter une stratégie d'achèvement de ses travaux en vue de déférer devant les juridictions nationales compétentes les accusés de rang intermédiaire ou subalterne.

reprises dans le cadre de procès d'autres accusés menés à Arusha devant le TPIR.

Différentes commissions rogatoires et devoirs d'enquête ont été diligentés.

Par arrêt du 21 mai 2008, la chambre des mises en accusation de la Cour d'appel de Bruxelles a renvoyé l'inculpé devant la Cour d'assises de l'arrondissement administratif de Bruxelles-Capitale du chef d'infractions graves portant atteinte par action ou omission aux personnes et aux biens protégés par les Conventions signées à Genève le 12 août 1949 et par les Protocoles I et II additionnels à ces conventions (crimes de guerre). En revanche et contrairement à l'ordonnance de la chambre du conseil et aux réquisitions du parquet fédéral, cette juridiction a dit n'y avoir lieu à poursuivre l'inculpé du chef de génocide en raison du principe de non-rétroactivité de la loi pénale et de l'inexistence de l'incrimination de génocide en droit belge au moment des faits en 1994.

L'accusé a été remis en liberté par arrêt rendu par la chambre des mises en accusation de Bruxelles en date du 27 août 2008.

B. Les faits reprochés à l'accusé E. N.

Licencié en sciences économiques, l'accusé est entré en 1979, à l'âge de 27 ans, au service de la Banque Commerciale du Rwanda (BCR). Au début du génocide en 1994, il était, à 42 ans, un des cinq membres du comité de direction de la banque dont il contrôlait toutes les agences du réseau national. L'accusé était un proche du Président Juvénal Habyarimana et du secrétaire général du parti MRND. Par ailleurs, il était membre du comité national des Interahamwe et a reconnu avoir joué un rôle important dans la constitution et le financement de la Radio RTLM.

Dès le début de l'instruction, l'accusé a admis — certes parfois avec des nuances — son implication dans les faits qui lui étaient reprochés.

Le premier chef d'accusation concernait l'implication de l'accusé dans la mise sur pied et l'organisation des milices Interahamwe créées vers juillet 1991 dans le giron du parti MRND, qui jouèrent un rôle de premier plan dans la perpétration des massacres durant les trois mois du génocide. Il aurait fait partie du noyau dur des dirigeants qui aurait assuré les fonctions de propagande et d'entraînement de la milice ainsi que son financement. Après le 6 avril, il a été vu par plusieurs témoins sillonnant en voiture les rues de la capitale et visitant les barrières dressées par les Interahamwe où se produisaient les tueries. L'accusé a reconnu qu'entre les 12 et 14 avril 1994, il avait réceptionné 120 armes de type UZI ainsi que des caisses de munitions et les avait distribuées aux miliciens.

Par ailleurs, l'accusé E. N. fut également mis en cause pour avoir, durant cette période, violé des jeunes femmes tutsi qui se trouvaient cachées dans l'établissement « Le petit Kigali » et à la résidence de Robert Kajuga, Président des Interahamwe. L'enquête a établi que l'accusé était intervenu à plusieurs reprises à propos de Tutsi et qu'ainsi, avec un groupe de responsables Interahamwe, il avait pris sous sa « protection » plusieurs jeunes filles tutsi menacées de mort en raison de leur appartenance ethnique et qu'ils les avaient abritées (séquestrées ?) dans des lieux habités par les Interahamwe ou sous leur contrôle. Ces jeunes filles auraient été par la suite évacuées à l'hôtel des Mille Collines. Confronté aux accusations de viols, l'accusé les a toujours niées farouchement mais il a toutefois admis avoir eu des relations sexuelles, d'après lui, consenties avec certaines de ces femmes qu'il protégeait. Cependant, l'accusation soutenait que l'on ne pouvait pas considérer que le consentement de ces femmes était libre puisque ces personnes n'avaient aucune liberté de mouvement, étant directement menacées par les milices dont faisaient partie les personnes qui prétendaient les protéger et que leur survie dépendait du bon vouloir de leurs geôliers qui avaient droit de vie et de mort sur elles.

C. Le procès et l'arrêt de la Cour d'assises

Alors que l'ouverture du procès était proche, un rapport d'expertise médico-légale établi le 28 octobre 2009 a constaté que l'accusé souffrait d'une affection dont l'évolution était qualifiée par les experts de "préoccupante", ce qui rendait plus qu'hypothétique sa capacité à suivre tout le déroulement du procès et douteuse son aptitude à relater fidèlement des événements. Dans ces conditions, l'avocat de l'accusé a sollicité le report *sine die* du procès dans l'attente d'une amélioration de l'état de santé de son client.

La session d'assises portant sur cette affaire s'est ouverte le 9 novembre 2009. Par arrêt interlocutoire du 10 novembre 2009, la Cour d'assises, suivant en cela la position du parquet fédéral et de certaines parties civiles, refusa la demande de report du procès. Par ordonnance du même jour, la Présidente de la Cour d'assises décida de procéder par défaut.

Environ 70 témoins ont été cités, provenant majoritairement du Rwanda (27), de Belgique (24), de France (6) et du Canada (5) mais aussi des Pays-Bas, d'Allemagne, de Tanzanie et de Côte d'Ivoire. Au total, 68 personnes, représentées par 25 avocats, se sont constituées parties civiles contre l'accusé.

Les débats ont duré trois semaines. Le verdict de culpabilité a été rendu le 30 novembre 2009 et l'arrêt fixant la peine a été prononcé le mardi 1er décembre 2009.

Au terme de la déclaration du jury, ayant délibéré seul sans l'assistance des magistrats professionnels, l'accusé E. N. a été reconnu coupable d'avoir commis sous la qualification de crimes de guerre l'homicide intentionnel sur différentes personnes ainsi que sur un nombre indéterminé de personnes non identifiées et des tentatives d'homicides intentionnels sur d'autres personnes. Il a également été reconnu coupable de viol sur un nombre indéterminé de personnes non identifiées.

Après avoir admis des circonstances atténuantes en faveur de l'accusé, la Cour d'assises, dans sa composition collégiale (magistrats professionnels et jurés), a condamné l'accusé E. N. à une peine de réclusion de 30 ans.

E. N. a formé opposition, le 18 décembre 2009, contre cet arrêt et son opposition a été reçue le 1er mars 2010. Le décès de l'inculpé intervenu le 24 mai 2010 a éteint l'action publique.

Ce quatrième procès, même s'il a été mené en l'absence de l'accusé, a permis de mieux saisir le rôle et l'organisation des milices Interahamwe dont l'accusé était un des leaders. Par ailleurs, pour la première fois, le parquet fédéral avait manifesté sa volonté de poursuivre un des accusés rwandais du chef de génocide mais il n'a pas été suivi par la chambre des mises en accusation. Enfin, il s'agissait des premières poursuites en Belgique pour des faits de viol en tant que crimes de guerre.

V. LE CINQUIEME PROCES (4 NOVEMBRE 2019 - 20 DECEMBRE 2019)[870]

Ce cinquième procès concernait à l'origine trois accusés mais à la suite de la disjonction des causes décidée par la Présidente de la Cour d'assises par arrêt du 9 octobre 2019, seul l'accusé F. N. fut jugé lors de cette session de la Cour d'assises. Les faits mis à charge de cet accusé se déroulent principalement à Kigali et à Mataba, dans la préfecture de Ruhengeri au nord du pays.

[870] Pour la rédaction de ce chapitre, l'auteur s'est basé sur les informations provenant des éléments des dossiers répressifs et des débats tenus devant la Cour d'assises. L'auteur tient à remercier ici le magistrat fédéral Arnaud d'Oultremont pour la communication de ces informations.

A. Le déroulement de l'instruction

A l'origine, le dossier judiciaire à charge de F. N. a été ouvert le 26 juillet 1994 à la suite de la plainte de plusieurs victimes belges ou résidant en Belgique, dont les membres de la famille avaient été massacrés à Kigali en avril 1994.

À la suite de l'information suivant laquelle F. N. pourrait être localisé, un dossier d'instruction distinct a été ouvert spécifiquement sur ces faits le 18 décembre 2001 par le parquet de Bruxelles et a été mis à l'instruction le 21 décembre 2001.

Le juge d'instruction a effectué une commission rogatoire au Rwanda du 8 au 23 janvier 2002 au cours de laquelle différents devoirs d'enquête ont été accomplis dans le cadre de ce dossier.

Le 13 septembre 2002, les enquêteurs reçoivent une information selon laquelle F. N. se trouverait en France sous le patronyme de son père et y aurait obtenu le statut de réfugié. Une commission rogatoire envoyée à Bordeaux confirme cette information.

En date du 18 novembre 2004, les autorités belges dénoncent les faits aux autorités françaises en raison du fait que l'accusé résidait sur leur territoire. Ces dernières feront savoir en juin 2005 à la Belgique qu'elles n'ont pas donné de suite à cette dénonciation, les éléments recueillis ne permettant pas d'exercer des poursuites à charge de F. N.

Après un changement de juge d'instruction, l'enquête s'est poursuivie en Belgique mais également par le biais de plusieurs commissions rogatoires internationales exécutées notamment au Rwanda et en France. Un mandat d'arrêt européen a été décerné à charge de F. N. en 2011 et celui-ci a été arrêté à Angoulême le 29 juin 2011. Il a été remis à la Belgique le 30 août 2011 et été placé sous mandat d'arrêt du chef de génocide et de crimes de guerre.

La détention préventive de F.N. a toujours été maintenue par les différentes juridictions d'instruction, jusqu'au 30 mars 2012, date à laquelle la chambre des mises en accusation de la Cour d'appel de Bruxelles a ordonné la libération sous condition de l'accusé, contre paiement d'une caution de 7.500 EUR. Le 02 avril 2012, F. N. a été libéré.

En fin d'instruction, les dossiers de deux autres accusés et le dossier de F.N. ont été joints en un seul dossier par la chambre du conseil du Tribunal de première instance de Bruxelles le 20 octobre 2017.

Par arrêt du 6 décembre 2018, la chambre des mises en accusation de la Cour d'appel de Bruxelles a confirmé la jonction des dossiers et a renvoyé conjointement les trois accusés devant la Cour d'assises, chacun pour les faits qui le concernent.

B. Les faits reprochés à l'accusé

L'accusé était poursuivi du chef de crime de génocide envers le groupe ethnique tutsi et de crimes de guerre, en l'espèce des meurtres et des tentatives de meurtre.

F. N. était membre du MRND et y occupait une position assez importante défendant des positions extrémistes. Il était accusé d'avoir participé à plusieurs réunions avant et durant le génocide, à Kigali, à Mataba et à Ruhengeri prônant l'élimination des Tutsi et Hutu modérés. Il était également soupçonné d'avoir participé à l'organisation et l'entretien d'une milice Interahamwe à Mataba, sa région d'origine.

Par ailleurs, il était accusé d'être impliqué directement dans le meurtre des membres de trois familles voisines dans le quartier de Nyamirambo à Kigali en les dénonçant aux militaires qui procédèrent à leur élimination.

Enfin, il était soupçonné d'être impliqué dans le meurtre de deux personnes à Mataba ainsi que dans les massacres commis par la milice Interahamwe dans cette localité.

C. Le procès d'assises

Dès avant l'ouverture du procès, par arrêt du 9 octobre 2019, la Présidente de la Cour d'assises a décidé de disjoindre les deux dossiers qui avaient été joints par les juridictions d'instruction et de ne traiter que le volet en cause de F. N.

L'accusé a comparu libre devant la Cour d'assises et était assisté de deux avocats. Au total, 22 personnes, représentées par 10 avocats, se sont constituées parties civiles contre l'accusé.

À l'origine, 126 témoins avaient été retenus et au final, la Cour d'assises a entendu 25 témoins venant de Belgique, 66 témoins venant du Rwanda, un témoin venant des Pays-Bas, un témoin venant de Suède, un témoin venant du

Canada, un témoin venant du Bénin et 6 témoins venant de France[871]. Certains témoins ont été entendus par vidéoconférence.

Au terme des débats, le 19 décembre 2019[872], l'accusé fut reconnu coupable du crime de génocide à l'encontre d'un nombre indéterminé de personnes, membres du groupe ethnique tutsi et de crimes de guerre, pour avoir commis l'homicide intentionnel sur onze personnes identifiées dans l'arrêt ainsi que sur un nombre indéterminé de personnes non identifiées et des tentatives d'homicides intentionnels sur d'autres personnes. Il a été acquitté des accusations de meurtre à l'encontre de deux personnes.

Par arrêt du 20 décembre 2019, l'accusé a été condamné à une peine de vingt-cinq ans de réclusion[873]. Dans les motifs de la peine, la Cour d'assises met notamment en évidence l'absence de remise en question de l'accusé, sa persévérance à véhiculer l'idéologie génocidaire et sa persistance dans sa révision de l'Histoire.

Ce procès se distingue des autres procès en ce sens que les juridictions belges ont appliqué pour la première fois la qualification de génocide aux faits reprochés à l'accusé en considérant qu'eu égard aux instruments internationaux sanctionnant le génocide et, plus particulièrement, la Convention du 9 décembre 1948 pour la prévention et la répression du crime de génocide, ratifiée par la loi belge du 26 juin 1952, les principes de légalité et de non-rétroactivité[874] de la loi pénale étaient respectés. L'arrêt de condamnation stigmatise également l'attitude révisionniste de l'accusé.

VI. LES PERSPECTIVES D'AUTRES PROCES

Comme indiqué ci-dessus, deux autres accusés avaient été renvoyés en même temps que l'accusé F. N. devant la Cour d'assises par l'arrêt du 6 décembre 2018 de la chambre des mises en accusation de Bruxelles mais avaient vu leur cause disjointe par la Cour d'assises.

[871] Les autres témoins étaient soit décédés, soit n'avaient pu être contactés, soit avaient refusé de comparaître.

[872] À la différence des autres procès, les magistrats professionnels ont participé ici, sans droit de vote, à la délibération sur la culpabilité en application de l'art. 327 du Code d'instruction criminelle tel que modifié par la loi du 5 février 2016.

[873] Le pourvoi en cassation contre cette décision a été rejeté par arrêt du 27 mai 2020.

[874] Pour rappel, le crime de génocide n'a été formellement inscrit en droit belge interne que par la loi du 10 février 1999.

Ces deux accusés sont soupçonnés d'avoir participé aux crimes commis par les milices Interahamwe sévissant à Kigali, le premier en tant que leader de ces miliciens et l'autre en tant que membre actif de la milice Interahamwe dans son quartier de Nyamirambo à Kigali. Il est question de leur implication dans des meurtres et des viols de différentes personnes. Ils sont dans l'attente d'une nouvelle date de fixation de leur cause devant la Cour d'assises de l'arrondissement administratif de Bruxelles-Capitale.

Deux autres accusés ont été renvoyés devant la même Cour d'assises par un autre arrêt du 6 décembre 2018 de la chambre des mises en accusation de Bruxelles du chef de crime de génocide et de crimes de guerre. Il leur est reproché différents homicides intentionnels et tentatives d'homicide intentionnel. Leur cause devrait être fixée également devant la Cour d'assises de l'arrondissement administratif de Bruxelles-Capitale mais vu l'encombrement des causes devant cette juridiction, il est probable qu'elle ne puisse pas être traitée avant l'automne 2021.

Plusieurs autres dossiers font encore l'objet d'une instruction à Bruxelles et dans d'autres arrondissements du pays. Récemment encore, le 30 septembre 2020, trois ressortissants rwandais ont été inculpés et placés sous mandat d'arrêt par un juge d'instruction de Bruxelles du chef de violations graves du droit international humanitaire pour des faits qui ont eu lieu en 1994 à Kigali dans les secteurs de Gikondo et Kacyiru.

Comme les crimes de droit international humanitaires sont imprescriptibles, les perspectives de nouvelles procédures ne connaissent pas de limites, si ce n'est l'extinction de l'action publique en raison du décès de l'auteur présumé.

B- CAS DU CANADA

CHAPITRE 14-

LE CANADA ET LE TRAITEMENT DES GENOCIDAIRES RWANDAIS

Camille Lefebvre et Camille Bérubé-Lepage

À la fin du vingtième siècle, le Canada se démarque des membres de la Communauté internationale en s'impliquant activement dans la lutte contre l'impunité et la défense des droits de la personne. La mise sur pied en 1985 de la Commission d'enquête sur la présence de criminels de guerre au Canada (ci-après « commission Deschênes »)[875] marque une préoccupation réelle pour ces enjeux[876]. Cette commission, chargée de statuer sur la présence de criminels internationaux au Canada, émet plusieurs recommandations quant aux mesures à mettre en œuvre afin de débusquer ces individus. Dans son rapport, l'honorable Jules Deschênes recommande notamment de prioriser les mesures d'extradition avant d'intenter tout procès criminel, et ne suggère l'utilisation des mécanismes administratifs propres au domaine de l'immigration qu'en dernier recours[877]. Le rapport Deschênes rejette ainsi la dénaturalisation et le renvoi du territoire canadien comme remèdes adéquats pour punir ces graves criminels[878].

---

[875] DESCHÊNES (J.), Commission of Inquiry on War Criminals Report, Ottawa: Minister of Supply and Services, Ottawa, Canada, Privy Council Office, 1986, [Rapport Deschênes], http://publications.gc.ca/site/fra/471452/publication.html.

[876] LAROCHELLE (Ph.) et CHARTRAND (S.), « Balancing the Rights of Migrants and International Criminal Law: The Case of Alleged Rwandan War Criminals under Canada's Immigration Laws », Canadian Bar review, 93(2), 2015, p. 410.

[877] Rapport DESCHÊNES, Partie 5, Recommandations 9 à 16 et 17 à 27, http://publications.gc.ca/collections/collection_2014/bcp-pco/CP32-52-1986-5-eng.pdf.

[878] Rapport DESCHÊNES, Partie 1, p. 86 et 238, http://publications.gc.ca/collections/collection_2014/bcp-pco/CP32-52-1986-1-eng.pdf.

I. MISE EN CONTEXTE DU CAS CANADIEN

Quelques années après la publication du rapport Deschênes, la crise des Grands Lacs et les conflits armés en ex-Yougoslavie engendrent d'importants flux migratoires vers le Canada. La volonté réelle du gouvernement à poursuivre les responsables de graves crimes internationaux tels que le génocide, les crimes contre l'humanité et les crimes de guerre génèrent alors une certaine angoisse au sein de la société civile canadienne, qui remet en question le système d'immigration du Canada[879]. En 2001, les débats parlementaires menant à l'adoption de la *Loi sur l'immigration et la protection des réfugiés* (ci-après « LIPR »)[880] indiquent d'ailleurs que le pays, tout en se considérant ouvert et généreux, souhaite éviter à tout prix de devenir une terre d'accueil pour les criminels[881].

Les conséquences engendrées par ces conflits internationaux ont ainsi encouragé le Canada à inclure dans sa législation nationale le principe de la compétence universelle. L'exercice de cette compétence lui permet de poursuivre des criminels de guerre se trouvant en sol canadien, même si l'infraction a été commise à l'étranger, par un non-citoyen[882]. Bien qu'il s'agisse d'un principe juridique, la compétence universelle comporte un aspect politique qui lui est inhérent. De manière générale, son exercice représente, pour les décideurs, un équilibre délicat entre l'importance de maintenir de bonnes relations diplomatiques et le respect de ses obligations et engagements juridiques internationaux.

Suite à l'adoption de la *Loi sur les crimes contre l'humanité et les crimes de guerre* (ci-après « LCHCG ») le 29 juin 2000, les crimes de guerre, le génocide et les crimes contre l'humanité, tels que définis par le droit international, sont codifiés en droit canadien[883]. Or, vingt ans après l'adoption de la LCHCG, force est de constater que les poursuites sont extrêmement rares. Malgré que le Canada ait été le premier État au monde à inclure au sein de sa

---

879 KINGSLEY NYINAH (M.), « Exclusion under Article 1F: Some Reflections on Context, Principles and Practice », International journal of refugee law, 12(suppl), 2000, p. 310.

880 Loi sur l'immigration et la protection des réfugiés, LC 2001, chap. 27 [LIPR].

881 Projet de Loi C-11, Loi concernant l'immigration au Canada et l'asile conféré aux personnes déplacées, persécutées ou en danger (la Loi sur l'immigration et la protection des réfugiés), 1re session, 37e législature, 29 janvier 2001.

882 Loi sur les crimes contre l'humanité et les crimes de guerre, LC 2000, chapitre 24, art. 4, 6 et 8.

883 Ibid ; LAFONTAINE (F.), « The Unbearable Lightness of International Obligations : When and How to Exercise Jurisdiction under Canada's Crimes against Humanity and War Crimes Act », Revue québécoise de droit international, 23(2), 2010, p. 25-27.

législation nationale certaines obligations prévues au Statut de Rome[884], il est évident que le pays priorise toujours le régime de l'immigration afin d'expulser et d'exclure les individus jugés indésirables[885]. En évitant l'utilisation des procédures pénales traditionnelles, le Canada préfère interdire l'entrée sur son territoire aux auteurs présumés de crimes internationaux, sauvant temps et argent[886]. Les opportunités pour les juges canadiens d'exercer une compétence universelle pour des crimes commis hors pays sont ainsi quasi-inexistantes. C'est d'ailleurs ce que laissait entendre le général Roméo Dallaire en 2014 à Québec, lors de son dernier discours sur le Rwanda[887]. Le général, connu en tant que Commandant de la Mission des Nations Unies pour l'assistance au Rwanda en 1994, a profité de sa tribune pour affirmer que des dirigeants du génocide rwandais étaient toujours en liberté et que certains, ayant pris la fuite dès le début du conflit, se trouvaient probablement en France, en Belgique et au Canada[888]. Au cours des dernières années, il s'est avéré que certains d'entre eux se trouvaient effectivement sur le territoire canadien, dont Désiré Munyaneza, Jacques Mungwarere, Léon Mugesera et Jean-Claude Seyoboka.

II. L'EXTRADITION

La *Loi sur l'extradition*[889], adoptée en 1999 et modifiée en 2005, encadre la procédure d'extraction[890], de concert avec les traités internationaux applicables et la Charte canadienne des droits et libertés (ci-après la « Charte canadienne »)[891].

En vertu de cette loi, toute personne accusée d'actes criminels reconnus par le Canada peut être extradée à la demande d'une entité ou d'un État parte-

884 GOUVERNEMENT DU CANADA, « Le Canada et la Cour pénale internationale », 2019, international.gc.ca/world-monde/international_relations-relations_internationales/icc-cpi/index.aspx?lang=fra.
885 LEFEBVRE (C.) et LAFONTAINE (F.), « Exclusion Clause in Canada : Prioritizing Practical Expediency », International Journal of refugee law, 2021 (à paraître).
886 LAROCHELLE et CHARTRAND, note 2, p. 412.
887 MATHIEU (A.), « Roméo Dallaire : du « sang sur les mains de toute l'humanité », 22 mai 2014, Journal Le Soleil.
888 Ibid.
889 Loi sur l'extradition, LC 1999, chap. 18.
890 GOUVERNEMENT DU CANADA, Ministère de la Justice, « Aperçu général de l'extradition en droit canadien », 2019.
891 CHARTE CANADIENNE DES DROITS ET LIBERTÉS, partie I de la Loi constitutionnelle de 1982, constituant l'annexe B de la loi de 1982 sur le Canada (Royaume-Uni), 1982, chapitre 11.

naire étranger pour y subir son procès, se faire infliger une sanction ou y purger une peine. Les communications entre les États sont confidentielles et ne sont rendues publiques que si une arrestation est effectuée en vertu d'un mandat d'extradition[892]. Les informations peuvent toutefois demeurer confidentielles sur ordonnance de la Cour[893].

Une personne visée par la procédure d'extradition ne peut se prévaloir d'aucun recours pour se défendre et ne peut attaquer le bien-fondé de la procédure qui la vise[894]. Cette procédure nécessite que les autorités compétentes procèdent à une étude du risque de torture, de persécution, de menace à la vie ou de traitement ou peines cruelles et inusitées lors du retour de l'individu concerné dans son pays d'origine[895]. En matière d'extradition, l'examen des risques avant renvoi ne s'applique pas lorsque le ministre rend un arrêté introductif d'instance[896]. En effet, puisque cette procédure prévoit que seuls les pays partenaires peuvent demander l'extradition de leurs ressortissants, ces derniers États sont considérés exempts de tels risques, par la conclusion d'une entente bilatérale avec le Canada.

Le Canada a fait usage du régime d'extradition à plusieurs reprises[897], mais aucune de ces décisions ne concernait un ressortissant rwandais. La bonne qualification des procédures est importante, car elle implique différentes obligations juridiques. En effet, malgré la qualification d'extradition qu'ont utilisée les médias, les affaires *Seyoboka* et *Mugesera* n'ont pas été soumises à la procédure juridique de l'extradition canadienne[898]. Ces deux dossiers ont été traités à l'aide des mesures administratives propres au domaine de l'immigration. En fait, le Canada ne peut procéder à l'extradition de ressortissants rwandais puisque le Rwanda ne figure toujours pas sur la liste des États partenaires du Canada aux termes de la *Loi sur l'extradition*[899]. Seul se retrouve à l'annexe

---

[892] Ibid.

[893] Ibid.

[894] À l'exception de l'art. 69 qui prévoit un recours dans le cas où les délais dans le cadre de la procédure d'extradition n'ont pas été respectés conformément à la loi sur l'extradition.

[895] GOUVERNEMENT DU CANADA, « Examens des risques avant renvoi », c).

[896] LIPR, note 6, art. 112(2)a).

[897] À titre d'ex. : COUR SUPRÊME DU CANADA, 8 septembre 2017, Inde c/ Badesha, 2017 CSC 44, [2017] 2 RCS 127 ; CA de LA COLOMBIE-BRITANNIQUE, 3 mars 2006, Thailand v. Saxena, 2006 BCCA 98 (confirmé dans Saxena v. Canada (Minister of Justice), 2009 BCCA 223) ; COUR SUPRÊME DU CANADA, 14 décembre 2010, Sriskandarajah c/ États-Unis d'Amérique, 2012 CSC 70, [2012] 3 RCS 609.

[898] COUR FÉDÉRALE DU CANADA, 6 mai 2016, Seyoboka c/ Canada (Citoyenneté et Immigration) », 2016 CF 514 et COUR SUPRÊME DU CANADA, 28 juin 2005, Mugesera c/ Canada (Ministre de la Citoyenneté et de l'Immigration) », 2005 CSC 40.

[899] Loi sur l'extradition, note 21, annexe.

de la loi le Tribunal international pour juger les personnes présumées responsables d'actes de génocide ou d'autres violations graves du droit international humanitaire commis sur le territoire du Rwanda entre le 1er janvier et le 31 décembre 1994[900].

Il est important de spécifier que les États ont le devoir de poursuivre ou d'extrader, avec des garanties qu'il y aura bel et bien un procès dans le pays d'origine[901]. Même si le *Statut de Rome,* auquel le Canada est partie, ne prévoit pas d'obligation formelle exigeant des États à extrader ou à poursuivre[902], d'autres traités ratifiés par le Canada l'exigent[903]. Notamment, la *Convention contre la torture* prévoit l'obligation internationale de poursuivre[904], tout comme les Conventions de Genève et son protocole additionnel 1[905]. Le droit international coutumier pourrait également imposer une telle obligation, mais l'auteure Fannie Lafontaine précise à cet égard que « l'obligation en droit international d'extrader ou de poursuivre les présumés criminels internationaux paraît limitée aux traités que les États ont ratifiés et prévoyant une telle obligation »[906]. Ainsi, si le Canada décide de ne pas extrader, ou s'il ne peut le faire, il devrait se tourner vers la poursuite pénale comme recommandé par le rapport Deschênes.

---

900 Créé par la rés. 955 du Conseil de sécurité des Nations Unies.

901 Souvent connu sous la maxime « aut dedere aut judicare ». V. OLIVIER (M.-P.), « L'obligation de juger ou d'extrader dans la pratique contemporaine du Canada », Revue québécoise de droit international, 10, 1997, p. 140-149.

902 À cet égard, son préambule énonce qu'il est du devoir de chaque État de soumettre à sa juridiction criminelle les responsables de crimes internationaux, et ne fait qu'inviter les États à respecter celui-ci en ce sens. V. LAFONTAINE, op. cit., p. 12.

903 LAFONTAINE, op. cit., p. 293.

904 Convention contre la torture et autres peines ou traitements cruels, inhumains ou dégradants, 10 décembre 1984, 1465 RTNU 85, RT CAN 1987 n° 36, art. 6.

905 Convention de Genève pour l'amélioration du sort des blessés et des malades dans les forces armées en campagne, 12 août 1949, 75 RTNU 31, RT Can 1965 n° 20 ; Convention de Genève pour l'amélioration du sort des blessés, des malades et des naufragés des forces armées sur mer, 12 août 1949, 75 RTNU 85, RT Can 1965 n° 20 ; Convention de Genève relative à la protection des personnes civiles en temps de guerre, 12 août 1949, 75 RTNU 287, RT Can 1965 n° 20 ; Convention de Genève relative au traitement des prisonniers de guerre, 12 août 1949, 75 RTNU 135, RT Can 1965 n° 20 ; Protocole additionnel aux Conventions de Genève du 12 août 1949 relatif à la protection des victimes des conflits armés internationaux, 8 juin 1977, 1125 RTNU 3, RT Can 1991 no 2, articles 51-56 [Protocole additionnel I].

906 LAFONTAINE, op. cit., p. 294.

III. LE PROCES CRIMINEL

Au Canada, les crimes de guerre, le génocide et les crimes contre l'humanité sont sanctionnés par la LCHCG. Cette loi subordonne les poursuites basées sur ces infractions au « consentement personnel écrit du procureur général du Canada ou du sous-procureur général du Canada », tel que le prévoit son article 9[907]. Ce même article précise aussi que les poursuites doivent être menées par le Procureur général du Canada ou en son nom, excluant *de facto* la possibilité pour les parties civiles d'entreprendre de telles poursuites[908]. Selon l'auteure Fannie Lafontaine, deux raisons principales expliquent pourquoi cette loi circonscrit les poursuites par le Procureur général du Canada[909]. D'abord, afin de limiter le droit des particuliers d'invoquer la procédure pénale dans ce contexte et ensuite, afin de permettre une évaluation des considérations liées à la politique étrangère[910]. Sans le consentement requis, les tribunaux ne peuvent donc pas entendre une telle affaire. Cette exigence limite ainsi le recours aux plaintes privées[911], même si l'existence de telles plaintes est déjà très limitée par le Code criminel canadien[912]. En somme, le paragraphe 3 de l'article 9 de la LCGHC permet au Canada de conserver sa mainmise politique dans l'exercice de la compétence universelle. Cette disposition prévoit une garantie supplémentaire que toutes les poursuites pénales relatives à ces crimes spécifiques relèvent exclusivement des autorités fédérales.

Les sources du droit pénal canadien sont diverses, mais seul le Parlement fédéral peut créer des infractions de nature criminelle[913]. Le *Code criminel* constitue ainsi la source principale en la matière, même si certaines lois fédérales et provinciales à caractère pénal peuvent également être constitutives d'infractions. La *Charte canadienne des droits et libertés*, comme norme suprême, a une incidence importante sur les sources du droit pénal qui y sont subordonnées[914]. Cet instrument juridique ne crée pas d'infraction pénale, mais prévoit des garanties fondamentales à ses articles 7 à 14. L'interprétation et l'application du droit pénal y sont donc assujetties, notamment au droit à la vie, à la liberté et à la sécurité de la personne[915], ainsi qu'aux garanties d'ordre

---

[907] LCHCG, note 8, art. 9(3).
[908] LAFONTAINE, op. cit., p. 49.
[909] Ibid, p. 27.
[910] Ibid.
[911] Ibid.
[912] Code criminel, LRC 1985, chap. C-46, art. 7(7).
[913] Loi constitutionnelle de 1867, 30 & 31 Victoria, chapitre 3 (Royaume-Uni), article 91(27).
[914] TURGEON (J.), « Introduction au droit pénal général », dans ROBERT (M.-P.) et ROY (S.) (dir.), Jurisclasseur Québec – Droit pénal général, vol. 1, Canada, éd. LexisNexis Canada, 2013, n° 18.
[915] CHARTE CANADIENNE DES DROITS ET LIBERTÉS, art. 7.

procédural, comme la protection contre les fouilles, les perquisitions et les saisies abusives[916] et la protection contre la détention ou l'emprisonnement arbitraires[917]. D'autres garanties doivent également être respectées lors d'une arrestation ou d'une détention et lors de l'imposition de la peine[918]. Comme nous l'avons souligné, le droit international a également une influence considérable en droit pénal canadien. Néanmoins, au Canada, les poursuites sous la LCHCG ont été limitées à deux affaires.

L'affaire *Munyaneza*[919] est la première décision rendue par les tribunaux canadiens en application de la LCHCG. Né au Rwanda en 1966, Désiré Munyaneza arrive au Canada en 1997. Au cours de la même année, la Gendarmerie royale du Canada enquête sur son cas à la suite de la réception d'informations le concernant. Il est arrêté le 19 octobre 2005 et est accusé de génocide, de crimes contre l'humanité et de crimes de guerre en vertu de la LCHCG. Ces accusations se fondent sur des infractions que Désiré Munyaneza aurait commises en 1994 au Rwanda, dont des meurtres, des violences sexuelles et du pillage. Le 22 mai 2009, après 24 semaines de procès, M. Munyaneza est finalement reconnu coupable des sept chefs d'accusation qui pèsent contre lui et écope d'une peine d'emprisonnement à vie sans possibilité de libération avant vingt-cinq ans. Portant sa cause en appel, il est débouté par la Cour d'appel du Québec, qui confirme à l'unanimité la condamnation prononcée en première instance[920].

En appel, le représentant légal de Désiré Munyaneza soutenait notamment que certains crimes de guerre dont il avait été accusé n'existaient pas en droit international au moment de leur commission, d'abord puisqu'ils avaient été commis dans le cadre d'un conflit armé non international et ensuite parce que ces crimes n'ont été reconnus en droit international qu'en 1998 avec l'adoption du Statut de Rome.

Pour répondre à ces arguments, la Cour s'est livrée à un exercice d'analyse des crimes de guerre en droit international. Le paragraphe 4 de l'article 6 de la LCHCG mentionne que les crimes visés aux articles 6 et 7 et au paragraphe 2 de l'article 8 du *Statut de Rome* sont, en date du 17 juillet 1998, des crimes en vertu du droit international coutumier. Ils existaient donc avant cette date charnière, sans que ne soit limitée ou entravée de quelque manière que ce soit

---

916 Ibid, art. 8.
917 Ibid, art. 9.
918 Ibid, art. 10-14.
919 COUR SUPÉRIEURE DU QUÉBEC, 22 mai 2009, R. c/ Munyaneza, 2009 QCCS 2201.
920 CA, QUÉBEC, 7 mai 2014, Munyaneza c/ R, 2014 QCCA 906 [Munyaneza].

l'application des règles de droit international existantes. Par ailleurs, le paragraphe 6 de l'article 6 de la LCHCG prescrit que les crimes contre l'humanité ont un caractère criminel d'après les principes généraux de droit reconnus par l'ensemble des nations avant l'entrée en vigueur de l'*Accord de Londres de 1945*. Le crime de génocide est également reconnu par le droit international coutumier comme l'atteste la *Convention pour la prévention et la répression du crime de génocide*[921], entrée en vigueur le 12 janvier 1951 et ratifiée par le Canada et le Rwanda. Ce crime a également été reconnu par la jurisprudence canadienne[922]. Finalement, le *Protocole additionnel aux Conventions de Genève relatif à la protection des victimes des conflits armés non internationaux (Protocole II)*[923] prévoit que le meurtre, le viol et le pillage sont prohibés en tout temps. Le juge conclut donc sans difficulté que les actes commis par Désiré Munyaneza dans le cadre du conflit armé non international constituaient effectivement des crimes de guerre qui peuvent être poursuivis au Canada au sens du droit international, et ce, en vertu des paragraphes 3.71 à 3.77 de l'article 7 du *Code criminel* et en vertu de l'article 6 de la LCHCG[924]. Désiré Munyaneza tentera finalement de se faire entendre devant la Cour suprême du Canada, mais sa demande sera rejetée.

La seconde affaire jugée au Canada en vertu de la LCHCG est celle du Rwandais Jacques Mungwarere. Ce dernier arrive au Canada en 1998 et obtient le statut de réfugié en 2002 alors qu'il vit dans la province de l'Ontario. Les autorités canadiennes ouvrent un dossier le concernant, suite à l'appel d'un Rwandais vivant au Canada qui fournit des informations cruciales sur son compte. Le 9 novembre 2009, Jacques Mungwarere est arrêté sur la base de quatre chefs d'accusation, notamment pour génocide et crimes contre l'humanité, en raison de sa présumée participation au massacre de Tutsi. Après l'analyse de nombreux témoignages, incluant le sien, Jacques Mungwarere est acquitté des chefs d'accusation qui pèsent sur lui. En effet, l'honorable Michel Charbonneau de la Cour supérieure de justice de l'Ontario détermine que la Couronne n'a pas démontré hors de tout doute raisonnable tous les éléments essentiels des crimes reprochés à l'accusé[925].

---

[921] Convention pour la prévention et la répression du crime de génocide, 9 décembre 1948, 78 RTNU 277, RT Can 1952.

[922] Munyaneza, § 26 (citant le TPIR, Chambre de première instance, 2 septembre 1998, Procureur c/ Akayesu », aff. n°ICTR-96-4-T, § 495, confirmé par la Chambre d'appel : aff. n°ICTR-96-4-A, le 1er juin 2001).

[923] Protocole additionnel aux Conventions de Genève relatif à la protection des victimes des conflits armés non internationaux (Protocole II), 8 juin 1977, 1125 RTNU 609, RT Can 1991.

[924] Munyaneza, § 46-48.

[925] COUR SUPÉRIEURE DE JUSTICE DE L'ONTARIO, 5 juillet 2013, R. c/ Jacques Mungwarere », 2013 ONCS 4594, au paragraphe 1261 [Mungwarere].

Au Canada, la présomption d'innocence est un principe fondamental en droit pénal[926]. Ce principe permet d'éviter qu'une personne innocente soit condamnée pour une infraction qu'elle n'a pas commise. Par conséquent, pour engager la responsabilité d'un individu, un Tribunal indépendant et impartial doit être convaincu hors de tout doute raisonnable, dans le cadre d'un procès public et équitable, de la culpabilité de l'accusé[927]. La preuve hors de tout doute raisonnable doit être faite par la poursuite : l'accusé n'a pas à prouver son innocence. Le doute raisonnable n'exige pas une certitude absolue, mais requiert davantage que la simple prépondérance de preuve[928], soit de conclure à un fait qui est plus probable qu'improbable[929]. Dans cette affaire, le juge Charbonneau a ainsi décidé qu'il lui était impossible, au vu de la preuve présentée, de déclarer Jacques Mungwarere coupable des meurtres perpétrés lors des événements identifiés par la poursuite[930].

Depuis cet acquittement, aucun autre procès n'a eu lieu en vertu de la LCHCG. Il semblerait que la longueur des procès et les coûts déboursés expliquent l'absence de poursuites subséquentes[931]. Dans les affaires *Munyaneza* et *Mungwarere*, comme le Rwanda ne se portait pas à la défense de ses ressortissants accusés[932], le Canada ne mettait pas réellement ses relations diplomatiques en péril en affirmant sa participation à la lutte contre l'impunité et en démontrant concrètement son engagement à faire respecter le droit international[933]. Au niveau des coûts politiques, ils étaient relativement minimes : aucun des deux individus n'occupait de fonction officielle au sein de l'État rwandais et la gravité des crimes commis au cours du génocide faisait déjà l'objet d'un consensus au sein de la communauté internationale[934].

Ces deux affaires ont toutefois permis de mettre en exergue les obstacles pratiques et financiers liés à de telles poursuites. Par exemple, le coût d'une

---

[926] Code criminel, art. 6 (1) ; Charte canadienne, art. 11d).
[927] TURGEON, op. cit., § 31.
[928] COUR SUPRÊME DU CANADA, 29 septembre 2000, R. c/ Starr, 2000 CSC 40, [2000] 2RCS 144, aux § 239-242.
[929] COUR SUPRÊME DU CANADA, 18 septembre 1997, R. c/ Lifchus, 1997 CanLII 319 (CSC), [1997] 3 RCS 320, au § 39 ; COUR SUPRÊME DU CANADA, 23 juillet 2009, R. c/ Layton, 2009 CSC 36, [2009] 2 RCS 540, aux § 27-28.
[930] Mungwarere, au § 1261.
[931] VILMER JEANGÈNE (J.-B.), « La compétence universelle à l'épreuve des crises diplomatiques » RSC, vol. 4 (1), 2016, p. 718.
[932] Ibid.
[933] LANGER (M.), « The diplomacy of universal jurisdiction: The political branches and the transnational prosecution of international crimes », American journal of international law, vol. 105(1), 2011, p. 6.
[934] LAGERWALL (A.), « Que reste-t-il de la compétence universelle au regard de certaines évolutions législatives récentes ? », AFDI, vol. 55 (1), 2009, p. 763.

seule poursuite basée sur la compétence universelle est estimé à quatre millions de dollars au Canada[935]. L'exercice de la compétence universelle pose aussi plusieurs difficultés relatives à la collecte de la preuve et à la participation des témoins. Des déplacements à l'étranger pour les enquêteurs sont nécessaires, tout comme la coopération de l'État où les crimes ont été commis, qui n'est pas toujours systématique[936]. En somme, les moyens qui doivent être investis pour ces poursuites sont énormes, et la condamnation est loin d'être assurée, comme le cas de Jacques Mungwarere le démontre bien. Cela pourrait expliquer pourquoi le Canada a dorénavant recours à d'autres mesures, plus efficaces, simples et rapides à l'encontre des auteurs présumés de crimes internationaux.

IV. LES MECANISMES ADMINISTRATIFS

Selon le rapport de la Commission Deschênes, le Canada ne devrait envisager les mesures administratives qu'en dernier recours. Le juge Deschênes justifiait d'ailleurs cette classification des mesures disponibles en invoquant que le transfert de suspects dans un autre pays ne permettait pas de répondre adéquatement au problème lié à la responsabilité des criminels de guerre. Il invoquait d'ailleurs que ces mesures encourageaient plutôt à se débarrasser du problème rapidement : « the Commission gives to this process its lowest ranking because it does not really deal with the substantive issue of war crimes : it merely transfers the suspect to another country, provided there be one willing to accept the outcast »[937].

Au Canada, il est possible de renvoyer les non-citoyens accusés de grave criminalité du territoire canadien en utilisant des mesures administratives propres au droit de l'immigration, comme l'exclusion et les interdictions de territoire. Ces deux régimes propres au droit de l'immigration doivent être utilisés prudemment, de par leurs conséquences importantes sur la vie des in-

935 LAFONTAINE (F.), « Le dilemme de la poursuite pénale ou de l'expulsion : réflexions sur une justice universelle alternative pour les victimes de crimes internationaux » Cahiers de droit, vol. 57 (2), 2016, p. 297.
936 Ibid, p. 298.
937 Rapport DESCHÊNES, p. 86.

dividus concernés. Pourtant, ce sont aujourd'hui les mesures les plus fréquemment utilisées afin de renvoyer les présumés criminels internationaux du Canada[938].

Le régime canadien de l'exclusion incorpore les grands principes du droit international. En 1969, le Canada ratifie la *Convention de 1951 relative au statut des réfugiés* (ci-après « Convention de 1951 ») et son protocole[939]. L'article 1F de la Convention de 1951 prévoit la possibilité d'exclure du statut de réfugié tout individu « dont on a des raisons sérieuses de penser qu'il a commis ou qu'[il s'est rendu] coupable » d'un grave crime du droit international[940]. Cette clause d'exclusion est incorporée en droit canadien au sein de la LIPR[941]. En cas de jugement confirmant l'exclusion du statut de réfugié, les mesures de renvoi prévoient le départ du territoire de l'individu concerné, à moins de sursis[942].

Même s'il est possible de demander une évaluation des risques avant renvoi comme dernier recours disponible, cette procédure est assujettie à certaines limitations pour une personne visée par une mesure d'exclusion et qui craint d'être persécutée ou de faire face à un risque substantiel de torture. Notamment, lorsque l'exclusion en vertu de l'article 1F a été déterminée, le demandeur est soumis à l'article 112 de la LIPR, qui restreint le processus d'évaluation des risques avant renvoi. La demande n'est plus examinée au regard des motifs de la Convention de 1951, mais est limitée au risque de torture, au risque de mort ou au risque de traitement cruel et inhabituel, ce qui est davantage restrictif. À cet égard, l'exclusion limite donc les procédures de dernier recours permettant d'évaluer les risques réels avant le renvoi de la personne.

---

938 WEISS (N. P.), « Somebody Else's Problem: How the United States and Canada Violate International Law and Fail to Ensure the Prosecution of War Criminals », Case werstern reserve of international law, vol. 45, 2012, p. 587.

939 Convention relative au statut des réfugiés, 28 juillet 1951, 189 RTNU 137, RT Can 1969 ; Protocole relatif au statut des réfugiés, 16 décembre 1966, 606 RTNU 267, RT Can 1969, n° 29.

940 La clause d'exclusion se lit comme suit :
1F. Les dispositions de cette Convention ne seront pas applicables aux personnes dont on aura des raisons sérieuses de penser :
a) Qu'elles ont commis un crime contre la paix, un crime de guerre ou un crime contre l'humanité, au sens des instruments internationaux élaborés pour prévoir des dispositions relatives à ces crimes ;
b) Qu'elles ont commis un crime grave de droit commun en dehors du pays d'accueil avant d'y être admises comme réfugiés ;
c) Qu'elles se sont rendues coupables d'agissements contraires aux buts et aux principes des Nations Unies.

941 LIPR, art. 98 et Annexes.

942 LIPR, art. 48 à 50.

Les mesures d'interdiction de territoire, quant à elles, impliquent que les personnes visées ne peuvent entrer au Canada ou ne peuvent demeurer sur le sol canadien, en vertu de la LIPR. Ce régime prévoit le renvoi d'individus du pays pour des motifs liés à la sécurité, à la violation des droits de la personne ou du droit international, à la participation à des crimes graves ou encore à la criminalité organisée[943]. Lorsqu'un individu qui demande le statut de réfugié est visé par une demande d'interdiction de territoire, son dossier est suspendu si l'affaire est renvoyée devant la Section de l'immigration, afin de déterminer s'il existe une interdiction de territoire contre lui[944]. En vertu de l'article 44 de la LIPR, une mesure de renvoi peut alors être prise contre l'individu.

Il est important de spécifier que jusqu'en juillet 2009, le Canada considérait que le Rwanda présentait un risque généralisé de violence qui justifiait de ne pas y renvoyer ses ressortissants. Un sursis des mesures de renvoi était alors promulgué par les autorités canadiennes en vertu de l'article 230 du *Règlement sur l'immigration et la protection des réfugiés* (ci-après « RIPR »)[945]. Ainsi, aucun individu ne pouvait être renvoyé au Rwanda avant cette date. Toutefois, après 2009, ce type de mesures administratives a été utilisé afin de retourner certains présumés criminels de guerre, sans avoir à passer par le régime de l'extradition et sans intenter de procès pénal. C'est d'ailleurs via le régime de l'interdiction de territoire qu'il a été possible de renvoyer Léon Mugesera au Rwanda.

Léon Mugesera arrive au Canada en 1993 et obtient son statut de résident permanent en 1993. En 1995, le ministre de la Citoyenneté et de l'Immigration utilise la procédure législative prévue afin d'expulser M. Mugesera en invoquant le discours haineux qu'il avait prononcé le 22 novembre 1992. Alors vice-président du Mouvement républicain national pour le développement et la démocratie au Rwanda, M. Mugesera a appelé à l'extermination des Tutsi. Ce discours qui incitait au meurtre, au génocide et à la haine, était constitutif d'un crime contre l'humanité[946]. En 2005, la Cour suprême du Canada conclut donc que ce dernier ne peut rester sur le territoire canadien et prononce une ordonnance d'expulsion contre lui[947].

---

943 LIPR, art. 34 à 37.
944 LIPR, art. 103(1)a).
945 LAROCHELLE et CHARTRAND, op. cit., p. 421.
946 COUR SUPRÊME DU CANADA, 28 juin 2005, Mugesera c. Canada (Ministre de la Citoyenneté et de l'Immigration) , 2005 CSC 40, [2005] 2 RCS 100 [Mugesera].
947 Ibid, aux § 179-180.

Ce n'est toutefois qu'en 2011 que le délégué du ministre de la Citoyenneté et de l'Immigration du Canada évalue les risques possibles auxquels pourrait être exposé M. Mugesera s'il était renvoyé au Rwanda, en considérant la nature et la gravité de ses actes. Le délégué conclut à son expulsion, jugeant que son renvoi au Rwanda ne porte pas atteinte à ses droits fondamentaux, soit au droit à la vie, à la liberté et à la sécurité de sa personne, qui sont prévus par la Charte canadienne[948]. Dans sa décision de renvoi, le délégué du ministre précise avoir tenu compte du système judiciaire rwandais et des garanties données par le pays relativement au traitement de M. Mugesera. Le 23 janvier 2012, ce dernier est finalement expulsé du pays, dix-sept ans après son arrivée. Il sera condamné à la prison à vie au Rwanda en avril 2016[949].

Un deuxième cas de figure qui permet d'illustrer l'utilisation des mesures administratives canadiennes à l'égard des criminels rwandais est l'affaire Seyoboka. Jean-Claude Seyoboka immigre au Canada en janvier 1995 et y obtient son statut de réfugié en 1996. Lorsqu'il dépose sa demande, il omet toutefois de mentionner son rôle de militaire pendant le conflit rwandais. En 1998, interrogé par des représentants du Tribunal pénal international pour le Rwanda (ci-après « TPIR »)[950], Jean-Claude Seyoboka décide de modifier ses documents auprès de l'organe fédéral Citoyenneté et Immigration Canada et divulgue son passé militaire.

En 2002, un témoin anonyme déclare que Jean-Claude Seyoboka est responsable du meurtre de plusieurs Tutsi pendant le génocide de 1994, dont le meurtre de sa voisine et de ses deux enfants. Cette déclaration encourage la Gendarmerie royale du Canada à enquêter sur les allégations révélées par l'intervention du TPIR, enquête qui mènera à l'annulation du statut de réfugié de Jean-Claude Seyoboka par la Section de la protection des réfugiés du Canada (ci-après « SPR ») en 2006. La SPR utilisera la clause d'exclusion 1F de la Convention de 1951 afin de déclarer ce dernier exclu de la protection accordée aux réfugiés, en raison de sa complicité dans la commission de crimes contre l'humanité.

---

948 CHARTE CANADIENNE, art. 7.

949 BOUTROS (M.), « Mugesera condamné à la prison à vie pour son rôle dans le génocide rwandais », Journal Le Devoir, 16 avril 2016 ; Mugesera a aussi saisi la Cour africaine des droits de l'Homme, qui a rendu une ordonnance provisoire en 2017 du fait de la violation de ses droits durant le procès au Rwanda (V. COUR AFRICAINE DES DROITS DE L'HOMME ET DES PEUPLES, 28 septembre 2017, Léon Mugesera c. République du Rwanda, n°012/2017. Cette décision jette de l'ombre sur les conclusions du délégué du ministre quant à la capacité du système rwandais de garantir un procès équitable).

950 COUR FÉDÉRALE DU CANADA, 27 septembre 2012, Seyoboka c/ Canada (Citoyenneté et Immigration) », 2012 CF 1143, au § 5.

Jean-Claude Seyoboka demande une révision judiciaire de cette décision de le renvoyer au Rwanda. Dans le cadre d'une demande d'évaluation des risques avant renvoi, confirmé par la Cour fédérale en 2016[951], le banc conclut :

Rien dans le dossier en l'espèce n'indique que l'agente a omis de tenir compte des intérêts de M. Seyoboka, ou qu'elle a omis, à tort, des éléments de preuve qui lui avaient été présentés. Le fait est que M. Seyoboka a bénéficié de la protection du Canada pendant de nombreuses années, et ce, même s'il était soupçonné – à juste titre – de crimes de guerre : il ne fait aucun doute que, pendant de nombreuses années, la vie et les droits du demandeur n'auraient pu être garantis au Rwanda. Mais ce n'est plus le cas. Au cours des dernières années, le Rwanda a amélioré son système juridique pour le rendre conforme aux normes internationales, comme l'a reconnu la chambre d'appel du TPIR, et ce pays peut aujourd'hui garantir à M. Seyoboka le droit à un procès équitable dans son pays d'origine s'il devait y être poursuivi. Le temps est venu pour le demandeur de faire face aux actes qu'il a commis par le passé et de laisser la justice suivre son cours. [Nos soulignements]

L'importance de ces deux affaires réside dans le choix effectué par le Canada de procéder aux renvois de Mugesera et de Seyoboka au Rwanda, par les mécanismes d'interdiction de territoire et d'exclusion, plutôt qu'en déposant des actes d'accusation en vertu de la LCHCG. En l'absence de procès criminels devant les tribunaux de droit commun, et en considérant l'impossibilité théorique d'utiliser les mécanismes d'extradition avec des États partenaires en vertu de la *Loi sur l'extradition*[952], il est évident que le Canada priorise les mécanismes administratifs en droit de l'immigration afin d'atteindre ses objectifs à l'égard des criminels rwandais.

Par ailleurs, rien n'empêche le Canada de procéder d'abord par une accusation au criminel, avant d'utiliser les mécanismes administratifs en cas d'acquittement criminel. Cette situation particulière est survenue dans l'affaire *Mungwarere*[953], discutée dans la section précédente. Comme mentionné, Jacques Mungwarere a été acquitté devant la Cour supérieure de justice de l'Ontario, pour les crimes de génocide et de crimes contre l'humanité. Après cet acquittement, la SPR annule rapidement son statut de réfugié, en invoquant que celui-ci est l'auteur de fausses déclarations, selon les témoignages et la

951 COUR FÉDÉRALE DU CANADA, 6 mai 2016, Seyoboka c. Canada (Citoyenneté et Immigration), 2016 CF 514.
952 Loi sur l'extradition, Annexe.
953 COUR FÉDÉRALE DU CANADA, 21 juillet 2017, Mungwarere c/ Canada (Sécurité publique et Protection civile), 2017 CF 708 [Mungwarere, 2017].

preuve présentés lors du procès. La SPR, ne pouvant conclure à son exclusion selon l'article 98 de la LIPR[954], invoque plutôt que des motifs sérieux de croire que M. Mungwarere était bel et bien complice de crimes contre l'humanité en raison de sa contribution significative, volontaire et consciente aux attaques menées contre les Tutsi en 1994[955].

Quelques mois plus tard, un rapport d'interdiction de territoire est déféré à la Section de l'immigration, afin d'expulser M. Mungwarere du Canada selon le paragraphe 1 a) de l'article 35 de la LIPR[956]. Cette disposition prévoit spécifiquement l'interdiction de territoire pour atteinte aux droits humains ou internationaux[957]. Le banc considère que, malgré l'acquittement de M. Mungwarere lors du procès criminel en Ontario, des « motifs raisonnables de croire » sont suffisants pour l'interdire de territoire. Après avoir accordé la permission de procéder à un contrôle judiciaire de la décision de première instance, la Cour fédérale se prononce sur le principe de la chose jugée, soit la possibilité d'être interdit de territoire postérieurement à un acquittement criminel :

« *Il paraît logique que lorsqu'un individu a été condamné au Canada pour un crime contre l'humanité que la décision rendue en vertu du Code criminel ou de la LCHCG par un tribunal canadien ait, quant aux faits, force de chose jugée pour le constat de l'interdiction de territoire d'un étranger ou d'un résident permanent au titre de l'alinéa 35(1)a) de la LIPR. C'est ce qu'envisage à première vue l'alinéa 15c) du RIPR. D'autre part, selon l'alinéa 15a) du RIPR, il faut accorder le même effet à toute décision rendue à l'égard de l'intéressé par tout tribunal pénal international établi par résolution du Conseil de sécurité des Nations Unies ou par la Cour pénale internationale au sens de la LCHCG* ».[958]

La Cour rappelle que cette même logique s'applique pour l'exclusion sous l'article 1F[959]. Elle conclut pourtant que le caractère de chose jugée n'est pas déterminant en l'espèce et qu'il est possible d'imposer toute mesure adminis-

---

[954] LIPR, art. 109.
[955] Mungwarere, 2017, au § 41.
[956] LIPR, art. 44.
[957] Cet article prévoit notamment l'inadmissibilité suite à la commission d'une des infractions visées aux art. 4 à 7 de la LCHCG, l'occupation d'un poste de rang supérieur au sein d'un gouvernement qui, de l'avis du ministre, se livre ou s'est livré au terrorisme, à des violations graves ou répétées des droits de la personne ou commet ou a commis un génocide, un crime contre l'humanité ou un crime de guerre au sens des paragraphes 6 (3) à (5) de la LCHCG.
[958] Mungwarere, 2017, au § 74.
[959] Ibid, au § 75.

trative subséquente « *compte tenu de l'absence d'identité d'objet entre le procès criminel et l'enquête d'interdiction, les fardeaux de preuve différents et l'existence de preuves nouvelles venant discréditer des témoins ayant été jugés crédibles au procès criminel* »[960]. L'honorable juge Luc Martineau refusera finalement de se prononcer sur la possibilité ou non d'utiliser l'alinéa c) de l'article 15 du RIPR en cas d'acquittement criminel, avouant trouver risqué d'appliquer systématiquement cet article dans le cadre des procédures d'interdiction de territoire[961].

La question du principe de la chose jugée fait l'objet d'une zone grise en droit canadien. En effet, lorsqu'il y a eu acquittement criminel, la question n'est toujours pas tranchée quant à la possibilité de contourner une telle décision par l'utilisation de mesures administratives subséquentes[962]. Des conséquences importantes en découlent, notamment l'accès à des éléments de preuve qui n'auraient pu être obtenus en temps normal, sans la protection de garanties fondamentales. Il semblerait qu'il soit ainsi possible d'obtenir une deuxième décision, qui se base sur les mêmes infractions et qui concerne les mêmes parties[963]. En somme, même si un individu est formellement accusé devant les instances judiciaires pénales canadiennes, comme dans les cas de Munyaneza et de Mungwarere, le droit de l'immigration permet présentement d'imposer des mesures administratives au même individu, en vertu des mêmes faits[964]. Il s'avèrerait que « *les contraintes qui pèsent sur l'action ministérielle sont si faibles qu'elles permettent au gouvernement d'agir non seulement comme bon lui semble, mais souvent aussi avec l'approbation d'un tribunal* »[965].

N'ayant toujours pas établi un accord d'extradition avec le Rwanda et priorisant les procédures administratives, l'état du droit canadien permet au gouvernement de bénéficier d'une « deuxième chance » pour renvoyer les présumés criminels hors du pays, lorsqu'il échoue via les procédures pénales[966]. Cette situation, qui s'apparente aujourd'hui à une double condamnation, semble renverser l'ordre préconisé par le rapport Deschênes, émis il y a déjà 35 ans.

---

960 Ibid, au § 91.
961 Ibid, aux § 99 et 100.
962 LAROCHELLE et CHARTRAND, op. cit., p. 425.
963 LAROCHELLE et CHARTRAND, op. cit., p. 426.
964 VELLOSO (J.), « Au-delà de la criminalisation : l'immigration et les enjeux pour la criminologie », Criminologie, vol. 46 (1), 2013, p. 76.
965 Ibid, p. 58.
966 BILLINGSLEY (J.), « No Second Chances: The Default Exclusion of Refugee Claimants on Grounds of Serious Criminality a Case Comment on Febles v Canada », Appeal volume, vol. 20, 2015, p. 119.

C- CAS DE LA REPUBLIQUE DEMOCRATIQUE DU CONGO

CHAPITRE 15-

L'APPLICATION DE LA CLAUSE D'EXCLUSION DES GENOCIDAIRES RWANDAIS DU STATUT AU REGARD DU DROIT INTERNATIONAL DES REFUGIES EN REPUBLIQUE DEMOCRATIQUE DU CONGO

Benjamin Mulamba Mbuyi

I. INTRODUCTION

Les populations en mouvement, en l'occurrence les déplacés internes, sont dans leur propre pays et restent sous la responsabilité de celui-ci qui doit en principe subvenir à leurs besoins et n'ont pas un statut spécial tant en droit interne qu'en droit international. En revanche, les réfugiés, c'est une condition *sine qua non*, doivent chercher l'asile sur le territoire d'un État étranger et ont un statut qui leur est reconnu en droit international[967]. Les pratiques régionales pouvant conduire un État à octroyer l'asile et le statut de réfugié, peuvent varier grandement, au point de vue du droit, d'une région à l'autre du globe.

Les normes internationales concernant la protection des réfugiés ou des demandeurs d'asile découlent, on le sait, de sources du droit international public[968]: les conventions internationales, la coutume internationale et les principes généraux de droit reconnus par les nations civilisées.

A. Brève histoire du génocide rwandais

Tout peut partir du titre de cet ouvrage : Rwanda : l'histoire longue du génocide.

---

[967] MULAMBA MBUYI (B.), Le statut international des réfugiés, Goma, Université Libre des Pays des Grands Lacs, coll. Publications de la Faculté de Droit, 2005.
[968] MULAMBA MBUYI (B.), Introduction à l'étude des sources modernes du droit international public, Bruxelles et Québec, Bruylant et PU Laval, 1999.

L'ouvrage propose une synthèse sur le génocide des Tutsi en1994, depuis le début de la guerre jusqu'à la mise en place de la politique mémorielle. Audelà, il retrace l'histoire du Rwanda sur le temps long du XXe siècle, en insistant sur les constructions coloniales et ethniques. Le génocide des Tutsi au Rwanda a eu lieu du 7 avril 1994 jusqu'au 17 juillet 1994. L'assassinat du Président rwandais le 6 avril 1994 déclenche le génocide des Tutsi par les extrémistes hutu. L'ONU estime qu'environ 800 000 Rwandais, en majorité tutsi, ont perdu la vie durantt ces trois mois[969].

« *Le génocide perpétré au Rwanda doit être considéré comme le dernier génocide du vingtième siècle. Il est aussi le plus affreux, près d'un million d'hommes et de femmes ont été exterminés pour la seule raison qu'ils étaient Tutsi, soit 75 à 80 % de l'ensemble des Tutsi vivant alors dans le pays. Des milliers de Hutu, parce qu'ils se sont opposés aux tueries ou parce qu'ils incarnaient un projet politique alternatif à celui des extrémistes, ont subi le même sort. Les chiffres donnent une idée de la radicalité des massacres. Entre le 12 et le 25 avril, on estime qu'au moins 25 000 personnes mourraient quotidiennement sous les armes des miliciens, des militaires et de la population civile, avec l'appui des autorités administratives. Du 15 au 17 avril, dans la seule église de Nyarubuye non loin de la frontière tanzanienne, on a compté 7 à 10 000 victimes. Ce massacre, qui plus est dans un lieu sacré et commis en majorité par des chrétiens sur d'autres chrétiens, témoigne de l'ampleur de la transgression que constitue le génocide* »[970]. Cette estimation est actuellement contestée par les chercheurs de la région des Grands Lacs et par les ressortissants du pays des mille collines eux-mêmes.

B. Brève historique de mouvement de population

Depuis son accession à l'indépendance, le 30 juin 1960, la République Démocratique du Congo a toujours connu des situations qui ont mis en danger la population civile et l'ont même contrainte de quitter le pays. La première crise interne est celle de la révocation du Premier ministre Patrice Émery Lumumba par le Chef de l'Etat Joseph Kasa-Vubu. Nous n'allons pas discuter ici de la légalité de cette révocation. Ce conflit interne au début s'est internationalisé avec l'intervention de l'ONU qui voulait jouer à tout prix le rôle d'arbitre. Pourtant sa neutralité était admirablement douteuse à l'époque bipolaire.

[969] VIDAL (C.), Rwanda : l'histoire longue du génocide.

[970]PITON (Fr.), Le Génocide des Tutsi du Rwanda, Paris, La Découverte, coll. « Repères », 2018.

Nous laissons aux historiens et sociologues la grande tâche de faire l'inventaire des causes et effets qui ont engendré cette instabilité politique. La répétition de ces situations a occasionné des conséquences graves, obligeant la population civile, c'est-à-dire des familles, des villages voire des communautés locales, à se déplacer de leur milieu de vie habituel pour rechercher la sécurité et la protection, car leurs droits fondamentaux étaient d'une manière persistante violés.

La révocation du Premier ministre Patrice Émery Lumumba est intervenue le 5 septembre 1960. Cette éviction fut publiée dans le journal officiel, le Moniteur congolais, en date du 3 octobre 1960. Le grand malaise politique s'installe et la population avait la peur au ventre. Elle se disperse dans toutes les directions. C'est le début des mouvements de la population congolaise. Dans une brillante thèse défendue à la faculté des Sciences politiques et administratives de l'Université de Kinshasa, le Professeur Remy Musungayi Bampale, retrace avec sincérité les conflits d'intérêts et querelles politiques du Kasaï chez les Luba et Lulua comme cause des déplacements des populations dans cette province jadis havre de paix[971]. L'aventure de politiciens véreux qui se rejettent la responsabilité de la mort de Chef Kamwena Nsapu était à l'origine de la mort de plusieurs personnes à Kananga, et a contraint des milliers de personnes à se réfugier en Angola voire au Kasaï oriental.

Cette population est toujours en mouvement. Mobutu prend le pouvoir par un coup de force et ses opposants cherchent à le renverser par les armes et lui aussi résiste par les armes durant tout son règne. C'est pour dire qu'il y a eu plusieurs guerres civiles qui ont poussé la population à demander asile ailleurs, surtout dans les pays limitrophes. Laurent Désiré Kabila, soutenu par les forces étrangères, va chasser Mobutu du pouvoir et sera remplacé lui aussi par Joseph Kabila après son assassinat. Pour ceux qui traversaient la frontière, ils demandaient la reconnaissance de leur statut de réfugié qui leur était soit accordé soit refusé.

II. LA CLAUSE D'INCLUSION ET L'ASILE

Le demandeur d'asile remplit les critères prévus dans la clause d'inclusion dans la mesure où son récit qu'il adjoint à sa demande du statut est soutenu par les raisons de persécution retenues dans la définition de l'article 1er

[971] MUSUNGAYI BAMPALE (R.), Apport des groupes pré-politiques à l'émancipation politique du Congo ex-Belge : cas de l'association lulua-frère, Paris, L'Harmattan, p. 225-228.

de la Convention de Genève de 1951. Le fondement principal de la qualité de réfugié dans le monde est conventionnel.

A. Définition universelle de la Convention de Genève

La référence imposante de la définition du réfugié est celle que donne la Convention de Genève de 1951 et qui se trouve reprise dans les traités régionaux en la matière, voire dans les Constitutions des États au niveau interne. À titre d'exemple, la RDC s'en est inspirée dans sa Constitution.

Il va sans dire que l'accent est mis sur les règles coutumières s'appliquant à tous les États, qu'ils soient parties contractantes des différents traités ou non, sur les actes concertés non conventionnels et sur certaines dispositions des conventions internationales sur les droits de l'Homme ou le droit de la guerre. La Convention de Genève de 1951 relative au statut des réfugiés et son Protocole de 1967 demeurent des textes importants à ce chapitre.

Ratifié aujourd'hui par la quasi-totalité des États du monde, plus de 140 États, ce traité est une source obligatoire et imposante dans plusieurs régions du monde et le fondement de développements jurisprudentiels majeurs. Les différentes formes de protection internationale qui s'appliquent aux réfugiés et aux demandeurs d'asile se réfèrent à cette charte du droit des réfugiés de 1951. Plus particulièrement, elle se penche sur les concepts de protection temporaire et complémentaire (protection humanitaire) que plusieurs États utilisent pour répondre aux déplacements de population à la recherche d'une protection supplétive. Elle examine aussi les instruments internationaux des droits de l'Homme et de protection humanitaire qui sont pertinents pour tous, incluant les déplacés internes. La problématique des personnes déplacées à l'intérieur de leur propre pays (*internally displaced*) est laissée de côté dans notre analyse. Même si généralement ces personnes ne relèvent pas du cadre juridique de la protection des réfugiés, elles craignent souvent le même type de persécution que ceux qui traversent les frontières pour chercher asile et la reconnaissance de leur statut en Afrique ou ailleurs.

B. Définition régionale de l'Union africaine

L'actuelle Union africaine donne une définition que le HCR privilégie. La Convention de l'UA donne une définition du réfugié qui inclut tout individu « qui en raison d'une agression, d'une occupation extérieure, d'une domination étrangère ou d'événements troublant gravement l'ordre public dans une partie ou dans l'ensemble de son pays d'origine ou dont il est ressortissant, se voit contraint de quitter son lieu de résidence habituel afin de chercher refuge en dehors de son pays dont il a la nationalité ». Dans ses résolutions du 12 mars 1987, le Parlement européen se déclare favorable à cette définition du réfugié qu'il considère comme la plus « appropriée, ajournée et précise ».

En vertu de la Convention, le statut de réfugié peut être accordé à des groupes, pas seulement à des individus, et cette définition plus large a revêtu une importance particulière lors d'exodes massifs de populations comme au Rwanda dans l'année 1994 lors du génocide, quand il devient matériellement impossible d'examiner des demandes individuelles.

Dès 1963, l'Organisation de l'Unité africaine (OUA) a décidé qu'un traité régional relatif aux réfugiés était nécessaire pour tenir compte des caractéristiques particulières de la situation en Afrique. Les articles premiers de la Convention de Genève de 1951 et de la Convention de l'OUA de 1969 régissant les aspects propres aux problèmes des réfugiés en Afrique donnent la même définition et d'après la loi n° 021/2002 du 16 octobre 2002 portant statut des réfugiés en République Démocratique du Congo, le terme « réfugié » s'applique à toute personne :

- « ... *craignant avec raison d'être persécutée du fait de sa race, de sa religion, de sa nationalité, de son appartenance à un certain groupe social ou de ses opinions politiques, se trouve hors du pays dont elle a la nationalité et qui ne peut ou, du fait de cette crainte, ne veut se réclamer de la protection de ce pays ; ou qui, si elle n'a pas de nationalité et se trouve hors du pays dans lequel elle avait sa résidence habituelle [...] ne peut ou en raison de ladite crainte, ne veut y retourner ;*

- *qui, du fait d'une agression, d'une occupation extérieure, d'une domination étrangère ou d'un événement troublant gravement l'ordre public dans une partie ou dans la totalité de son pays d'origine ou du pays dont elle a la nationalité, est obligée de quitter sa résidence habituelle pour chercher refuge dans un autre endroit à l'extérieur de son pays d'origine ou du pays dont elle a la nationalité* ».

Les définitions élargies du réfugié inscrites dans la Convention de l'UA et dans la Déclaration de Carthagène ont permis à un grand nombre de personnes auxquelles la Convention de 1951 n'aurait peut-être pu s'appliquer, de jouir d'une protection internationale : celles qui, pour toute une série de raisons comme la persécution, les violations massives des droits de l'homme, les conflits armés et la violence généralisée, ont été contraintes à la fuite. Ces nouvelles définitions élargies se sont révélées particulièrement importantes dans des situations d'exodes massifs où il est impossible d'examiner des demandes individuelles d'octroi du statut de réfugié[972].

Modifier la définition du réfugié pour répondre à des considérations régionales a apporté la souplesse dont avait grandement besoin l'action internationale en privilège des personnes contraintes à l'exil. Avec toutefois l'inconvénient de complexité nouvelle dans la mesure où une personne reconnue comme réfugiée dans un pays ou dans une région ne le sera pas nécessairement ailleurs[973]. En Europe occidentale, un individu qui quitte son pays d'origine pour des raisons de guerre peut obtenir un asile temporaire mais pas le statut de réfugié.

Pour nombre de spécialistes de la protection internationale des réfugiés, la Convention de l'UA doit être regardée comme un Protocole[974] à la Convention de Genève de 1951. Le Protocole est un accord qui complète un autre accord. La Convention de l'UA régissant les aspects propres aux problèmes des réfugiés en Afrique de 1969, rédigée à cette fin, étend la définition du réfugié aux personnes contraintes de quitter leur pays non seulement à la suite d'une agression, d'une occupation extérieure, d'une domination étrangère ou d'événements troublant gravement l'ordre public dans une partie du pays d'origine ou du pays dont elles ont la nationalité.

Les motifs tels que « l'agression », « l'occupation extérieure », la « domination étrangère » ou les « événements troublant gravement l'ordre public » désignent les causes principales de la fuite des demandeurs d'asile en Afrique.

Les instruments régionaux relatifs aux réfugiés dans d'autres parties du monde, notamment en Amérique centrale et en Amérique du Sud, ont adopté une optique similaire, en insistant moins sur la crainte d'être persécuté que sur les conditions objectives de violence et de désordre qui peuvent régner dans le pays d'origine. C'est aussi la définition que le HCR privilégie. L'expérience dans les régions moins développées du monde a montré que lorsque des multitudes franchissent une frontière internationale, il n'est pas généralement possible de déterminer si telle personne satisfait effectivement aux critères d'octroi du statut de réfugié[975].

---

972 HCR, Histoire : Évolution de la protection des réfugiés, Genève, HCR, 2001. Rapport du HCR sur les réfugiés dans le monde : L'enjeu de la protection, 1993.

973 Ibidem.

974 MULAMBA MBUYI (B.), Introduction à l'étude des sources modernes du droit international public, PU Laval et Bruylant, Québec, Bruxelles, 1999, p. 59.

975 HCR, Les réfugiés dans le monde, op. cit,, p. 52.

C'est ainsi que la RDC, en 1994, n'ayant pas des moyens logistiques, administratifs et financiers, n'a pas pu s'aventurer à faire un examen individuel, car il était clair que plusieurs Rwandais fuyaient les génocidaires et une situation dangereuse pour leur vie. Aussi, la reconnaissance collective du statut de réfugié en cas d'exodes massifs s'avère nécessaire car, si l'on connaît bien la situation qui règne dans le pays d'origine de ces demandeurs d'asile, on peut considérer que ce groupe est *prima facie* réfugié de bonne foi.

Ainsi, les instruments internationaux relatifs aux réfugiés sont une contribution importante à la paix internationale en ce qu'ils reconnaissent explicitement le caractère humanitaire de la protection internationale des réfugiés et qu'ils précisent que les problèmes de réfugiés ne doivent pas devenir l'objet de tensions entre États. L'adhésion des États à ces instruments internationaux représente donc une démarche propre à favoriser le maintien de la paix internationale.

C. Engagement international de la RDC

Outre les conventions internationales ratifiées par la RDC en matière de protection des réfugiés, sur le plan régional en matière de personnes déplacées internes, ce pays a signé et ratifié les traités et conventions tels que le Pacte sur la sécurité, la stabilité et le développement dans la région des Grands Lacs qui comporte un Protocole sur la protection et l'assistance adéquate à apporter aux personnes déplacées à l'intérieur de leur propre pays, le Protocole sur les droits de propriété de retour et la Convention portant protection et assistance aux personnes déplacées internes en Afrique, dite de Kampala. La Convention de Kampala, le premier instrument juridiquement contraignant pour la protection et l'assistance des personnes déplacées internes (PDI) en Afrique, confère aux Gouvernements la responsabilité de protéger, d'apporter assistance et de faciliter la réalisation de solutions durables.

Ces instruments internationaux sont signés et ratifiés par la majorité des États africains en faveur des personnes déplacées internes parce qu'ils sont conscients de la gravité de leur situation, de leur souffrance et de leur vulnérabilité. Leur situation étant pénible, elle nécessite des solutions durables. Plus souvent que moins, les États africains recourent souvent à la main tendue, au concours de la solidarité internationale.

Les populations en mouvement peuvent devenir une source d'instabilité et de tension entre les États dans la mesure où elles parviennent à traverser la frontière en grand nombre. Tant, il est vrai que les déplacements causés par les catastrophes naturelles ont un impact dévastateur sur la vie humaine, la paix, la sécurité et surtout le développement du pays touché.

Les catastrophes compromettent sérieusement les efforts consentis par tout le pays pour un développement durable et exemplaire. On ne peut pas facilement développer un pays toujours en proie avec les conflits armés récurrents, les épidémies ravageuses et les catastrophes.

Les mêmes causes produisant les mêmes effets, les déplacés internes peuvent s'ils franchissent les frontières de leur pays, ce qui est d'ailleurs une condition *sine qua non*, solliciter et obtenir le statut de réfugié. Les grands penseurs africains voyant dans ces causes, une véritable fuite de cerveaux pour les pays africains. Il ressort de l'interprétation téléologique de l'article 20 dite *clause de sauvegarde qu'*« aucune disposition de la Convention de Kampala ne sera interprétée comme affectant ou réduisant le droit des personnes déplacées à chercher et jouir de l'asile accordé dans le cadre de la Charte africaine des droits de l'Homme et des peuples, et de chercher protection en tant que réfugié dans le cadre de la Convention de l'OUA de 1969 régissant les aspects propres aux problèmes des réfugiés en Afrique ou la Convention des Nations Unies de 1951 relative à la situation des réfugiés ainsi que son Protocole de 1967 ». L'une des causes essentielles de la fuite de demandeurs d'asile en Afrique est la guerre.

D. Les réfugiés de guerre

On les appelle « personnes protégées » parce qu'elles forment une catégorie de la population civile qui ne participe pas ou qui ne participe plus aux hostilités. « L'interprétation la plus courante de la convention de Genève fait du réfugié une victime d'un conflit personnel avec les autorités de son pays d'origine, excluant par là même que les évènements liés à une guerre – qui peut également être une guerre civile – permettent de prétendre à la qualité de réfugié »[976]. Dans l'espace Schengen, les réfugiés originaires des régions en conflits internes ou internes internationalisés sont exclus du champ d'application de la Convention de Genève. Ils obtiennent un statut, certes, plus avantageux que celui des demandeurs d'asile, mais précaire, et seulement à la condition expresse de renoncer au droit d'asile. Cette exclusion, qui est par ailleurs contraire à l'esprit et à la lettre de la Convention de 1951, touche essentiellement la population de l'ex-Yougoslavie et des demandeurs d'asile provenant des pays africains.

Si les réfugiés et les personnes déplacées internes sont en général déracinés à cause de la violence généralisée engendrée par la guerre et partagent un sort semblable, les instruments juridiques qui les protègent sont différents, du fait

[976] JEANNIN (L.), MENEGHINI (M.), PAUTI (C.) et POUPET (R.), Le droit d'asile en Europe : Etude comparée, Paris, L'Harmattan, 1999, p. 41.

que les premiers sont hors de leur pays et les seconds se trouvent à l'intérieur de leur territoire national.

En effet, si la cause du déplacement est un conflit armé, les personnes déplacées sont protégées par le droit international humanitaire comme faisant partie de la population civile. Elles devront, de ce fait, être traitées en tout temps et en tout lieu avec humanité. Tout acte de violence à leur égard est interdit.

Par réfugiés de guerre, nous entendons les civils victimes d'une agression, d'une occupation extérieure, d'une domination étrangère ou d'autres faits analogues. Qu'on ne confonde pas les réfugiés de guerre aux déserteurs ou aux insoumis[977]. Lorsqu'un déserteur s'est soustrait dans son pays d'origine à l'accomplissement de ses obligations militaires, il s'enfuit pour échapper aux sanctions pénales prévues dans son pays, certes, si la conscription y est obligatoire. D'ailleurs, la désertion est punie actuellement dans tous les pays. Le déserteur peut cependant être considéré comme réfugié au sens de la Convention de l'OUA ou de celle de Genève. La fuite d'un châtiment prévu pour la désertion n'est pas à confondre avec la crainte d'une persécution du fait de sa race, de sa religion, de sa nationalité, de son appartenance à un certain groupe social ou de ses opinions politiques. « Les sanctions de l'insoumission ou de la désertion peuvent elles-mêmes être regardées comme des persécutions dans la mesure où l'insoumission ou la désertion est dictée par des motifs de conscience, tels que le refus de combattre des compatriotes »[978]. Par ailleurs, un réfugié de guerre craint une menace de mort contre sa vie et non pas des obligations militaires[979].

Il convient de rappeler qu'un réfugié de guerre est une victime en puissance et non une recrue qui cherche à fuir la justice de son pays d'origine.

En ce qui concerne la région des Grands Lacs africains, les causes de la fuite des demandeurs d'asile sont multiples, à savoir les violations des droits de l'Homme, l'instabilité des régimes politiques, l'insécurité économique et sociale, les conflits armés sous toutes leurs formes[980].

---

977 BLED (S. du), CARLIER (J.-Y.) et alii, Réfugiés demandeurs d'asile, Bruxelles, Labor, 1986, p. 29 ; CIMADE, ONODEP, MINK, Afrique terre des réfugiés. Que faire ? Paris, L'Harmattan, 1984, p. 97-99.

978 Le PORS (A.), Le droit d'asile, Paris, PUF, Coll. Que sais-je ? 2005, p. 51.

979 MULAMBA MBUYI (B.), Les réfugiés et le concept de premier pays d'asile, Mémoire de Maîtrise, Québec, Université Laval, n° 9242, 1989, p. 6.

980 KEBA (M.), Les droits de l'homme en Afrique, Paris, A. Pedone, 1992, p. 256-258.

Pour notre étude, nous avons identifié une cause génératrice du phénomène des réfugiés dans la région des Grands Lacs : conflit armé interne internationalisé.

Cette forme de conflit sévit actuellement dans la Région des Grands Lacs africains et est la cause principale de la fuite des demandeurs d'asile. Mais, avant elle, le génocide de 1994 avait conduit plus de deux millions de Rwandais sur le chemin incertain de l'exil. Mais parmi les demandeurs d'asile, certains tombent hélas dans les clauses d'exclusion car ils ne méritent pas la protection internationale. L'asile, il est vrai, ne doit pas être accordé par un État si, après l'étude du dossier, on se retrouve devant un récit qui correspond à la clause d'exclusion.

1°) Portée du droit d'asile

Affirmé dès l'Antiquité, sujet à variations au cours des siècles et souvent même appliqué aux infractions de droit commun (s'expliquant alors surtout dans la mesure où il s'agissait de permettre d'examiner mûrement les cas douteux puis de conserver les innocents en les mettant à l'abri de toutes poursuites), l'octroi du droit d'asile est devenu principe juridique au XIXe siècle. Il dépend de la conception qu'a chaque nation des droits de l'Homme et il est reconnu en matière politique par tous les régimes libéraux[981].

Le réfugié est celui qui, par suite d'événements survenus dans son pays d'origine (pays dont il a la nationalité et en dehors duquel il se trouve), craint avec raison d'être persécuté du fait de sa race, de sa religion, de sa nationalité, de son appartenance à un certain groupe social ou de ses opinions politiques, et qui ne peut ou, du fait de cette crainte, ne veut se réclamer de la protection de ce pays. C'est encore celui qui, n'ayant pas de nationalité et se trouvant hors du pays dans lequel il avait sa résidence habituelle, ne peut ou, en raison de la même crainte, ne veut retourner dans ce pays où sont survenus les événements ayant motivé son départ. Telle est la définition donnée par la Convention de Genève du 28 juillet 1951, complétée par le Protocole de New York du 31 janvier 1967.

Comme l'a rappelé l'UNESCO, le droit d'asile est un « droit de l'homme d'importance vitale pour les réfugiés ». Il est actuellement consacré, non seulement par la Convention de Genève, mais aussi par la Constitution de la République Démocratique du Congo. En vertu de l'article 33 alinéa 1er de la Constitution, le droit d'asile est reconnu. « La République Démocratique du Congo accorde, sous réserve de la sécurité nationale, l'asile sur son territoire

[981] CHAUVY (Y.), L'extradition, Paris, PUF, Coll. Que sais-je ? 1981, p. 48.

aux ressortissants étrangers, poursuivis ou persécutés en raison, notamment, de leur opinion, leur croyance, leur appartenance raciale, tribale, ethnique, linguistique ou de leur action en faveur de la démocratie et de la défense des droits de l'Homme et des peuples, conformément aux lois et règlements en vigueur »[982].

En France, « tout homme persécuté en raison de son action en faveur de la liberté a droit d'asile sur les territoires de la République ». Ce droit est aussi consacré par la Déclaration universelle des droits de l'Homme du 10 décembre 1948 : « Devant la persécution, toute personne a le droit de chercher asile en d'autres pays ». La protection des réfugiés a été généralisée par la Charte sociale européenne de 1961 et la Déclaration de l'ONU de 1967.

Il existe deux sortes de réfugiés, les réfugiés statutaires, bénéficiaires de la Convention de Genève et de Conventions particulières antérieures visant les victimes de faits de persécution consécutifs à des événements survenus avant le 1er janvier 1951, et les réfugiés protégés relevant, en raison d'événements postérieurs, du mandat du Haut-commissaire des Nations Unies. En République Démocratique du Congo, les réfugiés sont placés sous la protection juridique et administrative de la Commission Nationale des Réfugiés (CNR). La décision d'attribution de la qualité de réfugié est prise par le Président de la CNR sous la forme de délivrance d'une carte d'identité pour réfugié (CIRE) ; en cas de rejet de la demande, un appel est possible de la part de l'intéressé devant la Commission des recours qui statue, en dernière instance, sur les recours formulés contre les décisions de la CNR contestées par le requérant. Toutefois, le demandeur débouté a la possibilité de faire appel devant les juridictions compétentes.

2°) Limite du droit d'asile

Le droit d'asile ne peut être inconsidérément étendu à toute personne sous peine de perdre sa raison d'être ; il doit correspondre à des nécessités humanitaires : protection et aide. « Toutefois, des abus souvent dénoncés conduisent à priver de son bénéfice les auteurs de certains actes : l'asile devient sélectif »[983]. En vérité, il n'est pas facile, d'ailleurs, de définir l'asile lui-même. Le mot vient du grec *asulon* qui nommait un temple ou un endroit sacré, de caractère religieux, inviolable. Son sens a ensuite évolué pour désigner un lieu où une personne pourchassée pour des motifs les plus divers pouvait trouver refuge et y recevoir aide et protection. Aujourd'hui, il est ou a été

---

982 V. Loi n° 021/2002 du 16 octobre 2002 portant statut des réfugiés en République Démocratique du Congo.
983 TEITGEN-COLLY (C.), Le droit d'asile, Paris, PUF, coll. Que sais-je ?, 2019, p. 17.

retenu sous différentes acceptions : asile constitutionnel, asile conventionnel, asile territorial, asile diplomatique, asile maritime, protection subsidiaire, protection temporaire… qui ont fait ou font l'objet de règlementations précises[984].

Il est interdit à toute personne jouissant régulièrement du droit d'asile d'entreprendre toute activité subversive contre son pays d'origine ou contre tout autre pays, à partir du territoire de la République Démocratique du Congo.

Les réfugiés, qui demeurent évidemment poursuivables dans celui-ci comme toute personne, sont en effet des étrangers au regard du droit de l'extradition et les textes ne leur accordent le traitement du national que dans le domaine du droit privé sous réserve d'un régime particulier quant à l'entrée et au séjour sur le territoire. D'une part, ils peuvent être extradés au profit d'un pays autre que celui d'origine pour faits non politiques et si la demande n'a pas un but politique. D'autre part, ils n'ont plus droit au statut de réfugié et peuvent dès lors se voir extradés vers quelque pays que ce soit si les autorités requises ont de sérieuses raisons de penser qu'ils ont commis un crime grave de droit commun en dehors du pays d'accueil avant d'y être admis comme réfugiés : telle est la réserve exprimée par la Convention de Genève en vertu de l'article 1 F conforme à celle contenue dans la Déclaration universelle des droits de l'Homme selon laquelle le droit d'asile ne peut être invoqué en cas de poursuites réellement fondées sur un crime de droit commun. Le criminel de guerre n'a pas droit au statut de réfugié, lequel statut est réservé aux personnes protégées. Le criminel de guerre peut être transféré à la Cour pénale internationale si celle-ci en fait la demande.

En France, l'obstacle au statut de réfugié est plus spécialement illustré par l'Acte constitutionnel du 24 juin 1793, dont les termes demeurent d'actualité pour tous les pays, en s'appliquant particulièrement bien aux gouvernants que leur despotisme a chassés de leur pays : « Le peuple français est l'ami et l'allié naturel des peuples libres. Il donne asile aux étrangers bannis de leur patrie pour la cause de la liberté. Il le refuse aux tyrans ».

Selon la pratique française, la décision sur la demande d'attribution de la qualité de réfugié n'est pas en soi préjudicielle à l'extradition. Ni la chambre d'accusation ni même le gouvernement ne sont tenus de surseoir.

Une pratique s'était instaurée, consistant à attendre, avant tout arrêt ou décret, ou même avant l'exécution du décret frappé de recours, que la procédure du statut soit terminée : si l'étranger obtenait la qualité de réfugié, la chambre

---

[984] LE PORS (A.), op. cit., p. 4.

d'accusation émettait un avis défavorable (bien qu'elle ne soit pas liée) et, dans le cas où le gouvernement français était déjà saisi, il refusait l'extradition. Cette pratique fut suivie dans l'affaire Astudillo Calleja (1975 – 1977) : le gouvernement a sursis à l'exécution du décret d'extradition dans l'attente, successivement, des décisions de l'OFPRA et de la Commission des recours sur l'attribution de la qualité de réfugié, puis du Conseil d'État sur le recours formé contre le décret d'extradition. Elle s'inspire de l'idée que l'expression figurant à l'article 33 de la Convention de Genève : « Aucun pays n'expulsera ou ne refoulera, de quelque manière que ce soit… » comprend toute mesure ayant pour conséquence de contraindre le réfugié à regagner son pays, telle l'extradition.

Il reste qu'à moins de bafouer le droit d'asile, l'extradition d'un réfugié politique demeure limitée aux crimes d'une particulière gravité. Le retrait du statut étant lié à la disparition des circonstances l'ayant initialement autorisé, la question se posa pour le terrorisme basque dès 1977 avec l'Espagnol Apalategui, amnistié pendant la procédure d'extradition. Le phénomène actuel de la violence terroriste tendrait ainsi à ôter à la qualité de réfugié l'effet d'une immunité.

III. CLAUSE D'EXCLUSION

Au regard du droit international, les États et le HCR sont obligés de refuser à certaines personnes le bénéfice du statut de réfugié bien qu'elles répondent par ailleurs aux conditions requises pour être reconnues comme réfugiés. Ces clauses conventionnelles sont communément appelées "clauses d'exclusion". L'exclusion de certaines catégories, telles les auteurs de crimes graves au droit de la guerre, nous apparaît justifiée parce que la protection des criminels n'a rien de commun avec la protection des réfugiés. En revanche, l'exclusion des victimes de guerre civile est inacceptable et répugne aux droits de l'Homme.

La Convention de Genève de 1951 est gouvernée par trois clauses : clauses d'inclusion, clauses d'exclusion et clauses de cessation ou perte du statut de réfugié.

L'asile est refusé aux demandeurs du fait qu'ils tombent dans les clauses d'exclusion de la qualité de réfugié qui sont mentionnées aux § D, E et F de l'article 1er de la Convention de Genève et en RD Congo à l'article 2 de la loi portant statut des réfugiés du 16 octobre 2002. Elles sont opposables aux demandeurs d'asile mais non aux personnes qui ont déjà la qualité de réfugié auxquelles peuvent s'appliquer en revanche les dispositions relatives à la cessation du statut du § C[985]. La loi cite les crimes de guerre, les crimes graves de droit commun sans les définir.

A. Crimes de droit international

Les crimes de droit international sont nombreux. Par l'expression « crimes internationaux », on indique certaines violations particulièrement graves du droit international dont découle la responsabilité pénale individuelle de ceux qui les ont commises ou ont donné l'ordre qu'on les commette. Nous n'allons pas les analyser toutes car cela dépasserait l'objet de cette étude, nous nous intéresserons plus aux crimes pour lesquels la Cour pénale internationale est compétente.

Un crime contre la paix, un crime de guerre et un crime contre l'humanité au regard de l'art. 1 F. (a) sont des crimes de droit international y compris le crime de génocide. Le statut est accordé ou refusé au demandeur en référence aux instruments internationaux, en particulier la Convention pour la prévention et la répression du crime de génocide et les statuts des tribunaux pénaux internationaux (Nuremberg, ex-Yougoslavie, Rwanda), et récemment au Statut de Rome portant création de la CPI du 17 juillet 1998 entrée en vigueur le 1er juillet 2002 et ratifié par la RDC et non le Rwanda. Au regard de ces instruments, on entend par crime de guerre :

a) L'assassinat, les mauvais traitements ou la déportation pour contraindre aux travaux forcés la population civile des territoires occupés ;
b) L'assassinat, les mauvais traitements des prisonniers de guerre ou des naufragés ;
c) La prise et l'exécution d'otages ;
d) Le pillage des biens publics ou privés ;
e) La destruction sans motif des villes et des villages ;
f) La dévastation que ne justifient pas les exigences militaires.

Sont également considérées comme crimes de guerre, quand elles ne sont pas comprises dans les actes susmentionnés, les infractions graves aux normes des Conventions de Genève I-IV et du Protocole additionnel.

Les crimes de guerre sont imprescriptibles et une procédure de coopération internationale a été établie en matière de recherche, d'arrestation, d'extradition et de punition des personnes coupables des crimes de guerre. L'exclusion frappe donc les personnes ayant commis ces crimes de droit international.

[985] LE PORS (A.), op. cit., p. 69.

1°) Crime de génocide[986]

« *Nous vivons dans un monde où un homme a davantage de chances d'être jugé s'il tue une personne que s'il en tue cent mille* » Koffi ANNAN.

Retenue comme le crime le plus grave dans la hiérarchie des catégories criminelles internationales[987], la notion de génocide est apparue en 1944 pour désigner l'extermination des Juifs et des Tsiganes pendant la Seconde Guerre mondiale, qui fut décrite par CHURCHILL de « crime sans nom ». Le terme lui-même a été inventé par le juriste polonais Raphaël LEMKIN pour qualifier les crimes de masse commis par l'Allemagne nazie et contre les Arméniens dans l'Empire ottoman en 1915. C'est un mot hybride *gréco-latin*, issu des mots « *genos* » (le genre, l'espèce en grec), et « *cide* » (du latin qui signifie tuer). Bien que totalement absente de l'Accord de Londres de 1945, la notion sera utilisée pour la première fois par le Tribunal de Nuremberg dans les actes d'accusation. La consécration viendra en 1948 avec l'adoption, à l'initiative de l'ONU, de la Convention pour la prévention et la répression du crime de génocide, qui va distinguer ce crime des autres crimes commis en période de conflit armé. Ainsi, dans le jugement contre l'ex-Premier ministre rwandais Jean KAMBANDA, le TPIR n'a pas hésité à le qualifier de « crime des crimes ». À quelques exceptions près, le génocide est un crime contre l'humanité par excellence. L'article II de ladite Convention de 1948 définit le crime de génocide comme un acte « commis dans l'intention de détruire, en tout ou en partie, un groupe national, ethnique, racial ou religieux, comme des Tutsis » :

a) Meurtre de membres d'un groupe ;
b) Atteinte grave à l'intégrité physique ou mentale de membres du groupe ;
c) Soumission intentionnelle du groupe à des conditions d'existence devant entraîner sa destruction physique totale ou partielle ;
d) Mesures visant à entraver les naissances au sein du groupe ;
e) Transfert forcé d'enfants du groupe à un autre groupe.

Ce qui caractérise le crime de génocide, c'est l'un des actes repris à l'article 2 commis dans l'intention (dol spécial) de détruire en tout ou en partie un groupe national, ethnique, racial ou religieux comme tel. Le génocide, comme tous les autres crimes internationaux, comporte un élément matériel et un élément psychologique. Pour mieux le distinguer des autres crimes, il faut une

---

[986] V. Convention pour la prévention et la répression du crime de génocide du 9 décembre 1948 ; Art. 6 Statut de Rome de la Cour pénale internationale du 17 juillet 1998 ; Art. 2 Statut du Tribunal pénal international pour le Rwanda du 8 novembre 1994 ; Art. 4 du Statut du Tribunal pénal international pour l'ex-Yougoslavie du 25 mai 1993.
[987] ZAPPALA (S.), La justice pénale internationale, Paris, Montchrestien, coll. Clefs-Politique, 2007, p. 45.

analyse systématique de ses éléments constitutifs. C'est ce que nous ne nous proposons pas de faire.

2°) Crime contre l'humanité

Une évolution importante a été la reconnaissance du viol comme faisant partie des actes pouvant constituer un crime contre l'humanité (article 5 (g) du Statut du TPIY, article 3 du Statut du TPIR). Ce développement a ensuite été étendu à d'autres formes de violences sexuelles dans le Statut de Rome (article 7 (g), voir ci-dessous).

L'article 7 du Statut de Rome établit une liste non exhaustive d'actes pouvant être qualifiés de crimes contre l'humanité, lorsqu'ils sont commis dans le cadre d'une attaque généralisée ou systématique, lancée contre toute population civile, et en connaissance de cette attaque :

a. Meurtre ;
b. Extermination ;
c. Réduction en esclavage ;
d. Déportation ou transfert forcé de population ;
e. Emprisonnement ou autre forme de privation grave de liberté physique en violation des dispositions fondamentales du droit international ;
f. Torture ;
g. Viol, esclavage sexuel, prostitution forcée, grossesse forcée, stérilisation forcée ou toute autre forme de violence sexuelle de gravité comparable ;
h. Persécution de tout groupe ou de toute collectivité identifiable pour des motifs d'ordre politique, racial, national, ethnique, culturel, religieux ou sexiste au sens du paragraphe 3, ou en fonction d'autres critères universellement reconnus comme inadmissibles en droit international, en corrélation avec tout acte visé dans le présent paragraphe ou tout crime relevant de la compétence de la Cour ;
i. Disparitions forcées de personnes ;
j. Crime d'apartheid ;
k. Autres actes inhumains de caractère analogue causant intentionnellement de grandes souffrances ou des atteintes graves à l'intégrité physique ou à la santé physique ou mentale.

Selon la Convention sur l'imprescriptibilité des crimes de guerre et des crimes contre l'humanité de 1968, ces derniers, qu'ils soient commis en temps de guerre ou en temps de paix, et tels qu'ils sont définis dans le Statut du tribunal militaire international de Nuremberg, sont imprescriptibles (article 1(b)). Cette disposition n'est toutefois contraignante que pour les États ayant ratifié la Convention.

De même, le Statut de Rome prévoit que les crimes pour lesquels la Cour a compétence sont imprescriptibles, ce qui inclut les crimes contre l'humanité (article 29).

3°) Crimes de guerre

Les crimes de guerre sont des infractions graves aux lois et coutumes de la guerre. La plupart des règles internationales régissant les conflits armés sont codifiées dans les quatre Conventions de Genève de 1949 et leurs deux Protocoles additionnels de 1977, et constituent le droit international humanitaire (DIH) ou droit de la guerre.

Les crimes de guerre ont été poursuivis pour la première fois de manière effective à la suite de la Seconde Guerre mondiale, lors de l'établissement des tribunaux pénaux internationaux à Nuremberg et à Tokyo. Plus tard, les crimes de guerre ont été occasionnellement poursuivis devant des juridictions nationales, comme par exemple dans l'affaire William Calley, tenu responsable pour le massacre de My Lai au Vietnam. Dans les années 1990, la répression des crimes de guerre s'est accrue avec l'établissement des Tribunaux Pénaux Internationaux pour l'ex-Yougoslavie (TPIY) et le Rwanda (TPIR), et avec la création de la Cour Pénale Internationale (CPI) instituée par le Statut de Rome, entré en vigueur en 2002.

Pour qualifier un acte de crime de guerre entraînant la responsabilité individuelle de son auteur, la norme de DIH qui a été violée doit protéger une valeur importante et les conséquences pour les victimes doivent être graves et sérieuses. De même, le lien entre le comportement incriminé et le conflit armé (qui, depuis l'affaire Tadic rendue par le TPIY, peut être tant international que non international) doit être prouvé.

L'article 8 du Statut de la CPI énumère les comportements constitutifs de crime de guerre. Parmi eux, ceux constitutifs « d'infractions graves » aux Conventions de Genève entraînent pour tout État l'obligation de poursuivre les auteurs. Ces actes sont :

i. L'homicide intentionnel ;
ii. La torture ou les traitements inhumains, y compris les expériences biologiques ;
iii. Le fait de causer intentionnellement de grandes souffrances ou de porter gravement atteinte à l'intégrité physique ou à la santé ;
iv. La destruction et l'appropriation de biens, non justifiées par des nécessités militaires et exécutées sur une grande échelle de façon illicite et arbitraire ;

v. Le fait de contraindre un prisonnier de guerre ou une personne protégée à servir dans les forces d'une puissance ennemie ;
vi. Le fait de priver intentionnellement un prisonnier de guerre ou toute autre personne protégée de son droit d'être jugé régulièrement et impartialement ;
vii. La déportation ou le transfert illégal ou la détention illégale ;
viii. La prise d'otages.

Les crimes de guerre peuvent être perpétrés par des civils ou des combattants contre leurs ennemis, ces derniers pouvant être eux mêmes civils ou combattants. Mais les crimes de guerre ne peuvent être commis à l'encontre des membres de leurs forces armées ou de leur propre population civile.

Ces crimes sont imprescriptibles devant les juridictions internationales (voir pour exemple l'article 29 du statut de la CPI), mais également devant de nombreuses juridictions nationales sur la base de traités internationaux comme la Convention sur l'imprescriptibilité des crimes de guerre et des crimes contre l'humanité de 1968.

B. Crimes de droit commun

Les crimes de droit commun peuvent être commis par le réfugié sur le territoire du pays d'asile. Mais la Convention vise le crime commis par des demandeurs d'asile « en dehors du pays d'accueil avant d'y être admis comme réfugiés ». L'exclusion de ces personnes de la qualité de réfugié est justement une sanction à ces crimes, car il faudrait éviter que ces personnes s'abritent derrière leur statut pour demeurer impunies pour leurs actes. La question est délicate dans la mesure où le demandeur d'asile qui attend la réponse à sa demande du statut se compromet en commettant un crime grave de droit commun sur le territoire du pays d'accueil. Dans ce cas, s'il est passible de sanctions pénales, on peut les lui appliquer et le garder sur le territoire. La gravité du crime étant laissée à l'appréciation du juge en référence avec certains instruments internationaux relatifs au terrorisme par exemple. Mais si la sanction entraîne l'expulsion du demandeur du territoire d'asile dans les conditions prévues par les stipulations des articles 32 et 33 de la Convention de Genève ou au motif de l'ordre public, il est donc conseillé au juge de surseoir à sa décision, s'il peut être prouvé que le pays d'origine du demandeur pratique la torture et autres traitements inhumains, humiliants et dégradants ainsi qu'applique la peine de mort.

L'exclusion frappe aussi le demandeur, s'il existe des raisons sérieuses de penser qu'il s'est rendu coupable d'agissements contraires aux buts et principes des Nations Unies et que « son activité sur le territoire constitue une menace grave pour l'ordre public, la sécurité publique ou la sûreté de l'État ». Ces agissements se trouvent confondus avec ceux retenus à l'art. 1 F a) et b). Ils ne sont pas faciles à distinguer des agissements contraires aux buts et principes des Nations Unies (art. 1 F c). Aussi, nous ne sommes pas appelés à faire un commentaire supplémentaire. En vérité, tout ce qui est contraire au droit international est aussi contraire aux buts et principes des Nations Unies.

Un criminel de guerre ne peut pas devenir un réfugié. Son exclusion est bien mentionnée dans la loi en RD Congo qui n'est rien d'autre que la photocopie conforme de l'article 1 F de la Convention de Genève. Ceci étant, la RDC devrait sans aucune autre forme de procédure expulser de son territoire ou extrader les génocidaires vers le Rwanda ou un autre pays disposé à les juger pour leurs crimes. Les dispositions de cette loi ne seront pas applicables à la personne dont on aura des raisons sérieuses de penser :

a) qu'elle a commis un crime contre la paix, un crime de guerre ou un crime contre l'humanité, au sens des instruments internationaux y relatifs ;

b) qu'elle a commis un crime grave de droit commun en dehors du pays d'accueil avant d'y être admise comme réfugié ;

c) qu'elle s'est rendue coupable d'agissements contraires aux buts, aux objectifs et aux principes des Nations Unies ou de l'Union africaine.

Les auteurs de crimes de guerre, de violations graves des droits de l'homme et de crimes contre l'humanité, ou encore de crime de terrorisme – notamment de génocide – sont spécifiquement exclus de la protection internationale et de l'assistance accordées par le HCR aux réfugiés et aux autres personnes sous son mandat. Le statut de réfugié ne doit pas être accordé à un individu soupçonné pour des raisons précises et sérieuses d'avoir commis des actes contraires au droit international.

Il est fort possible, par exemple, que des personnes soupçonnées de violations graves des droits de l'homme et du droit humanitaire se cachent dans les camps de réfugiés installés par le HCR. En effet, il est très difficile concrètement pour le HCR, sans le concours du pays d'accueil, d'identifier, d'arrêter et d'expulser ces individus lors d'une entrée massive, car il n'est du reste ni un tribunal ni une force de police. Étant donné l'ampleur du problème, il est sans doute plus avisé de soutenir énergiquement les initiatives prises par la Communauté internationale pour faire juger les criminels de guerre. Le HCR n'est pas au-dessus de l'Etat, il est tenu de communiquer aux autorités compétentes du pays d'asile et aux agences de l'ONU concernées toute information pertinente en sa possession (tout en gardant à l'esprit la nécessité de ne divulguer qu'avec discernement les renseignements confidentiels donnés par les réfugiés aux agents du HCR sur le terrain). Le travail des tribunaux internationaux qui enquêtent sur les crimes de guerre et les crimes de génocide au Rwanda et dans l'ancienne Yougoslavie est particulièrement crucial, puisque seule une décision de justice rapide et équitable peut véritablement garantir la paix et la réconciliation – et donc le rapatriement définitif des réfugiés[988].

En 1994, lors du génocide rwandais, le monde entier a assisté à des scènes d'horreur sans précédent. Nous avons vu arriver en République Démocratique du Congo un afflux massif de personnes en quête d'asile. De telles personnes doivent toujours se voir accorder refuge, au moins temporairement. Les États qui, du fait de leur situation géographique ou pour toute autre raison, ont à faire face à un afflux massif de telles personnes, doivent, selon les besoins et à leur demande, recevoir une assistance immédiate des autres États, conformément au principe du partage équitable des charges. Ces États doivent se mettre en rapport aussitôt que possible avec le Haut-Commissariat des N.U. pour les réfugiés de façon que les personnes intéressées soient pleinement protégées et reçoivent des secours d'urgence et que des solutions durables soient recherchées à leur intention[989].

Les autres États doivent prendre les mesures appropriées, individuellement, conjointement ou par l'entremise du Haut-Commissariat des N.U. pour les réfugiés ou d'autres organismes internationaux, pour que la charge pesant sur le pays de premier asile soit équitablement partagée[990].

Les personnes qui doivent être efficacement protégées, par le pays d'accueil et par le HCR., doivent recevoir des secours d'urgence et pérennes et doivent avoir les « *clean hands* ». Dès que le pays d'asile constate, en cas d'afflux massif, que certains demandeurs d'asile sont des grands criminels, il a l'obligation de les arrêter, les juger, les condamner et même de les retourner dans leur pays d'origine à la suite d'une demande d'extradition ou non. Des grands criminels de guerre ou des génocidaires ne devraient pas être protégés, car ils constituent, à nos yeux, un danger pour la sécurité et l'ordre public, non seulement pour le pays d'accueil, mais aussi et surtout pour leur pays d'origine s'ils ne sont pas éloignés des frontières de leur pays. À dire vrai, ils tombent dans les clauses d'exclusion. Les États en appliquant les clauses d'exclusion doivent veiller à ce que cette décision négative ne cause pas des préjudices aux membres de la famille qui peuvent avoir des raisons bien fondées de demander la reconnaissance de leur statut de réfugié.

---

988 HCR, L'Assemblée nationale des réfugiés du 16 juin 2001. http://www.Assemblée-nationale.fr/lcp, le 21 novembre 2001.
989 HCR, Conclusions sur la protection internationale des réfugiés adoptées par le comité exécutif du programme du HCR, Genève HCNUR, 1980, (30° session du Comité exécutif), p. 32.
990 MULAMBA MBUYI (B.), Les réfugiés et le concept de premier pays d'asile, op. cit., p. 74.

Il reste la question de savoir si un demandeur d'asile reconnu comme réfugié peut être extradé pour être jugé dans son pays d'origine. En principe, si son pays pratique la torture et applique la peine de mort, il est fortement conseillé de ne pas donner suite favorable à la demande d'extradition.

IV. LES PROBLEMES D'EXTRADITION CONCERNANT LES REFUGIES

Il y a eu un moment, certains États comme le Canada et la Norvège, ont accepté d'extrader des génocidaires présumés vers Kigali, après le retrait de la peine de mort de l'arsenal juridique au Rwanda. La justice française avait de son côté toujours rejeté les multiples demandes adressées par le Rwanda pour leur participation présumée au génocide de 1994. Il est revenu à la Cour d'appel de Paris, examinant deux demandes d'extradition, de se prononcer sur un éventuel renvoi dans leur pays d'origine des deux hommes, visant Claude Muhayimana, un homme de 52 ans qui possédait depuis 2010 la nationalité française, et Innocent Musabyimana, 41 ans qui possédait aussi la nationalité française. Le premier est notamment accusé par Kigali d'avoir participé au massacre de Tutsi dans la ville de Kibuye (Ouest), le second dans la province de Gisenyi (Nord-Ouest), à la frontière congolaise.

La Cour d'appel de paris se prononça sur l'extradition, requise en septembre à l'audience, de deux Rwandais recherchés par Kigali pour leur participation présumée au génocide de 1994. Si plusieurs pays, comme le Canada et la Norvège, ont accepté d'extrader des génocidaires présumés vers Kigali, la justice française avait toujours rejeté les multiples requêtes adressées par le Rwanda.

Les Cours d'appel de Rouen et Dijon avaient en mars 2012 et en janvier 2013 rendu un avis favorable à leur extradition dans deux arrêts ensuite annulés par la Cour de cassation, qui avait renvoyé l'examen des requêtes rwandaises devant la Cour d'appel de Paris.

Dans les deux cas, la haute juridiction a invoqué deux principes fondamentaux, ceux de la « légalité des délits et des peines » et de la « non-rétroactivité de la loi pénale », qui disposent qu'on ne peut être jugé pour une infraction qui n'était pas définie par la loi au moment où les faits auraient été commis. Les législations rwandaises sur le génocide sont postérieures aux tueries de 1994.

À l'audience du 20 septembre, l'avocat général a cependant pris le contrepied de la jurisprudence de la Cour de cassation et préconisé l'extradition de deux hommes. Du fait de leur extraordinaire gravité, les crimes contre l'humanité et le crime de génocide devraient selon lui faire exception, au même titre que les crimes commis pendant la Seconde Guerre mondiale.

L'extradition, on le sait, est demeurée pendant longtemps une affaire politique. Et pourtant, elle est un véritable moyen de lutte contre la criminalité[991]. De façon générale, l'extradition entre les États est régie par un ou plusieurs des instruments suivants : traités bilatéraux et multilatéraux, y compris les traités régionaux, qui intéressent expressément l'extradition ou qui prévoient l'obligation d'extrader dans le cas de délits déterminés ; accords spéciaux concernant un cas déterminé et la législation nationale.

Avec l'afflux des demandeurs d'asile rwandais en République Démocratique du Congo, parmi eux les génocidaires et d'autres grands criminels, la question de leur extradition s'est posée. Il est clair, nous l'avons déjà dit, que les criminels ne méritent pas la protection internationale assurée par le HCR.

Dans tous les cas, le gouvernement zaïrois de l'époque avait scrupuleusement respecté le principe fondamental de non-refoulement en admettant sur son territoire des millions des Rwandais en quête d'asile. Mais, il est aussi vrai que certaines personnes qui étaient reconnues *prima facie* réfugiés tombaient malheureusement pour la plupart dans les clauses d'exclusion à cause des crimes qu'elles avaient commis dans leur pays d'origine. « En pareil cas, la clause d'exclusion devra entraîner l'annulation de la décision antérieure »[992].

Même si la Convention interdit formellement aux États contractants de refouler les demandeurs d'asile ou d'expulser les réfugiés vers le pays où leur vie est en danger, mais au nom de la coopération et de l'entraide judiciaire internationale, ceux qui tombent dans les clauses d'exclusion devraient être identifiés, arrêtés ou détenus, pour être jugés pour leurs crimes soit par le pays d'accueil, au nom de la compétence universelle, soit extradés vers leur pays d'origine ou soit transférés vers un Tribunal international *ad hoc*. Le fait de qualifier les actes des ex-Forces Armées Rwandaises de crimes de génocide ou de crimes contre l'humanité ou encore de crimes de guerre entraîne certaines conséquences en matière de droit international. Aucune prescription ne peut être invoquée, c'est-à-dire qu'il n'existe aucun délai au-delà duquel une personne accusée de tels actes ne pourrait plus être poursuivie. Les auteurs des crimes contre l'humanité ne peuvent revendiquer l'asile ni le statut de réfugié conformément à la Convention sur l'imprescriptibilité des crimes de guerre et

---

991 PONCET (D.) et NEYROUND (Ph.), L'extradition et l'asile politique en Suisse, Fribourg, Barblan et Saladin, 1976, p. 14

992 HCR, Guide, op. cit., p. 36.

des crimes contre l'humanité. Enfin, les personnes ainsi accusées peuvent universellement répondre de leurs crimes, c'est-à-dire qu'ils peuvent être l'objet de poursuites judiciaires dans n'importe quel pays en vertu du principe de la compétence pénale universelle.

En vérité, les individus ayant pris part au génocide ou ayant commis des crimes de guerre, même s'ils sont exclus du statut de réfugié, ne doivent pas être retournés dans leur pays d'origine si celui-ci applique la peine de mort et pratique la torture et d'autres traitements inhumains, dégradants et humiliants au sens du droit international.

A. Cas des délinquants politiques

La qualité de réfugié est souvent accordée aux délinquants politiques. Mais qu'est-ce qu'un événement politique ? Tout est politique quand nous examinons de près les causes de la fuite d'un demandeur d'asile, car les conflits armés sont des événements politiques par excellence. Ce sont les hommes politiques qui décident de la guerre, la commandent, la prolongent et surtout y mettent fin. D'une manière générale, le statut de réfugié n'est pas accordé par certains examinateurs des demandes, prétextant que les demandeurs ne fuient pas leur pays pour des raisons politiques. Et pourtant, « rien n'est politique par nature. Il n'y a pas d'activités qui seraient politiques, et d'autres qui ne le seraient pas. Tout est susceptible de devenir politique »[993].

En vérité, pour qu'un crime soit qualifié de politique et ne soit pas visé à l'article 1 F b), il doit satisfaire au critère du « caractère accessoire ». Ce critère à deux volets exige qu'existent, en premier lieu, des troubles politiques liés à un combat visant à changer ou à abolir un gouvernement ou une politique gouvernementale et, en second lieu, un lien rationnel entre le crime commis et la réalisation potentielle de l'objectif politique poursuivi.

Du fait de la position de certains États selon laquelle l'article 33 ne peut être interprété automatiquement comme englobant l'extradition – et protégeant en conséquence les réfugiés contre une telle mesure – le fait que les délinquants politiques ne puissent être extradés (même si tout réfugié n'est pas un délinquant politique et vice versa) et la protection contre l'extradition dans les cas où il existe une menace de discrimination fondée sur la race, la religion, la couleur ou l'origine ethnique, sont d'autant plus importants pour la sauvegarde de la sécurité des réfugiés.

---

[993] DEBBASCH (Ch,) et PONTIER (J.-M.), Introduction à la politique, 2e éd., Paris, Dalloz, 1986, p. 18.

L'appréciation de la qualité de la personne qui demande la reconnaissance du statut de réfugié pose un problème lorsque son pays d'origine demande au pays d'asile son extradition. Pourtant, le système de l'extradition va en effet à l'encontre du droit d'asile ; l'un est acte de livraison, l'autre mesure de protection ; le premier est destiné à réaliser tout le contraire de ce que cherche à éviter le second. L'afflux de réfugiés rwandais lors du génocide en 1994 en République Démocratique du Congo, d'abord puis dans tous les autres pays limitrophes, et la sensibilisation de l'opinion à tout ce qui se rapporte aux libertés publiques ont rendu le sujet préoccupant. Si étendu que soit le droit d'asile, il a des limites.

B. Cas des criminels de guerre

Nous avons déjà dit que le criminel de guerre tombe dans les clauses d'exclusion. Il n'a pas droit au statut et à la protection internationale assurée par le HCR. Il peut être arrêté, jugé au nom de la compétence universelle, par le pays sur le territoire duquel il se trouve ou extradé vers un pays qui en formule la demande ou transféré à la Cour pénale internationale.

L'alinéa 2 de l'article 33 prévoit que le bénéfice de la disposition pourra être neutralisé lorsque le réfugié constitue un danger pour la sécurité du pays d'accueil ou une menace pour la communauté dudit pays.

Par menace à la sécurité nationale, on entend par exemple l'espionnage, le sabotage d'installations militaires, les activités terroristes ou visant au renversement du gouvernement. Il faut en outre que le réfugié présente un danger présent ou futur – et non passé – pour le seul pays d'accueil. Ce danger sera apprécié au regard du comportement du réfugié dans le pays de refuge et non sur la base de faits pour lesquels il serait recherché dans son pays d'origine.

La notion de menace à la communauté du pays d'accueil exige la réalisation de trois conditions : le réfugié doit avoir commis une infraction pénale particulièrement grave, fait l'objet d'une condamnation définitive, révélant l'existence d'une menace pour la communauté, soit plus qu'une simple menace à l'ordre public. Enfin, si le refoulement s'avère indispensable, le réfugié doit bénéficier d'un délai raisonnable en vue de solliciter son admission dans un pays autre que celui où il craint d'être persécuté.

L'accès à la procédure de reconnaissance du statut de réfugié est le corollaire du principe de non-refoulement. En effet, comment savoir si les frontières vers lesquelles on veut renvoyer un réfugié sont dangereuses pour sa vie, sa liberté ou sa sécurité sans l'entendre au fond de sa demande ? Le réfugié est entendu, si son récit remplit les critères d'inclusion, le statut peut ou doit lui être accordé et s'il est prouvé que son récit le fait tomber dans la clause d'exclusion, ce statut peut lui être retiré ou annulé s'il l'avait déjà obtenu frauduleusement ou sur une fausse représentation et extradé.

C. Annulation du statut et extradition

Le réfugié peut être extradé dans la mesure où il constitue un danger permanent pour la communauté du pays d'asile. Le droit international n'a pas été élaboré pour venir au secours d'un criminel qui prétend être persécuté dans son pays alors qu'il est un repris de justice. S'il est déniché comme tel, il perd le statut selon les exigences de la procédure bien établie. Généralement, certains principes doivent être respectés pour permettre à l'État qui se veut un État de droit et de liberté de mettre fin à la protection internationale accordée au réfugié qui ne doit pas être confondu avec l'expulsion visée à l'article 32 ni avec la perte de la protection contre le refoulement prévu à l'article 33 (2) de la Convention de Genève de 1951sur les droits de réfugiés.

Les fausses déclarations, des dissimulations de véritables causes de fuite, la fraude du demandeur sont prises en considération pour l'**annulation** du statut. En premier lieu, la décision d'invalider une reconnaissance du statut de réfugié qui n'aurait pas dû être accordé en premier lieu sera prise en compte. L'annulation ne peut porter que sur les déterminations qui sont devenues finales, c'est-à-dire qui ne peuvent plus faire l'objet d'un recours ou d'une révision. Elle a pour effet de rendre le statut de réfugié nul et non avenu à partir de la date de la détermination initiale (*ab initio* ou *ex tunc* – depuis le début ou depuis lors). Ensuite, la **révocation** intervient : retrait du statut de réfugié dans les situations où la personne s'engage dans des actions qui relèvent de l'article 1 F (a) ou 1 F (c) de la Convention de 1951 après avoir été reconnue en tant que réfugié. Cette décision produit ses effets dans le futur (*ex nunc* – à partir de maintenant). Enfin, la **cessation** : fin du statut de réfugié conformément à l'article 1 C de la Convention de 1951 parce que la protection internationale n'est plus nécessaire ou justifiée du fait de certains actes volontaires de la personne concernée ou d'un changement fondamental de la situation qui règne dans le pays d'origine. La cessation produit ses effets dans le futur (*ex nunc*). Dans la mesure où cette procédure est suivie et épuisée, l'individu est extradable au regard du droit international.

La question de la protection internationale des réfugiés et leur extradition relève du droit international. Elle met en face deux ou plusieurs sujets originaires de droit international, qui sont les États. L'un est requérant et l'autre est protecteur. Si le réfugié ne peut pas être refoulé ou extradé sans raison valable au regard du droit international sans respect de la procédure bien établie par l'État d'asile, par contre le criminel lui doit être arrêté dans le pays d'asile, jugé pour ses crimes, expulsé ou extradé vers son pays d'origine s'il fait la demande car au plan international la protection d'un criminel ne se justifie pas.

Les crimes de droit international sont des crimes graves et imprescriptibles au sens du droit international. Le fait de vouloir accorder l'asile à un criminel alors que son État d'origine ou un autre le recherche pour le juger ou, s'il a été condamné, souhaite le récupérer pour purger sa peine constitue une menace contre la paix et la sécurité internationale. Le statut de réfugié, s'il a déjà été accordé sur la base d'une fausse représentation, doit lui être retiré pour le rendre extradable au nom du respect de l'impunité.

D- CAS DE LA REPUBLIQUE DU RWANDA

CHAPITRE 16-

LE TRAITEMENT JUDICIAIRE DU GENOCIDE AU RWANDA DEVANT LES CHAMBRES SPECIALISEES

Diogène Bideri

La création des chambres spécialisées s'inscrit dans la continuité d'un effort du Rwanda pour faire face à l'urgence judiciaire. Lorsque le génocide contre les Tutsi prend fin vers juillet 1994, l'institution judiciaire se trouve dans une situation sans précédent. Beaucoup de juges et d'agents du ministère public étaient morts ou incarcérés. Les autres avaient fui le pays, les archives détruites, la police judiciaire anéantie.

Le nombre de personnes arrêtées a atteint avant janvier 2003, le chiffre approximatif de 120.000 personnes accusées d'avoir participé au génocide des Tutsi, dont 80.000 prisonniers vivaient dans les prisons centrales et le reste dans les cachots de districts.

Le Rwanda faisait face aussi à un cadre juridique insuffisant. En effet, même si le Rwanda avait ratifié la Convention sur la prévention et la répression du crime de génocide en 1975, il faut noter qu'en 1994 il n'existait pas au Rwanda de mesure législative prévoyant une sanction pénale contre les personnes accusées de génocide.

Pour combler ce vide juridique, une loi organique sur l'organisation des poursuites des infractions constitutives du crime de génocide ou de crimes contre l'humanité, commises entre le 1er octobre 1990 et le 31 décembre 1994 a été adoptée le 30 août 1996.

Cette loi définit une compétence temporelle plus vaste qui couvre une période de quatre ans. Ceci confirme l'idée que les crimes commis à partir d'octobre 1990 font partie d'un plan génocidaire en place depuis de longues années.

En outre, la loi de 1996 crée au sein de chaque Tribunal de première instance une chambre spécialisée chargée des affaires en rapport avec le génocide et les crimes contre l'humanité. Elle instaure aussi la procédure d'aveu et de plaidoyer de culpabilité en échange de réductions de peines et répartit les accusés de génocide en catégories, selon la gravité des crimes allégués. Fin 1996, les premiers procès commencent.

On estime alors à environ 7181 le nombre de personnes jugées par ces chambres spécialisées en 2002.

Nous verrons dans la première partie l'interprétation et l'application de la loi organique de 1996 (I), dans une deuxième partie, la difficile construction d'une unité jurisprudentielle sur le génocide (II).

I. L'INTERPRETATION ET L'APPLICATION DE LA LOI ORGANIQUE DE 1996

A. Le droit applicable

La principale originalité du Rwanda réside dans la loi du 30 août 1996[994] qui intègre de manière détaillée l'incrimination de génocide tel que le prévoit la Convention de 1948 sur la prévention et la répression du crime de génocide[995].

1°) Des aspects conventionnels de la loi organique de 1996

La loi de 1996 renvoie à la Convention du 9 décembre 1948 qui définit le crime de génocide[996]. Comme on peut le constater, le droit international

---

[994] Art. 1er de la loi organique n° 08/96 du 30 août 1996 sur l'organisation des poursuites des infractions constitutives du crime de génocide ou de crimes contre l'humanité, commis à partir du 1er octobre 1990.

[995] Convention internationale du 9 décembre 1948 sur la prévention et la répression du crime de génocide ratifiée par décret-loi n° 08/75 du 12 février 1975.

[996] L'accusé a « commis des infractions constitutives du crime de génocide prévues par la Convention du 9 décembre 1948 et par la loi organique n°08/96 du 30 août 1996 dès lors qu'il avait l'intention d'exterminer les Tutsi » V. CONSEIL DE GUERRE, Kigali, 26 novembre 1998, Ministère public et parties civiles c/ Sergent Gendarme Barayagwiza Ildephonse, Recueil de Jurisprudence, Contentieux du génocide, ASF-Belgium, t. 3, p. 378 ; V. aussi Auditorat militaire c/ le sous-lieutenant Dusabeyezu Eustache, Rec. de jurisprudence, Contentieux du génocide, t. 1, p. 198, 22 décembre 1998 : l'accusé a participé à l'élaboration du plan de génocide,

conventionnel vient renforcer le droit national rwandais, en facilitant son interprétation.

La loi de 1996 se réfère aussi aux quatre Conventions de Genève du 12 août 1949 et aux Protocoles additionnels I et II du 8 juin 1977.

Cette loi évoque aussi la Convention du 26 novembre 1968 sur l'imprescriptibilité des crimes de guerre et des crimes contre l'humanité[997]. Selon cette Convention, l'action publique et les peines relatives aux infractions constitutives de génocide ou des crimes contre l'humanité sont imprescriptibles[998]. Seulement, jusqu'en 1994 le Rwanda n'avait pris aucune mesure législative pour permettre l'application de cette Convention dans l'ordre juridique interne.

2°) La question de la non-rétroactivité pénale

La question de la rétroactivité a été abordée lors de la révision de la loi fondamentale du 18 janvier 1996. L'article 12 de la Constitution du 10 juin 1991 dispose qu'aucune infraction ne peut être punie de peines qui n'étaient pas prévues par la loi avant qu'elle fût commise.

L'article 6 de la loi fondamentale précise que la loi peut déroger, dans la stricte mesure où la situation l'exige, aux dispositions de l'article 12, dans le cas où un danger public exceptionnel menace l'existence de la nation"[999]. De plus, l'article 6 ajoute que "les actes ou omissions qui n'étaient pas punissables au moment où ils ont été commis, peuvent être poursuivis et jugés s'ils étaient tenus pour criminels d'après les principes généraux de droit reconnus par l'ensemble des Nations"[1000].

---

incité les autres à commettre le génocide et dirigé le génocide, infractions prévues par la Convention du 9 décembre 1948 relative à la prévention et à la répression du crime de génocide, art. 2 a, b et 3 a, b, c, d, e.

[997] Art. 31 de la loi organique n° 08/96 du 30 août 1996. La Convention internationale sur l'imprescriptibilité des crimes de guerre et les crimes contre l'humanité a ratifié cette convention par le décret-loi n° 8/75 du 12 février 1975.

[998] Art. 37 de la loi organique n° 08/96 du 30 août 1996.

[999] Art. 6 de la révision loi fondamentale du 18 janvier 1996 de la loi fondamentale (JO, 1996, n° 3 du 1er février 1996).

[1000] Art. 12 de la Convention de la République rwandaise du 10 juin 1991 : « La personne humaine est sacrée.

La liberté de la personne humaine est inviolable ; nul ne peut être poursuivi, arrêté, détenu ou condamné, si ce n'est dans les cas prévus par la loi entrée en vigueur avant la commission de l'acte et dans les formes qu'elle prescrit.

Aucune infraction ne peut être punie de peines qui n'étaient pas prévues par la loi avant qu'elle fût commise.

De plus, la rétroactivité s'apprécie non seulement au regard des infractions définies en droit national mais au regard des principes généraux du droit[1001].

Ce principe peut être aussi justifié au niveau du droit international. En effet, l'article 15 du Pacte international des droits civils et politiques consacre le principe à un plan international et précise que « rien ne s'oppose au jugement ou à la condamnation de tout individu en raison d'actes ou d'omissions qui, au moment où ils ont été commis, étaient tenues pour criminels »[1002].

B. Apport de la loi organique de 1996 quant aux règles de forme

1°) Compétence et recevabilité devant les Chambres spécialisées

La loi de 1996 rend directement applicable par les chambres spécialisées la répression du crime de génocide et des crimes contre l'humanité. Ces chambres spécialisées sont créées au sein des Tribunaux de première instance et juridictions militaires[1003].

2°) Conditions de la compétence

L'article premier de la loi de 1996 définit la compétence *ratione materiae* des chambres spécialisées. La loi délimite les infractions justiciables en fonction des nécessités concrètes résultant du contexte du crime de génocide commis au Rwanda en 1994.

La loi de 1996 énonce deux catégories de violations graves du droit international : le génocide et les crimes contre l'humanité.

La loi retient aussi les infractions graves aux quatre Conventions de Genève et les protocoles additionnels I et II de 1977.

Pourtant, la loi de 1996 ne définit pas l'infraction de génocide, elle retient la définition stipulée dans la Convention de 1948.

Cette loi permet la répression des infractions visées au Code pénal commises en relation avec les événements entourant le génocide et les crimes contre l'humanité.

Toute personne est présumée innocente des infractions qui lui sont reprochées tant qu'une condamnation définitive n'est pas intervenue. ».
1001 Art. 15 § 1 du Pacte international des droits civils et politiques et art. 7 § 2 CEDH.
1002 Ibid.
1003 Art. 19 de la loi organique n° 08/96 du 30 août 1996.

S'agissant de la compétence *ratione temporis*, la loi de 1996 précise qu'il s'agit des infractions commises à partir du 1er octobre 1990. Cette loi permet de poursuivre des citoyens rwandais ou des étrangers présumés responsables d'actes de génocide et de crimes contre l'humanité.

3°) L'exercice de la compétence

Sur la base de la loi du 30 août 1996, les chambres spécialisées ont pu exercer leur compétence.

Dans une affaire de poursuite d'un ancien militaire devant le Conseil de guerre, la question de compétence a été soulevée. Il s'agissait de savoir « si le prévenu était militaire lors de la commission des faits qui lui sont reprochés, cela ne pouvant être prouvé autrement que par des pièces écrites car la qualité de militaire doit être confirmée par le règlement et le numéro de matricule »[1004]. L'accusé prétendait avoir été renvoyé de l'armée avant 1994, pour contester la compétence de la Cour martiale.

Le Conseil de guerre a constaté que l'accusé avait été réintégré dans l'APR (Armée Patriotique Rwandaise) après le génocide et qu'il avait été arrêté pour crime de génocide après sa formation.

De même dans l'affaire Karamira, l'accusé a demandé au Tribunal d'examiner la compétence des chambres spécialisées. Il a aussi demandé qu'on lui donne la définition du mot « génocide ». Le Tribunal lui a répondu que la définition se trouvait dans la loi que nul n'était censé ignorer, après quoi Karamira a admis avoir eu connaissance de cette loi. S'agissant de l'exception d'incompétence du Tribunal, il a argué d'abord que les chambres spécialisées étaient des juridictions d'exception non reconnues par la Constitution rwandaise demandant par conséquent d'être jugé à Arusha[1005]. Le Tribunal lui a rétorqué qu'en vertu de la loi de 1996, il était compétent[1006].

[1004] V. CONSEIL DE GUERRE, Kigali, 26 novembre 1998, Ministère public et parties civiles c/ Sergent Gendarme Barayagwiza Ildephonse, Rec. de Jurisprudence, Contentieux du génocide, ASF-Belgium, t. 3, p. 309.
[1005] V. TPI, Kigali, ch. spécialisée, 14 février 1997, Ministère public c/ Karamira, Rec. de Jurisprudence, Contentieux du génocide, ASF-Belgium, t. 1, p. 75.
[1006] Ibid.

4°) La recherche et l'appréciation des preuves au regard de la procédure pénale rwandaise

Il faut d'emblée constater qu'après le génocide la réunion des éléments de preuve s'est avérée très difficile. Or, il était indispensable que l'accusation prouve la culpabilité de l'accusé.

Selon l'article 2 du Code de procédure pénale ce sont les officiers de police judiciaire qui constatent les infractions qu'ils ont mission de rechercher ; ils reçoivent les dénonciations, plaintes et rapports relatifs à ces infractions. Ils ont également pour mission de rechercher les preuves de ces infractions.

Après le génocide, le témoignage était la seule preuve disponible. Or, les victimes étaient encore sous le choc, elles avaient du mal à faire face à leurs bourreaux. D'autres témoins avaient fui le pays en 1994 ou étaient encore sous l'emprise des ex-FAR et des miliciens Interahamwe dans les camps de réfugiés dans l'ancien Zaïre.

À cette époque, des archives avaient soit été détruites, soit éparpillées en plusieurs endroits et tenues en très mauvais état. C'est ce que constate le Ministère public dans une affaire de poursuite d'un militaire : l'auditeur militaire a indiqué que « non seulement ce pays a perdu les victimes qui ont été tuées, mais également subi des actes de pillage »[1007].

La question de la preuve écrite a été soulevée dans plusieurs affaires devant les chambres spécialisées. Ainsi, dans une affaire d'incitation à commettre le crime de génocide, l'accusé a été invité à s'expliquer sur la partie de son discours appelant les Interahamwe et la CDR à s'unir, il [Karamira] répondit en demandant au ministère public de produire un document écrit datant de cette époque car on ne peut fonder une preuve sur des enregistrements, que le discours entendu est le résultat d'un montage, qu'il n'a jamais prononcé les mots « Hutu Power »[1008].

Néanmoins, la chambre a constaté que Karamira ne devait pas être poursuivi pour l'infraction à sa charge d'avoir organisé un meeting à Kigali en octobre 1993 dans lequel il a appelé les citoyens à se soulever les uns contre

---

[1007] V. CONSEIL DE GUERRE, Kigali, 26 novembre 1998, Ministère public et parties civiles c/ Sergent Gendarme Barayagwiza Ildephonse, Rec. de Jurisprudence, Contentieux du génocide, ASF-Belgium, t. 3, p. 317.

[1008] V. TPI, Kigali, ch. spécialisée, 14 février 1997, Ministère public c/ Karamira, Rec. de Jurisprudence, Contentieux du génocide, ASF-Belgium, t. 1, p. 78.

les autres prenant ce fait seulement comme une preuve de génocide et des massacres[1009].

5°) Les règles d'arrestation et détention avant le procès

La procédure pénale rwandaise est inquisitoire. La phase préparatoire d'un procès commence par une enquête judiciaire[1010].

Les premières arrestations furent opérées par les militaires, seule institution qui fonctionnait alors. Ils reçoivent les déclarations de plaignants ou du prévenu sans valeur juridique particulière.

Ce travail fut régularisé plus tard par les officiers de police judiciaire lorsque le pays s'est doté d'un nombre suffisant d'enquêteurs.

Selon le Code de procédure pénale, seuls les officiers du ministère public sont habilités à délivrer un mandat d'arrêt après avoir personnellement interrogé le prévenu. Le respect de cette procédure visait à assurer une reprise en main des procédures de mise en détention préventive en assurant un contrôle du parquet sur les entrées éventuelles en prison. La délivrance d'un mandat d'arrêt permettait l'ouverture d'un dossier pénitentiaire pour le détenu qui lui assure une existence au sein de l'établissement.

S'agissant des modalités de poursuites, le ministère public peut citer en justice les personnes qui n'ont pas de domicile ni de résidence connus au Rwanda ou qui se trouvent à l'extérieur du territoire, et contre lesquelles il existe des preuves concordantes ou des indices sérieux de culpabilité, qu'elles aient pu être ou non préalablement interrogées par le ministère public[1011].

Lorsque le prévenu n'a ni domicile ni résidence connus au Rwanda, le délai d'assignation est d'un mois. Une copie de l'exploit est affichée à la porte principale du Tribunal où siège la chambre qui doit connaître de l'affaire[1012].

L'acte d'accusation est établi par le parquet qui le rend public immédiatement.

1009 V. TPI, Kigali, ch. spécialisée, 14 février 1997, Ministère public c/ Karamira, Rec. de Jurisprudence, Contentieux du génocide, ASF-Belgium, t. 1, p. 83.

1010 La procédure pénale est organisée par le Code de procédure pénale : V. loi du 2 février 1963 portant Code de procédure pénale telle que modifiée par le décret-loi n° 07/82 du 7 juillet 1982, confirmée par la loi n° 01/82 du 26 décembre 1982 portant confirmation du décret-loi spécialement en ses art. 16, 17, 19, 58, 59, 62, 63, 80, 90 et 138.

1011 Art 33 de la loi organique n° 08/96 du 30 août 1996.

1012 Art. 34 de la loi organique n° 08/96 du 30 août 1996.

C. L'organisation de la phase de jugement

1°) Plaidoyer de culpabilité

La loi de 1996 permet à un accusé de conclure un accord sur le plaidoyer, par lequel il reconnaît sa culpabilité pour l'ensemble des chefs d'accusation reconnus contre lui [1013].

L'aveu de culpabilité concerne les personnes poursuivies pour génocide et autres crimes contre l'humanité.

La procédure d'aveu et de plaidoyer de culpabilité se fait devant le ministère public.

En cas de rétractation d'aveux, la procédure d'aveu doit être abandonnée et l'audience instruite selon la procédure ordinaire au cours de laquelle les aveux rétractés sont inadmissibles comme élément de preuve[1014]. En cas de rejet par le ministère public du plaidoyer, l'accusation peut reformuler sa demande devant le Tribunal de recourir à la procédure d'aveu et de plaidoyer de culpabilité. Si au terme de l'instruction le Tribunal détermine que les aveux étaient conformes, il prononce un jugement d'acceptation, dans le cas contraire, il prononce un jugement de rejet.

En cas d'aveux incomplets, ils ne sont pas acceptés au titre de la procédure d'aveu et de plaidoyer de culpabilité. Ainsi, dans une affaire, le Tribunal a jugé les aveux incomplets parce que l'accusé avait simplement reconnu le meurtre de l'une des victimes alors que des témoins à charge et l'un de ses coprévenus affirmaient l'avoir vu commettre les faits[1015].

Ce droit ne peut être refusé et peut être exercé en tout temps avant la communication du dossier répressif au Président de la juridiction. Il ne peut être exercé qu'une seule fois et il peut y être renoncé tant que l'intéressé n'a pas encore avoué devant le siège.

Le Tribunal doit être convaincu que le plaidoyer de culpabilité a été fait de façon volontaire et en toute connaissance de cause. Le Tribunal ne participe pas à la négociation de l'accord sur le plaidoyer mais doit entériner celui-ci pour qu'il prenne effet.

[1013] Art 4. de la loi organique n° 08/96 du 30 août 1996.

[1014] V. Aff. Ministère public c/ Rwagakinga et Consorts, 25 mars 1999, Rec. de Jurisprudence, Contentieux du génocide, ASF-Belgium, t. 5, p. 222.

[1015] V. CA, Ruhengeri, 25 août 1999, Ministère Public c/Semivumbi Antoine et Consorts, Rec. de Jurisprudence, Contentieux du génocide, ASF-Belgium, t. 5, p. 323.

Si, au cours de l'audience, le Tribunal détermine que ne sont pas réunies les conditions mises à la validité de l'aveu et du plaidoyer de culpabilité, il prononce un jugement de rejet de la procédure d'aveu. Il en est de même si le prévenu a renoncé à la procédure d'aveu.

Les accusés qui ont fait un plaidoyer de culpabilité et présenté des excuses obtiennent une réduction de peine sauf pour les accusés de première catégorie[1016]. Le Tribunal décide de la peine en vertu de son pouvoir discrétionnaire. Il faut aussi noter que le plaidoyer de culpabilité permet de faire l'économie d'un procès et donne directement lieu à une audience consacrée à la peine et à un jugement portant condamnation.

2°) Droit à un procès équitable

Les personnes poursuivies pour crime de génocide et crimes contre l'humanité jouissent du droit de la défense reconnu à toute personne poursuivie en matière criminelle, et notamment le droit d'être défendu par le défenseur de son choix.

La personne accusée a le droit de citer à comparaître des témoins à sa décharge. Dans ce cas, une remise d'audience est accordée au prévenu qui souhaite faire entendre des témoins à sa décharge[1017].

Le droit de se défendre et plus particulièrement d'être assisté d'un défenseur de son choix, gratuit au besoin, a été observé dans le cadre du contentieux du génocide au Rwanda. Les chambres spécialisées ont accordé des remises aux justiciables qui, à la première audience, comparaissaient seuls et exprimaient le souhait d'être assistés par un avocat.

Des remises sont accordées afin de permettre à la défense d'accéder au dossier et préparer ses conclusions[1018].

Le procès équitable se caractérise par le respect du principe pénal d'égalité des armes. Ainsi, dans une affaire « *l'audience a été remise [...] pour que les témoins, tant à charge qu'à décharge de l'accusé, soient cités à comparaître*

[1016] Art. 15 et 16 de la loi organique n° 08/96 du 30 août 1996.

[1017] V. aff. MP c/ Muzatsinda Emmanuel, 17/3/1998, Rec. de Jurisprudence, Contentieux du génocide, ASF-Belgium, t. 6, p .230.

[1018] CA, Kigali, 10 juin 1999, Kanyamikenke Janvier c/ Ministère public, Rec. de Jurisprudence, Contentieux du génocide, ASF-Belgium, t. 5, p. 285.

et pour lui permettre de lire son dossier et d'avoir une entrevue avec son avocat »[1019].

Le Tribunal fait donc droit à la demande de remise du prévenu qui n'a pas disposé de suffisamment de temps pour consulter un avocat et consulter son dossier. Le Tribunal peut alors accorder à l'accusé un délai d'une semaine pour se préparer en lisant le dossier et en cherchant un avocat[1020].

De même, les exceptions de connexité ou d'indivisibilité peuvent être soulevées devant la juridiction saisie du fond qui les apprécie souverainement.

Les demandes en récusation et en prise à partie sont également portées devant la juridiction saisie. L'incident ou la demande peut être joint au fond ou il peut y être statué par jugement sans recours[1021].

II. LA DIFFICILE CONSTRUCTION D'UNE UNITE JURISPRUDENTIELLE SUR LE GENOCIDE

A. La catégorisation comme une étape majeure du contentieux sur le génocide

Une des nouveautés de la loi de 1996 est la catégorisation. La loi met dans la première catégorie les planificateurs, les incitateurs du crime de génocide ou des crimes contre l'humanité, la personne qui a agi en position d'autorité, le meurtrier de grand renom, et la personne qui a commis des actes de torture sexuelle.

Ainsi, un conseiller de secteur a été mis dans la première catégorie au motif qu'étant en position d'autorité (en tant que conseiller de la Ville de Gisenyi) il a incité la population à tuer les Tutsi, conduit des Interahamwe [...] qui ont tué des victimes innombrables [...] qu'il a incité les musulmans à livrer les hommes et les femmes qu'ils cachaient[1022].

1019 V. TPI de Kigali, 22 février 1999, MP c/ Tutayisire Theogene,, Rec. de Jurisprudence, Contentieux du génocide, ASF-Belgium, t. 2, p. 166.

1020 CONSEIL DE GUERRE, Gisenyi, Ch. spéc., 22 décembre 1998, t. 1, p. 200

1021 Art. 35 de la loi organique n° 08/96 du 30 août 1996.

1022 V. TPI, Gisenyi, 25 mai 2001, Ministère public c/ Hakizimana Fazili, Rec. de Jurisprudence, Contentieux du génocide, ASF-Belgium, t. 6, p. 144.

La deuxième catégorie comprend les auteurs, coauteurs ou complices d'homicides volontaires ou d'atteintes graves contre les personnes ayant entraîné la mort.

Dans une affaire, le Tribunal a reconnu que l'accusé faisait partie de la deuxième catégorie parce qu'il avait créé une association de malfaiteurs dans le but de massacrer des Tutsi[1023].

La loi range dans la troisième catégorie les personnes qui ont commis des actes criminels les rendant coupables d'autres atteintes graves à la personne. Ainsi, peut être rangé dans cette catégorie, un accusé coupable d'association de malfaiteurs qui avait l'intention d'attenter aux Tutsi même si rien ne prouve qu'il a mis ce plan a exécution[1024]. Enfin, la quatrième catégorie comprend des personnes qui ont commis des infractions contre la propriété. Ainsi, le Tribunal a constaté que l'accusé est coupable de l'infraction d'association de malfaiteurs en vue de piller, car il a avoué avoir mangé la viande des vaches qui ont été abattues devant son domicile[1025].

B. L'analyse de l'infraction de génocide par les chambres spécialisées

Il faut rappeler qu'à cette époque le Code pénal rwandais ne contenait aucune disposition spécifique relative au crime de génocide et au crime contre l'humanité.

Dans ce contexte il était difficile de savoir quelle qualification retenir. Certains juges se résignaient à ne retenir que des infractions de droit commun, comme l'assassinat, le vol, l'association de malfaiteurs, etc. D'autres envisageaient le fait de génocide comme une circonstance aggravante des infractions. Enfin, certains pensaient poursuivre à la fois pour crime de génocide et crime de droit commun.

Il y avait donc le risque de ne pas faire ressortir les éléments propres au crime de génocide, notamment la conscience de participer à la destruction d'un groupe ethnique ainsi que la motivation de l'auteur de l'infraction.

1023 Les actes de participation criminelle le classent dans la deuxième catégorie, le Tribunal l'a condamné à l'emprisonnement à perpétuité : TPI, Byumba, 19 novembre 1997, Ministère Public c/ Namahirwe Léandre.
1024 TPI, Butare, 4 mars 2003, Aff. Dr Hugiro Célestin, Rec. t. 5, p. 14.
1025 TPI, Kibuye, 22 mars 2000, Aff. Buregeya et Uwitonze Bernard, Rec. t. 3.

1°) Élément matériel (*actus reus*) du crime de génocide

La loi de 1996 visait le crime de génocide et les crimes contre l'humanité. Elle ne définit pas l'infraction de génocide, elle se contente de renvoyer à l'article 2 de la Convention de 1948. Il revenait donc au juge national de rechercher des éléments constitutifs du crime de génocide ainsi que la forme de participation criminelle.

Dans la plupart des cas les infractions commises sont le meurtre, l'atteinte grave à l'intégrité physique et mentale, la torture, le viol ainsi que des traitements inhumains ou dégradants.

a. Incitation à commettre le génocide

Bien avant le génocide, mais surtout à partir du 7 avril 1994 beaucoup de responsables civils et militaires extrémistes ont organisé des meetings et des réunions publiques destinées à promouvoir l'idéologie du mouvement : « Hutu Power » et y ont participé.

L'incitation à commettre le génocide s'inscrivait dans le cadre du dessein commun de l'entreprise criminelle commune. Il s'agit d'actes visant à inciter la population à commencer et à poursuivre le meurtre de Tutsi.

Dans ce sens, le Tribunal a constaté que lors du meeting de Nyamirambo (Kigali), le 23.10.1993, Karamira a appelé tous les Hutu du Rwanda à s'unir pour faire le nécessaire, à se coaliser avec les partis MRND et CDR, à s'unir aux Interahamwe ainsi qu'à la jeunesse du MDR (JDR) pour mener la lutte contre les « cancrelats » et leurs « complices »[1026]. L'accusé était animé d'une intention spécifique d'inciter directement et publiquement des tueurs à commettre le génocide.

À partir d'avril 1994, Karamira a mis en place un « comité de crise » « qui recensait les personnes tuées et celles non encore tuées pour les livrer aux tueurs ». Par ces actes, le Tribunal a conclu que l'accusé a mené des actions tendant à accélérer la perpétration du génocide.

L'incitation à commettre le génocide s'est faite aussi au moyen des journaux, le plus connu étant le magazine Kangura. Dans ce contexte, le Tribunal a qualifié un article paru dans le journal KANGURA constitutif d'incitation au génocide. Selon le Tribunal l'article est « d'un extrémisme susceptible de créer un mauvais climat (la haine) au sein de la population dès lors qu'il venait

---

[1026] V. TPI, Kigali, ch. spéc., 14 février 1997, Ministère public C/ Karamira, Rec. de Jurisprudence, Contentieux du génocide, ASF-Belgium, t. 1, p. 83.

de souligner la méchanceté des Tutsi en affirmant que la guerre opposait les Tutsi aux Hutu (UNAR contre PARMEHUTU). Dans cette affaire, l'accusé a invoqué la liberté d'expression. Le Tribunal a conclu que « le droit d'expression dont il se prévaut comme lui étant reconnu par la loi ne signifie pas le droit de semer la zizanie au sein de la population, qu'il s'agit au contraire d'un droit qui doit être exercé dans le but de rétablir l'ordre et la sécurité au sein de la population conformément à la finalité de la loi »[1027].

b. Distribution des armes

Il y a eu avant et pendant le génocide la mobilisation des ressources matérielles et logistiques destinées à la perpétration du génocide. Un des moyens d'aide et d'encouragement au génocide est la distribution d'armes à la population civile. Il s'agit d'une forme de participation à une entreprise criminelle commune sous ce que les planificateurs du génocide ont appelé « Défense civile ». L'idée consistait à donner des armes à la population (...) des fusils et d'autres armes traditionnelles qui ont été utilisées au cours du génocide et des massacres.

Ainsi par exemple un chef d'un parti politique extrémiste a distribué des armes aux miliciens utilisés pour tuer des Tutsi. L'accusé a aidé et encouragé à commettre les meurtres perpétrés contre les Tutsi. Il a donné des moyens de tuer les Tutsi[1028].

c. Le viol et la violence sexuelle

La loi de 1996 classe le viol et la violence sexuelle parmi les infractions de la première catégorie. Néanmoins, le juge n'a pas expliqué dans quel sens le viol est un acte constitutif de crime de génocide. À cette époque, le juge a considéré le caractère systématique et généralisé du viol ainsi que le contexte de sa perpétration. Le viol a été commis lors des attaques contre des femmes en raison de l'appartenance tutsi. Dans ce sens, le viol visait à détruire les Tutsi en tant que groupe[1029].

[1027] V. TPI, Gisenyi, ch. spéc., 25 mai 2001, Ministère public c/ Banzi Wellars et consorts. Rec. de Jurisprudence, Contentieux du génocide, ASF-Belgium, t. 6, p. 137.

[1028] TPI, Kigali, ch. spéc., Ministère public c/ Karamira, Rec. de Jurisprudence, Contentieux du génocide, ASF-Belgium, t. 1.

[1029] TRIBUNAL DE PROVINCE, Kigali-Ngali, 25 mai 2005, MP c/ Rwakana Didace, Rec. t.7, p. 57.

Les viols et les autres violences sexuelles se sont déroulés à une grande échelle dans toutes les régions du Rwanda pendant la période au cours de laquelle les membres du groupe ethnique tutsi ont été la cible d'attaques.

d. Association de malfaiteurs

Il s'agit d'une infraction continue qui se définit par la participation à une entreprise criminelle commune qui constitue une forme de commission. Le participant à cette entreprise est responsable en tant que coauteur.

On trouve dans cette catégorie les responsables de miliciens Interahamwe et d'autres tueurs qui ont soit entraîné militairement les miliciens Interahamwe et qui ont pris part aux attaques[1030], soit ceux qui ont dirigé les Interahamwe et d'autres tueurs[1031].

Dans une affaire, le Tribunal a constaté que l'infraction d'association de malfaiteurs est établie au motif que l'accusé connaissait le but de l'association, y a adhéré volontairement et participé aux attaques formées par celle-ci[1032].

Le dessein commun de l'association de malfaiteurs était la destruction de la population tutsi.

2°) Élément moral (*mens rea*)

Le juge rwandais a recherché l'intention génocidaire qui est à l'origine des faits incriminés. Ces faits ont été commis dans l'intention de détruire, en tout ou en partie le groupe ethnique tutsi comme tel.

Dans une affaire, le Conseil de guerre a constaté que l'accusé a commis tous ces crimes (complicité d'assassinat et tentative d'assassinat constitutives du crime de génocide) contre les Tutsi dans le cadre du plan d'extermination des Tutsi[1033].

Le Tribunal considère que l'accusé a participé à l'entreprise criminelle commune dans l'intention de détruire la population tutsi en commettant des actes qui sont réprimés par le Code pénal rwandais.

1030 V. CONSEIL DE GUERRE, ch. spéc., MP c/ Sergent Gend Barayagwiza Ildephonse, 26 novembre 1998, t. 3, p. 378.
1031 TPI, Kigali, 17 juillet 1998, Aff. Kamatamu, MP c/ Kamatamu Euphrasie, t. 1, p. 131.
1032 TPI, Butare, 7 juillet 1997, Ministère Public c/ Ndikubwimana Laurent, Rec. t. 2.
1033 V. Auditorat militaire c/ le sous-lieutenant Dusabeyezu Eustache, Rec. de jurisprudence, Contentieux du génocide, t. 1, p. 232, 22/12/1998.

Dans une autre affaire, un Tribunal a qualifié de génocide des infractions commises contre la population de Kagarama (Kigali), en raison de l'appartenance ethnique tutsi de celle-ci ou à cause des relations que cette population entretenait avec les Tutsi[1034].

L'intention de l'auteur de commettre le génocide peut, selon le juge se déduire des faits et des circonstances pertinentes qui sont de nature à établir au-delà de tout doute raisonnable l'existence de l'intention. Il s'agit dans ce sens du contexte général de la perpétration d'actes de destruction discriminatoires.

C. Les formes de participation à l'infraction

La loi de 1996 identifie trois types de responsabilité pénale, la responsabilité directe de l'auteur du crime, la complicité et la responsabilité du supérieur hiérarchique.

Le fait que le crime de génocide soit commis par un subordonné ne peut pas exonérer son supérieur de sa responsabilité pénale s'il savait ou avait des raisons de croire que le subordonné s'apprêtait à commettre cet acte ou l'avait fait et que le supérieur n'a pas pris les mesures nécessaires et raisonnables pour en punir les auteurs ou pour empêcher que ledit acte ne soit commis alors qu'il en avait les moyens.

Dans ce sens, les chambres spécialisées ont constaté dans plusieurs affaires que les responsables politiques exerçaient un contrôle effectif sur les Interahamwe. Ils sont pénalement responsables à titre individuel des actes accomplis par leurs subordonnés. Ainsi, le Tribunal a reconnu coupable de génocide et condamné à une peine d'emprisonnement à perpétuité un conseiller de secteur [Gisenyi] au motif qu'il était en position d'autorité, il a incité la population à tuer les Tutsi, conduit les Interahamwe [...] qui ont tué des victimes innombrables[1035].

La loi de 1996 distingue la complicité en général, elle cible aussi des formes particulières de complicité, comme des réunions, la distribution d'armes en sachant que ces actes visaient à commettre le génocide ou à en faciliter la perpétration[1036].

[1034] V. Auditorat militaire c/ l'Adj. Chef Rwahama Anaclet, Rec. de jurisprudence, Contentieux du génocide, t. 2, p. 313, 22/11/1998.

[1035] V. TPI, Gisenyi, Ch. spéc., Ministère public C/ Banzi Wellars et consorts, Rec. de Jurisprudence, Contentieux du génocide, ASF-Belgium, t. 6, p. 144.

[1036] V. TPI, Kigali, 17 juillet 1998, aff. Kamatamu, MP c/ Kamatamu Euphrasie, t. 1, p. 131.

La complicité est une forme de responsabilité qui implique qu'un individu s'associe à un crime, sans accomplir personnellement les éléments constitutifs dudit crime.

À part le cas de plaidoyer de culpabilité, le Tribunal ne reconnaît pas d'autres circonstances atténuantes pour le crime de génocide. Ainsi, le Tribunal a décidé que le fait que l'accusé soit marié à une femme tutsi ne constitue pas une circonstance atténuante en soi et le fait d'avoir sauvé un enfant ne constitue pas une circonstance atténuante dans la mesure où le prévenu a tué plusieurs autres personnes[1037].

D. Condamnations et peines

1°) Les peines applicables au crime de génocide

Au lendemain du génocide de 1994, le Code pénal rwandais ne prévoyait pas de sanction pour le crime de génocide. Les juges sont obligés de se faire une doctrine pour trouver les peines applicables au génocide.

L'une des solutions proposées est une double qualification des faits : celle de génocide ou de crime contre l'humanité, assortie d'une qualification déjà retenue par le Code pénal, crime de droit commun, pour laquelle une sanction est prévue par le même Code, génocide et assassinat par exemple.

L'autre possibilité est, en l'absence d'instruments juridiques nationaux, de faire application directe d'instruments juridiques internationaux auxquels le Rwanda a adhéré. Cette option était envisageable, car, du point de vue du droit international on peut faire une application directe d'une incrimination de droit international, sous les qualifications de faits qui sont déjà visés par le Code pénal national. L'important c'est de respecter les peines déjà prévues pour les faits visés.

Le Code pénal livre premier dans son article 26, fait une classification des peines, y compris la peine de mort.

Ayant reconnu l'accusé coupable de génocide, le Tribunal doit décider de la peine à lui imposer. La peine est déterminée selon la nature de participation criminelle de l'accusé. Selon la loi de 1996, le génocide peut être puni de peine de mort pour les personnes de première catégorie, les planificateurs par exemple.

[1037] V. TPI, Butare, 7 juillet 1997, aff. Ndikubwimana, Rec. t. 2.

Ainsi, Banzi Wellars, responsable du parti politique MRND au niveau de la préfecture de Gisenyi, en tant que planificateur de génocide dans cette région, a été condamné à la peine de mort[1038].

Les personnes de la deuxième catégorie encourent l'emprisonnement à perpétuité[1039]. Les complices d'une infraction sont passibles des mêmes peines que les auteurs de l'infraction.

Les actes commis par les personnes de la catégorie 4 donnent lieu à des réparations civiles par voie de règlement à l'amiable entre les parties intéressées avec le concours de leurs concitoyens.

Lorsque les aveux et le plaidoyer de culpabilité ont été acceptés, il y a diminution de peine d'emprisonnement[1040].

Si les prévenus ont fait des aveux sur leur participation au génocide avant d'être poursuivis et présenté des excuses, la peine est réduite à onze ans d'emprisonnement, au lieu de la peine d'emprisonnement à perpétuité[1041].

Dans le cas d'une entreprise criminelle commune, ceux qui ont plaidé coupable sont condamnés à une peine d'emprisonnement de neuf ans, ceux qui n'ont pas plaidé coupable ont été condamnés à la peine de mort et à la dégradation civique totale[1042].

Dans le cas d'un mineur, l'accusé bénéficie de la réduction de la peine parce qu'il était mineur au moment des faits tel que prévu par l'article 77 du Code pénal (peine d'emprisonnement de 13 ans)[1043].

Pour les crimes de génocide ou crimes contre l'humanité commis après le 31 décembre 1994, la personne sera punie des peines prévues par le Code pénal, et ne peut bénéficier des réductions de peines comme prévu par la présente loi.

1038 TPI, Gisenyi, 25 mai 2001, Ministère public c/ Banzi Wellars et consorts, Rec. de Jurisprudence, Contentieux du génocide, ASF-Belgium, t. 6, p. 141.
1039 Art. 14 de la loi organique n° 08/96 du 30 août 1996.
1040 Art. 15 et 16 de la loi organique n° 08/96 du 30 août 1996.
1041 TPI, Kibungo, Ministère public c/ Mpayimana Cassien & consorts, Rec. de Jurisprudence, Contentieux du génocide, ASF-Belgium, t. 1, p. 59.
1042 TPI, Cyangugu, 31 mars 2000, MP C/Karorero Charles et consorts, Rec. de Jurisprudence, Contentieux du génocide, ASF-Belgium, t. 6, p. 66.
1043 TPI, Ruhengeri, 12 décembre 2000, MP C/ Ntahondi Ildephonse alias Bizimana, Rec. de Jurisprudence, Contentieux du génocide, ASF-Belgium, t. 3, p. 234.

2°) Le concours idéal d'infraction

Le juge a fait face aussi à la question du concours idéal d'infractions, sur la possibilité du cumul des peines en cas d'un seul acte répondant à plusieurs qualifications pénales. La solution n'étant pas commandée par un principe général de droit pénal, le juge rwandais a appliqué la peine la plus sévère[1044].

Dans l'affaire Karamira, le Tribunal constate que « toutes les infractions à charge de l'accusé sont établies en concours idéal puisqu'elles ont été perpétrées dans le seul but de commettre le crime de génocide et des massacres, [...] Il encourt par conséquent la peine déterminée par la qualification la plus sévère »[1045], en l'occurrence il a été condamné à la peine de mort.[1046]

E. Des voies de recours[1047]

Les jugements des chambres spécialisées sont susceptibles d'opposition et d'appel[1048]. Seul l'appel sur les questions de droit ou des erreurs de fait flagrantes est recevable.

Dans l'hypothèse où l'appel est jugé recevable, la juridiction d'appel statue sur pièces quant au fond. L'arrêt n'est susceptible d'aucun recours.

Ainsi par exemple dans l'affaire Ndikubwami, le Tribunal avait refusé l'intervention de l'avocat étranger au motif qu'il n'avait pas d'autorisation de plaider délivrée par le ministère de la Justice ; la Cour a conclu que « *le Tribunal, en agissant de la sorte a violé les principes du respect des droits de la défense garantis par l'article 14 alinéa 3 de la Constitution et le droit rwandais. [..] Les erreurs de droit invoquées par l'appelant comme moyen d'appel sont avérées, le Tribunal ayant manifestement violé des dispositions légales au cours du procès. La Cour déclare l'appel recevable conformément au prescrit de l'article 24 de la Loi Organique du 30/08/96* »[1049].

1044 Art. 93 Code pénal de 1977 et art. 18 de loi de 1996.

1045 V. aff. Ministère public c/ Karamira Froduald, Rec. de Jurisprudence, Contentieux du génocide, ASF-Belgium, t. 1, p. 84.

1046 La peine de mort a été exécutée le 24 avril 1998 au stade régional de Nyamirambo à Kigali.

1047 V. art 24 de la loi organique n° 08/96 du 30 août 1996.

1048 Art. 24 de la loi organique n° 08/96 du 30 août 1996.

1049 CA, Kigali, ch. spéc., Ndikumwami Leonidas c/ Ministère public, Recueil de Jurisprudence, Contentieux du génocide, ASF-Belgium, t. 2, p. 241.

Dans le cas où la juridiction d'appel, saisie après un jugement d'acquittement au premier degré, prononce la peine de mort, le condamné dispose d'un délai de quinze jours pour se pourvoir en cassation. La Cour de cassation est compétente pour se prononcer sur le fond de l'affaire. Seul le pourvoi fondé sur des questions de droit ou des erreurs de fait flagrantes est recevable[1050].

Dans une affaire de pourvoi devant la Cour suprême, celle-ci constate que la juridiction du premier degré avait prononcé la peine de mort et non l'acquittement. Elle déclare le pourvoi irrecevable ; ce pourvoi ne remplit pas les conditions prévues par l'article 25 de la loi organique n° 008/96[1051].

F. Réparation[1052]

Les victimes, agissant à titre individuel ou par des associations, peuvent se constituer parties civiles[1053].

La responsabilité pénale des planificateurs, des incitateurs, ceux qui ont agi en position d'autorité, les meurtriers de grand renom, et ceux qui ont commis des actes de torture sexuelle emportent la responsabilité civile conjointe et solidaire pour tous les dommages causés dans le pays par suite de leurs actes de participation criminelle, quel que soit le lieu de la commission des infractions[1054].

Les auteurs, coauteurs ou complices d'homicides volontaires ou d'atteintes graves contre les personnes ayant entraîné la mort, les personnes coupables d'atteintes graves à la personne, ainsi que ceux qui ont commis des infractions contre les propriétés encourent la responsabilité civile pour les actes criminels qu'ils ont commis[1055].

La juridiction saisie de l'action civile se prononce sur les dommages et intérêts même si l'accusé est décédé en cours d'instance ou s'il a bénéficié d'une amnistie[1056].

[1050] Art. 25 de la loi organique n° 08/96 du 30 août 1996.
[1051] Cour suprême, 20 juillet 2005, Ndinkabandi Gaspard, alias Irikonje et consorts, Rec. de Jurisprudence, Contentieux du génocide, ASF-Belgium, t. 7, p. 261.
[1052] Art. 27 de la loi organique n° 08/96 du 30 août 1996.
[1053] Art. 29 de la loi organique n° 08/96 du 30 août 1996.
[1054] Art. 30 de la loi organique n° 08/96 du 30 août 1996.
[1055] Ibid.
[1056] Art. 31 de la loi organique n° 08/96 du 30 août 1996.

Les dommages et intérêts alloués en faveur des victimes non encore identifiées sont versés dans un Fonds d'indemnisation des victimes dont la création et le fonctionnement sont régis par une loi particulière[1057].

Dans les premiers jugements, il s'est posé la question de la condamnation de l'État comme solidairement responsable. Les actions civiles étaient dirigées contre l'accusé et l'État rwandais, puisque selon les victimes « on ne peut pas concevoir un génocide sans l'accord des autorités »[1058]. En effet, le génocide avait été planifié par un gouvernement et exécuté par les moyens de ce même gouvernement. Le gouvernement mis en place après le génocide a hérité de jure et de facto de la responsabilité pénale du gouvernement précédent[1059]. Ainsi, un accusé a été condamné en concours avec l'Etat rwandais aux dommages et intérêts s'élevant à un milliard net trente-sept mille millions six cent cinquante mille francs[1060] (1.137.650.000 F)[1061].

Il est intéressant de voir comment le Tribunal a fixé les dommages et intérêts.

Le Tribunal a constaté par exemple que « les dommages et intérêts moraux demandés sont exorbitants [...] pour les personnes ayant pu prouver les relations existant entre elles et les victimes en accordant 1.000.000 F pour quelqu'un qui a perdu son conjoint, 850.000 F à quiconque a perdu un parent et 750.000 F à quelqu'un ayant perdu un frère ou une sœur »[1062].

La loi de 1996 a permis de juger les premiers cas de génocide. Environ 7181 jugements ont été prononcés jusqu'en 2002.

Malgré la nouveauté de l'infraction de génocide dans l'ordre juridique rwandais, on a pu remarquer une avancée considérable dans la manière de qualifier et de juger cette nouvelle infraction. La loi organique de 1996 a permis d'organiser le contentieux du génocide.

D'abord, une attention particulière a été réservée aux infractions formelles découlant de la définition du génocide. Il s'agit principalement de l'incitation à commettre le génocide qui a caractérisé le mode de commission du génocide

---

[1057] Art 32 de la loi organique n° 08/96 du 30 août 1996.

[1058] TPI, Kigali, ch. spéc., Ministère public c/ Karamira, Rec. de Jurisprudence, Contentieux du génocide, ASF-Belgium, t. 1, p. 74.

[1059] Cette question a été débattue au niveau national, seule la personne responsable pénalement doit réparer les dommages causés par sa participation criminelle.

[1060] Le taux de change du franc rwandais (RWF) depuis 2015 a oscillé entre 1,3 € et 0,85 € (fin 2020) pour 1000 FRW.

[1061] Ibid. p. 92.

[1062] Ibid. p. 84.

en 1994. Pour les chambres spécialisées, l'incitation à commettre le génocide est une infraction différente de la complicité dans le génocide qui n'existe qu'à partir de l'existence d'un fait punissable auquel le complice est venu s'associer.

Comme infraction formelle, il a été facile de prouver la connexité de l'infraction d'incitation à commettre le génocide avec la perpétration effective du génocide. Sans cela, il eut été difficile de montrer toujours le rapport de causalité entre la distribution des armes, les meetings et les réunions publiques et le génocide.

On a pu constater aussi la question très complexe de la qualification des faits criminels commis durant le génocide. Le génocide étant une infraction absente de la codification pénale rwandaise, il a été parfois difficile de montrer ses éléments constitutifs. Il a fallu d'abord vérifier si les faits poursuivis correspondaient à leur qualification retenue par le Code pénal rwandais. Il a fallu ensuite rapporter ces infractions au crime de génocide.

Dans cette démarche de qualification, un même fait est susceptible d'avoir des qualifications diverses. Une question qui s'est posée et à laquelle les chambres spécialisées ont essayé de répondre consistait à savoir si une seule qualification devait être retenue ou bien retenir plusieurs qualifications. Les Chambres spécialisées ont toujours retenu une qualification plurielle, car les infractions comportaient des éléments constitutifs différents. Elles ont opté pour la peine la plus lourde en cas de concours idéal d'infractions.

La jurisprudence des chambres spécialisées a apporté des précisions sur les éléments constitutifs du crime de génocide. L'élément matériel du génocide est apprécié au regard du but poursuivi par l'auteur de l'infraction, l'extermination d'un groupe ethnique en tant que tel.

L'intention criminelle de l'individu ayant participé au génocide est perçue de manière claire par les juges. Il doit avoir eu connaissance du contexte dans lequel s'insère son acte criminel et savoir que son acte faisait partie intégrante d'une entreprise criminelle commune.

En définitive, il apparaît que le travail des chambres spécialisées a permis de poursuivre des suspects de génocide dans un cadre juridique en construction, de dégager des règles de procédures et des règles substantielles qui ont contribué au développement du droit national rwandais.

INDEX PAR CHAPITRE

LISTES ET REFERENCES DES DECISIONS ET ARRETS CITES DANS LE CAS DE LA FRANCE

Notes de recherche :

CIJ	Cour internationale de Justice	https://www.icj-cij.org/fr
TPIR	Tribunal pénal international pour le Rwanda	https://unictr.irmct.org/
TPIY	Tribunal pénal international pour l'ex-Yougoslavie	https://www.icty.org/fr
CEDH	Cour européenne des droits de l'homme	https://www.echr.coe.int/Pages/home.aspx?p=home&c=fre
CIADH	Cour interaméricaine des droits de l'homme	https://www.corteidh.or.cr/index.cfm?lang=en
CJUE	Cour de Justice de l'Union européenne	https://curia.europa.eu/jcms/jcms/j_6/fr/
CC	Conseil constitutionnel	https://www.conseil-constitutionnel.fr/decisions
CE	Conseil d'État	https://www.conseil-etat.fr/
C. Cass	Cour de Cassation	https://www.courdecassation.fr/

Les décisions et jurisprudences relevant des ordres juridictionnels français sont également consultables à partir du site https://www.legifrance.gouv.fr/

*Le sigle * indique que la décision ou l'arrêt a été référencé dans plusieurs chapitres.*

I- JURIDICTIONS INTERNATIONALES

A- COUR INTERNATIONALE DE JUSTICE

CIJ, 9 juillet 2004, *Avis consultatif, Conséquences juridiques de l'édification d'un mur dans le territoire palestinien occupé*, CIJ. Rec. 2004, p. 136
CIJ, 20 juillet 2012, *Questions concernant l'obligation de poursuivre ou d'extrader (Belgique c./ Sénégal)*, CIJ Rec. 2012, p. 422.

B- TRIBUNAL PÉNAL INTERNATIONAL POUR LE RWANDA

TPIR, 1er juin 2001, arrêt n°ICTR-96-4-A, *Le Procureur c/ Jean-Paul Akayesu*
TPIR, 2 septembre 1998, jugement n°ICTR-96-4-A, *Le Procureur c/ Jean-Paul Akayesu*
TPIR, 3 juillet 2002, arrêt n°ICTR-95-1A-A, *Le Procureur c/ Ignace Bagilishema*
TPIR, 15 mai 2003, jugement n°ICTR-97-20-T, *Le Procureur c/ Laurent Semenza*
TPIR, 3 décembre 2003, jugement n°ICTR-99-52-T, *Le Procureur c/ Ferdinand Nahimana, Jean-Bosco Barayagwiza et Ngeze Hassan*
TPIR, 20 juillet 2005, acte d'accusation n°ICTR-2005-87-I, *Le Procureur c/ Wenceslas Munyeshyaka*
TPIR, 24 août 2005, acte d'accusation modifié n°ICTR-98-44-I, *Le Procureur c/ Edouard Karemera, Mathieu Ngirumpatse et Jospeh Nzirorera* *
TPIR, 20 novembre 2007, décision relative à la requête du Procureur aux fins de renvoi de l'acte d'accusation contre Wenceslas Munyeshyaka aux autorités françaises, n'°ICTR-2005-87-I, *Le Procureur c/ Wenceslas Munyeshyaka*,
TPIR,16 novembre 2009, arrêt n°ICTR-01-73-A, *Protais Zigiranyirazo c/ Le Procureur*
TPIR, 2 juin 2011, acte d'accusation modifié n°ICTR-98-44B-1, *Le Procureur c/ Félicien Kabuga*
TPIR, 28 juin 2011, décision sur la demande de renvoi du Procureur à la République du Rwanda, n°ICTR-01-75, *Jean Uwinkindi*
TPIR, 14 décembre 2011, arrêt n°ICTR· 98-4 1-A, *Théoneste Bagosora et Anatole Nsengiyunya c/ Le Procureur* *
TPIR, 2 février 2012, jugement portant condamnation n°ICTR-8-44-T, *Le Procureur c/ Edouard Karemera et Mathieu Ngirumpatse* *
TPIR, 31 mai 2012, jugement portant condamnation n°ICTR-98-44D-T, *Le Procureur c/ Callixte Nzabonimana* *

C- TRIBUNAL PÉNAL INTERNATIONAL POUR L'EX-YOUGOSLAVIE

TPIY, 7 mai 1997, jugement n°T-94-1-T, *Le Procureur c. Dusko Tadic alias « Dule »*

II- JURIDICTIONS RÉGIONALES

À -COUR EUROPÉENNE DES DROITS DE L'HOMME

CEDH, 2 août 1984, n°8691/79, *Malone c/ Royaume-Uni*
CEDH, 7 juillet 1989, n°14038/88, *Soering c/ Royaume-Uni*
CEDH, 13 février 2001, n°47160/99, *Ezzouhdi c/ France*
CEDH, 2 août 2001, n°54273/00, *Boultif c/ Suisse*
CEDH, 8 juin 2004, n°46621/99, *Mutimura c/ France* *
CEDH, 19 octobre 2005, n°32555/96, *Roche c/ Royaume-Uni*
CEDH, 19 septembre 2008, n°9174/02, *Korbely c/ Hongrie*
CEDH, 14 juillet 2009, n°37374/05, *Társaság a Szabadságjogokért c/ Hongrie*
CEDH, 27 octobre 2011, n°37075/09, *Ahorugeze c/ Suède* *
CEDH, 15 octobre 2015, n°27510/08, *Perinçek / Suisse* *
CEDH, 8 novembre 2016, n°18030/11, *Magyar Helsinki Bizottsag c/ Hongrie*
CEDH, 28 mai 2020, n°84536/17, *Graner / France* *

B- COUR INTERAMÉRICAINE DES DROITS DE L'HOMME

CIADH, 16 novembre 2009, *Gonzales y Otras c/ Mexico* (« Affaire des terrains de coton »)
CIADH, 10 septembre 1993, *Aloeboetoe c/ Suriname* (« Réparations »)

C- COUR DE JUSTICE DE L'UNION EUROPÉENNE

CJUE, 2 avril 2009, n°C-523/07, *Procédure engagée par A.*

III- CONSEIL CONSTITUTIONNEL

A- QPC - Questions prioritaires de constitutionnalité

Décision n° 2010-77 QPC du 10 décembre 2010, *Mme Barta Z.*
Décision n° 2015-471 QPC du 29 mai 2015, *Mme Nathalie K.-M.*
Décision n° 2015-492 QPC du 16 octobre 2015, *Association Communauté rwandaise de France* *
Décision n° 2015-512 QPC du 8 janvier 2016, *M. Vincent R.*
Décision n° 2016-599 QPC du 02 décembre 2016, *Mme Sandrine A.*
Décision n° 2017-655 QPC du 15 septembre 2017, *M. François G.* *
Décision n° 2020-834 QPC du 3 avril 2020, *Union nationale des étudiants de France*

B- DC - Contrôle de constitutionnalité des lois ordinaires, lois organiques, des traités, des règlements des Assemblées

Décision n° 71-44 DC du 16 juillet 1971, *Loi complétant les dispositions des articles 5 et 7 de la loi du 1er juillet 1901 relative au contrat d'association*
Décision n° 93-325 DC du 13 août 1993, *Loi relative à la maîtrise de l'immigration et aux conditions d'entrée, d'accueil et de séjour des étrangers en France*
Décision n° 98-408 DC du 22 janvier 1999, *Traité portant statut de la Cour pénale internationale* *
Décision n° 99-421 DC du 16 décembre 1999, *Loi portant habilitation du Gouvernement à procéder, par ordonnances, à l'adoption de la partie législative de certains codes*
Décision n° 2006-538 DC du 13 juillet 2006, *Loi portant règlement définitif du budget de 2005*
Décision n° 2006-545 DC du 28 décembre 2006, *Loi pour le développement de la participation et de l'actionnariat salarié et portant diverses dispositions d'ordre économique et social*
Décision n° 2008-567 DC du 24 juillet 2008, *Loi relative aux contrats de partenariat*
Décision n° 2009-575 DC du 12 février 2009, *Loi pour l'accélération des programmes de construction et d'investissement publics et privés*
Décision n° 2010-612 DC du 5 août 2010, *Loi portant adaptation du droit pénal à l'institution de la Cour pénale internationale* *
Décision n° 2012-647 DC du 28 février 2012, *Loi visant à réprimer la contestation de l'existence des génocides reconnus par la loi* *
Décision n° 2016-745 DC du 26 janvier 2017, *Loi relative à l'égalité et à la citoyenneté*

IV- JURIDICTIONS ADMINISTRATIVES

A- CONSEIL D'ÉTAT

CE, 23 juillet 1974, n° 81086, *Dame Veuve Naoui Benabdhallah*
CE, 24 mai 1985, n° 6520, *Mac Caffery*
CE, 27 octobre 1995, n° 136727, *Commune de Morsang-sur-Orge*
CE, 25 mars 1998, n° 170172, *Mme Mahboub*
CE, 15 mai 2000, n° 190059, *Hamid*
CE, 18 janvier 2006, n° 255091, *OFPRA c/ Pierre Tegera* *
CE, 13 février 2006, n° 271035, *Adem Gokkaya*
CE, 24 novembre 2006, n° 275527, *Bellounis*
CE, 16 octobre 2009, n° 311793, *Madame Agathe Kanziga veuve Habyarimana* *
CE, 16 avril 2010, n° 318726, *M. Ibrahima A*
CE, 14 juin 2010, n° 304816, *OFPRA c/ Jean Claude Ndamiye* *
CE, 14 juin 2010, n° 320630, *M. Kayijuka* *
CE, 29 juin 2011, n° 335072, *Mme Rouzaud* *
CE, 3 février 2012, n° 353952, *Ministre de l'Intérieur, de l'Outre-Mer et des Collectivités territoriales c/ André Ntagerura* *
CE, 5 juin 2013, n° 366219, *Ministre de l'Intérieur c/ Mme Agathe Habyarimana* *
CE, 11 juin 2015, n° 367922, *Kabiligi,*
CE, 1er octobre 2015, n° 373019, *M. B.*
CE, 9 novembre 2016, n° 388830, *OFPRA c/ M. A... B...* *
CE, 13 avril 2018, n° 410939, *Association du musée des lettres et manuscrits*
CE, 18 juin 2018, n° 415046, *M. A... B...*
CE, 28 février 2019, n° 414821, *François-Xavier Nzuwonemeye* *
CE, 27 juin 2019, n° 427725, *Association Regards Citoyens*
CE, 19 juillet 2019, n° 424216, *Association des Américains accidentels*
CE, 12 juin 2020, n° 422327, *M. F. Graner* *

B- COUR ADMINISTRATIVE D'APPEL

CAA, Versailles, 6 décembre 2012, n°11VE03720, *Préfet de l'Essonne*
CAA, Nantes, 30 avril 2014, n° 13NT02144, *M. Ntagerura*

C- TRIBUNAL ADMINISTRATIF

TA, Versailles, 2 novembre 2010, n° 1005234, *Mme Agathe Kanziga*
TA, Versailles, 6 octobre 2011, n° 1102726, *Mme Agathe Kanziga veuve Habyarimana*
TA, Paris, 21 mars 2015, n°1715455/5-1, *M. G.*
TA, Paris, 17 mai 2018, n° 1608472/5-1, *M. G.*

D- COUR NATIONALE DU DROIT D'ASILE (CNDA)[1063]

CCR, 15 février 2007, n°564776, *Mme Habyarimana* *
CNDA, 15 juillet 2009, n° 549950/05024108, *M. N. alias N.*

V- JURIDICTIONS DE L'ORDRE JUDICIAIRE

A- COUR DE CASSATION

1°) Chambres civiles

C.Cass., 2e, 12 février 2009, n° 07-21.790, *Société Locap Gestion*
C. Cass., 1re, 21 octobre 2015, n° 14-19.807, *M. Murat X...*
C. Cass., 1re, 22 février 2017 n° 16-12.922, *Société Librairie Jean-Claude Vrain*
C. Cass., 1re, 12 juin 2018, n° 17-19.751, *François Murat de Chasseloup-Laubat*

2°) Chambre criminelle

C. Cass., 21 février 1968, n° 67-92180, *X... Gilbert*
C. Cass., 8 novembre 1988, n° 87-91.445, *X... André*
C. Cass., 16 novembre 1993, n° 90-83.128, *X... André, Y... et alii*
C. Cass., 3 mai 1995, n° 95-80.725, *X... Vladimir, Y... Dzhamal, et alii*
C. Cass., 26 mars 1996, n° 95-81.527, *X... Elvir, Y... Kasim, Z... Munib, et alii*
C. Cass., 6 janvier 1998, n° 96-82.491, *Procureur général près la cour d'appel de Nîmes et alii* *
C. Cass., 21 septembre 1999, n° 98-85051, *X...*
C. Cass., 16 novembre 1999, n° 98-84.800, *X...*

[1063] LA CNDA a été instituée par l'art. L. 731 du Code de l'entrée et du séjour des étrangers et du droit d'asile. Elle fait suite à la Commission des recours des réfugiés (CRR), créée par la loi du 25 juillet 1952. Cette juridiction administrative spécialisée statue sur des recours formés contre des décisions rendues par l'Office français de protection des réfugiés et apatrides (OFPRA) en matière d'asile.

C. Cass., 9 février 2000, n° 99-88.054, *Kamuhanda* *
C. Cass., 4 mai 2000, n° 99-86.563, *X... Djaffar*
C. Cass., 4 mai 2000, n° 00-81.874, *Nzuwonemeze* *
C. Cass., 23 octobre 2002, n° 02-85.379, *X... Ely*
C. Cass., 17 déc. 2002, n° 01-85.650, *X... Gérald, Y... Catherine, épouse Z...*
C. Cass., 26 avril 2006, n° 05-86.735, *X... Farid*
C. Cass., 7 mai 2008, n° 08-81.541, *X... Dominique*
C. Cass., 9 juillet 2008, n° 08-82.922, *X... Claver*
C. Cass., 11 juillet 2012, n° 12-82.502, *M. Claude X..., alias Claude Y...*
C. Cass., 24 avril 2013, n° 13-81.061, *M. Innocent X...*
C. Cass., 26 février 2014, n° 13-86.631, *Procureur général près la cour d'appel de Douai* *
C. Cass., 18 février 2015, n° 14-84.193, *M. Mario X...*
C. Cass., 8 juillet 2015, n° 15-90.006, *Association Communauté rwandaise de France (CRF)*
C. Cass., 6 octobre 2015, n° 15-84.335, *Vincent X...*
C. Cass., 14 octobre 2015, n° 15-84.420, *M. Innocent X..., et Procureur général près la cour d'appel de Poitiers*
C. Cass., 12 juillet 2016, n° 16-82.664, *M. Radomir X...*
C. Cass., 5 octobre 2016, n° 16-84.717, *M. Marcel X...*
C. Cass., 20 avril 2017, n° 16-80.058, *M. Bruno X...*
C. Cass., 24 Mai 2018, n° 16-87.622, *P. S.* *
C. Cass., 24 mai 2018, n° 17-86.340, M. Mario X...
C. Cass., 27 mars 2019, n° 18-84.608, *M. E..., K..., M. T... L...* *
C. Cass., 16 octobre 2019, n° 18-84.608, *M. I... Q... et M. Z... Y...* *
C. Cass., 30 octobre 2019, n° 18-84.663, *Association FIDH et alii* *
C. Cass., 30 septembre 2020, n° 20-83.181, *M. A... X...*

B- COUR D'APPEL

CA, Toulouse, Ch. Instruction, 23 octobre 2008, n° 08/00029, *Z... Marcel*

C- COUR D'ASSISES

C. Assises, Paris, n° 13/0033, 14 mars 2014, *Pascal Senyamuhara Safari alias Pascal Simbikangwa*
C. Assises, Seine-Saint-Denis, n° 51/2016, 3 décembre 2016, *Pascal Senyamuhara Safari alias Pascal Simbikangwa* *
C. Assises, Paris, n° 16/0066, 6 juillet 2018, *Octavien Ngenzi alias Jean-Marie Vianney et Tite Barahirwa alias Tito Barahira* *

PRINCIPALES ABREVIATIONS UTILISEES

adde, addenda
AFCPU, Association française pour la compétence universelle
Aff., affaire
AFP, Agence France-Presse
AGNU, Assemblée générale des Nations Unies
Al., alinéa
AP, Analyst Project
APR, Armée Patriotique Rwandaise
Art., article
ASF, Avocats Sans Frontières
Ass. plén., Assemblée plénière
Ass., Association
Av., avis
BCCA, Cour d'appel de La Nouvelle Colombie Britannique
Bull., Bulletin
C. Assises, Cour d'assises (France)
C. patr., Code du patrimoine (France)
C. pén, Code pénal (France)
C. proc. pén., Code de procédure pénale (France).
C. Cass, Cour de Cassation
c/, contre
CA, Cour d'appel
CAA, Cour administrative d'appel
CADHP, Cour africaine des Droits de l'Homme et des peuples
CC, Conseil constitutionnel (France)
CCR, Conseil canadien pour les réfugiés (Canada)
CDR, Coalition pour la défense de la République et de la démocratie (Rwanda)
CE, Conseil d'État (France)
CEDH, Cour européenne des droits de l'homme
CESEDA, Code de l'entrée et du séjour des étrangers et du droit d'asile, parfois surnommé Code des étrangers (France)
CF, Cour Fédérale du Canada
cf., confère
CFCPI, Coalition française pour la Cour pénale internationale
Ch, Chambre
CIADH, Cour interaméricaine des droits de l'homme
CIC, Core International Crimes

CIJ, Cour internationale de Justice
CIMADE, à l'origine acronyme de Comité inter-mouvements auprès des évacués
Civ., civile
CJR, Cour de Justice de la République (France)
CJUE, Cour de justice de l'Union européenne
Cls, Conclusions
CND, Conseil national de développement (Rwanda)
CNDA, Cour nationale du droit d'asile
Coll., collaborateur
comm., commentaire
comp. comparez
Cons. const., Conseil constitutionnel
Cons., considérant
contra, contraires
CPCR, Collectif des Parties Civiles pour le Rwanda
CR, compte-rendu
Crim., criminelle
CRPCG, Convention pour la prévention et la répression du crime de génocide
CRR, Commission des recours des réfugiés (France)
CSC, Cour suprême du Canada
CSNU, Conseil de sécurité des Nations Unies
DC, Décision
DDHC, Déclaration des droits de l'Homme
DGGN, Direction générale de la gendarmerie nationale (France)
Dir., directeur
Doc. parl., document parlementaire
Doc., document
ECCHR, European Center for Constitutional and Human Rights
Éd., édition
Et al., et alius, et autre
Et alii, et autres
Ex, exemple
FAR, Forces Armées Rwandaises
FIDH, Fédération internationale pour les droits humains
FPR, Front patriotique rwandais
HCDH, Haut-Commissariat des Nations unies aux droits de l'homme
HCJ, Haute Cour de Justice (France)
HCR (ou HCRNU), Haut-Commissaire des Nations Unies pour les réfugiés
ibid., ibidem
infra, au-dessous
JORF, Journal officiel de la République française
LCHCG, Loi sur les crimes contre l'humanité et les crimes de guerre (Canada)

LIPR, Loi sur l'immigration et la protection des réfugiés (Canada)
Loc. cit., loco citato
MINUAR, Mission des Nations unies pour l'assistance au Rwanda
MPPI, Mécanisme international appelé à exercer les fonctions résiduelles des Tribunaux pénaux
MRND, Mouvement révolutionnaire national pour le développement (Rwanda)
N°, numéro
not., notamment
obs., observations
OCLCH, Office central de lutte contre les crimes contre l'humanité, les génocides et les crimes de guerre (France)
OFPRA, Office français de protection des réfugiés et apatrides (France)
ONCS, Cour supérieure de justice de l'Ontario
ONU, Organisation des Nations Unies
Op. cit, Opus citatum
OUA, Organisation de l'Unité africaine
p., page(s)
paragr., §., paragraphe
Pas, Pasicrisie
préc., précité
PSD, Parti social-démocrate (Rwanda)
PU, Presses universitaires, Presses de l'Université
QCCA, Cour d'appel du Québec
QCCS, Cour supérieure du Québec
QPC, question prioritaire de constitutionnalité
Radio Télévision Libre des Mille Collines (RTLMC)
Rapp., rapport
RCA, République centrafricaine
RDC, République démocratique du Congo
Rec., Recueil
Rép. min., Réponse ministérielle
Rés., Résolutions
RFI, Radio France Internationale
SDPJ, Sous-direction de la police judiciaire (France)
spéc., spécialement
Sq., sequiturque
suiv., suivant
supra, au-dessus
T. corr., Tribunal correctionnel
t., tome
TA, Tribunal administratif
TC, Tribunal des conflits

TGI, Tribunal de grande instance
TPI, Tribunal de première instance (Rwanda)
TPIR, Tribunal pénal international pour le Rwanda
TPIY, Tribunal pénal international pour l'ex-Yougoslavie
v., versus
V., Voir
Vol., volume
ZBKV, Zentralstelle für die Bekämpfung von Kriegsverbrechen (ZBKV)

TABLE DES MATIERES

Structures éditoriales du groupe L'Harmattan

L'Harmattan Italie
Via degli Artisti, 15
10124 Torino
harmattan.italia@gmail.com

L'Harmattan Hongrie
Kossuth l. u. 14-16.
1053 Budapest
harmattan@harmattan.hu

L'Harmattan Sénégal
10 VDN en face Mermoz
BP 45034 Dakar-Fann
senharmattan@gmail.com

L'Harmattan Cameroun
TSINGA/FECAFOOT
BP 11486 Yaoundé
inkoukam@gmail.com

L'Harmattan Burkina Faso
Achille Somé – tengnule@hotmail.fr

L'Harmattan Guinée
Almamya, rue KA 028 OKB Agency
BP 3470 Conakry
harmattanguinee@yahoo.fr

L'Harmattan RDC
185, avenue Nyangwe
Commune de Lingwala – Kinshasa
matangilamusadila@yahoo.fr

L'Harmattan Congo
67, boulevard Denis-Sassou-N'Guesso
BP 2874 Brazzaville
harmattan.congo@yahoo.fr

L'Harmattan Mali
ACI 2000 - Immeuble Mgr Jean Marie Cisse
Bureau 10
BP 145 Bamako-Mali
mali@harmattan.fr

L'Harmattan Togo
Djidjole – Lomé
Maison Amela
face EPP BATOME
ddamela@aol.com

L'Harmattan Côte d'Ivoire
Résidence Karl – Cité des Arts
Abidjan-Cocody
03 BP 1588 Abidjan
espace_harmattan.ci@hotmail.fr

Nos librairies en France

Librairie internationale
16, rue des Écoles
75005 Paris
librairie.internationale@harmattan.fr
01 40 46 79 11
www.librairieharmattan.com

Librairie des savoirs
21, rue des Écoles
75005 Paris
librairie.sh@harmattan.fr
01 46 34 13 71
www.librairieharmattansh.com

Librairie Le Lucernaire
53, rue Notre-Dame-des-Champs
75006 Paris
librairie@lucernaire.fr
01 42 22 67 13

www.ingramcontent.com/pod-product-compliance
Lightning Source LLC
LaVergne TN
LVHW011138061026
849535LV00003B/527